读客®文化

牛津十字军史

THE OXFORD HISTORY OF
THE CRUSADES

［英］乔纳森·莱利-史密斯　著

郑希宝　译

北京日报出版社

图书在版编目（CIP）数据

牛津十字军史/（英）乔纳森·莱利-史密斯著;郑
希宝译. -- 北京：北京日报出版社，2022.8
ISBN 978-7-5477-4240-2

Ⅰ.①牛… Ⅱ.①乔…②郑… Ⅲ.①十字军东侵-
历史 Ⅳ.① K560.3

中国版本图书馆 CIP 数据核字 (2022) 第 015326 号

牛津十字军史

作　　者：［英］乔纳森·莱利-史密斯
译　　者：郑希宝
责任编辑：杨秋伟
助理编辑：曹　云
特邀编辑：高照寒　　沈　骏
封面设计：张　璐
出版发行：北京日报出版社
地　　址：北京市东城区东单三条8-16号东方广场东配楼四层
邮　　编：100005
电　　话：发行部：（010）65255876
　　　　　总编室：（010）65252135
印　　刷：河北中科印刷科技发展有限公司
经　　销：各地新华书店
版　　次：2022年8月第1版
　　　　　2022年8月第1次印刷
开　　本：710毫米×1000毫米　1/16
印　　张：27
字　　数：395千字
定　　价：118.00元

前　言

　　"图解历史"系列丛书将十字军史涵盖其中，而撰稿人中仅有一位出自非英国本土，这反映出自20世纪50年代以来，英国国内研究十字军史的学者人数在急剧增长。发展初期一共有六七个人，其中只有两位是在大学教书的历史学家。时至1990年，在英国各大高校共29个历史院系中，已有大量教师是"十字军与东部拉丁研究协会"（The Society for the Study of the Crusades and the Latin East）的成员。这一学科在英国学术界的实力主要源于大众的兴趣，或者是对历史悠久的近东地区（the Near East）的迷恋，又或者来自圣约翰救伤机构（St John Ambulance）的鼎鼎盛名，该机构的前身为中世纪的医院骑士团（Knights Hospitallers），以及史蒂文·朗西曼爵士（Sir Steven Runciman）畅销不衰的《十字军史》（*A History of the Crusades*）。

　　本书反映了十字军史编纂学在近些年的发展，第一章对此做了具体阐述，其中涵盖十字军史中许多不同的战区。本书还详尽地描述了宗教辩护者、宣传者、歌曲作者与诗人的概念，以及十字军自己的见解与动机，从感性与理性两方面说明穆斯林对基督教"圣战"的看法。法律、经贸以及机构性制度的发展也得到了有效分析，这些对十字军运动的存续至关重要。书中有几章集中论述十字军运动开启后西方人在地中海地区建立的定居点，令人瞩目的艺术与建筑成就，以及骑士团（military orders）。晚期十字军史也得到了应有的重视，涵盖了16—18世纪骑士团的历史。至于那些在19世纪和20世纪得以幸存下来的关于十字军的观点与图像，依然是鲜有学者涉足的领域，但最初的几步已经跨出。

乔纳森·莱利-史密斯

剑桥郡，克罗克斯顿

1994年4月

目　录

第一章｜十字军运动与历史学家　　　　　　　001

第二章｜起　源　　　　　　　　　　　　　015

第三章｜十字军运动：1096—1274 年　　　　034

第四章｜东征军的思想状态：1095—1300 年　066

第五章｜诗　歌　　　　　　　　　　　　　089

第六章｜东部拉丁：1098—1291 年　　　　　114

第七章｜东部拉丁的艺术：1098—1291 年　　141

第八章｜东部拉丁建筑：1098—1571 年　　　159

第九章｜骑士团：1120—1312 年　　　　　　181

第十章｜伊斯兰世界与十字军运动：1096—1699 年　　215

第十一章｜十字军运动：1274—1700 年 266

第十二章｜东部拉丁：1291—1669 年 301

第十三章｜骑士团：1312—1798 年 334

第十四章｜19 世纪与 20 世纪的十字军形象 377

第十五章｜十字军的幸存与复苏 401

大事年表 406

第一章

十字军运动与历史学家

乔纳森·莱利–史密斯

1095年11月，罗马教皇乌尔班二世在克勒芒（Clermont）主持了一次大公会议。27日，会议临近尾声，神职人员同一些主要来自附近乡下的在俗信徒，聚集在城镇外的一块空地上。教皇向众人布道，并要求法兰克骑士们起誓向东方进发，骑士们将肩负双重重任：解放那些受伊斯兰国家奴役的基督徒，并从穆斯林的掌控下解放耶稣墓地，即位于耶路撒冷的"圣墓"（Holy Sepulchre）。布道结束后，作为乌尔班二世在远征队伍中的代表，勒皮主教蒙泰伊的阿希马尔（Adhémar of Monteil）第一个上前宣誓加入十字军，之后众人一起高喊："神意欲此！"虽然现场的见证者详述了这次集会，教皇的布道不久之后也被记录下来，并以预想中即将到来的胜利加以渲染，但一切都让人觉得这是一场精心策划的戏剧演出。考虑到在初冬组织户外活动的风险，这出戏也算勇气可嘉了。其中，主要演员的表演以及群众的欢呼已经事先布置妥当。

十字军运动以戏剧性的夸张方式开始，这也成为之后该运动的典型特征。教皇与那些他试图鼓动的人出自同一阶级，他必定知道如何利用这些武士的情感。其时，乌尔班二世已年近六十，他之前曾用一年时间从南部到中部穿越法国。远征援助拜占庭帝国的想法在他的头脑中可能已经筹划了许多年，这一想法最终在3月于皮亚琴察召开的协商会议上得以公开表达。这次会议听审了来自拜占庭皇帝阿列克塞一世（Alexius I）的诉求，他呼吁增援以防止突厥人的侵害。在过去的20年里，突厥势力已经席卷整个小亚细亚，并即将接近博斯普鲁斯。来到法国后不久，乌尔班二世一定与勒皮主教阿希马尔以及图卢兹伯爵圣吉尔的雷蒙德（Raymond of St Gilles）商讨了他的计划，他打算让圣吉尔的雷蒙德作为远征的军事领袖。他们的会面并非机密，何况在1095年年初，由36位主教在欧坦（Autun）联合召开的协商会议上已经通过"坚持通往耶路撒冷之路的最高誓言"，这一事实在勃艮第也许已渐成气候。在此基础上，隐修者彼得（Peter the Hermit）作为流浪传教士，在克勒芒协商会议之前提出过类似远征的想法。彼得先天具备吹嘘的才能，比如他前往耶路撒冷朝圣的故事、牧首对他的寄望、耶稣基督的神示，以及为了说服乌尔班二世前去呼吁人们援救耶路撒冷而在意大利与这位教皇的会面。这些传言似乎都源自距离尼尔穆斯捷修道院不远的洛林。远征结束后，他便住在那里。至少在乌尔班二世来到克勒芒以前，流言蜚语想必已在民间四起，初步的规划也在酝酿之中。

乌尔班二世似乎履行了他的誓言，在法国各地，他向人们做远征布道。到了第二年春天，军队已经为第一次十字军东征（1096—1099年）集结完毕，并在1099年7月15日占领耶路撒冷，远征运动达到巅峰。两年后，突厥人在小亚细亚使第三拨十字军遭到毁灭性打击。然而对于当时的人们而言，这场溃败反而衬托出之前的胜利是多么辉煌。

十字军不可能单独监守耶路撒冷，在夺取并占领之后，他们势必要在黎凡特（Levant）[1]建立西方殖民地。迫于压力，行动很快得以实施，

---

[1] 东部拉丁，指小亚细亚和叙利亚沿海地区。——编者注

多路十字军有序组织起来，各项军令陆续发布以确保一切顺利进行。征服运动在1107—1108年、1120—1125年、1128—1129年、1139—1140年，以及1147—1149年分五次展开。其中，第一次成为对拜占庭帝国的首次入侵，并极具毁灭性；而最后一次被人们称为"第二次十字军东征"。与此同时，十字军运动逐步扩展到西班牙。对乌尔班二世而言，从摩尔人（Moors）手中夺回西班牙与解放耶路撒冷同等重要。在伊比利亚半岛，关于远征的宣讲分别于1114年、1118年和1122年举行。当时教皇卡利克斯特二世（Calixtus II）曾提议同时向西班牙和东方国家的异教徒宣战。卡利克斯特二世的倡议经教皇尤金三世（Eugenius III）获得进一步推动。1147年，尤金三世派遣一队十字军前去抵御文德人（Wends）跨越德意志东北边境，同时安排他们到西班牙与亚洲服役。然而，第二次十字军东征以惨败告终。虽然在1187年以前，陆续在西班牙和北欧开展过三次征服运动以及几次小型行动（主要在1177年的巴勒斯坦地区），但各种迹象表明，远征运动在随后的30年间已陷入15世纪以前的最低谷。

然而到了1187年，穆斯林在哈丁（Hattin）战役中取得胜利，萨拉丁（Saladin）占领了耶路撒冷和几乎整个巴勒斯坦地区，随着消息的传开，整个欧洲为之惊愕，一切继而发生改变。第三次十字军东征（1189—1192年）与神圣罗马帝国十字军（German Crusade，1197—1198年）重新赢回了大部分海岸地区，暂时保证拉丁殖民地幸免于难。社会各阶层对远征的热情在整个13世纪重新旺盛起来。百姓的反应体现在儿童十字军（Children's Crusade，1212年）和牧羊人远征（Shepherds' Crusade，1251年）上。与此同时，军事力量正在向东方推进：第四次十字军东征（1202—1204年），路线转向君士坦丁堡，连同希腊大部分地区被十字军占领；第五次十字军东征（1217—1229年），以被开除教籍的腓特烈二世（Frederick II）签订协定赢回耶路撒冷告终[1]；1239—1241年

---

[1] 按传统史学观点，第五次十字军东征结束于1221年，腓特烈二世领导的是第六次十字军东征。作者或许在此处有自己的理解。——编者注

十字军[1]；法国国王路易九世（Louis IX）的第一次十字军东征[2]（1248—1254年），发起于1244年，缘自耶路撒冷的再次失守；最后，这股剑指东方的力量还包括路易九世的第二次十字军东征[3]（1269—1272年），以及1287—1290年的远征行动[4]。同一时期，十字军还在1218年和1249年入侵埃及，并于1270年入侵突尼斯。

1187—1260年，远征运动在西班牙开始复苏，十字军大体扩散到非洲，拉斯纳瓦斯·德·托洛萨（Las Navas de Toloa，1212年）会战以及巴伦西亚（1232—1233年）、科尔多瓦（1236年）和塞维利亚（1248年）的相继光复将运动推向最高点。14世纪早期，再征服运动在西班牙陆续推进，并于1482—1492年再次展开。此后，随着格拉纳达与伊比利亚半岛进入基督教的掌控之内，运动逐渐流向北非地区，并在远至东部的的黎波里建立海岸据点。在波罗的海地区，十字军发起运动以支持在利沃尼亚（Livonia）的传教任务（1193—1230年），此后的征服运动由条顿骑士团（Teutonic Order）接管，并在普鲁士开始了从1245年持续至15世纪早期的漫长征服。其他国家也相继发动了征服运动，如爱沙尼亚、芬兰和波兰。自1199年起，在意大利（主要活跃于1255—1378年）、德意志和阿拉贡地区，十字军成为教皇征讨异端的马前卒。14世纪80年代，在佛兰德斯和西班牙，天主教会大分裂（Papal Schism）也导致了十字军运动。第一批征讨异端的十字军——阿尔比十字军（Albigensian Crusade）主要在1209—1229年活动于法国西南地区；其他类似形式分别在波斯尼亚、德意志、意大利和波希米亚施行，其中最著名的就是胡斯战争（1419—1434年）。此外还有针对希腊人的远征（1231—1239年）——他们曾试图夺回君士坦丁堡；针对蒙古人的远征（始于1241年）；在北欧针对信仰东正教的俄罗斯

---

[1] 男爵十字军（Barons' Crusade），由教皇格列高利九世发动，因大部分参与的领袖为男爵，所以被称为男爵十字军。——编者注
[2] 即第七次十字军东征。——编者注
[3] 即第八次十字军东征。——编者注
[4] 即第九次十字军东征。——编者注

人的远征（始于13世纪）；16世纪针对英国新教徒的远征，即1588年西班牙无敌舰队被英国击败。

尽管如此，远征活动主要集中在东方。1291年阿卡（Acre）被穆斯林攻陷，基督教在巴勒斯坦与叙利亚最后的立足点失守了，这些事件激起人们又一波对十字军运动的热情，人民群众分别在1309年和1320年发起了平民十字军东征（Popular Crusades）。十字军常常向地中海东部航行，其中一支队伍在1390年被派往马赫迪亚（Mahdia）。随着奥斯曼人的势力逐渐对欧洲造成威胁，此后相继有十字军向巴尔干半岛挺进，如尼科波利斯十字军（Crusades of Nicopolis，1396年）与瓦尔纳十字军（Crusades of Varna，1444年）。1456年，虽然土耳其军队在贝尔格莱德遭到阻截，但十字军也受到了沉重打击。1332年出现了新的远征形式——十字军与相关国家势力的联盟，其中1344年与士麦那（Smyrna，今土耳其的伊兹密尔）的结盟当属最成功的。联军在1571年的勒班陀战役（Battle of Lepanto）中取得胜利，并在1684—1697年从奥斯曼帝国手中赢回巴尔干半岛大部分地区。然而，传统的远征形式依然存在，如分别在1535年、1541年和1578年前往北非的十字军。虽然在骑士团国家（Order-state）马耳他，医院骑士团依然拥有军事主权，直到1798年这个岛国被拿破仑攻陷，但从16世纪开始，远征运动的势头已逐渐减弱。

十字军征服运动牵涉每一个欧洲国家，几乎关联生活的各个领域——教派与宗教思想、政治、经济以及社会的方方面面，同时也孕育出其独有的文学。它对西方伊斯兰世界与波罗的海地区的历史产生了深远影响。虽然人们至今依然会用异样的眼光看待这段历史，并把它放在相对边缘的位置，但研究十字军史的学者却从未缺席。现代学术研究的基础建立于19世纪中后期，也是被人们称为远征史研究的黄金时期，它随着第一次世界大战的爆发而宣告终结，之后经历了一段巩固期。显然，史蒂文·朗西曼卷帙浩繁的历史著作以及由肯尼特·塞顿（Kenneth Setton）带领的美国学者队伍，只有在相对稳定的环境下才能充分施展拳脚。后者于20世纪50年代崭露头角，并以威斯康星大学"历史"（*History*）书系为人所熟知。

到了20世纪50年代初，远征史研究的步伐出现了再次加速的迹象。最早的迹象源自对东部拉丁的研究热情，主要由法国历史学家让·理查德（Jean Richard）与以色列学者约书亚·普拉维（Joshua Prawer）重新燃起。理查德与普拉维两人在学术研究的体制内部开展创新工作，扩展了环绕在研究主题外围的大量知识，注重原始历史资料，尤其是法律宪章与条文，并且能够对史料进行独到的分析，脱离了前人相对乏味的研究工作，使该领域研究上升到一个新的高度。虽然从长远来看，这也许是他们最大的贡献，但目前更令人激动的成就其实来自他们研究工作的其他方面。所有研究耶路撒冷王国的历史学者都面临一个难题，即《耶路撒冷法典》（*Assises de Jerusalem*），它对于殖民地而言至关重要，又与现存的史料关系密切。这是一部写于13世纪的法学论文合集，描述了一种受"绝对"封建制度管理的国家状态（假设这种"绝对"状态存在的话），这一制度在1100年左右形成并逐渐固化，延续了将近一个半世纪。20世纪20年代，一位名为莫里斯·格兰克洛德（Maurice Grandclaude）的法国学者仔细查看了《耶路撒冷法典》，从中摘录出与法律有关的段落，他认为这些内容可以追溯到12世纪。他的结论在当时几乎完全被人忽略，然而正是由于他所披露的这些证据，理查德与普拉维才能在此基础之上改写耶路撒冷的历史。毋庸置疑，这部13世纪的法律典籍所展现的僵化的封建国家与12世纪的现实并不相符，而且也没有在13世纪的现实世界中发生。因此《耶路撒冷法典》慢慢失去了权威性，而更像是充满才智但又极具政治倾向性的宣传材料。它也许是由宪法之战的铁杆拥护者编写的，那场发生在巴勒斯坦地区的战争距离这本法典的编写相隔不过几十年。耶路撒冷王国由此开始显得越来越"正常"，虽然带有鲜明的本国特征，但与其他地区的政体及宪法的发展规律别无二致。

这种从宪法角度研究耶路撒冷历史的方法由理查德与普拉维引入，并在学界风行了将近20年。然而到了20世纪70年代中期，这一方法开始让位于另一种看待东部拉丁政治的理路，其先驱者便是汉斯·迈尔（Hans Mayer）。一方面，这是一种对之前观念的抗拒，类似于20世纪30年代在中世纪英格兰研究领域内发生的方法转向。它脱离了"宪法"研究方法中鸟瞰式的切入角度，而是从基层民众与贵族权力的实际运作入手，与制度研究紧密联系。另一方面，这一新的研究路径似乎与当时许多历史研究的学术氛围步调一致，即不再痴迷于大国中心论这一旧有观念，而对社会边缘重燃兴趣。例如关注王室力量是如何在一个分裂的封建结构内部以多种细碎但稳定有效的方式运作的，这已成为近年来研究工作的一个显著趋势。

与此同时，关于十字军意识形态的研究也已展开。学者们对这一领域产生兴趣的原因之一源自其他学科的发展。战时精神病学在第二次世界大战期间取得重大进展，精神压力对个人与群体的影响等方面的知识已经开始向整个社会传播。"英勇无畏"和"野蛮残暴"这种本来对立的词，现在越来越难以界定战争中的行为。从这个角度出发回看十字军东征就会变得更加有趣。此外，还有一些理论主要建立在对战争正义与否的集中考量之上。纽伦堡审判的前提假设是犯罪行为的反人类属性，这次审判是向自然法的回归。服从命令是否能为罪行开脱，这一争论也重新审视了合法政权曾发动的那些传统意义上的正义之战。核威慑理论，伴随着人们对其惩罚相称性的关注开始兴起，将另一个战争正义性的标准，即正当的战争目的推向前台。

虽然人类智慧的发展越发有助于我们对十字军运动产生情感共鸣，有那么多男男女女卷入这场运动中来，然而对这一现象的解释却依然停留在这样的说法：这些人加入远征前有欠考虑，或是仅仅为了物质利益。后者的观点曾得到大力支持，认为远征运动的发起是以经济存续为目的的家族策略（family strategy），这个理由虽然精明，但几乎没多少现实依据。朗西曼仍然可以用道德愤慨的高调为他的《十字军史》做结。

> 远征运动的胜利是信仰的胜利，但是缺少智慧的信仰是危险的……我们的文明在东西方长期的互动与融合中产生，在这一过程中，远征史成为其中悲剧性的一段，充满了毁灭性……其中勇气太多，幽默太少；奉献太多，理解太少。残暴与贪婪诋毁了崇高理想的名声，盲目与狭隘自大重伤了进取心与毅力的威望。"圣战"本身不过是以上帝的名义进行的漫长且偏狭的战争，是对圣灵犯下的罪过。

事实上，认为那些虔诚的民众有着和十字军战士一样癫狂的意识形态，这是失之偏颇的。人们更容易相信他们也许过于单纯以至于不能充分理解自己的所作所为，或者他们受到了土地与战利品的诱惑（无论他们之前是否有过类似表达）从而被动员参军，即便后者很难经受得住现实的质询。所有人都会承认，中世纪的战争开销巨大；同时，大量的史料显示，参与远征的战士及其家庭在财务方面做出了很大牺牲。

换句话说，由于历史学家们憎恨意识形态的暴力性，又不能理解那些本该令人信服的诉求，这使他们曾一度无视事实与证据。他们，也包括我们所有人，都已经忘记了基督教理论中的积极暴力在理智层面的得体性。令人想不到的是，在20世纪60年代南美的解放神学运动（Christian Liberation）中，这一理念得到了复兴。其中部分武装派组织为暴力的使用做出了合理的解释，在这种情况下，反抗甚至成了一种慈善行动，与耶稣对人类的善意相通，同时从道德角度来看又势在必行。十字军史学家突然发现有这样一群同代人，他们情感真挚，信仰虔诚，秉持着与中世纪护教者类似的意识形态立场。至于在讨论参军的物质动员时，无论是泛泛而谈，还是声称证据不足，只需睁大双眼仔细观察，就能看出这些论述的最根本不足。具有开拓精神的年轻一辈开始突出重围，但几乎没有哪个学者会认真看待他们。

许多十字军战士，可能是其中的大部分人，是以其他方式受到动员的，其中就包括理想主义。接受这一观点迫使历史学家重新面对和理解远征的概念。对意识形态领域的兴趣最早源自学者在贫民动员方面的研究，贫民在前期的远征运动中起着重要作用，他们有时会在13世纪和14世纪的群众暴动中联合起来。显然，对平民十字军的兴趣也与20世纪五六十年代典型的群众运动热情相契合，但由于有关他们的记录少之又少，其热度便慢慢降温了。因此，大量的工作开始集中在寻找证据：涉及知识分子、圣典学者与神学家的总结，贵族与骑士阶级内部庞杂的想法与偏见，以及教皇和教士——他们协调前面双方的势力——的讨论。知识逐渐增加，理解慢慢积累，随之而来会产生更多有待回答的问题，这是脑力劳动的本质。在十字军史研究领域有一个主要问题，经过一段时间的休眠之后，过不了多久就会再次浮现，即十字军运动究竟是什么。

我们不得不承认，十字军运动本身并不容易界定。它延续了很长时间，人们的观点与政府的方针政策不断改变。例如，发展十字军联盟的目的曾经是让远征运动适应民族国家的兴起。远征运动牵涉西欧各个地区的平民百姓，他们出自各类阶层，而见地又相差巨大。然而远征运动却能同时感染知识分子与普通民众，因此，我们能够看到最富理性与最原始粗暴的想法同时存在，它们有的来自神学的道德顶峰，有的出于反犹仇恨的幽谷。在这条光谱上，两端的认知彼此碰撞。由于远征运动属于自愿行动，教皇与神父必须将他们的神学理念以大众化的方式向外传播，况且通俗观念与教会官方布道的结合也并不罕见。例如，从技术上讲，远征运动本质上是防御性的活动——基督徒是不允许为宗教皈依而参与战争的，但在草根阶层，人们却认为基督教是强有力的。传教的成分一次次蔓延到远征思想与宣传鼓吹之中。

一次远征实则是一场"圣战"，由教皇以耶稣基督的名义向众人发起，十字军战士中的大部分人随后进行专门的宣誓，以换取世俗和精神上的双重特权，尤其是对罪恶的赦免。这些对远征的认识，历史学家们的观点基本一致。但是在"圣地"以外的其他地方，十字军运动的情形又是怎样的呢？正如我们所见，虽说征服运动由教皇借耶稣基督的名义发起，由发过誓言的十字军引导，同时他们还享有特权，但活动的矛头并非仅指向东方，也发生在欧洲，不单单对抗穆斯林，也与其他异教徒、叛教者、异端势不两立，甚至还包括针对教皇的反对派。难道这些都算作传统语境中的"东征"吗？或者说，是否应该将其他战区与东方战场分开看待？虽然许多历史学家不加解释便采取这样或那样的方法开展他们的研究工作，但这个争论本身一直是一个至关重要的问题。一方面，多元主义者（持宏观视角看待远征运动的学者）会将大量史料纳入考察范围，而传统主义者（以狭隘视角研究远征运动的学者）却不愿把精力浪费在这些材料上；另一方面，如果人们相信教皇们正是通过某种策略来同时应对不同的战场，那么远征政策就会呈现截然不同的性质。所有人都会认同，向东方远征是最高荣誉，这等于为其他远征活动提供了一把衡量价值的标尺，而即使教皇对不同的战场侧重不同，至少它们在性质上类似。还有另一个表面看起来很容易回答的问题——远征发生时，那些当代人又是怎么想的？也许，这一提问是深入问题核心的唯一方法，所有讨论都集中到这一点上。虽然教皇们布道之后，远征便随之开始，但不可否认的是，他们起码在官方层面很少区分各个战场的正统性，很难说清他们与普通教众的意见有多大关联，更麻烦的是，也没有相关史料可供查考。学者当中有一小部分人将目光投向非东方的远征活动，人数不多，而且是否具有代表性也很难说，因为几乎每个人都是出于私心才从事这方面研究的。像枢机主教与圣典学家霍斯蒂恩西斯（Henry of Segusio, Hostiensis）或者巴黎的圣奥尔本斯大教堂（St Albans）的马修·帕里斯（Matthew Paris）这样的高级教士，他们偶尔会为非传统的远征活动布道，从而表达他们的不满。但是此类证据能有多大分量，又怎样与因他们而投入远征的大量教众相抗衡呢？至于远在阿尔比十字军中的瓦尼的圣玛丽（St Mary of Oignies），有的描写表达了对她难以释怀的兴趣与迷恋，特别是维特里的詹姆斯（James of Vitry）所提供的材料。圣玛丽称曾看到耶稣基督的幻象，由于异端势力在朗格多克

（Languedoc）蔓延开来，耶稣向她吐露了自己的担忧；圣玛丽"虽然远离故土，却看到了欢乐的圣天使，他们带领十字军的亡灵前往天堂的极乐世界，不再有任何磨难"。圣玛丽的宗教热情如此饱满，情不自禁地踏上了通向法国西南部的旅程。这样的描述人们又该如何对待呢？

1953年，贾尔斯·康斯特勃（Giles Constable）论证第二次十字军东征中前往东方、西班牙与穿越易北河的军队被当时的人认为是同一总队下的几个分遣队，然而10年后，汉斯·迈尔提出质疑，认为将各支不同的十字军统合起来看成一个运动并不可信。迈尔承认教皇与圣典学家们显然也都是这么看的，但更倾向于认为这仅是一种外交姿态而已。在他的著作《十字军》（*The Crusades*，德语第一版在1965年出版，英语译本在1972年出版）中，迈尔将十字军东征严格定义为"一场旨在获取或维护基督教对耶路撒冷'圣墓'的支配权的战争，其目标可在地理方位上明确标清"。4年之后，赫尔穆德·罗雪尔（Helmut Roscher）公开倡导多元化定义，并在1977年得到乔纳森·莱利–史密斯的附议。在1983年的"十字军与东部拉丁研究协会"第一次会议上，学者们就这一问题展开了激烈讨论。此后，经伊丽莎白·西贝里（Elizabeth Siberry）证实，12世纪和13世纪对非东方远征的批评并不具备代表性；现已成为多元主义主要辩护人的诺曼·霍斯利（Norman Housley）也对发生在意大利的政治活动做出了全方位的分析，阐明它与十字军运动具有密不可分的关系。他还最早论述了14世纪远征运动的整体情况，并成为晚期多元化十字军史研究的第一人。

在本质上，教皇与信众对待远征运动的态度是一样的，多元主义者的首要任务原本是证明这一点，但随着学者对研究工作越发自信，新的观点逐渐涌现，如强调远征活动间的差异与共性同等重要，他们开始着手描绘更具细节的图景。顺着13世纪和14世纪的波罗的海沿岸，条顿骑士团发展出"漫长征服"的活动，不再需要教皇反复、特定的布道。不同于其他地方，在伊比利亚半岛，十字军运动更多由国王掌控，尤其是卡斯蒂利亚王国的历代国王。

与此同时，当学者们就定义问题争论不下时，越来越多的历史学家开始将目光投向西方。对欧洲战场的兴趣部分源于此，但其他因素也许更重要。首先，人们意识到存在着大量未被考究的原始资料，即使是已被大规模研究的12、13世纪史料也没有被充分开发。不论东方的圣殿骑士团、医院骑士团以及条顿骑士团所辖有的战争修道院，还是罗德岛、普鲁士与马耳他这样的骑士团国家，它们都依赖西欧的金钱、物质与人力等方面的资助。即便如此，欧洲骑士团的档案却基本被人忽视，而其中的大部分修士又居住在西欧，这样做就是为了凸显东方骑士团的荣光。至于欧洲骑士团的宗教生活，我们要把这样一个事实作为考察的起点，即不论在巴勒斯坦地区还是罗德岛，军事和医疗服务都并非常态，真正牵涉更多精力的是庄园（estate）管理与世俗生活，其中包括他们在欧洲的封地、特权与区域支配，在这些方面修士们能够得到更大满足。在阿伦·福雷（Alan Forey）、迈克尔·格尔弗斯（Michael Gervers）与安妮–玛丽·莱格拉斯（Anne-Marie Legras）的带领下，自然涌现出一批学者，他们专门研究骑士团在西方的庄园。在政府报告和特许状中，有大量关于十字军的材料，在贾尔斯·康斯特勃之前，这些材料基本被学者们忽视。例如，在第一次十字军东征中，参与十字军的人中有三分之一没有出现在叙述远征的文字里，他们只在特许状中才被提及。

第二个因素是对十字军动机愈加浓厚的兴趣。无须再次强调，对于参与者而言，真实的远征活动艰苦又令人难以适应，充满恐惧且险象环生，同时靡费巨大。对于这些人的好奇已经延续了几个世纪，倒也不难理解。他们脱胎自11世纪的改革运动，该运动势头逐渐扩大，以致完全不顾东方的局势，随即引爆了解放战争。神职人员通过传播福音和组织布道推行远征的动员与招募，学者现正对远征布道——至少是现存的典型案例——开展细致的研究工作。如果说许多十字军战士是受到了理想的感召，那么他们的理想也与那些高级神职人员的理想大不相同。贵族与骑士阶层的想法和企图已经成为现在热议的话题。一些十字军史学家已经将思路转向这些问题，并为未来的研究方向指明道路，他们中有马库斯·布尔（Marcus Bull）、西蒙·洛埃德（Simon Lloyd）、詹姆斯·鲍威尔（James Powell）、乔纳森·莱利–史密斯及克里斯托弗·泰尔曼（Christopher Tyerman）。正如我们所见，在十字军运动早期，家族的倾向，尤其是女性在血亲中的倾向，似乎是一个重要因素；由贵族营建的本地关系网具有举足轻重的影响力，到了13世纪末甚至还在扩大。为迎合社会中家族的逐渐扩张，民间信仰大概成了最早的支配力量，但到了1300年前后，这种信仰慢慢受到骑士精神理念的影响，进而做出调整。

伴随着学者们兴趣与方向的转变，历史研究的时间跨度也在大幅度扩展。在《十字军史》的第三卷结尾，朗西曼只用了40页的篇幅描述了1291年之后的历史阶段，并以1464年教皇庇护二世（Pius II）死于安科纳做结。在最新的英文版《十字军》（Crusades）中，全书共288页，迈尔只用了不到一页的篇幅来描述1291年之后的远征运动。近年来，远征史研究的跨度逐步延至1521年、1560年、1580年、1588年和1798年。这一进步尤其归功于肯尼特·塞顿，他的著作《教皇与黎凡特》（Papacy and the Levant）从1204年的君士坦丁堡失陷开始讲述，以1571年勒班陀战役为结点，为学者提供了大量的历史材料，并成为研究晚期远征运动的敲门砖。现在有一点可以确定的是，十字军运动在14世纪几乎同在13世纪一样活跃，远非如人们所想象的那样已开始衰落，甚至在16世纪以更加惊人的形式再现。虽然算是泛泛地使用这一术语，但早期的现代史学家中偶尔也有人将西班牙争夺北非的战争称作"十字军运动"。塞顿的著作还原了十字军运动的原貌，并在这之后出版了续篇，专门论述17世纪的十字军运动。学者们现已大致掌握了1700年以前的历史材料，尤其是在意大利境内的档案。与发生在地中海地区的西班牙十字军运动相关，圣约翰医院骑士团（Hospitallers of St John）所在的"马耳他教会国"，在神圣罗马帝国皇帝查理五世（Charles V）的指挥下成立了一支先遣部队，用以切断从君士坦丁堡通往北非的海路航线。现已公布出的有关瓦莱塔（Valletta）的兄弟骑士团的档案，揭示出这个非凡小国的历史资料，马耳他成为十字军运动最后的幸存者，直至1798年失守。几个世纪的十字军史几乎被人们忽略，但可以肯定的是，未来会有一大批坚实的学术工作聚焦于此。

在这40年间，不论在这些表层的研究工作之下发生了什么，被人们大体接受的十字军史是大规模的东方远征，尤其是那些发生在巴勒斯坦和叙利亚地区，目的地是东方与拉丁殖民地的运动。1291年之后，历史学家对此的兴趣已逐渐消失，那时人们相信十字军运动已行将衰亡。此后的十字军运动随时间与空间逐渐泛化，其本质已然在7个世纪的历史长河中，以及各种各样的战场间发生了改变。十字军东征曾主要是为了开拓经济、殖民与军事利益，后来的目的则集中在宗教、法律与社会方面。与此同时，人们开始越发关注远征的起源以及原始动力的持续性。

第二章

起　源

马库斯·布尔

近期，他嗜血的程度变得前所未有，与他虐杀同类的行为相比，那些通常让人觉得残忍的屠夫似乎显得温和了许多。他从不对受害者进行因循的罪行审判，也不用剑干净利落地处死他们，而是以各种恐怖的酷刑将他们折磨致死。当在逼犯人缴纳赎金时，不论是谁，他都会拴住他们的睾丸将其吊起来，有时他会亲自动手。犯人的身体常常因重量太大难以承受而撕裂，内脏随之流出。有的人会被拴住大拇指或者私处，悬在半空中，肩膀上捆着石头，他则在下面走来走去。如果勒索未能如愿，他就会用棒子一遍遍打犯人的身体直到他们答应他的要求，否则就使犯人死于酷刑。没有人知道在他监狱的镣铐下到底有多少人死于饥饿、疾病和虐待。

这段生动的描述写于1115年，作者是吉贝尔·德·诺让（Guibert of Nogent），他是法国东北部离拉昂（Laon）不远的一座小修道院的院长。

文中提及的是一位当地显赫的领主，名叫托马斯·马尔勒（Thomas of Marle）。就吉贝尔对托马斯的认知，以上引文只呈现了冰山一角，相同文风的段落比比皆是，游走于现实的阴森与对荒诞事迹的剖析之间，其中交杂着义愤与惊恐，令人目瞪口呆。从第一次十字军东征的角度来看，这段描述十分有趣，因为二人均参与其中。吉贝尔是一部冗长的东征编年史的作家，现存的手稿数量很少，这意味着这段历史在当时没有得到人们足够的关注。然而它对当今的历史学家而言，却是一份宝贵的资源，特别是吉贝尔穷尽事实的努力，即利用深奥的神学术语解读十字军战士的经历（他当时仅掌握二手材料）。就托马斯而言，他是十字军中的一员。在东征过程中，他为自己赢得了极高的声誉。吉贝尔试图歪曲托马斯的名声，称他曾欺诈那些长途跋涉前往耶路撒冷的朝圣者。

托马斯常被归类为11—12世纪猖獗于欧洲的强盗男爵的典型形象，他们未被驯服，并对社会造成威胁，当政府实力微弱而教会的道德教化得不到充分尊重的时候，他们便逐渐发展起来。这成为托马斯的宿命，然而却并不公平。相较于他本人的内心状态，托马斯的症结更多地出自他所处的时代。由于自小父亲粗暴与继母怠慢的对待，他学会了为争取城堡、土地以及他认为应属于他的合法遗产而抗争。值得进一步探讨的是，在远未对社会造成危害以前，托马斯曾积极行使他作为领主的权力，为法国部分区域带来了相对的和平与稳定。此前在这些地方，辖区之间纷争不断，不论王室成员、主教还是贵族伯爵，都与社会的混乱脱不开干系。如若将前面的引文视作一篇新闻报道，吉贝尔对托马斯的描述显然争议十足，并且言过其实。也许这种夸张的风格正是其意义所在，因为它间接地揭示了当时用以判定恶行的一般行为标准。为了有效达到诋毁托马斯的效果，吉贝尔不只简单地描写了他的残忍行径，还提高其程度，突出他的恣意妄为。换句话说，吉贝尔和托马斯，二人以各自不同的方式与十字军运动紧密联系起来，他们都生活在一个行使暴力如同家常便饭的社会之中。

现代的观察者在思考中世纪历史时，不得不做出尽可能大的心理调适，原因也许就在于此。暴力无处不在，影响着人们日常生活的方方面面，比如法律纠纷通常以决斗或严刑拷打的方式解决。在第一次十字军东征前后，犯罪嫌疑人一旦被认定犯有重罪，等待他们的便是死亡或重度残废。这种现象变得越来越常见，不再像传统判决方式那样，重视对受害人及其家庭的赔偿。双方亲属间的怨恨常常越积越深，从而使贵族间的战争很少能得到有效抑制。这些战争会造成恶劣的后果，因为残忍但有效的经济战往往针对敌人的财产发起攻势，包括佃农、家畜、农作物以及农庄。暴力的残酷之处如此常见，甚至具有仪式感。例如，在大约1100年，一位来自加斯科涅的骑士在索尔德（Sorde）当地的一座修道院中祈求上帝帮助他抓到杀害他兄弟的凶手；之后，凶手如他所愿被人伏击，甚至被毁容，样子极度恐怖，手脚被砍掉，生殖器被阉割。人们通过这样的方式摧毁凶手的声望、战斗能力以及未来，让这一切都无法挽回。复仇的骑士坚信他得到了神的协助，为表示感激之情，他向索尔德的僧侣们献上仇人血染的盔甲作为虔诚的供奉，僧侣们也欣然接受了。

　　这个小小的案例足以说明，中世纪的教会不可能把自己与周遭的暴力世界撇清关系。在基督教早期的几个世纪里，教会一直扮演着和平主义者的角色，但逐渐受到社会世俗价值的侵蚀，这一堕落的过程在十字军东征的关键时刻达到顶峰。历史学家曾对这样的说法深信不疑。但是，想以时间顺序描绘出社会价值观的流变并不是一个切实的想法，因为在任何特定历史时期，不论个人还是政府机构，都能够以各种各样的方式应对暴力。人们的反应取决于他们所处的环境。在中世纪的社会环境与暴力之间的关系中，关键的因素是人的抉择。在对行为进行评估的时候，世俗社会本能地对它做出判别。例如，不论是作为起头挑衅的人，还是潜在的受害者，骑士之间的关系足以达到结为世仇的程度吗？在封臣效忠领主的契约中，包含为其服兵役的义务吗？特定罪犯的罪行得到应有的惩罚了吗？而他是由有决定权的官方部门定罪的吗？在同意投降以前，如果不想失去名誉，一个骑士的境况该有多么危险，一个被围困的城堡又是多么绝望？这一系列问题可以继续不断提出，因为人们对暴力的反应受当时的价值观影响，而价值观则总变幻不定。

深厚的知识积累，以及对几乎所有书面材料的垄断，自然使教会相较于普通信徒而言，更有自信处理暴力事件，尤其在理论层面上。虽然如此，但在面对暴力时，它采用的方法却大体相同。最重要的是，对于暴力指数不断提升这样的焦点问题，教会有将它们系统化和同质化的能力。这一能力继承自"罗马法"、《旧约》与《新约》以及早期的基督教神父，特别是希波的圣奥古斯丁（St Augustine，354—430年），由此而产生各类参考术语，并进一步用于分析暴力案件，定夺暴力的性质。判断一个行为的道德正义性不能简单地凭借对客观事件的调查，还或多或少要通过当事人的心态、动机，以及支配该行为的个人与团体的能力等因素来对暴力定性。这个标准立场与圣奥古斯丁有一定联系，并在随后的几个世纪里受到抑制。

教会在意识形态领域有很大灵活性，因此在战争前线，它能够占据利害关系中的主动位置，其中包括那些拉丁基督教世界与伊斯兰世界发生直接冲突的地区。11世纪中后期是拉丁基督教世界不断扩张的阶段。在伊比利亚半岛，北方一些小型的基督教国家开始逐渐发掘安达卢斯这样的伊斯兰国家的政治弱点，其中令人印象最为深刻的成就是托莱多在1085年的收复，该地从此落入莱昂与卡斯蒂利亚国王阿方索六世（Alfonso VI）之手。托莱多曾是西哥特王国的首都，8世纪被阿拉伯人与柏柏尔人入侵并摧毁；西西里的诺曼军阀已经成为南意大利本土的统治力量，并在1061—1091年的30年时间里逐渐扫除了穆斯林势力。教皇基本支持这样的扩张，但他们的贡献对于基督教的胜利并不具有决定性作用，因为在被征服的领土上，教会需要重新整顿，对于这一艰难任务的完成，教皇只寄予鼓励与希望，与此相比，他们本可以做得更多。然而西班牙与西西里的经验至关重要，因为在第一次十字军东征前的两个世纪里，教会的核心掌权者开始将西方世界的演变视作一场宗教色彩浓厚的内部斗争。如果不考虑每个案例的特殊情况，地中海各个战场间存在的共性是从前的基督教地区与异教势力间的角力。因此在7世纪，阿拉伯人虽然在"圣地"横行，但这里迟早会成为教会关注的焦点。

制定政策的高级神职人员总有一天会凭空创造出第一次十字军东征，而在俗的人们也会迎合着自愿参加，但有必要区别看待这两种人。只有制度建立者才能从全景的角度看清地中海范围内的斗争，尤其是教皇。他拥有来自智囊团的支持，能够领会地形地貌的特点，并可以感知悠久的历史传统，从而对基督教世界及其受困的窘境（无论是真实的还是假想的）做出提纲挈领的概述。这一点需要着重强调，因为在1095年之前的几十年里，基督徒与穆斯林之间的武力冲突不断加剧，与远征相关的术语却常常被人错用于各种场合。11世纪的一系列战争其实都能体现出远征的性质，可以看作将远征的基本特征向欧洲人引介的有效"试水"。当时的人们认为，第一次十字军东征也许是这一系列战争的终结，同时也是十字军运动的顶点，但这种想法却进一步强化了人们对这些术语的滥用。然而，这样的解释是站不住脚的。大量证据表明，当时的人们认为乌尔班二世在1095—1096年的远征布道在社会各个群体中造成了不小的震动：布道产生了预期的结果，恰好是因为它不同于之前所做的任何尝试。反穆斯林斗争不容忽视，正在延续与扩大，但在思考远征运动对群众的吸引与召唤时，当今的学者很少从这个角度展开讨论，顶多回到查理曼那个遥远且神话般的世界，以及他的法兰克王国，而非新近在西班牙与西西里发生的事件。

在西方，针对伊斯兰教和与穆斯林相关的一切，欧洲人的仇恨与日俱增，但需要留意的是，他们对第一次十字军东征的反应并非取决于此。刻板印象与误解的确存在：据说穆斯林都是盲目的多神论者，而大量的寓言故事围绕着先知穆罕默德的生平展开。但是此类想法并不成熟，形成一系列逻辑自洽的偏见，以致鼓动人们背井离乡踏上追击敌人的旅程，这不但危险，而且花费巨大。第一批十字军队伍成了最早获得穆斯林生活经验的人，他们更可能是以朝圣的方式前往耶路撒冷，没有携带武器，也不是前去作战的。他们当中的大部分人之前从未见过穆斯林。在逐渐了解敌军的想法之后,十字军成员的心里显然五味杂陈。由于对突厥人的战斗能力印象深刻,他们臆测这个顽强的敌手有可能是他们的远亲,原本来自几个世纪以前一个遗失的部落,经历迁徙,后将目标转向欧洲与基督教文明。这种对敌人饱含赞许的推测并非漫不经心,特别是在这一历史阶段,人们深信性格特征是通过血脉遗传下去的。有关族人血统的故事出自《圣经》与神话中的祖先,这些故事已经进入欧洲历史意识与共享价值的核心。

十字军运动是信仰间的斗争,受到宗教狂热派的煽动,这是大众对十字军东征的通俗认识,至今依然停留在这个层次。这种看法与现代人对宗教的歧视紧密相关,同时也呼应了发生在近东以及其他地区的政治冲突。但就第一次十字军东征而言,这类对十字军的认识需要被驳斥。近几十年来,学者起码将同样的关注度投向发生在西方的十字军运动,其中涉及思想与制度,并不亚于对东方的研究。之前,十字军运动曾一度被认为是西方欧洲历史发展的边缘地带:它由一系列零碎的历史片段组成,里面不乏异域风情和非理性的因素存在,历史意义相对有限。此外,远征史研究往往会受到部分学者的左右,他们的工作大多从东方的基督徒与穆斯林文化这些专业领域入手,这意味着他们的评判标准时常过分严苛。然而现在的中世纪学者愈加倾向于把十字军运动融入更为广阔的西方文明史当中。这种研究方法具备一个关键要素,即对西欧的宗教、文化与社会经验的特点进行全方位考察,这些特点之所以重要,是因为它们能够解释欧洲人对参与十字军运动的热情源自何处。

那么,11世纪晚期的欧洲究竟有哪些特别之处,从而能够使第一次十字军东征成为可能呢?其中一个基本的特征是社会全员军事化,它根植于几个世纪的漫长培养。西罗马帝国经历了缓慢且痛苦的瓦解过程,逐渐分裂出许多独立的政权,它们由贵族家族统治,这些家族通过对土地的管控获得权力与财富,并在战争中维护自己的地位。生活在中世纪的欧洲,人们不得不面对这样一个事实：政府缺少资源、管理方面的人才和有效的沟通渠道，因而不能使一个缺乏共识的社会接受自己的合法性。政府最多只能期望与当地统治精英的力量达成调和。如果能为核心掌权者（通常是国王）与地方军阀找到一个共同的目标，并使双方的合作与各自的利益诉求达到和谐统一，那将是最理想的安排。这类中央与地方间的调和，很久以前曾有过大规模的尝试，而第一次十字军东征前夕的欧洲社会风貌，正是这一尝试之后的遗产。8世纪与9世纪早期，加洛林王朝的历代国王统治着西欧大陆，他们建立了一整套政治系统，用以动员法兰克社会上下发起战争，并逐步向高卢南部、意大利、西班牙与欧洲腹地扩张。伴随着9世纪临近尾声，向他国输送侵略的节奏渐次减弱，一方面是因为好欺负的"软柿子"越来越少，而另一方面则是因为维京人与穆斯林的攻击迫使西欧将注意力转向王国内部的防御和抵抗。与此同时，加洛林家族成员间内战频仍，使整个西方局势进一步恶化。这一切造成了难以挽回的后果，即原本联结国王与地方军阀的纽带——对彼此的忠诚与双方的共同目标——变得松动，不再牢靠。从某种意义上说，对于在经济与军事上占据优势的家族而言，当权力再一次集中在他们手中时，原有的政治生活便会故态复萌。然而加洛林家族的遗产提供了一个重要的附加元素，即贵族成员（统治阶级意义上的"诸侯"），他们仅通过与权力核心之间名义上的联系，便能够使剩余的公共治理机构继续运转。

自20世纪50年代起，史学界逐渐形成了一个新的论点，认为王室权力在9世纪、10世纪的运转不利，可以被看作之后事件（1000年前后20多年间所发生的更加重大的改变）的序曲。由于这一论点（法国的中世纪学者称其为"封建制度的转变"）早已深入学界，并普遍被人接受，因此这里有必要对其进行一番简要的勾勒。大规模的地方政治集团原属于法兰克政体自身的残余部分，根据"转变"的观点，大概从10世纪中期开始，这些政治集团受到各路小型军阀的压迫，这使他们面临分裂的危险，许多军阀不断壮大，发展成为大公在各个地方的代理人。地方领主重复着之前政权分裂的模式，只是规模更小，他们作为地主发展自己的经济实力，作为司法与军事机构发挥剩余的公共权力，并将两者有效结合，不断成长壮大。农民肩负起较以往更加沉重的税赋压力与劳动义务。法庭不再具有公共机构的作用，它只服务于当地的自由民众，并成为贵族私人权力的附庸机构，成为领主的家臣就等于在法庭上拥有了某种特权。城堡的数量与日俱增，这最能体现出领主阶级的全盛景象，尤其在1000年以后。这些城堡大多以木质结构为主，随后石质结构逐步增加，它们相当于赤裸裸的地缘政治宣言，宣告着曾经由古老的法兰克王国掌控的大片领土，现已彻底分裂。

值得注意的是，近些年来，学者开始质疑这个论点的准确性。他们争论这类"转变"学说的根源完全依据人们如何解读9—10世纪的社会发展，而这种解读方式不仅流于简单粗暴，而且太过消极。简单粗暴的方面体现在这种解读将公共机构与个体之间做出过于清晰的区隔，这明显不符合事实；说它消极，是因为它过早地将此后的几位加洛林国王（最后一位国王于987年去世）置于毫无社会影响的位置，这与史料提供的证据相左。显然，对于经营土地的人而言，他们之间的社会与经济地位也有很大差距，有些人受跋扈领主的压迫沦为农奴，其他人则依附在大量土地所有者的庇护下，拥有相对的独立性。诸侯的命运也并非一帆风顺：一些人不得不艰难抵抗来自小城堡主的攻击，如诺曼底（Normandy）与阿基坦（Aquitaine）的公爵以及佛兰德斯与巴塞罗那的伯爵。发生在1000年前后的转变甚至可能只是一种幻象。记录土地与权力转换的宪章是学者们用以研究的最重要史料，然而这些材料明显不够正式，进入11世纪后，其内容变得越来越不着边际。这种公然排斥传统的做法时常被看作一种症候，即将注意力从公共与系统领域，转向临时组建的个体司法组织，伴随这一转变的是广泛的社会与政治反响。但如果经由书面材料所显示出来的变化可以通过其他因素加以解释，那么这种"转变"学说就需要改良了。宪章早已过时，或许在几十年的时间里，它反而一直都在掩盖着社会的变化，已经不适合当时那个不断扩张且越发复杂的世界。总的来说，学者对十字军运动之前历史的研究正在经历变化。近些年，专攻9—10世纪历史的学者总体要比研究11世纪的同行大胆得多，他们敢于重新审视从前的基本历史假设，并对历史文献进行了新一轮的阐释。他们的势头强劲，如同涨潮之水涌向堤坝。

新的解读将在多大程度上影响我们对第一次十字军东征起源的认知，现在预言还为时尚早。甚至当改良带来的所有好处都被考虑在内后，历史学家也没有必要放弃他们对11世纪社会的研究兴趣，特别是其中的一个基础层面——骑士精英阶层的支配地位。在这方面，编年史与特许状中的术语是具有启发性的。到了11世纪，人们已经开始称勇士为"miles"（复数形式为milites）。在古拉丁语中，"miles"的核心意思曾指"步兵"，即罗马军团的支柱，但随着词汇外延的变化，这个词现在只用来指代"骑马的士兵"。在这个变化过程中，"miles"一词还获得了新的社会内涵，它暗指"为获得坐骑、盔甲与武器而支付巨额开销的能力"，这笔开销也许来自对土地资源的剩余产品所进行的开发利用，或是通过为富有领主的服役这类体面的差事。与此同时，骑兵的作战技术也发生了变化。骑士常常将沉重的长矛夹在胳膊底下，矛头向前延展，刚好超过马头。到了第一次十字军东征的时候，这已经成为司空见惯的场景。长矛的重要性体现在许多方面。它能够使成列的骑兵有效利用骑手与坐骑的动能，从而奋力发起猛攻。这一武器强有力的发展得力于严格的训练与配合，同时也提高了作战团队的凝聚力。它还具有象征性，沉重的长矛当然不是骑士唯一的武器，但作为最明显且最适合骑乘作战的兵器，它最能彰显持有者的独特性。负重的骑兵统领着中世纪的战场，由此，他们享有广泛的社会经济地位。

有两类观察方式是切实可行的。首先，不论骑士这个称号在11世纪末进化到什么阶段，当我们对它进行考量时，一定要避免时代错乱的勾连与过分浪漫化的联想。中世纪的骑士称号很容易唤起人们对迷人的骑士形象的想象——风度翩翩，彬彬有礼，才艺高超。特别是跨国的精英骑士团，举手投足间气派尽显，他们自身的吸引力与集体意识形成了一种文化力量，能超越语言、财富与地位的界限。但是，成熟的骑士制度源自12世纪以及之后的几个世纪，在1095年，它还只处于萌芽阶段。我们要认识到，在一个文盲率极高的社会当中，人们大多依靠图像传播信息，然而当时却不存在一套盾形纹章体系可供使用；表现骑士精神的白话诗歌甚至还算新生事物；显然，更不会有统治者设立命名仪式，来巩固骑士间的集体道德意识。大公与领主对称呼都很谨慎，他们一般用"milites"来描述自己的身份，前面从不附加任何浮夸的形容词，这暗示着他们将自己视为社会军事化的一部分，但又不与地位较低的战友存在诚心诚意的联系。在这些身世稍逊的骑士中，有许多人在发迹前三四代都是农民。出身名门的领主与谦逊的"milites"沉浸在他们共享的文化——勇士的坚强体魄、幽默的性格以及高超的马术——之中。其中潜藏着凝聚人心的力量，当十字军的身心面临巨大考验时，这种力量能够帮助他们渡过难关。然而第一次十字军东征绝非充满骑士精神的行动，在之后的几个世纪，人们也许早该认清这一点。

其次，在战争年代，骑兵在社会中的统治地位并没有抹除其他社会成员的贡献。同大部分前工业社会一样，西方的军事组织与广泛的经济、行政结构之间有着密切联系，因此，从这样一种文化和社会氛围中选出一支庞大的骑士队伍，并期望他们能够独立作战，这显然是不可能的。军队需要其他社会人员的支持，如果有需求，马夫、仆人、匠人、军械工以及厨子随时可能成为战士。除此之外，还有擅长使用弓箭与近身兵器的步兵。几乎没有哪个中世纪军队中是没有女性存在的，她们能够满足士兵的各种需求。与此同时，神职人员在其中负责照料军队，并为战役的胜利祈祷。这一观察角度意义重大，它能帮助我们理解为什么人们当时会全员响应第一次十字军东征的号召。当乌尔班二世向众人布道，从而召集解放耶路撒冷的力量时，尽管他在声明中已经说得很清楚了，骑士是他心目中的最佳人选，并且他对许多非战斗人员表示担忧，认为他们反而会成为十字军的负担，但将他们完全排除是不可能的。特意把关注度对准骑士群体的意义在于，一方面，他们是整个西方所能找到的最精良的战士；另一方面，他们能够有效联合各路军事力量，拥有不可撼动的核心地位。

从11世纪中期开始，西方教会突然掀起了一场革命，进而使第一次十字军东征的开启成为可能。自11世纪40年代起，一群改革者逐渐接管了教皇的权力，他们一开始支持神圣罗马帝国的亨利三世（Henry III），后又与他的儿子亨利四世（Henry IV）变成敌对关系。他们认为这是实现他们的计划——消除教会内部对职权的滥用的最好途径。夺取最高权力这一行动似乎再清楚不过了，但改革者的思路恰恰与基督教会内部自我更新的方式相悖。在从前的历史当中，教会的统治集团一直将自己视作与改革的力量相抗衡的角色，尤其是当这股力量源自底层的时候。教会的这种态度常常被人脸谱化为教条的、迟钝的传统主义，但其根源却深植于教会对自身的理解上。天主教徒相信他们的教会并非一个简单集合在一起的团体，不是经由人类的倡议才得以创造，也不是历史演变的偶然结果。相反，教会是“传自使徒的”（apostolic），也就是说，它的存在是上帝的旨意在人类世界的直接与必然的结果，它还是借由耶稣基督与使徒（以及后代的神职人员）之间沟通的渠道。鉴于这种信仰，人们可以正视教会的态度，虽然他们不情愿接受幅度太大或步伐太快的改变，但这是为了全面遵行上帝的旨意。然而，当变革的力量牵涉教会统治集团自身的时候，其潜在影响将变得巨大，这正是11世纪下半叶所发生的事情。

改革者的计划常被人称为格列高利改革（Gregorian Reform），以最具改革热情的教皇格列高利七世（Gregory VII，1073—1085年在位）命名。改革通过两个层面推行，彼此互补。格列高利派设法从几方面解决教会内部的管理问题：道德问题，尤其是神职人员的性行为；教育问题，涉及神职人员履行职责的能力，包括圣事、礼拜仪式以及神父对教友的关怀等；教堂管理问题，涉及在俗信徒对教堂管理的干预，以及教堂内部的人员更迭。改革者在这些问题上的打击对象主要是宗教异端，从而净化教会，使教会能够在宗教仪式中充分起到中介的作用。进一步讲，格列高利派力图实现改革野心的计划也是高度系统性的。同世俗政府一样，教会面临的永恒问题是如何在中央与地方各个层面之间进行有效沟通，使行动协调统一。为了实现这个目标，改革者从多个角度入手，使教会的运行更加顺畅连贯，其中包括教廷使节（他们具备监管与惩戒能力）、教会委员会（会议例行召集所有高级教士）、一部基督教经典法案（该法案经过扩充且得到进一步编排），以及对教皇司法权威的重视。行政改革的成果直到12世纪和13世纪才得以实现。但是在11世纪90年代以前，改革已经迈出关键一步，并在未来稳健发展。一个直接的成果便是教皇乌尔班二世的有效动员，在发起第一次十字军东征的时候，乌尔班能够激发大量来自神职人员与宗教团体的资源、热情与沟通才能，这些个人与组织对教皇的倡议非常敏感，同时可以立即团结起来支持教会的行动。

如果没有那么多欧洲人对承诺自愿参军反响热烈，为远征活动布道的神父原本该是白费口舌的。人们希冀十字军东征是以朝圣为目的的宗教行为，这也正是它吸引人的原因。在现代人看来，中世纪欧洲的宗教文化似乎有些奇特，但我们要牢记一点：那些现如今被人认为是天主教所独有的事物，其实是"反宗教改革运动"（Counter-Reformation）的产物。此外，这个问题所涉及的范围太过宏大。不过，从中单独提取一些关键元素还是可行的，它们能帮助我们解释十字军运动巨大吸引力的来由。人类有对抗罪恶的能力，并同情罪恶造成的后果，这种观念深植于人们的内心，也是人类宗教热情的基本特征。在人类的行为与社会的交往之中，没有哪个方面能免于罪恶的污染，只有少部分人能避免日常生活实践中的种种危险，而这些人生活在纪律森严的非典型社会环境中，如禁欲的神职人员、隐士、修道士或修女，不过他们也只能期望自己不受到一部分危险的侵扰。一般信徒非常尊重并支持修道院团体，因为内在的道德价值被看作人类外在行为的指导。人的内在倾向成为对信仰是否虔诚的最重要表现，在

1100年前后，这种观念在社会中渐成风气，人们对此越来越敏感。但平心而论，人们虽然越来越重视内在价值，但外在的行为也并未受到贬低，至少同思想和语言相比，行为具有同等价值。

当时的人们对外在行为的重视主要体现在两个方面——如何定义罪恶，又以何种方式进行补赎。而在有能力认识到生活中的种种约束之前，人类似乎一直都将以这种僵化机械的方式来理解自己的行为。在社会生活中，人际关系十分紧密，每个人对彼此的思维、情感与行为都有很高的要求，个人在其中几乎没有隐私可言。在这样的社会环境中，对人们一言一行的敏感是再正常不过的事了。为了维护彼此间的纽带，社会团体需要非常严格地约束自己，通过社会传统习俗的力量确定行为规范，并使人相信个人反常的行为会破坏群体的团结，从而强化群体的约束力。社会团体的小世界的内在平衡如果遭到破坏，那便被认为是罪恶。因此，维系社会凝聚力的方式是双重的：一是通过孤立、公开批判以及仪式化的惩戒等方式，让作恶者颜面扫地；二是激发作恶者内心的罪恶感，这种感受是在修士（在11世纪，他们显然是虔诚的"领航员"）的特殊培养下产生的。当时，许多一般信徒对来自群体的压力非常敏感，抓住别人行为的缺陷不放，并且深信他们精神的福祉取决于自身积极的行动。就是在这种社会氛围下，神父们为第一次十字军东征进行了布道。

在中世纪的宗教文化方面，另一个值得注意的特点是对地点的强烈依附。学者能够利用《圣经》中的文字进行寓言式的解释或道德说教，同时又不丢失文字原本的准确性，因此，来自各个阶层的人们可以本能地将宗教的抽象道理与自身的感受相结合。这个思想特征在上千座遍布于西方基督教世界的圣祠中体现得最为明显：在那里，基督教被人格化了，变得可以接近，人们可以看到、嗅到、听到和触摸到它的存在。圣人是11世纪宗教崇拜的中心元素，具有许多功能；教会为罪恶的民众提供救赎的机会，但又宣称进入天堂之门的严苛要求，而圣人们能够协助教会承担这个两难的任务。由于圣人也曾接受道德的教益，因此他们具备洞察人类局限的能力，他们能够扮演天厅审判庭中仲裁人的角色。他们的身体在尘世遗留下来的残骸，以及与他们生活相关的物件都是美德的体现，信徒可以从中汲取这种有益的精神力量。从理论上说，圣人并不受地理空间的限制，但人们深信，在保留他们遗物与记忆的地方，周围都聚集着圣人美德的力量。再则，思想与地点的紧密关系也被用在了耶稣基督的身上。前往耶稣基督曾经生活、死亡并埋葬的地方朝圣，被认为是一次难得的宗教体验，值得高度赞扬。在11世纪，欧洲中部的沟通往来增多，意大利在地中海的海运交通不断扩张，这意味着，相较以往，越来越多的西方人有能力踏上通往"圣地"的旅程，满足自己的朝圣热情。因此，当1095年乌尔班二世在克勒芒为第一次十字军东征布道的时候，宣称要回归朝圣的传统，这显然不足为奇。他声称许多人曾去过东方，或是起码认识一些这样的人。据我们所知，乌尔班二世还在布道中引用了突厥人玷污"圣地"的恐怖故事。不论它们是真是假，这些故事都具有强烈的刺激作用，因为当时的人们常常将虔诚的宗教话语同某个具体的地理空间联系在一起，而这些故事恰好有效地利用了这一点。

发生在圣祠的奇迹故事有许多都流传了下来，这些故事为民众的宗教情感——尤其在乌尔班二世为远征布道的年代——提供了线索。其中一个例子来自位于法国东北部贝尔格修道院（Monastery of Bergues）的圣温诺克（St Winnoc）圣祠。有一点需要说明的是，我们所分析的是一份文字材料，是在已知的一般类型的基础上撰写的奇迹故事。这意味着这些事件不可能像故事中所描述的那样如实展现，即便这些文字也许是以事实为依据的。这个故事的真正意义在于，通过对现实的理想化描述，能够使我们更容易理解当时人们真实的态度与行为。这个故事如下：在初夏的五旬节（Pentecost）期间，民众大量涌向修道院的教堂，一些是本地人，其他人则因圣温诺克的名声慕名而来。一天，在教堂的正厅，当信徒们争相挤向圣祠的时候，一个双目失明的小女孩被独自丢在了大厅的后面。之前，众人曾把她当作某种神圣的吉祥物看待。于是人们手手相传，将小女孩送到队伍的最前方，那里展示着圣温诺克的遗物，它们被放在一个轻便的圣髑盒中。这时，人们朝天仰望并祷告，期望借助圣人的求情，上帝能够让这个小女孩重见光明；如若神迹出现，往后他们愿意更勤于参加教堂的活动。突然间，小女孩全身抽搐起来，眼窝流出大量的血；过了一会儿，她向众人宣布自己复明了。

　　故事中的一些元素涉及当时的宗教文化，而正是这种文化激发了人们参与十字军运动的热情。在这个故事中，信徒的行为格外引人注意，它体现出常规宗教行为的群体本质。小女孩当然是故事的中心，但这群信徒能够在紧要关头参与其中：首先，他们选择小女孩作为关注的焦点；其次，在他们的共同努力下，小女孩受到了圣温诺克美德的感召；最后，他们合力祈求圣人的神助。这一幕在教堂中上演，进一步巩固了信徒间已有的凝聚力。在故事中，我们能感受到本地人之间强有力的纽带。同时，这一幕也建立了一种新的群体认同感，它将本地人与来自远方五湖四海的朝圣者紧密地联系在一起。此外，故事中的修士也并非只是旁观者。正如故事本身所示，它描述了虔诚力量的自然流露，这股力量来自一般信徒。然而，我们有理由假设，这股虔诚的力量也许源自修士们的劝导，甚至这台戏可能都是他们在背后串通好的。如果进一步考虑事件所发生的时间与地点，那么更加可以看出贝尔格修道院的修士们是在有意创造条件，使信徒的宗教情感受到刺激，并获得指引。事实上，当奇迹发生的时候，圣髑盒被人替换了，这恰恰强化了这一论点：信徒们激昂的情感是被逐步建立起来的，直到它在关键时刻爆发。信徒的情绪一经唤起，便能够持续保持在较高的维度，并向周围的群体传递，从而达到巩固信仰的目的，而传递的方式依然是利用信徒当时情绪（或激动或痛苦）的趋势，通过感情的自然流露得以实现，这类做法在当时非常普遍。故事的作者非常了解信徒的情绪，当他描写普通信徒的时候，他们祷告的声音嘈杂，与唱诗班中修士秩序井然的圣歌形成鲜明对比，而正是信徒的情绪突出了双方的反差。在这里，我们通过"显微镜"所看到的其实是11世纪教会的运作。一般信徒与神职人员双方处在相互促进的关系之中，各自扮演着独特的角色（在故事中通过空间距离——教堂正厅与唱诗班来象征两者的关系），但在宗教仪式这个统一的环境下，双方同时将注意力聚焦在一点上（圣祠、圣髑盒与圣温诺克），并为接下来即将产生的情绪做好准备。

信徒向上帝许诺，如果奇迹出现，他们将比以往更虔诚。这似乎是故事中一个令人不适的因素。在某种程度上，这是讲述此类故事的传统做法：作者需要把一套合理的因果关系压缩进一个更加漫长的流传过程中去，在了解故事的过程中，人们对圣温诺克的狂热才能渐渐扩散，并与本土信徒的宗教习性融为一体。但在众人的许诺背后，潜藏着一般信徒内心更深切的情感诉求——找到自己宗教情感的依据。例如，吉贝尔·德·诺让曾讲过一个故事，几个骑士向一群来自拉昂的教士大胆提出，要得到圣母马利亚（Virgin Mary）的圣治（miracle cure）；教士们有些胆怯，因为圣治的受益人——一个青年哑巴——似乎已无药可救。然而此时神迹出现，年轻人开始说话，而旁边的骑士一个个都羞愧无比，并承认了自己的鲁莽。吉贝尔讲这个故事的目的在于赞美圣母马利亚，并向众人展示马利亚在拉昂的遗物是真实可靠的。但同贝尔格修道院奇迹的作者一样，吉贝尔在故事中含蓄地指出了神职人员的焦虑，即一般信徒对回报的迷恋。当宗教融入信徒的日常并成为生活中发生的惯例，他们期望通过宗教来解决个人的种种问题，比如物质方面的困难、内心的焦虑，甚至他们的好奇心，这些问题是否能够得到令人满意的处理，进一步决定了他们投入宗教情感的程度，而这种情感的投入程度深浅不一，使得宗教信仰在一般信徒那里的发展趋势令神职人员深感忧虑。

这两个故事中所暗含的担忧被现在的学者利用，他们认为中世纪一般信徒对宗教的笃信是肤浅的，顶多只是在心理与社会的刺激下获得的文化矫饰。然而，这样的认知仍然值得怀疑。何为真正的宗教信仰？学者为这个问题所设定的标准已经过时，这是他们错误的根源，因为他们的标准是基于信徒行为的虔诚程度，然而当今却是一个已然经历了宗教改革运动

（Reformation）的世界，社会上下在宗教方面崇尚的是多元主义。另一种观点认为中世纪的信徒的确拥有狂热的宗教热情，但这种热情只有通过异教遗产才能得到充分满足，它们是从前基督教时代存活下来的，包括吉祥饰物、护身符、巫术、占卜术等，显然，相较于教会所能提供的，这些异教遗产更加直接，也更容易被人信服。这个观点的错误在于，当中世纪教会的能力——将其信仰内化到他人的行为之中的能力——被判断的时候，使用的却是后世的标准。生活在11世纪的人们在历史长河中并非异数，他们对宗教不可能一生都维持一个虔诚的水准不变：不论在什么样的宗教环境，或是哪个时期之中，各种疾病的发生、老年岁月的到来、个人际遇的沉浮，以及家庭内外的矛盾与危机，常常促使他们将希望寄托于宗教崇拜。这才是常态。真正重要的是宗教情感的基础水平，也就是大部分人在大部分时候所享有的宗教情感，它能在文化方面为我们提供稳定的参照。如果遵循这个标准，第一次十字军东征之前的欧洲社会，将在我们面前呈现为一个彻底的基督教世界。

　　神职人员对一物换一物的宗教心态格外敏感，但从积极的方面来看，这也可以解读为教会实力的体现，毕竟贝格尔修道院的信徒所期待的那类互惠的行为不仅稍显反常，也偏离了教会官方积极宣传的基本原则，即俗世与来世之间的关系是由因果报应支配的。在第一次十字军东征期间，教会教导世人通过补赎的方式，补救犯下的罪恶，至少理论上如此。一般信徒补赎的方式通常是阶段性禁欲或禁食，或者打破常规的行为惯例，例如，悔罪者不能上战场打仗。许多人将朝圣视作补赎行为。有一点值得注意，作为凡夫俗子，仅凭自己的微薄之力，在不借助上帝无限恩惠的情况下，是否能够洗清罪恶。当逐渐意识到这一点之后，人们的态度便开始发生改变。但仅仅将补赎行为当作内心懊悔的象征性表现，只要通过了神圣赦免（一种在现代天主教会中施行的制度），罪人便可以得到谅解，这种想法尚未出现。在11世纪的最后几年，信仰的地位仍然不可撼动，悔罪的行为足以洗清罪恶。

虽然如此，但这并不能解释为什么第一次十字军东征具有强大的号召力，乌尔班二世确信这次行动不仅耗资巨大且旷日持久，是对人身心的严酷考验，完全算得上是一次"彻底的"救赎机会，能够解除十字军成员所坦白的一切罪恶。乌尔班二世很清楚听他布道的民众心里都在想什么。乌尔班二世出生于法国香槟地区，是一个地位并不显赫的贵族后代，在供职教廷前，他曾相继服侍于兰斯大教堂及勃艮第著名的克吕尼隐修院。他的背景使他能够理解一般信徒复杂矛盾的宗教情感。有足够的证据证明，一般信徒对自己的罪恶性有着清晰的认识。例如，他们会踏上艰苦的朝圣之旅，或者会向修道院的修士与修女们捐款。在他们心里，修士与修女最接近于那个无法抵达的理想。这些人的行为不带有丝毫罪恶的痕迹，几乎永远是清白的。然而不可避免的是，一般信徒深陷于世俗世界之中，每天要面对许多问题与困扰，也就是说，让他们参与所有的补赎活动是不可能的，因为太耗时，并且会打破他们日常的生活秩序，尤其当个人的不端行为逐渐增多，补赎的行为就更难跟上步调了。远征的消息斩断了戈尔迪之结[1]（Gordian Knot）。对于一般信徒而言，这次远征似乎是为他们量身设计的，它更像是一次精神之旅，特别是那些部队中的精英人士，他们的罪恶简直无以计数且声名狼藉。正如吉贝尔所精心描写的那样，一般信徒渴望得到救赎，他们不想就此放弃惯常的救赎形式，并希望将自己的救赎本能引到正确的方向，即顺应社会对人们根深蒂固的宗教熏陶。

远征布道以这样的方式呈现，其效果令人振奋。乌尔班二世的巡回布道使影响力进一步加强，从1095年秋至1096年夏，他分别在法国南部与西部进行布道，呼吁人们参与远征运动。作为一位显要的官方人物，乌尔班二世出现在几十年未见过帝王的偏远地区，为教堂与祭坛祝圣，教皇所到之处均受到极大的关注，他在各个地区都精心准备礼拜仪式，令当地百姓倍感荣耀。由此再一次证明了宗教仪式与群体的热情之间的密切关

---

[1] 西方传说中难解的绳扣。——编者注

系。各大中心城市变成了临时基地，包括利摩日（Limoges）、普瓦提埃（Poitiers）、昂热（Angers）、图尔（Tours）、桑特（Saintes）与波尔多（Bordeaux），而乌尔班二世曾两次去过普瓦提埃。这些地方的优势是那里的教堂都极具威望，一直都是当地宗教活动的中心。现在，这些教堂连同乡村的小教堂，成了征兵的主要场所。在那些教皇的行程没有覆盖到的地方，当地神父积极地呼吁本地的信徒，让他们对远征产生热情。在所有呼吁征兵的人当中，教士似乎是最积极的——许多现存的资料显示，远征战士在临行前会回到修道院，希望可以再次得到精神的保障与物质的援助。在法国、意大利和神圣罗马帝国西部，十字军运动的热情最为强烈。不过，在整个拉丁基督教地区，倒也没有哪个地方是没有受到十字军运动感染的。有一位历史学家的说法令人难忘：在整个西方，一根非常敏感的神经被挑动起来。证据相当明显，在1096年，从春季到秋季，数万人踏上征途，只为一个目的——解放耶路撒冷。

第三章

十字军运动：1096—1274年

西蒙·洛依德

克勒芒宗教会议与教皇的远征号召圆满结束之后，乌尔班二世在法国一直待到1096年9月。之所以延长逗留的时间，不仅是出于十字军东征计划本身，更重要的是，他需要领导这个刚刚处于形成阶段的活动，并提供相应的指导，毕竟第一次十字军东征基本属于他个人的发明创造。他分别与勒皮主教阿希马尔和图卢兹伯爵雷蒙德四世（Raymond IV，即圣吉尔的雷蒙德）通信，委任前者为军队中的教廷使节，并想让后者担当在俗领导人的职位。在1096年，乌尔班二世与雷蒙德四世相互来往至少两次。他敦促法国各地的神父为十字军运动布道，同时，正如我们所知，在法国逗留的这几个月中，乌尔班二世本人也身先士卒，分别前往法国南部、中部和西部的各大中心城市宣传十字军运动。他还向法国境外地区派发信函与大使，都是为了管控人们对他布道的回应。

乌尔班二世计划十字军基本由骑士与普通士兵组成，后者在军事方面用处极大。然而，随着乌尔班二世在克勒芒为十字军布道的消息传遍整个西方，来自社会各个阶层与职业的男男女女纷纷要求加入十字军运动。在军队的人员方面，乌尔班二世完全失去了控制局面的能力。这直接导致了发生在法国北部与莱茵兰（Rhineland）地区的骇人听闻的暴力事件，这次冲突是针对犹太人的，它成为之后几个世纪以各种形式呈现的一系列反犹活动的始作俑者，这些反犹活动都与十字军运动息息相关。军队由许多不同的社会群体组成，其中有许多并不在乌尔班二世的设想之内，他更希望这些人待在国内，尤其是那些城市与乡村中的穷苦百姓。

这些人由隐修者彼得和沃尔特·桑斯–阿瓦尔（Walter Sans-Avoir）带领，他们是最早集结的一群人，并在1096年春天出发。一般传统上称他们为平民十字军（People's Crusade），但事实上，他们只不过是一些独立的团伙，由穷人组成。他们缺少基本的供给与装备，即使当中偶尔会出现骑士，甚至也有骑士领导他们的情况。从法国北部出发，沿途经过低地国家[1]（Low Countries），特别是莱茵兰与萨克森，他们试图抵达君士坦丁堡，但许多人没能坚持到那么远的地方。他们不得不四处寻觅食物，但由于缺乏纪律，且天性蛮横粗暴，这些人自然受到当地官方的警惕，其中，拜占庭人对他们格外戒备。暴力冲突不可避免，许多人因此丧命。经历千辛万苦到达君士坦丁堡的人，在1096年8月匆忙乘船横渡博斯普鲁斯海峡，之后这群人被分为两组分头行动。一组企图夺取尼西亚（Nicaea），行动以失败告终，在突厥人的围攻下，这组人马基本被全部歼灭；同年10月，另一组在靠近西弗多托（Civetot）的地方遭遇埋伏与大规模屠杀；苟活下来的人逃回君士坦丁堡，加入了第二拨十字军中。

作为远征的支柱性力量，这支队伍由各自独立的小分队组成，由一个或几个领主率领，它代表着高效高能的军事力量，完全符合乌尔班二世和拜占庭皇帝阿列克塞一世的期望。分遣队中的主力军包括由图卢兹伯爵雷蒙德四世率领的队伍，它也是人数最庞大的一支；此外，还有由下洛林（Lower Lorraine）公爵布永的戈弗雷（Godfrey of Bouillon）与

---

[1] 指令荷兰、比利时地区。——编者注

布洛涅的鲍德温（Baldwin of Boulogne）两兄弟率领的队伍，由韦尔芒（Vermandois）伯爵于格（Hugh）率领的队伍，由诺曼底公爵罗贝尔二世（Robert of Normandy）、其堂兄佛兰德斯伯爵罗伯特二世及其小叔子布卢瓦伯爵艾蒂安二世率领的队伍；最后，还有由塔兰托的博希蒙德（Bohemond of Taranto）和他的侄子坦克雷德（Tancred）率领的队伍，主要由意大利南部的诺曼人构成。戈弗雷、博希蒙德、鲍德温与雷蒙德四世后分别成为耶路撒冷王国、安条克公国、埃德萨伯国以及的黎波里伯国最早的君主。他们在1096年夏末起程前往东方，并于年末及次年年初逐步在君士坦丁堡会合。当耶路撒冷在1099年7月15日被十字军成功攻陷，历时两年多的艰难旅程终于宣告结束。整个过程令人难以置信，在凶多吉少的情况下，尽管经历可怕的折磨，且物资匮乏，特别是在持续围攻安条克期间（1097—1098年），他们最终成功收复了"圣地"。难怪当时许多人把这次胜利视为奇迹。

十字军获得的惊人成果在一定程度上激励了人们组织"第三拨"军队，这也就是1101年的十字军东征。但在那个时候，没人能预料到乌尔班二世所设想的只不过是这"一次"远征，也不可能想到远征运动会被应用到除"圣地"以外的其他地方，并用以反对非穆斯林的敌对势力。简言之，十字军运动已经成为中世纪晚期西方文化的组成部分与关键特征。

就前往东部拉丁的远征活动而言，1099年以后，定居者们所面临的政治环境愈加依赖十字军东征，人们希望远征活动能够再次得以召唤和委派。一种模式在12、13世纪逐渐建立起来，由于在东方所遇到的困难促使人们向西方寻求援助，这些请求经教皇同意，便可以通过十字军的形式兑现，虽然并非所有的援助都要这样解决，而且东方人也并不总是呼吁发起十字军运动。这个模式涵盖了大部分主要的十字军运动——也就是传统上被人编上序号的十字军活动（如第一次、第二次十字军东征），同时还包括大量次要的、不为人所熟知的十字军行动。经现代学者的考察研究，后者的规模并不亚于前者。这也让传统的编号命名方式显得陈旧过时。东方的局势不断恶化，使这一类远征布道的形式在整个12、13世纪盛行不衰（虽然所有的十字军布道都以号召战争为目的）：首先，布道中要提出改善拉丁定居点的状况，之后呼吁重新赢回对这些地方的控制。这种布道形式的出现主要源于历史上基督教世界的两次失守——1144年埃德萨伯国被穆斯林的赞吉王朝（Zangi dynasty）首领攻陷，以及1187年耶路撒冷王国沦陷于萨拉丁之手。第四次十字军东征臭名昭著，正是它导致了君士坦丁堡的陷落，在这之后，为援助君士坦丁堡的拉丁帝国（1204—1261年）而发起的十字军运动依然遵循这个模式。然而，这些十字军大体针对的是拜占庭人为挽回1204年的损失所建立的尼西亚帝国（Empire of Nicaea）。

还有一点需要着重强调，即十字军运动在方法与战略上的转变，尤其牵涉军事后勤方面。正如我们所知，第一次十字军东征采取陆上路线前往巴勒斯坦地区，途经拜占庭帝国，而由法国国王路易七世与神圣罗马帝国康拉德三世领衔的第二次十字军东征（1147—1149年）照样重复了这条路线。神圣罗马帝国"红胡子"腓特烈一世的第三次十字军东征（1189—1192年）是这类方法的最后一次尝试。之后的君主逐渐明白这个策略是行不通的，于是英格兰的理查一世与法国的腓力二世采取水路，穿越地中海到达"圣地"。此外，从第三次十字军东征起，十字军的目标开始变得多样化，除在东部拉丁开展宗教与政治运动外，埃及成为另一个被关注的焦点。不过，将埃及作为远征目标是很敏感的，由于埃及本身物阜民丰，而在萨拉丁所建立的阿尤布王朝的统治下具有极高的政治重要性，这意味着，如果埃及的势力被削弱，甚至被侵占，那么夺回东部拉丁就更易如反掌。第一个抱着这一目的而发起的远征活动便是第四次十字军东征（1202—1204年），但它最终还是将矛头转向了君士坦丁堡。第五次十字军东征（1217—1229年）的第一站就是埃及的达米埃塔（Damietta），但当军队沿尼罗河朝开罗方向行进的时候，遭到了毁灭性打击。法国国王路易九世发起的第一次征服（1248—1254年）也遭遇了相同的命运。

1270年，他发起了第二次征服，这被认为是1300年以前的最后一次大规模跨国远征。同年，路易九世死于突尼斯。

13世纪，确实有一些远征活动是直接向"圣地"航行的，但是，正如之前所说，远征运动并非一定与这个地方绑定。事实上，必须强调的是，就在1096年，当十字军正在前往耶路撒冷的途中时，乌尔班二世毫不含糊地准许，甚至是催促加泰兰（Catalan）贵族转向西班牙去践行他们的诺言，他们原本是起誓向东方远征的。为了让这些贵族回程去援助塔拉戈纳教堂（church of Tarragona），教会许诺他们在尘世的罪恶将会得到宽恕。十字军运动在其创始阶段，就已经被同一位教皇同时用作在地中海两岸抵抗穆斯林的手段。鉴于这一先例，在第一次十字军东征之后，从1114年与1118年的十字军活动开始，西班牙迅速成了十字军活动的主战场之一，这当然不足为奇。正是由于这一阶段以及此后的十字军活动，伊比利亚半岛上的"收复失地运动"（Reconquista）的本质与步调发生了根本改变。

同样不足为奇的是，在西方基督教世界的其他各大战场，十字军运动很快被用于抵抗外族。尤其值得注意的是，十字军运动扩展到德意志北部与东部地区，涉及德意志本土人与斯拉夫异教徒之间的纷争。1147年，教皇尤金三世首次将萨克森人（Saxons）与文德人之间的战争升级为十字军的形式，虽然在这之前的1108年，官方就已经试图使用十字军布道的辞令来招募新兵了。随着德意志东进（Drang nach Osten）的持续推进，远征运动向越来越远的地方展开，越过易北河，沿途经过许多波罗的海国家，其中包括波美拉尼亚（Pomerania）、普鲁士、利沃尼亚、爱沙尼亚、立陶宛与芬兰。在南方，蒙古人在1241年突然对欧洲发起猛烈的入侵，非常不幸的是，波兰人与匈牙利人首当其冲地成为这次突袭的受害者，这在同年导致了一系列针对蒙古人的十字军运动。13世纪末期，人们对待远征的态度有所转变，这时，一种新的趋势慢慢浮现，即各国形成联盟，共同对抗穆斯林。

除此之外，还有另外两种十字军形式存在。这两种形式在当时就争议颇多，至今仍然如此。第一种形式发生在西方基督教世界内部，用以阻挠教皇的政敌，力图肃清他们的支配力量。教皇英诺森二世（Innocent II）大概是采取这种远征形式的第一人，他与西西里国王罗杰二世（Roger II）之间纠纷不断，并在1135年发起十字军运动。这里的证据并非确凿无疑，但却能标示出一种思路与政策方向。在11世纪晚期，改革派教皇向他们的对手——尤其是德意志国王亨利四世发起"圣战"，而我们能在其中找到这种思路与政策方向的根源。无论如何，在1199年，英诺森三世（Innocent III）也发起了十字军运动，这次确信无疑可以作为此类远征形式的第一例。这次远征是为了抵制马克瓦尔德·德尔·安维乐（Markward of Anweiler）及其在西西里的同党，他们反对教皇在意大利的政策。先例一经确立，之后的"政治性远征"便陆续学样跟上。例如，在英格兰就发起了这类"政治性十字军"运动（Political Crusades，1216—1217年），以抵抗两方势力——英格兰本土的造反派与他们的法国同盟，前者逼迫英格兰国王约翰一世承认《大宪章》的合法性，而后者则由法国大公路易职掌，1215年年末，法兰克的"狮子王"路易代替约翰一世成为英格兰国王。和西西里一样，英格兰当时已经成为教皇的封国，在1213年约翰一世归顺英诺森三世之后，国王便成了教皇的封臣，因此，当教皇动用武力将矛头指向封臣内部的反叛者时，这种行为可以得到正当的解释。在所有这一类型的远征之中，就其所造成的政治后果而言，最具影响力的是针对意大利与德意志的霍亨斯陶芬家族（Hohenstaufen）的十字军运动。腓特烈二世与教皇之间的争斗非常激烈，以至于在教皇看来，是腓特烈二世在1239年第一次向他们发起十字军运动的。腓特烈二世当时已经控制了西西里与意大利南部地区，并刚刚挫败教皇在意大利北部的同盟。1240年年初，他甚至向罗马提出挑衅。在1250年腓特烈二世死后，依然有进一步的十字军运动指向他的继承者们，霍亨斯陶芬王朝处在风雨飘摇之中，直到1268年，最后一代君主康拉丁（Conradin）被抓获，不久后便被处决。

1199—1240年，在十字军史上是一段非常重要的时期，因为在涉及利用十字军作为反抗政敌的手段方面，教皇权力内部已不存在任何禁忌与顾虑。这一时期还见证了远征的另一种形式的分支，即对抗异教徒的远征活动。这种行动同样具有清晰的预兆，尤其在英诺森三世时期。在外人的鼓动下，这位教皇终于在1208年发动针对清洁派（Cathar heresy）的十字军运动。该教派拥有众多拥趸，主要分布在法国南部，在当地教众心目中地位稳固。阿尔比十字军在历史上臭名昭著，它断断续续地开展了20年之久，都没能根除异教，反而对朗格多克当地的文化、社会与政治造成了严重破坏。与前一种形式相似的是，一旦开了先河，之后利用十字军对付异教徒的模式就容易许多。例如，1232年讨伐德意志斯特丁根异教徒（Stedinger heretics），或1227年和1234年讨伐波斯尼亚异教徒（Bosnian heretics）的十字军行动。

总而言之，就如何利用十字军而言，从第一次十字军东征开始，我们能够为远征运动确认并勾勒出一个清晰的演进过程。乌尔班二世认为，将被穆斯林压迫的地方与人民拯救出来，不论在西班牙还是在黎凡特，两者都没有太大区别，都是基督教价值的体现，而他认为在这两个战场，远征都是最行之有效的解决方式。乌尔班二世的继承者们提炼出这个逻辑，并把它扩展到其他反对教会的势力头上。随着远征实践的演进，第二次十字军东征的规模就已说明这一趋势，这在西方战争前线的地图上清晰可见：运动分别在西班牙、葡萄牙、欧洲东北部以及叙利亚同时进行。在教皇英诺森三世时期，还出现了另一个突破——远征第一次被用于对抗异端以及教会的政敌。这两类人均被视作压迫基督徒与"母教会"（Mother Church）的势力，双方所动用的机制、情感与意象几近相同，且逻辑自洽，都用于教皇通谕，从而发起十字军运动，不论是针对穆斯林、斯拉夫人或蒙古人，还是用于反对霍亨斯陶芬家族或清洁派。内部敌人所造成的威胁一点都不亚于外部的，事实上，正如教皇时常强调的，他们也许更加危险。因此，面向这些敌人展开的运动，要比前往"圣地"的十字军运动重要得多。十字军作为教皇军火库中最致命的武器，被越来越频繁地投入使用，不论火力朝向什么人或什么地方，只要教皇觉得合适即可。到了13世纪中期，这种情况无疑已成为现实，但需要强调的是，对于十字军的这种发展趋势，当时的人们早已怨声载道。教皇的政策与民众的意见是两码事，要分开来看。

如果我们将远征运动视作穿梭于时间与空间的移动靶，在这个过程中，与其密切相关的是它所针对的目标（地点与人物）；那么，同样地，如果将其看成一种社会制度，在内容、物质基础与组织结构方面，情况依然如此，即它处于流变之中。这一点在十字军战士所享有的特权方面清晰可见，其中包括宗教与世俗两方面，从中我们能看到一个总体的变化趋势。例如，以何种方式激励人们对十字军的热情，如何宣传与布道，怎样合理组织远征，以及怎样得到资助。在这一历史阶段的末期，远征运动已经演变成一项复杂的生意，正如当时的人们对它的描述——"十字军生意"。以下将分几个层面对其进行探讨。

宣传与布道

教皇要对原本尚存疑问的十字军运动计划发出声明，这是十字军运动宣传的核心，因为只有教皇具备必要的权威来宣告开启十字军运动，并向十字军提供精神与物质方面的特权。然而，单单发出声明不足以调动人们参与远征，还需要采取其他的措施。根据一份克勒芒宗教会议的报告显示，乌尔班二世事先将所有的高级教士聚集在一起，指示他们在各自的教区为十字军运动布道，他自己则在法国逗留期间巡回布道，他还委托专人在特定地点讲道。证据显示，乌尔班二世的期望并没有在实践中得到彻底落实，因为高级教士在他们的教区并不具备宣传十字军运动的便捷途径——基督教会的管理结构还很原始，并且缺乏一份正规的十字军运动通谕。布道本身正处在萌芽阶段，大部分神职人员对此不太熟练。不过，第一次十字军东征还是提供了一个模板，虽然尚未成熟，但通过传播教皇的声明与地方神职人员的布道，可以将呼吁远征的效果最大化。因此，这个模式得以在12世纪和13世纪逐步发展，慢慢细化。下文将对这些问题逐一展开论述。

第一次十字军东征并没有正式的教皇通谕。这看上去有些反常，因为其他大部分远征是通过教皇通谕才得以发起。1145年，教皇为第二次十字军东征发出了一封名为《吾等之前辈》（Quantum praedecessores）的通谕，由此，教皇通谕这一形式最终得以确立。通谕需要解释发起远征的理由，宣告对信众加入十字军运动的规劝，以及说明十字军可以得到的一系列特权。克莱尔沃的圣伯尔纳铎（St Bernard of Clairvaux）曾受命为十字军布道，从他的往来信件以及其他证据中我们能够看到，显然，教士需要全面贯彻教皇通谕，但在具体操作方面，传播可能相对无序，并缺少周密的计划。直到在亚历山大三世（Alexander III）期间才第一次尝试在地方层面系统性地传播十字军通谕，特别是向地方高级神职人员直接授权。1181年，教皇下令要求所有高级神职人员确保其通谕在各地教堂中散布，同时要向信徒布道，尤其是他们参军后可以获得的特权。这大概要通过在本地教会法庭大量誊抄通谕才能实现，之后还要下发到各个相应教区的教堂。不论怎样，这个流程在13世纪已经成为常规，在一些例子中，我们能够发现一条清晰的脉络，它呈现出各级行政措施的成果，从教会法庭到地方主教，再到副主教，最后下至教区神父。这一方面表明教会管理结构的精密化在不断提高（这大概与管理技巧越来越依靠书面文字有关），另一方面也展现出在教皇的统治下，教会中央集权的发展过程。在涉及远征的事务上，地方高级神职人员的行为现已得到官方授权；在其他问题上，相比1095年第一次东征时，他们的行动也变得更加高效，目标更加明确。在十字军布道方面，情况同样如此。

根据场合、受众与目的的不同，十字军布道可分为两种类型。第一种布道是在教会与政府的信众面前，克勒芒宗教会议是这种类型的最初形态，之后的例子还包括1215年英诺森三世在第四次拉特兰大公会议（Fourth Lateran Council）上的布道，以及英诺森四世（Innocent IV）与格列高利十世（Gregory X）分别在1245年与1274年的第一次与第二次里昂大公会议上，在众多达官显贵面前所做的布道。在信徒面前进行的布道有两个著名的例子，一个是1146年圣伯尔纳铎在法国弗泽莱（Vézelay）为路易七世与政府显要所做的布道，另一个是同年圣诞节，他为德意志的康拉德三世所做的布道，据说给现场听众留下了深刻印象。事实上，为远征布道的神职人员会合理运用这种场合，甚至在一些类似于骑马比武的娱乐性场所，试图调动人们参与十字军的热情，尤其是那些出席活动的重要人士；或是在更大范围内开展布道，并当众展示某个贵族发誓参与远征时的情景，以此来激励群众。从第二次十字军东征起，这样的布道策略已经很常见了。多数布道都是表演，经过了精心的舞台设计，一般都会提前几周甚至几个月开始准备，基本不会出现什么纰漏。1267年3月在巴黎召开的会议就是一个很好的例证。在这次会议上，路易九世第二次宣誓参与十字军，他的三个儿子和他的扈从随后立即宣誓，而他的耶稣受难"圣物"也特意在这个场合展示出来，但在会议召开之前，路易九世在9月就已向教皇透露了自己的意图。

这种类型的布道针对的都是社会高层显要，与民间相对乏味的布道相比，反差强烈，但正是在这类布道中，我们能够看到自克勒芒宗教会议之后实实在在的进步。直到12世纪晚期，各种迹象表明，民间布道是非常无序且不成体系的，缺少来自中央的协调。到了英诺森三世时期，情况出现了一次质的飞跃。在1198年，为了筹备第四次十字军东征，教皇特意为十字军事务设立了一个新的行政机构，指派人员到各地推广远征运动。这些专员与特约神父合作，其中便包括著名的讷伊的富尔克（Fulk of Neuilly）。到了1213年，教会为第五次十字军东征引入更加详尽的制度，几乎每一个省都开设了行政委员会，在十字军事务上，委员会成员可以作为教皇的使节行使相应的权力，从而贯彻推行远征的政策。与他们对接的是在各个教区委任的代表。十字军布道具备了一套系统的指导方针，这在十字军史上也是头一次。但这个制度并没有继续施行，虽然在后世它已经成为一些地区远征宣传的典范，例如在英格兰。事实上，英诺森的后继者们更加务实，会根据情况随机应变，这在一定程度上是因为他们受到了当时西方政治环境的制约。然而，毫无疑问，在英诺森三世之后，地方性的十字军布道与此前相比，整体上变得更加规范与具体。

另一项进步与布道者有关。任何一位神职人员、教皇或教士都可能被委以宣传的任务，虽然普通的教区神父很少会得到这样的机会。这种情况在12世纪和13世纪非常普遍，但有两点重要的区别。首先，在第五次十字军东征之后，教廷使节、高级神职人员与其他要人的布道开始变得非常有限，基本局限在之前提到的那种安排周密的场合，或者在某个单一省份或教区展开的布道活动。相反，布道的重担越来越多地由托钵修会（Mendicant Orders）承担，如方济各会（Franciscan Order）与多明我会（Dominican Order），它们分别在13世纪20年代和30年代发展起来，遍布整个基督教世界。此后，这些修会的修士率先肩负起在各地布道的使命。他们对这项任务得心应手，应付裕如，长期的传教工作使他们个个都成为专业的传道者，显然，定期在普通百姓面前布道与传统的、封闭式的修道院生活完全不同；他们精通布道的艺术；他们的居所遍布整个西方，彼此之间联系紧密，从而形成了强大的关系网络，这使他们在各地的布道覆盖面更广，也更便捷。

在第三次十字军东征之后，在各地方开展的布道活动联系紧密，并提前做好安排，以达到最广泛的传播效果，这样不仅可以充分利用资源，还能避免重复性工作。有时，一些政治问题会使事情复杂化，但布道活动很少出现毫无章法的无序状态。经教会授权，神职人员可以在指定地点或区域为十字军布道。为了能够系统地进行布道工作，传道者会事先计划好巡回日程，最早的完整记录是坎特伯雷大主教福德的鲍德温（Baldwin of Ford）

在1188年前往威尔士的布道日程。到了13世纪，类似的巡回布道已经不常见了，一方面缘于英诺森三世的整顿，另一方面原因是，随着越来越多的神职人员加入布道，特别是托钵修会的修士们，原来将一地指派给一人进行传教的情况变得越来越少。尤其在13世纪末期，一个修士就能负责一到两个辖区，但即便在这种情况下，他也需要提前布置行程，才能确保工作系统有序地进行。修士的布道基本集中在城市中心，即使在乡村地区，也是在较大的村庄。考虑到人口稠密程度以及有限的神职人员，这样做是很合理的。他们难免期望去这些地方布道，毕竟出席的人数特别可观。修士们会得到当地神职人员的帮助，他们会提前通知这些本地神父布道的具体时间与地点。如果当地教区的神父以及相关神职人员不配合，会受到基督教会的责难。如果将这一措施称作"大棒"，起着威逼的作用，那么为参与布道的人赦免部分罪恶就是"胡萝卜"，起到利诱的作用。英诺森三世是实行这个举措的第一人。在13世纪末期，赦免补赎的天数达到了历史峰值——一年零四十天。

强化各地布道效果的因素还包括十字军运动布道技术本身的发展。克勒芒会议之后，不论教皇、主教还是修士，他们布道的主旨基本相同，这一点不足为奇。但从12世纪末期开始，布道发生了巨大变化，尤其强调布道的大众化趋势。与这个变化相伴而生的是，不断向那些常年定期为普通百姓布道的神职人员增设辅助材料——布道范例集锦、各类主题手册以及手抄本讲稿，等等。远征布道也深受影响，例如，布道范例与专门定制的手册为神父提供了许多帮助，其中最负盛名的是多明我会修士罗曼的胡贝尔（Humbert of Romans）大约在1266—1268年间编纂的布道概况，内容全面详尽。胡贝尔曾有过大量的远征布道经验，他将自己认为有用的材料与论据收集起来并整理成书。在这些材料的武装下，13世纪的十字军布道者要比他们的前辈更具优势，也正是在这一方面，十字军的宣传工作变得更加专业化。

上文提到的各种各样的发展导致在13世纪晚期教会能够成功地动员西

方各部分力量来响应远征的号召，通过系统地发布教皇通谕以及所能享有的相关特权，或是调动本地的传道者，这些神职人员比以往任何时候都更具资格。因此，与十字军政策相关的任何因素都不容忽视。远征运动的发展使其内部的复杂结构得以突显，这个精密的结构由13世纪的教会一手打造，是教皇权威力量的生动写照。然而，即使远征运动在英诺森三世时期已经到达了前所未有的高度，但也并非一切都在教皇的掌握之中。例如，从1095年开始，陆续有未经教会授权的神父对十字军产生了浓厚的兴趣，特别是那些有千禧年主义倾向的神职人员。这造成的后果便是第一次十字军东征中大量穷苦百姓的出现，或是1212年所谓的儿童十字军与1251年的牧羊人十字军的出现。教皇的权威力量在实践中的局限，也体现在他们为西方寻求和平的过程中所面临的种种困难与阻碍，而和平的局势是远征招募的必要条件。例如，自12世纪70年代起，连续几任教皇都试图在英格兰和法国之间维持和平，然而，两国国王在面对东部拉丁的利益时，均露出了尚武的獠牙，因此，教皇的努力收效甚微。教皇只有在时机成熟时才会发起十字军运动。

人员构成与招募

根据人们对克勒芒宗教会议的描述，乌尔班二世主动劝阻老人、病弱者、妇女、神职人员以及教士宣誓加入十字军，这个观点在他现存的信件中得到了证实。乌尔班二世知道，要想为东方的基督徒提供有效的援助，那一定非战斗人员不可，不论他们多么热情，都必须来自社会中的军事阶层。战场是为战士准备的，"圣战"也不例外，而社会组织中的其他成员应当远离战争。此外，这些人应当首先担负起各自的社会任务与职责，而非加入十字军。例如，如果一位神父参与远征，那么其教区的居民就很难得到灵魂的治愈，更何况，对于神职人员来说，他们的"战场"是人的精神领域，而不是世俗世界，况且他们是被禁止使用武力的。在整个12世纪，教皇们都秉持着这一态度，但结果并不成功。大量平民百姓背井离乡，参与远征，尤其是那些前往"圣地"的活动，这造成了巨大的问题。尤其是他们给食物供应造成了极大的压力，队伍在行进过程中饥荒状况加剧，人们不得不实行禁食措施，而食物的价格却在缓慢上涨。另外，他们对军队的组织纪律造成巨大挑战，同时，他们还导致了与拜占庭人之间的摩擦，而拜占庭军队本该与十字军结盟的。平民一直在消耗资源，这些资源应该用于更需要它们的人。

这样的情况在第一次与第二次十字军东征期间非常明显，到了第三次十字军东征的时候，发起者不得不采取措施防止平民加入远征，但效果并不理想，之后的远征领导者也没能改善这一问题——十字军可以得到的特权以及"圣地"本身的诱惑如此强大，在百姓心目中远征始终具有巨大的号召力，起码人们对远征东部拉丁一直热情不减。这再一次印证了教皇权力在实践层面所遭遇的局限，尤其当我们将英诺森三世的努力考虑在内的时候——在十字军宣誓问题上，他做出了很多剧烈的政策调整。

在整个12世纪，在个人履行誓言的问题上，教皇总体上是比较严格的，只有在特殊情况下——如体弱、病患或贫穷时，才允许罪恶的惩罚得到推迟、减轻或者救赎。相反，体格健壮的信徒若受到基督教会的责难，教会期望他们能够妥当地履行自己的誓言。然而，在1213年，在为呼吁发起第五次十字军东征的时候，英诺森三世进行了一次彻底的政策转向。在实际操作的时候，平民的压力会造成许多问题，英诺森对此有深刻的认识，因此他决定，除了教士以外，任何人都可以宣誓加入十字军，但这些誓言似乎并不适用于推迟、减轻和救赎罪恶。英诺森的继任者试图利用这种做法并从中获利，到了13世纪中期，教会实行一套金钱兑换救赎的制度，其本质是以赦免十字军罪恶的方式谋取金钱上的回报。不论男女，也不论是否具备作战价值，任何人都可以参与远征。然而，很多人并非自发参加，大多数是在被催促下，有些甚至是在被逼迫下宣誓加入十字军的。

筹集的钱财用于支持那些合格的战士。只有当教会的管理能力在效率和执行力方面达到一定层次的时候，这种情况才会出现，当然，另一个关键因素同样不可或缺，即在欧洲经济持续增长期间，货币的流通总体呈不断扩大的趋势。

最有资格驰骋在远征战场上的是那些来自西方的军事阶层的人——他们起码享有骑士称号，或是出自王室阶层（只从军事角度来看，这些人是指重型装甲兵），以及围绕这些人的辅助力量，其中包括骑兵、步兵、弓箭手、围城工程师等。其他一些则来自社会的非军事阶层，他们被用于某一特殊领域，例如主持圣事的神职人员，由于他们读写能力较强，也承担起许多管理方面的琐事；此外，军队中还有商人，以保证军队供给。然而，随着时间的推移，这些人更多的是以领主随从的身份参与远征的，其中还包括外科医生、马夫等。当远征活动需要动用海上力量时，水手也是必不可少的。不论目的地是东方还是其他地方，在这一时期，十字军的火力核心还是集中在骑士身上，其他人员围绕骑士进行配置，都是为了保证他们在战场上的战斗力得到有效发挥。考虑到当时的经济、社会与政治现实，情况依然如此——不论王室贵族带队去哪儿，其他人员都要陆续跟上，因此讨论这些人应征加入十字军运动是很有必要的。

这里有必要区分一下动机与意识形态的力量，以及应征入伍的具体过程。十字军运动迅速融入西方骑士群体的文化价值之中。随着越来越多的骑士参与其中，人们越发觉得，充满骑士精神的行为与十字军是密不可分的。这一标准适用于这个阶层中的所有成员，但在各个世代中，只有少部分骑士参与远征。先不谈个人的远征热情或这种情感缺席的原因，有分析表明，在各方势力中，参与十字军的人员大多是由社会和政治结构的运作所决定的，这个结构是远征号召赖以传播的渠道。贵族阶级间的纽带格外重要，因为由上到下的社会权力与财富的等级制度是通过这一纽带组织起来的。如果一位国王或大公宣誓加入远征，那么拥护在他周围的贵族们便会效法，因为上层可以向下层施加压力，引诱他们参与十字军。茹安维尔的约翰（John of Joinville）记录了一段发生在两位骑士之间的讨论，时间是1267年，法王路易九世即将再次发起十字军东征，对于当时人们可能遭遇的两难境地，这段讨论大概是最鲜明的展现。一位骑士说："如果我们不宣誓远征，我们就会失去国王的宠幸；反过来，我们将失去上帝的宠幸，因为我们并非出于信仰上帝的缘故参与远征，而是怕国王不悦。"而在记录中，茹安维尔的约翰坦言他本人也是被迫宣誓参与远征的。地位较低的领主对身边人的影响可能较小，但同样会向他们施加压力。某个伯爵、主教或领主一旦宣誓加入十字军，他的扈从便要立即跟上。从第一次十字军东征开始，这样的例子已经屡见不鲜。同样地，如果一位领主要求某人待在家中履行仆人的义务，即便这个人对远征充满热情，也不得不停下脚步。甚至在刚一开始号召的时候，领主就会公开拒绝他前去宣誓。贝里圣埃德蒙兹修道院（Bury St Edmunds）院长萨姆森就是一个很有名的例子，1188年，鉴于国王与国家的利益，亨利二世剥夺了这位院长参与远征的愿望。

在整个十字军史中，亲戚关系也起着非常大的作用，部分缘于当时人们更倾向于向他们的亲属寻求帮助。我们在所有的十字军运动中都能看到这种倾向，即父与子、兄与弟、叔与侄一同相伴远征。然而，我们也不能过分夸大这一模式。不过很显然，如果远征即将到来，一家人会共同面对，大家会商量家庭中的哪些成员前去远征，哪些人应该留下来。例如，在德意志国王、神圣罗马帝国皇帝"红胡子"腓特烈一世的子嗣中，只有一个儿子陪同他参与了第三次十字军东征，与此同时，帝国政府却被托付给了另一位儿子，也就是后来的国王亨利六世，这么安排并不稀奇。就法王路易九世的两次远征而言，出发前一定要举办家庭会议，来决定哪位兄弟、子嗣或侄子陪国王一同踏上征途。在有些例子中，类似的决定会导致家庭不和，一个有名的案例发生在英王亨利二世身上，当时他的大儿子和他的王位继承者幼王亨利在1183年宣誓加入十字军，而此后三子理查也在1187年宣誓参与十字军，这两次宣誓事先都未征询过亨利二世的意见，他为此大发雷霆。

向远亲传达加入远征的价值并不是一件容易的事，尤其是隔代远亲。

不过，我们也常常能看到远亲携手参与远征活动的情况，他们之间形成了一个更大的家族。很难相信他们的联合完全是出于巧合，这一定是事先共同商议决定的。虽然茹安维尔的约翰从未提及自己与他的两位侄子——萨尔布吕肯（Sarrebruck）伯爵与阿普勒蒙（Apremont）勋爵约翰——在远征之前有过任何商榷，但事实上，为了参与路易九世发起的第一次十字军东征，他们三人租了同一条船。这就已经说明了一切。而在茹安维尔的约翰的叙述中，他也特意强调了与二人的亲戚关系。

在某些地区，人与人之间非血缘的联系也对远征招募有一定影响。在由个别城镇独立发起的远征分遣队中，这种情况最为常见，隶属于同一个社会政治机构中的人们对集体行动已经习以为常了。而这种地方性极强的关系纽带，也影响到了骑士阶层，虽然很难说清这些关系所起到的实际作用，部分原因是，这些非血缘关系正是血缘或贵族关系在社会内部发挥作用所产生的结果。然而，作为第四次十字军东征的亲历者与编年史作者，维尔阿杜安的杰弗里（Geoffrey of Villehardouin）却专门揭示了当时的人们对这个问题的认识，他根据不同的政治区域和地理位置，将在法国北部参与远征的人进行区分，并分别列出名单。首先，他列出了那些生活在香槟地区的本土人，他们响应香槟伯爵蒂博三世（Thibaut of Champagne）的号召，此外，还有跟随并效法布卢瓦伯爵路易一世（Louis of Blois）的布卢瓦人与沙特尔人（Chartrain），最后，还有些人来自法兰西岛与佛兰德斯地区等地。维尔阿杜安的杰弗里明确指出了每个分遣队内部人与人之间的各种血缘关系。但现代学者在研究这些名单时发现，这些分遣队内部还存在着其他关系纽带。我们能够从中找到各种关系之间错综复杂的联结，从而使这些地区的骑士阶层紧密相连。在这些关系中，除血缘关系与贵族关系外，还包括一些相对次要但意义仍然非常重大的人际纽带：朋友关系、邻里关系、点头之交，或是分享相同人生经验或政治见解的同道中人。我们有把握从这些证据中得出结论——这个模式在其他十字军中被不断复制和推广。简言之，同其他投机活动一样，在远征活动中，社会某一特定地区的人们倾向于集体行动。这第一点在战场的组织编队中得到了进一步印证。例如，在1270年的突尼斯，作为西西里国王、安茹伯爵与普罗旺斯伯爵查理，带领的是意大利人、普罗旺斯人与安茹人，而纳瓦尔人、香槟人与勃艮第人则服役于纳瓦尔国王与香槟伯爵蒂博五世。有时，各方势力内部的这种直接的隶属关系会直观地呈现出来，比如在1188年第三次十字军东征期间，法王腓力二世一方的参战人员身穿缝有红色十字架的军装，而英王亨利二世与佛兰德斯地区的十字军战士，他们所穿的军装上则分别带有白色与绿色的十字架。

虽然以上种种关系纽带对远征招募所起到的影响作用非常显著，但为什么来自同一地区或同一贵族阶层的骑士，有些人加入了十字军，而其他人却没有？如果想要解释这一现象，那么我们还要考虑其他制约因素。首先，不论出于精神的还是世俗的原因，有些人对远征始终抱有怀疑态度，有时甚至是敌意；有些人则很明显是远征的狂热追随者，尤其是那些多次参与十字军运动的人，他们只是简单地将十字军运动与他们的精神理想和骑士精神联系在一起；还有一些人是继承了国家历朝历代的远征传统，并在其他因素的加持下，通过婚姻的方式进一步向下传播。对于出生在这类家庭的后代而言，一旦祖上开启了远征的先例，那么自己也会不可避免地受到影响，同时这种热情还会变得更加深切与剧烈，对他们造成更大的痛苦。传统的重压也许会遭到反抗，而人们当然同样可能抵抗其他因素的影响。对于个人而言，应征入伍绝不可能纯粹是个人的自由选择，虽然十字军运动是向同代的整个群体发出的号召，但是否对其做出回应，到头来还是由个人做出最后的决定。

财政开销

对于整个社会以及发动战争的个人而言，战争开销永远是巨大的，在这一点上，远征也不例外。不幸的是，对发生过的任何一次远征活动，我们并不能将其开销具体量化，因为缺少细致的记录，但还是有足够的数据保留了下来，尤其是那些与13世纪的远征有关的数据，从中我们至少能对远征的财政开销有一个大体的了解。在现有的文献中，记录最全面的大概是路易九世的第一次十字军东征，根据法国政府在14世纪时的估算，这次远征从1248年开始到1254年路易九世回到法国，这期间国王共消耗1,5375,70里弗尔。这笔账单中包括国王及其家眷的衣食供应，给骑士、弓箭手与步兵的薪俸，马匹、驴子和骆驼的更换与购买，船只的租赁，给十字军的奖励，国王的赎金（1250年4月，路易九世被穆斯林虏获并囚禁），以及在"圣地"建造防御工事的建筑开销，等等。这笔开销比路易九世年收入（25万里弗尔）的六倍还多，然而，不能轻易下结论说这些钱全部用在了国王身上，相反，据推测，路易九世可能还通过合约、奖励、借款等方式向陪伴他的十字军提供了资助，受资助者占总人数的55%左右。记录中的开支还没有算上一些"隐形的消费"，其中开销巨大的项目包括，在艾格莫尔特（Aigues Mortes）特地为登船仪式所建造的新的皇家港口，以及路易九世在出发前为安抚国内局势所花费的金钱。总的算来，300万里弗尔也许更接近这次远征的具体开销数目，大约是国王收入预算的12倍。不论总数是多少，一些重要贵族的开销并未涵盖在内，比如普瓦提埃的阿方索（Alphonse of Poitiers）与安茹的查理，或一些地位稍逊的骑士，如茹安维尔的约翰及其家仆。这次法国十字军的总开销已经远远超过了官方记载的路易九世一个人的活动开支。经费开支成为社会各个阶层所有十字军成员忧虑的核心问题，如果将上面提到的因素都考虑在内，这种情况也就不足为奇了。此外，远征活动从来都不是自负盈亏的买卖，即使通过掠夺获得的战利品数量可观，也很难与远征的开销和造成的损失相提并论。

在筹备远征期间，募款成为每一位十字军战士的核心任务。他们优先要确保自己掌握适量可流通的财富，但因个人境遇不同，十字军成员之间所可能采用的权宜之计自然存在很大差异。然而，我们依然能从中提炼出一套典型的行为模式。如果一个士兵存有一些积蓄，那么通常情况下他会把这笔钱用于远征。虽然有些人一加入十字军就会削减自己的日常开支，但一个充满骑士精神的社会却并不以节俭著称。显然，另一种办法是在出发之前要回别人所欠的债务，或者通过平息与其他地主间的土地纠纷，以换得三年抵押期限和一笔抵押金。在基督教的体制中，十字军还期望能够得到精神上的支持，这类支持一般是通过祈祷的形式实现的。最近的研究显示，在提供财务支持方面，家族亲戚、熟人朋友以及贵族关系，也起到了非常重要的作用。正如一个十字军战士可以依赖他的社会关系来达到个人应征入伍的目的，那么他也可以指望通过借贷或受赏的方式获得一笔津贴。这样的例子不胜枚举，而除了社会其他阶层成员外，这样的情况也会出现在骑士与贵族身上。例如，为了能让其成员参与远征，一些城市团体与行会在财务方面为他们铺平道路。此外，我们在下文即将看到，还有十字军战士签署服役合同的情况发生，领主会为在战场服役的骑士买单，从而减轻他们的经济负担，虽然这并不是长久之计。

　　然而，正是通过对权力与实体资产的有效利用，才能确保远征运动从一开始便得到源源不断的资金。首先，会有出售农产品、家畜和个人财产的情况出现，尤其是木料，经常被用作迅速集资的商品。康沃尔的理查伯爵（Richard of Cornwall）在1236年宣誓加入十字军之后，做的第一件事就是砍掉自家林中所有的树木，出售以筹集资金；普瓦提埃的阿方索再次加入远征时，也通过售卖木料筹得巨额资金，他甚至因此而闻名于世。领主也会通过解放自家农奴来换取金钱——普瓦提埃的阿方索也曾使用这种方法，或是向他管辖区的居民出售某些特权。例如，在1202年3—4月，圣波尔的于格伯爵（Hugh of St-Pol）在他的土地上建立了三个（也可能是四个）小型公社，用于为他参加第四次十字军东征筹款。在利用管辖权筹集资金时，他们会有一些新奇的招数出现。在1189年，英格兰国王理查一世放松了对苏格兰国王的管制，并把权力分配给几个贵族家庭，以此筹集了1万马克。

至于变卖土地，尤其是祖传的地产，那情况就完全不同了。出于对家庭世系的长远考虑，人们基本会避免这么做，然而，由于种种原因，有时又不得不出此下策。较早的两个例子是布永的戈弗雷卖了凡尔登郡（County of Verdun）来为第一次十字军东征筹钱；还有在1101年，博格斯子爵（Bourges）将城市与领土都卖给了法王腓力一世以资助自己的远征活动。大约150年后，腓力一世的后继者路易九世以1万里弗尔的价格，购买了马孔（Mâcon）伯爵约翰的领土，这才使自己得以前去远征。总的来说，从1095年起，更为典型的筹款方式是借贷，大多以房产作为抵押。而最为常见的筹款方式是按揭与活抵押（指地产在放款人手中抵押期间所得利润可用于偿还债务）。在远征开始后的头一百年，修道院就主要起这样的作用，它通过按揭等方式向十字军提供流动资金，此外，我们还能找到其他贷方。放款人有来自十字军内部的，比如英格兰国王"红脸"威廉二世（William II "Rufus"），他的哥哥诺曼底公爵罗贝尔二世将整个诺曼底公国抵押给他，从而在第一次十字军东征前夕筹得1万马克。此外，我们还能看到其他类型的债权人，比如与十字军有生意来往的商人或领主，但从现在能够找到的证据来看，修道院还是主要的贷方，虽然这可能是一个错误的结论，因为残存的证据具有很强的倾向性。等到13世纪，形势发生了巨大变化。由于大部分宗教团体较为富裕，所以十字军还是会向修道院借贷，但随着经济与社会的发展，其他的借贷形式开始盛行起来，结果导致十字军的信贷比重越来越大，其中涉及商人、权贵显要、封地领主、家族亲戚，甚至还有一些出身卑微的骑士，几乎人人都想要和十字军进行交易。既然社会与经济形势正在发生变化，那么为远征集资的现象也会相应发生改变。

不论宗教类的，还是世俗层面的税收，官方都会以远征运动为明确目的向百姓征税，这一现象的出现也许是几个世纪以来远征集资过程中最显著的变化。在某种程度上，早期的远征经验起到了一定作用，尤其是第一次十字军东征，这次远征让人们认识到这项活动一旦投入实践，其代价会有多么高昂。不过，如果没有人们在意识上的成熟，世俗政府与宗教君主的成长，以及随之而来的集权控制与精细化管理，再加上对关键概念（如"十字军东征""基督教国家"等）的进一步厘清，这样的变化也不会出现。

在这方面，世俗税收会参照教会的税收手段。参与远征的领主会依照封地制度的习俗，要求他们的封臣在必要的时候出手相助。自然，这样的做法会遭到封臣的抵制，因为领主试图强制他们给予帮助，这与自愿向他们提供资金援助背道而驰。然而，在法国，这种观念似乎在12世纪末就已经建立起来了。至于佃户，虽然他们不是封臣，但会被要求履行同样的义务，这些佃户一般都是居住在领主辖区的城市居民与农民。例如，路易九世为他的第一次十字军东征筹集了大约27.4万里弗尔，这笔资金就来自法国皇家领地中的各大城镇。虽然政治氛围各有不同，但作为一国之君，国王总是能从他的臣民那里得到更多税款。在1146年，法王路易七世可能是第一个开展此类征税活动的国王，但我们掌握的证据并不充分。不过，以十字军运动为目的向世人征税，这种做法大概起源于1166年路易七世与英王亨利二世所采取的措施。为了增援"圣地"，他们用了许多办法来筹钱，当时，他们在自己的领土上以个人收入与财产价值为基数进行征税。之后，在1185年，法国和英格兰陆续效法，以收入和动产为基础课征累进税，这次依然是为了增援"圣地"，而与特定的远征活动相关的第一次强制税收是萨拉丁什一税（Saladin Tithe，1188年），这次征税是为了资助第三次十字军东征。在英、法两国，这次税收不仅是强制执行的，而且比以往的税率要高出很多，即所有臣民的年收入与动产的十分之一。除了十字军以外（他们可以得到不参加远征的封臣所上缴的什一税），不论一般信徒还是基督教神职人员，都要缴纳这笔税款。通过征税能够得到惊人的收益。虽然统计数字可能有些夸张，但根据编年史学家的估算，只在英格兰一地，征得的税款就高达7万英镑。而在法国，税收政策遭到本土强烈的抵制，使腓力二世的收益受到一定限制。事实上，他不得不向他的臣民保证，不论他本人还是未来的继位者，都不会再征收什一税，他们后来也的确履行了这个诺言。尽管如此，社会底层对第三次十字军东征依然做出了巨大的奉献。在13世纪，一些国家偶尔还会以这样的形式征税，例如，为了支持王子爱德华在1270年的远征，英格兰王室第二十次向臣民征税，不过，这次征税的力度不可能达到萨拉丁什一税的水平；与此同时，这些所谓的征税活动也都不再是强制执行的了，而带有更多施舍的色彩。

对于整个教会而言，课税的情况是完全不同的。自远征运动开始，各个教堂、修道院与神父就都面临资金短缺的情况。例如，在1096年，"红脸"威廉二世利用繁重的税收从英格兰神职人员那里掠走了1万马克，来支付他哥哥抵押诺曼底公国的贷款；1199年，英诺森三世强迫所有的神职人员为第四次十字军东征上缴税款，税率占他们全年收入的四十分之一，他向神职人员们保证下不为例。在这之后，他当然食言了，税率甚至增加了。神职人员们要为第五次十字军东征（1215年）上缴税款，税率为三年收入的二十分之一，在之后的1245年，耶路撒冷在围剿中陷落，他们再次为此上缴税款，税率与之前相同。不久之后，英、法两国将税率改为年收入的十分之一，到了1263年，税率为五年收入的百分之一，这与年收入的二十分之一相等；而到了1274年，税率为六年收入的十分之一。虽然免税的情况越来越多，但这种税收行为还是非常普遍的，尤其是针对那些前往"圣地"的远征。也有为地方性十字军征税的情况，比如，为支持阿尔比十字军，法国分别在1209年和1226年两次征税。

税款的征收与分配是一项艰巨的任务，需要一套由收税人构成的精密体系才能完成，要对收税人的行为以及筹集的税款进行仔细监管。这个系统在1274年达到顶峰，在前人——尤其是英诺森三世与和洪诺留三世工作的基础上，格列高利十世将基督教世界分为26个税区，每个税区分派一名税收总管，由他们再委任副总管。英诺森三世在1199年曾设想，纳税义务在系统内部便能进行评估，然而此时，这一设想已经被外部评估取代，由此可以减少官员通过蓄意低估的方式进行税务诈骗的情况。在一开始，筹集的税款一般用在当地的十字军战士身上，或是直接发往"圣地"用于战斗支出，但到了13世纪40年代，中央集权的趋势越来越明显，教皇会将税款只交到十字军首领一个人手中。除非政治环境对征税造成某种阻碍，在大部分时候，收上来的税款总额都特别大。例如，为支持路易九世的第一次十字军东征，法国的神职人员筹得了近100万里弗尔。难怪他在远征的前四年里，虽面对各类债务，但手头依然很宽裕。也难怪在整个13世纪，神职人员叫苦连天，许多人曾抱怨这项义务征税制度。虽然在这个庞大的收益渠道中，诈骗与私吞公款的情况在所难免，但收税人体系确实拥有极高的工作效率。

在这些收益当中还要加上从其他渠道得来的款项：私人会为远征活动奉献赏金与遗赠；自1199年起，英诺森三世要求在每所教堂设置捐款箱，号召信徒们为收复"圣地"的远征捐款；由于远征已经成为人们为自己的各种罪恶进行补赎的方式，以此类推，未参加远征的人们也可以通过金钱的方式弥补自己的罪过。正如上文讨论过的，通过让人们祈求赎罪的方式征集到的进款数目是最大的。从十字军战士个人所能得到的拨款额度中，我们也能窥探出官方征集到的款项总数之巨。正如我们所知，在13世纪，所有十字军基本来自军事阶层。既然远征运动是为了教会的利益才得以发起，而十字军战士也是出于这个原因才参战，那么，对于那些为基督教世界的利益而在战场上殊死奋战的人而言，社会上下各个阶层的人们都该伸出援助之手。这个观念在人们的头脑中已经占据了核心位置，而神职人员向十字军拨款是这个核心观念在实践层面的必然结果。

实际情况

正如上文所讨论的，从外部为十字军运动提供资金支持的力度正在不断加大，这为战场上的十字军战士缓解了许多焦虑。然而，在远征活动内部，众多实际问题仍然困扰着所有战士：交通运输、物资供给、部队纪律、指挥架构与人员组织，更不用说那些与对手正面交锋时遇到的问题，比如针对某一具体战场该采用哪种战术策略，以及相应的情报工作，等等。相较于其他类型的远征，我们会更加关注那些前往东方的远征活动，原因非常简单，因为关于后者的史料记载更加丰厚翔实，而仅就东征而言，上面提到的问题会被成倍放大。一方面由于距离遥远，再加上运动周期特别漫长——在13世纪，任何超过六年的远征运动一般都可算作周期漫长；最后，鉴于远征活动本身的跨国属性，在进行国际合作时会面临诸多困难，例如，如何将各种不同的力量有效地联合起来，这是一项巨大的挑战，因为他们拥有完全不同的语言与文化，不论军事传统还是战略技术都有很大差别，而各地的指挥官都以自己的文化传统为傲，从而导致军队内部争执不断。与此同时，各国的十字军都会带有一些偏见，这些偏见由来已久，在远征过程中逐渐放大，最终在十字军所属的各国内部转化为某种政治敌意。我们在第三次十字军东征中可以找到这样的案例，当时英王理查一世与法王腓力二世之间较量不断，而双方的十字军之间关系也并不融洽。当把这些因素都考虑在内的时候，回看第一次十字军东征，其成就就显得更加引人瞩目了。

正如在人类历史长河之中，有许多经验是不能被借鉴的，因此在上文提到的问题之中，有一些是很难处理的，这也不足为奇。而对于其他问题，虽然存在可借鉴的经验，却没有向后代传授，即使的确有远征的亲历者曾试图向下一代传授他们的经验。作为第二次十字军东征运动的法国历史学家，杜伊尔的奥多（Odo of Deuil）就是一个鲜活的例子，他书写远征史，就是为了给后代的十字军提供经验上的指导。他希望后人能从前人的错误中吸取教训，因此，他在书中给出许多实践方面的建议，如选择什么样的行军路线，或使用哪个种类的运输工具等。至少从英诺森三世时期开始，教皇也会凭借过去的经验与建议，有意识地规划远征，让这场运动能够以最佳的方式发起和推行。在这方面，最著名的例子当数在第二次里昂大公会议（1274年）前夕向格列高利十世呈交的远征回忆录，这次会议的召集就是为了筹划一次新的跨国远征活动，目的地依然是"圣地"。

一旦到了战场，十字军别无选择，他们完全顾不得之前制定好的战术策略，而必须做到思维敏捷，才能面对变幻无常的战争局势。命运虽然掌握在他们自己手中，但事先的筹划与准备显然还是至关重要的，在这个问题上，从第一次十字军东征开始，我们就能够看出一定程度的进步。这一进步部分缘于对前人经验的学习；另一部分则缘于西方战争实践发生了改变，而人们将这些变化应用在远征活动中；最后，还有一部分原因是西方的统治阶层在统治与管理方面成长迅速，技能越来越精细化，这使得十字军首领能够更加精确地进行前期筹划。

虽然现存的证据可能不足以支持以下论点，但第一次十字军东征的军队首领似乎事先并未做过任何筹划工作。他们可能进行过内部沟通，并将集结地定在君士坦丁堡，但等离开了自己的家乡之后，他们好像从来没有就供给这样的关键问题提前采取过任何行动。这很容易使人联想到，等他们到了拜占庭的领土，就会与当地官方产生纷争。事实上，十字军与拜占庭皇帝阿列克塞一世协商后达成协议，内容涉及为十字军提供补给，确保他们的安全与通行无阻，但也只能保证他们顺利抵达君士坦丁堡。也没有任何迹象显示，十字军为即将要穿越亚得里亚海的战士们提前在各个港口准备好了船只。显然，远征过程中的种种遭遇表明，十字军在出发前根本没有形成任何统一的指挥框架。

到了第二次十字军东征时，我们能够看到明显的进步迹象，并且，在此之后的远征活动中，我们也能辨认出一个还算清晰的运动模式。在航运方面，第一次完全以海运的方式进行远征活动，原本可能会在协商的前提下实现，谈判双方分别是法王路易七世与西西里的罗杰二世，双方本来拟定从1146年至1147年，罗杰为这次横渡地中海的远征提供舰队与食物供给，但最终路易却跟随神圣罗马帝国的康拉德三世选择了陆路。而第三次十字军东征，理查一世与腓力二世原计划要一同通过海路从法国南部出发，理查一世分别从英格兰、诺曼底、布列塔尼与普瓦图（Poitou）召集各路舰队，并在1190年驶向马赛，与腓力二世会合；然而，双方却没能成功会合，虽然如此，理查一世的这支北方舰队却与其他来自意大利港口城市的舰队达成协议，后者护送理查一世的舰队向东方航行。他们共有200艘船只，在墨西拿（Messina）过冬，并在1191年4月出发。理查一世与竞争对手腓力二世商定了历史上第一份航运协议书，这份协议书存留至今。协议要求，1190年2月，腓力二世通过船运护送热那亚的650名骑士、1300名扈从、1300匹马，起航后8个月的物资供给以及4个月的酒品供给，而得到报酬5850马克。因此，未来所有前往东方的远征活动都走海路，它们会提前与一座（或更多的）地中海的港口城市签署航运协议书，在这些城市中，比萨、热那亚、威尼斯和马赛瓜分了这桩买卖中的大份额收益。

第一代十字军所经历的艰辛与磨难在第三次十字军东征时期再次得到印证，"红胡子"腓特烈一世在小亚细亚遭遇到前所未有的困难。无疑，这些经验对远征的发展有着深远影响。远征运动不断从经验中吸取教训，而这样的例子还有很多，如在东征过程中改变对埃及人的作战策略，或在1204年，当好战的拜占庭人在尼西亚建立帝国以后，十字军不再选择穿越小亚细亚半岛的路线。然而，在这个历史时期，不论是选择海路还是改变战略，如果没有地中海地区航运业的整体发展，那么这一切都是不可能发生的。尤其当西方海军势力逐渐占据统治地位，而船舶的体积、装载能力与作战能力也在显著提高的时候，横跨地中海这样的远程航行已成为可能。由于科学技术的进步，运输大批军事人员所面临的关键性难题也都得到了解决，其中最主要的进步是马匹的海上运输问题。如果没有马匹，那么对于以骑士为核心的十字军，其作战能力将大打折扣，几乎可以说毫无用武之地。1123年的威尼斯十字军大概是史上首例通过海路将马匹直接运往"圣地"的，而到了第三次十字军东征时期，运输马匹已经成为家常便饭。正如上文提到的，如果我们认为十字军东征的实践过程是稳步发展的、不断进取的，那么对这种想法一定要再三警惕。例如，即便路易九世已经提前做好安排，计划在埃及的几处海滩登陆，但是很显然，在1248年，他的舰队并没有为这次任务做好准备，战士的装备非常简陋，由于在未到达干燥的土地之前大型帆船就已搁浅，十字军战士不得不涉水上岸。海路运输真正需要的是以桨作为动力来源的船只，1224年，腓特烈二世便意识到了这一点，当时他正在为进攻埃及的远征进行着积极的筹划工作。

至于供给问题，路易七世与康拉德三世似乎都从第一次东征的经验中学到了很多。至少，在十字军出发之前，双方都要确保食物的供给，与此同时，还要保证十字军在各地均可安全通行。例如，在1146年，路易分别与西西里的罗杰二世（当时，两人所构想的海洋路线依然有实现的可能）、拜占庭皇帝曼努埃尔·科穆宁、德意志国王康拉德三世以及匈牙利国王盖萨（Géza）有过通信往来，并就供给问题进行磋商。由于十字军的行军路线相同，又同在君士坦丁堡会合，因此路易七世与康拉德三世把各自军队的出发时间错开，从而缓解了供给带来的压力，同时还能保证军纪。

由陆路改为海路使远征发生了巨大的转变。现存的航运协议书显示，从十字军登船算起，在合同规定的几个月中，托运人自然会为他们提供食物与酒水，有时，其他消耗品与动物饲料也涵盖在内。除此之外，十字军首领与随行贵族开始乐于提前准备好食物供给，并把它们运往登船的港口，或者按照英格兰国王理查一世的做法，用自己的船将供给运往东方。据说他的船上装满了熏猪肉、豆制品、奶酪、面粉、饼干、肉冻、红酒、糖浆和其他消耗品，这些物资在1190年被运走。路易九世在准备自己的第一次十字军东征前，除了在艾格莫尔特准备了食物供给，还事先在塞浦路斯贮备了大量红酒与谷物。在茹安维尔的约翰的一段著名的描写中，红酒桶垒成了山，麦子堆成了丘，场面令人惊叹不已。很明显，除了食物，各种各样的军事装备也大量通过海上进行运输。虽然现存的记录不多，但从片段的叙述中，我们能够看到购置弓与箭、弩弓与弩箭、锁子甲、马蹄铁、标桩与梁木等装备时的种种细节。在编年史作家的记录中，还揭示出其他战斗器材的存在。当然，十字军原本希望能够在"圣地"购买食物、军事器材、马匹以及其他必需品，但现存的记录显示，当十字军抵达"圣地"之后，物价便随之飞涨。

如果远征的目的地是埃及，那么无论多少供给都可以从西方走水路运输。显然，从十字军首领的角度出发，他们要对供给进行全方位的统筹。例如，对于十字军整体而言，要保证围城战所需的军事器械供应充足，而对于每个单独的分遣队而言，让他们自行安排必要的物资即可。1248年，茹安维尔的约翰和他的18位骑士一起沿索恩河与罗讷河谷向下游一路行进，最后到达马赛。这位萨尔布吕肯伯爵把旅行的全过程详细地记录了下来，其中提到他们的战马沿着河岸在前面带路，而载满物资与军械装备的船舶紧随其后。最后需要提及的一点是，十字军都随身携带现金，因为在远征运动过程中，难免会遇到许多需要用钱才能解决的问题。这对十字军首领格外重要，他们至少可以因此满足追随者们的某些需求，包括币值很小的钱币也可以维系军队势力的整体水准，例如在第三次十字军东征期间，当十字军的物资已经消耗殆尽的时候，理查一世就自掏腰包予以资助。金钱一直是维持军内秩序的关键法宝。

组织管理、指挥架构与部队纪律永远是至关重要的问题，尤其对于大型的国际性远征而言，整个队伍中的各个分遣队来自西方的不同国家，情况就更是如此。基本的军事小分队，以及由骑士或领主率领的家族团体，都各自拥有一套独立的组织结构与纪律要求，问题是，如何将这些团体整合成一支更大的兵团，进而建立一个坚实的指挥框架，在这个框架下将各个兵团联合成为一支十字军。这在参加过第一次十字军东征的军队首领，与带领过第二次、第三次东征的国王之间产生了很大的分歧，因此，有必要在下一次远征出发前，或至少在到达东方后，委任一位最高统帅，并且其权威必须得到双方的承认。在第四次十字军东征期间，人们第一次做了这样的尝试，首先委任了香槟伯爵蒂博三世，在他死后，又指派蒙费拉托的卜尼法斯（Boniface of Montferrat）为部队统帅。当远征由一位有名望的统帅带领时，军队内部问题就会得到很大的改善。例如，路易九世作为两次远征的首领，没有受到任何人的质疑。然而，单单接受一位受人爱戴的首领，并不能使军队上下完全处于和谐的状态，也不能确保人人都遵守军纪。部分出于解决这一问题的考虑，十字军首领会与战士在出发之前签订正式协议，其中明确规定双方在运动过程中需要履行的义务，使十字军的行为受到法律的严格约束。据推测，这类协议应当在12世纪便已实行，但没有留下任何实物证据。到13世纪，随着协议的形式被应用于各大战场之中，这种做法变得越来越普遍，而在路易九世之后，它又渐渐不那么流行了。在1270年的远征活动中，军队所有人都签署了远征协议。对于路易家族的内部成员而言，大约有400名骑士与路易九世签订了十字军协议，路易九世为骑士们提供资金与交通运输，并在个别情况下为他们提供食宿，而作为回报，这些骑士要为国王服兵役。路易九世还与各个兵团的首领签署了协议，其中包括普瓦提埃的阿方索、佛兰德斯的居伊（Guy of Flanders）、阿图瓦的罗贝尔（Robert of Artois）与英格兰的爱德华王子。他们要确保手下的骑士能够为他们效力，因此，他们还要和效忠自己的骑士们签署分包协议，这些协议有的被存留下来。简言之，1270年的远征活动为我们展现了一幅全面的国际性远征图景，大大小小的契约构成了图画的骨架，有的涉及航运，有的则与十字军成员有关。正如上文讨论的那样，在具体实践过程中，远征活动从第一次十字军东征开始，经历了漫长的发展历程。

若干影响

一项社会运动经历了不断强化与如此多样化的过程，以至于变成我们今天看到的复杂多面的十字军现象，它对其同代人的影响当然是不容小觑的。事实上，十字军运动的影响几乎无处不在，且先不论它对邻国的影响，当今整个西方世界的方方面面，都在某种程度上受到远征的影响，其中，有些是直接的，有些是间接的。在世界历史的舞台上，远征运动扮演着极其重要的角色，它改变了世界政治与文化版图。由于远征运动深刻影响了拉丁基督教世界的扩张过程，虽然在扩张所波及的地区中有些只经历了短暂的殖民统治，但总体而言，其贡献异常巨大——在欧洲东北部出现了新的基督教国家，西南部则是伊比利亚半岛，当然，也包括东方的拉丁国家。在西方世界内部，一些政治上的发展与进步之所以能够实现，也是受到了十字军运动的影响，有些影响甚至是决定性的，尤其在与霍亨斯陶芬家族的历代君王的较量中，教皇的权威最终取得了胜利，前者曾多次威胁要推翻教皇的统治。而从13世纪晚期开始，霍亨斯陶芬家族的命运成为几大国际政治事件之一。此外，虽然阿尔比十字军没能消灭清洁派，但它却对法国南部的政治与文化造成了深刻影响，并使法国王室成为主要受益方。作为远征运动的直接成果，法国王室的力量第一次真正扩展到了朗格多克地区与地中海地区。在这一时期，以十字军宣言为依据，通过对基督教世界内部事务的指导，教皇试图兑现发起远征时的承诺，这个愿景在英诺森三世时期得到了完美的体现。

从另一个层面来看，远征运动也帮助西方人改变了对自身的认知，西方人逐渐意识到他们对彼此的身份有相同的认识，尽管存在地方差异，但这种身份认同却深植于一套共享的文化传统中，而十字军运动加速了这个认知过程。由于这个统一且独有的特征，正是他们所共享的拉丁基督教文化，因此，西方人与非西方人之间巨大的鸿沟基本上缘于对宗教的不同理解。从这个角度出发，作为一场意识形态战争，十字军大幅激发了西方文化内部的排外性格，而这种性格特征至今仍处于相对主流的统治地位，并且，人们视这种排他的世界观为理所当然，认为拉丁基督教文化要优于其他文化。这种优越感所造成的最大后果，是西方世界内部基督徒与犹太人之间关系的剧烈转变，1096年的犹太人大屠杀可以证实，在对待犹太人的问题上，一种全新的种族迫害态度已然形成，并处于西方文化的核心。另一个观念上的改变是，不论作为人类的崇高理想，还是在具体的操作层面，十字军运动自始至终贯穿着骑士精神，这进一步深化了骑士阶层对自身的认知，同时扩大了骑士阶层与其他阶层之间的分野。

在世俗层面，十字军运动的影响几乎无处不见，但受于文章篇幅所限，这里只做部分列举。从上文的概述中我们能够看出，随着远征运动的逐步开展，越来越多的西方人会直接接触到这项运动。例如，到了13世纪中期，不论男女，几乎所有信徒都至少听过一场远征布道，有的人一生之中可能听过很多场。与此同时，随着远征补赎政策的推行，越来越多的同代人选择加入远征。此外，由于政府加大了为远征征税的力度，还采取了许多其他应急筹款措施，因此，不论农民、城市居民，还是神职人员，没有几个不曾为远征解囊。在远征期间，由于在交易市场中供应方对土地的把持有所缓和，因此，十字军对资金的渴求显然为那些期望在某一特定地区拓展自己利益的人们提供了机会。与此类似，由于十字军对海上运输的依赖，意大利的近海国家得以聚敛大量财富，而随着拉丁定居点在东方的建立，它们也在不断拓展自己的贸易活动。虽然无法确切地知道远征对经济的刺激与它对经济生活造成的干扰二者孰强孰弱，但对于武器、食物以及其他必需品的需求，还是使各国的商品供应量出现了短暂的上升。

就十字军运动所产生的影响而言，以上所列都是当时显而易见的事实，然而，本文尚未直接触及东征对十字军战士个人及其家人、朋友与佃户造成的影响，正是这一非常个人与人性的层面，对于卷入十字军运动的人来说，也许受到了极其巨大而痛苦的伤害。同所有战争一样，许多参与者在战争结束之后都受到了肉体与精神的双重创伤，当然，这也是在他们能够活着回来的前提下。他们再也无法回到过去的生活状态，而他们的妻儿，以及那些出于各种各样的原因与十字军产生关联的人，也都面临着同样的问题。关于挖掘远征对普通民众的深刻影响，现代历史研究还仅仅处于起步阶段。

第四章

东征军的思想状态：1095—1300年

乔纳森·莱利-史密斯

　　远征运动对于社会各个阶层的男男女女都有很强的吸引力。根据一位同代人的描述，对于普通百姓而言，他们参与第一次十字军东征的状态主要可以总结为三点：极度混乱无序，经济非常拮据以及流行病盛行。其中，流行病主要由麦角中毒引发，当时席卷了整个西欧。这位叙述者还讲述了远征迁徙途中的景象，军中有许多人是穷苦百姓，他们"拖家带口，背负着沉重行囊"在队伍中跋涉。教皇乌尔班二世本不想让这类不符合条件的人参与到远征之中——他曾在1097年写道："要激励骑士们的参与热情。"但正是由于他之前在布道中将远征说成一种宗教仪式活动，类似朝圣，并且接纳所有人加入，他与他的继任者们才很难阻止那些不适合参与的人，即便英诺森三世找到了解决方法——通过补赎政策抑制这些人的热情，但依然收效甚微。最终，事实证明，相较于官方出台的阻拦政策，让人们目睹参与远征所付出的实际代价的效果更加明显。譬如向东方行军时采取的是陆上路线，那么军队中普通百姓的比例就会比较高，而一旦远征开始改走海洋路线，穷苦百姓就很难支付得起沿途的开销了。虽然总还是会有一些人参与其中，并给远征首领带来一些麻烦，但这类参与人数在逐渐减少。也许是为了回应官方对普通百姓的排斥，他们自发组织了远征。虽然这样的自发组织变得越来越专业，如1212年的儿童十字军、1309年的平民十字军和1251年的牧羊人十字军，但却从未成功冲出西欧。

虽然秩序混乱、毫无章法，但普通大众仍是远征中很重要的因素。令人沮丧的是，我们很难找到关于他们的想法与内心感受的任何记载。当我们把目光投向更有经济实力的十字军成员，比如商人、手工艺人与农场主时，能偶尔看到几个案例。例如，在1219年12月，一位名叫巴泽亚·摩萨德鲁斯（Barzella Merxadrus）的博洛尼亚居民起草了一份遗嘱。他当时身处埃及达米埃塔，躺在营地里，已经病入膏肓。在遗嘱中，他的妻子成为所有遗产的合法继承人，其中也包括本该分给他的那一份战利品；他还试图保证他的妻子在军营中同其他远征成员一样，依然有资格享有队员身份。不过，这类材料实在太少了，只有那些拥有大量土地的贵族与骑士会有相关史料遗存，里面会有关于他们的感受与看法的详尽记录。地位越是显赫的人，他们的材料就越丰富，在各类文本中被提及的次数也就越多。一方面，他们要维系自己的社会地位，还要在远征途中支付随行扈从的开销；另一方面，他们需要抵押自己的财产来换得流动资金。因此，围绕这些贵族与骑士产生了许多官方正式文件，这些文件成为历史学家研究十字军心态的重要史料。

在宣誓加入远征时，战士们都要经历一套特殊的流程。一般是在人群聚集的场所，人们情绪激昂，在神父布道的煽动下逐渐变得狂热起来。宣誓仪式之后，人们会单独举办一个仪式，为十字军战士献上行囊与手杖，它们是朝圣之旅的神圣象征。这原本是两个分开的仪式，但到了大约12世纪70年代，这两个仪式慢慢合二为一。在法国国王路易七世筹备第二次十字军东征的过程中，他就将两个仪式分开举办，时间和地点也都不相同。1146年3月31日，他在弗泽莱宣誓，当时有大批群众到场观看。随后，国王与贵族们在一个半私人的仪式中接受了教皇赐予的十字架。最后，在神父克莱尔沃的圣伯尔纳铎的陪同下，国王再次来到群众面前，站在一个讲台上，向他们挥舞手中的十字架，显然，这是在激励群众加入他的行列，人们的热情由此被点燃。在这之后，圣伯尔纳铎的布道同样受到大家的热烈响应——神职人员事前用布料做了很多十字架，装满了一整袋准备在布道时分发，可这些布质十字架很快就分完了。面对大众的热情，圣伯尔纳铎不得不把自己的道袍撕成布条来满足人们的渴求。此后又过了一年多，1147年6月11日，在圣丹尼（St Denis），路易七世从教皇的手中接过了代表朝圣之旅的象征——行囊与条幅，这个条幅作为法国皇室的军旗，大概是为了代替手杖用的。

在远征运动初期，这些仪式流程在各地同时举行。在贵族与骑士受领十字架之后，他们会安排私人仪式来接受行囊与手杖，同时，也许还会在之后的环节中接受来自当地主教、修道院院长或副院长的祝福。第二个仪式有时会涉及与相关宗教组织的财务往来，比如捐款。1096年5月22日，在勒兰群岛（Lérins）的座堂会议厅，沙托勒纳尔的富尔克·多恩（Fulk Doon of Châteaurenard）把自己的大量财产捐给了修道院，随后修道院院长赐予他一张餐巾（用来代替行囊）、一把手杖和一头骡子，并责令他参与远征，以补赎他的罪恶。在两个仪式合二为一之后，类似的流程还持续了很长时间——在1248年，茹安维尔的约翰从舍米农（Cheminon）修道院院长手中接受了朝圣的象征物。

为了将十字架化作誓言的象征符号，乌尔班二世把接受与佩戴十字架的行为与耶稣基督的训诫紧密联系在一起："凡为我的名撇下房屋或是兄弟、姐妹、父亲、母亲、妻子、儿女、田地的，必要得着百倍，并且承受永生。"（《马太福音》19：29）"若有人要跟从我，就当舍己，背起他的十字架，来跟从我。"（《马太福音》16：24或《路加福音》14：27）而远在叙利亚地区的十字军首领在给乌尔班二世的信中写道："正因为您的布道，我们才甘于抛下一切，离开故土，听从耶稣基督的指引，参与远征。"

对于十字架的视觉呈现方式，有些人做出了非常可笑的举动。他们会把十字架缝在衣服上，而普通的十字架则以极端夸张的方式展现出来。在法国洛林的贝尔瓦（Belval）的一座小型修道院中，有一个12世纪早期的十字军战士雕像，他胸前缝有十字架，布料的宽度只有5厘米，但十字架的宽度却拼接成了15厘米。不久之后，通过十字架的款式与颜色的不同，十字军各部可以区分出各自所属的分遣队，在12世纪40年代晚期，这种做法被文德人沿用，他们身上别着印有十字架的球形徽章。正如我们在前文中所看到的，在筹备第三次东征期间，人们决定用不同颜色的十字架来区分不同国家的十字军成员，法国人是蓝色的，英格兰人是白色的，佛拉芒人为绿色的。

神职人员希望战士们在远征期间全程穿着缝有十字架的军装，直到他们回到故乡，并履行了远征誓言为止。1123年，主教们在第一次拉特兰大公会议中，将那些还未出发的十字军称作"脱掉十字架的人们"。由此，十字架便可以作为区分十字军的重要标志。在第一次十字军东征期间，官方使十字军首领们相信，在西方，他们会得到增援部队的帮助，据说这些增援部队全部受教会调配，神职人员只需要及时催促那些拖延参战的人宣誓即可。类似佩戴十字架这样的要求几乎贯穿了整个远征运动史，而教会则不时地编造出大量"虚假的后备军"。毕竟，比起履行誓言的人们，去责骂那些改变主意放弃参与远征的人要容易得多。

有必要区分究竟谁是十字军的另一个原因，是十字军的身份会带来一些特殊的待遇。一开始，人们对这些特权的具体内容一头雾水，甚至高级神职人员也没有完全厘清。例如，在克勒芒宗教会议通过的给予十字军的特权中，有一条是军人在远离家乡期间，教会有义务为他的家人与财产提供保护。勒皮伊塞的于格二世（Hugh II of Le Puiset）在1107年宣誓参加远征运动，但莫尔塔涅的罗特鲁（Rotrou of Mortagne）伯爵却在他领土的农场上突然建设了一座防御碉堡，于格二世感觉自己的财产受到了威胁，而罗特鲁恰巧曾参与过第一次十字军东征。于格二世的主教沙特尔的伊沃

（Ivo of Chartres），虽然是最伟大的圣典学者之一，却将此事移交给了世俗法庭处理。随后，双方发生冲突，于格二世将案件上诉到教皇，要求重新审理。伊沃指出，神职人员就如何裁决没能达成一致意见，因为"教会要为前往耶路撒冷的骑士提供保护，这条法律才刚刚建立，还不够完善。他们不知道这项保护措施是只针对十字军私人财产的，还是应该将碉堡也算在内"。

然而，到了13世纪，给予十字军的特权已经得到清晰的界定。很多待遇涉及法律层面，因此十字军享有一定的法律优势。除了赎罪券与应得的保护之外，十字军享有的特权还包括以下几条：推迟履行封建徭役或审判程序的权利（直到十字军远征回来以后，再履行相应义务，或是要求加速上述程序，并在出发前完成）；终止偿还一切债务与利息；免除一切税务；神职人员可以享受有俸的神职待遇，而骑士为筹钱可以自由变卖或抵押封地以及任何不动产；免除绝罚；有权与被革出教门的人进行商业往来，而不受法律禁令的影响；利用远征誓言，代替其他未竟的誓言；在告解后，有权令教父赦免其大部分罪过。

显然，十字军在社会中享有很高的声誉。十字军从事如此有威望的活动，这究竟对他的社会地位有何影响，目前虽然还没有哪位历史学家就此进行过研究，但十字军的身份无疑使他们在本国，甚至在国际上，都享有至高的荣誉。塔兰托的博希蒙德在1106年游历法国期间，作为第一次十字军东征的获胜者，在沙特尔大教堂迎娶了法国国王的女儿。当时，许多法国贵族去谄媚他，希望他能成为自己孩子的教父。博希蒙德向众人讲述他的各种冒险，以及他被穆斯林虏获的经历。这些故事都收录在圣莱纳德（St Leonard）的《奇迹故事集》（Miracula）中。后来为了卖弄炫耀，博希蒙德还曾参观过圣莱纳德的圣祠。在第一次十字军东征过后的两三个世代里，十字军家属依然为他们祖先的丰功伟绩感到骄傲不已。

参与远征也带来了一个不那么受人欢迎的后果，后来经常成为人们抨击的对象。在中世纪中期，没有哪个团体像十字军那样遭到过如此恶毒的批评。究其原因，乃是以上帝的名义挑起的战争如果失败，不可能归咎于上帝，正如《旧约》所示，只能是上帝所支配的人不够称职，在远征的案例中，不称职的人当然就是十字军了。按照这一思想，十字军要为每一次战败承担指责，因此，自1101年的惨败开始，来自本土的谩骂就如同风暴一般，无时无刻不将十字军卷入其中。

然而，不论十字军征战的结果是成功还是失败，每个战士都必须冒着死亡、伤痛与财产损失的风险，我们可以看到，在他们临出发前所签署的特许状里，无不笼罩着恐惧的阴云。布卢瓦伯爵艾蒂安二世在1096年把一块木头交给马尔穆蒂耶修道院（abbey of Marmoutier），"这样，在圣马丁与其他修士的代祷下，不论我做错了什么，上帝都会原谅我，并在旅途中指引我，最终保佑我健康安全地回到故乡，同时也能保佑我的妻子阿德拉和孩子们"。一想到代祷神父为他们能够安全回家而向上帝说情，十字军战士就会倍感宽慰。在1120年，切斯特的雷纳夫（Ranulf of Chester）从达米埃塔归来，由于在那里刚刚经历过船难，面对代祷神父，他面无表情，直到午夜，当"我的教士们唱起礼拜圣歌，并在他们的祈祷中提到我"时，才变得活跃起来。

踏上征途之后，布卢瓦伯爵艾蒂安二世会为自己家庭的安全担忧，而这份心绪并非艾蒂安二世独有，即使教会已经承诺会保证他们的安全，但在许多特许状中，我们还是能够看到这类忧心忡忡的表达。许多证据表明，教皇乌尔班希望把骑士的好战精神引到西欧以外的地区，从这个角度来看，东征则成了国内和平的保障措施。正如我们在前文所看到的，军中如果缺少一位位高权重的领导者，就会适得其反，而这大概正是为什么东征布道会伴随着教会议会内部和平法令的更新同时发生。当罗伯特二世伯爵离开佛兰德斯地区去参加第一次十字军东征的时候，由于领主不在，佛兰德斯难免遭殃。当罗什福尔的居伊（Guy of Rochefort）在1102年回到他的领地时，听到了当地人的诸多抱怨，在他外出远征期间，"几乎没有任何人能够得到公正的待遇"。1128年，安茹韦尔恩的鲍德温

（Baldwin of Vern d'Anjou）与他的兄弟劳尔（Rual），就"鲍德温的土地、财产、妻子以及唯一的女儿"做出了极其细致的安排。劳尔保证，永远要忠诚地对待鲍德温的妻儿；永远不会侵占她们母女俩的任何财产；如果有任何人伤害她们，他都要伸以援手，甚至可以向对方宣战。这项协议清晰地显示出，当自己的哥哥参加十字军东征的时候，一位年轻的未婚弟弟对他的兄嫂和侄女可能造成的威胁，同时，还要想尽一切办法阻止这种威胁的发生。当鲍德温与劳尔签署协议的时候，有十位证人在场，并得到了鲍德温直属领主的担保。

事实上，即便在13世纪的英格兰，王室已经向十字军承诺，会为他们的家室与财产提供保护，但十字军的亲属，尤其是女性家属，依然会经受极其可怕的遭遇，毕竟，这些人多年来被撇在故土，独自经营家业，照顾一家老小，而大大小小的"无头"官司骚扰不断，周围的邻里又一个个虎视眈眈。从当时遗留下来的司法文书中，我们能够看到他们所遭受的种种伤害。1190年，在威廉·特鲁塞尔（William Trussel）前去东征六周后，他的妻子惨遭谋杀，尸体被扔进了一个泥灰岩采掘场；在第五次十字军东征期间，彼得·杜菲尔德（Peter Duffield）的妻子被人活活勒死；当拉尔夫·霍登（Ralph Hodeng）东征结束回到家的时候，他的嗣女已经嫁给了一位佃农。因此，十字军认为，还是自行寻求解决问题的方法更为稳妥，这显然并不奇怪。例如，在1120年，勒鲁埃的杰弗里（Geoffrey of Le Louet）把他的妻子送到隆赛雷修道院（Le Ronceray d'Angers），并得到修女们的有偿照料，如果她个人有成为修女的意愿，杰弗里保证在原有费用的基础上额外附加一份入院捐赠金。在同一时期，勒普莱西–马塞的富尔克（Fulk of Le Plessis-Macé）也安排修女们来照看他的女儿，如果远征过后他没能回来，那么"根据她个人的意愿，以及她的兄弟与亲友的建议"，修女们可以允许她成亲或进入修道院成为修女。即便她决定不入修道院，富尔克也会照旧支付一份入院捐赠金，并指定自己的一位侄子为修道院工作。还有一个感人的案例，第二次十字军东征中的一位新兵，尚帕莱芒的于格·鲁弗斯（Hugh Rufus of Champallement），有一个名叫居伊（Guy）的哥哥，体弱多病且身患残疾，鲁弗斯拨出部分财产，每年定期交给科尔比尼（Corbigny）的修士们（有时是现金，有时是实物），用以支付居伊的房租与抚恤金，如果居伊不幸去世，修士们会负责将他埋葬。

对于十字军来说，如何安排自己的资产也很重要，使其能够得到妥善的管理，毕竟，他们将长期身处异地——在第一次十字军东征期间，有谣言说这次运动似乎要持续三年时间，到了1120年，勒普莱西-马塞的富尔克已服役约满三年，官方允许他回家。而在这期间，十字军的家庭成员、邻居或封臣，都可以承担起管理财产的职责。就家庭成员而言，既可以是家里的长子，也可以是次子，还可以是十字军战士的同胞兄弟。例如，第一次十字军东征成员朗代尔龙的杰拉尔德（Gerald of Landerron）在临出发前，将他的城堡与子嗣留给自己的兄弟奥格（Auger）——拉雷奥尔的圣皮埃尔修道院（St Pierre de La Réole）副院长来看管。奥格承诺，他会"把杰拉尔德的儿子们抚养成人，直到他们也都成为骑士"。由妻子或母亲承担管理家产的义务，这样的情况也很常见，但就家庭成员而言，似乎没有人能够完全承担得起这项职责。1101年，布雷的居伊（Guy of Bré）将自己的女儿与土地监管权交给了他的邻居拉斯图的奥利弗（Oliver of Lastours），而奥利弗的父亲与叔叔也曾参与1096—1099年的十字军运动；不久之后，奥利弗与居伊的女儿结婚了。除了将资产或家人托付给家属或邻居，在早期的十字军中，也有其他情况出现，例如，伊苏顿的杰弗里（Geoffrey of Issoudun）就把他的城堡交由自己的封臣看管，而加拉尔顿的于格（Hugh of Gallardon）将女儿和城堡托付给了自己手下的骑士照看。从12世纪晚期开始，英格兰的十字军会委托律师管理他们的财产。

十字军心里清楚，远征运动会让他们付出高昂的代价，而我们在前文也已经看到，远征的成本是多么巨大。虽然参与第一次十字军东征的军人的确带回来许多战利品（这些战利品现在大量散落在欧洲各个教堂之中），但几乎没有任何证据能够证明，他们是携带着大把的财富荣归故里的，尤其在经历了东征的残酷考验并为其消耗了巨额费用之后。据说，在1102年，当罗什福尔的居伊（Guy of Rochefort）回到家乡的时候，"荣光满面，收获颇丰"，可是，"收获颇丰"究竟指哪一方面，却没有进一步说明。有一个名叫格里马尔德（Grimald）的骑士，在途经克吕尼时，成为隐修院的追随者，并立下一份遗嘱。这份遗嘱不仅对隐修院有利，其中还附加了1盎司黄金。希尼的哈德维德（Hadvide of Chiny）是十字军成员孔拉–格朗德维尔的多多（Dodo of Cons-la-Grandville）的妻子，她曾为阿登的圣休伯特修道院（Abbey of St Hubert）捐献了一套祭服和一盏圣爵，祭服是用非常珍贵的布料做成的，而圣爵则是由8盎司的黄金打造而成，上面还镶有大量珠宝。在早期的远征活动中，只有以上几个案例是与十字军发迹相关的，而至于归途的旅费，以及千里迢迢搬运大量黄金与奇珍异宝的难度，我们似乎也不太可能找到更多类似的例子了。

另外，十字军的幸存者同他们的家人一道，还要履行出发前的诺言，并偿清之前欠下的债务。而为了减轻损失，十字军不得不想尽一切办法筹得现金，有时还要动用亲属的力量。1100年，马特弗龙的富尔克一世（Fulk I of Matheflon）从东方归来，他试图在自己建造的桥上征收过桥费，甚至把猪都算在征收范围内。虽然之前与隆赛雷修道院的修女们发生过争执，但最终他还是扭转了这个不利局势：早在11世纪，安茹的希尔德加德（Hildegarde of Anjou）伯爵夫人就将莱–卢瓦河畔塞谢（Seiches-sur-le-Loir）这座村镇献给了隆赛雷修道院的修女们，富尔克一世的城堡就建在这个教区内，在城堡内还建了一座木质教堂，由于人口不断增加，富尔克一世与隆赛雷修道院双方经过协商，同意将原来的木质教堂改建为石质教堂；虽然富尔克一世为这项工程耗费了大量资金，但在教堂改建完毕之后，他决定放弃自己应得的什一税份额，并愿意出钱资助其中一位神父。不过后来富尔克一世还是没能遵守协议，依然握紧了自己的什一税不肯放手，由此，他与修道院间起了矛盾，并一直延续到第一次十字军东征期间；在富尔克一世远征期间，他的儿子于格逐渐意识到修女们才是真正在理的一方，于格决定将这笔什一税转让——如果富尔克一世拒绝承认他之前的所作所为，并拒绝交出什一税，那么修道院一方将得到一笔更大的赔偿款；富尔克一世远征回来以后，企图（或者说是"假装企图"）废止这项协议，但在别人的劝说之下，他不但同意了这项协议，甚至愿意提供一份更大数额的赔偿款。

富尔克一世的什一税让修女们吃尽了苦头，因此，在这之后面对同样的问题时，她们采取了更加强硬的态度。为了筹集远征资金，一个名叫杰弗里·勒哈尔（Geoffrey Le Râle）的男子把磨坊的什一税卖给了隆赛雷修道院。大概是为了还债，杰弗里远征归来后决定将磨坊卖掉，但他想捆绑着什一税一同卖掉，这么做显然可以提高不少价钱。然而让杰弗里气愤不已的是，隆赛雷修道院的修女们却拒绝协助他完成这笔交易。他坚持要变卖磨坊，之后还被拉到修道院法庭进行审判，最后他不得不认罪，并接受相应的处罚。

远征经历令人如此不快，如此危险，同时又如此耗费钱财。我们越是从十字军的角度出发考虑，越是为他们参与东征的初衷感到惊奇。他们究竟认为自己在做些什么？为什么只有灾祸才能提高他们的远征热情，即便这些灾祸可能招致人们的愤世嫉俗、冷漠与绝望？他们的脑子里究竟在想些什么？

在过去的60年里，学者们对基督教神学的暴力性进行了深入的研究，它在理性认识层面，是以何种方式推进基督教"圣战"这个总体观念的，尤其是人们对远征运动的认识已经得到非常清晰的梳理。学者们认为，社会各个阶层的男男女女对十字军号召的响应，一开始就源自这类意识形态的普及，它通过神父的布道在群众面前呈现，内容与他们日常的宗教忧虑息息相关。然而，即便以研究基督教暴力史的专家的视角来看，远征也是具有惊人的进步意义的。就人们对"圣墓"的狂热而言，第一次十字军东征将这一热情推向了顶点，大批信徒涌向"圣地"，在此之前通往耶路撒冷的朝圣之旅已是络绎不绝，这个风潮贯穿了整个11世纪。但第一次十字军东征不仅仅是一次朝圣之旅，它同时也是一场战争。两位出身于普罗旺斯的兄弟，锡涅（Signes）的杰弗里与居伊，他们说："（加入远征）一方面是出于朝圣之旅给我们带来的荣光，而另一方面，我们希望在上帝的庇护下铲除异教徒对我们的践踏，并消灭这些人对异端宗教的狂热，正是这些人的野蛮与愤怒，使无数基督徒遭到残忍的压迫、囚禁与杀害。"生活在利穆赞（Limousin）的艾默里·布鲁努斯（Aimery Brunus）说："我一想到自己的罪过，就渴望加入十字军，和自己的基督教兄弟们一同与穆斯林作战，也期望能够借此到达耶路撒冷，参见'圣墓'与'圣主'。"

朝圣是一项为了忏悔自己的罪过而履行的宗教行为，从传统的角度看，朝圣者需要具备的心态与一位武人的心态恰恰相反。11世纪的朝圣者，即便来自军事阶层，一路上虽然容光焕发，神气十足，但他们的心态相对比较平和。然而，十字军的意图却是发动战争，这已经与他们的悔罪行为有机地结合为一体。根据官方的阐释，十字军的所作所为充分展现了他们对同是基督徒的兄弟姐妹们的爱，也是他们对上帝的爱，这种奉献行为才是"真正的献祭"，体现了舍己为人的高尚品格。表面上听起来虽然光鲜亮丽，但远征运动实质上不仅是宗教活动，也是军事活动，而"宗教战争"的概念相当于一种祈祷的兵役形式。

因此，在为第一次十字军东征布道期间，教皇乌尔班二世的呼吁是极具革新性的。将战争与宗教悔罪的概念相结合，这个想法最初大概出自一段对话，它发生在教皇格列高利七世（Gregory VII）与一群拥护托斯卡纳的玛蒂尔达（Mathilda of Tuscany）的改革理论家之间，这段对话的内容在11世纪70年代与80年代不断地演变，而其中涉及宗教战争的想法被乌尔班二世采用。这是一个前无古人的做法，他将前往耶路撒冷的朝圣之旅与战争相结合，让这个观念变得非常合乎情理。为卡西诺山（Monte Cassino）修道院书写编年史的作家，大概也是一位元老院的官员，曾陪同教皇在法国巡回布道，他将教皇的东征倡议描述为一种神父对教友的关怀举措，教皇实际上是为武人们提供了一次自我救赎的机会，虽然是通过补赎来实现，但却不必放弃自己的军人职业，也不会因在朝圣途中携带武器、军事装备与战马而让自己名誉扫地。诺让的吉伯特（Guibert of Nogent）有一段非常著名的陈述，其中将东征评价为一场蓄意谋划的运动，实际上，这不仅是为了达到其宗教目的，也是为了实现经济利益，将贵族与骑士统统卷入其中，成为这场运动的棋子。吉伯特这样写道："在这个时代，上帝为我们制订了'圣战计划'，因此，骑士团和普通群众就要相继蜂拥前去寻找获得救赎的新道路。他们选择宗教生活，或从事任何一种宗教职业，却不需要被迫放弃世俗事物；他们一边受到上帝的恩宠，一边又不受到任何限制，身着日常的服装，自由地追求着个人的事业。"

对于这样的远征号召，人们当然会积极响应。在利穆赞，特勒伊的布吕内（Brunet of Treuil）原本打算进入奥雷（Aureil）当地的小型修道院任职，但后来他改了主意，想必他一定是将远征看作一种更加积极的生活方式，能够满足他在俗世的愿望。他劝说修道院同意他拿出自己的一部分入院捐赠金用以购买盔甲，并找到一位亲属接替他的位置。居住在离沙托顿（Châteaudun）不远的奥多·贝文（Odo Bevin）也经历了类似的情况，他因此就财产问题与马尔穆蒂耶（Marmoutier）修道院产生了漫长的纠纷：奥多之前身患疾病，他向修道院副院长请求进入修道院，并愿意放弃财产作为他的入院捐赠金；但这位院长从马尔穆蒂耶修道院过来后，奥多已经痊愈，对院长说他更愿意去耶路撒冷远征。在意大利南部，诺曼骑士坦克雷德的基督教生活中也存在这样的矛盾，为此，他感到非常苦恼。他的头脑已经"分裂，不知道自己是该听从福音书的指引，还是应该跟随世俗的召唤"；此后，他恢复了理智，决定"听从远征的召唤，为上帝服役，这比信仰本身更令他振奋"。

"宗教战争"的说法如此激进，但令人惊讶的是，在高级神职人员当中，竟然没有出现任何反对的声音。如果第一次十字军东征以失败告终，那么肯定会有人站出来批评这种将战争与朝圣联系在一起的做法，然而它的胜利却使参与者与旁观者确信，这的确是上帝的旨意。教皇帕斯加尔二世（Paschal II）曾写道："上帝重新上演了他古老的奇迹。"在十字军的信中，以及在见证者的叙述中，最显著的特征之一是，随着征途的不断进展，从1097年进入叙利亚地区，攻下安条克，最终南下抵达耶路撒冷，人们的震惊程度在逐步提高。这种情感要么来自天际间偶然闪现的真实幻象——彗星、极光与流星，要么是夜间显形的神灵——耶稣基督、圣人，以及死去的十字军游魂，他们的出现是为了向世人证实圣髑的效力或天堂的福报。十字军越来越确信，他们之所以能够取得胜利，唯一的解释是上帝的出手相助，因为对于将"圣战"和朝圣与补赎活动联系在一起的做法，上帝是认同的。远征亲历者在描述中所使用的语汇——"耶稣的骑士精神""远征之路""天国耶路撒冷""宗教战役"——之前一般只有神职人员才会使用，后世的评论者会对这些表达进行筛选，他们会重点突出远征运动在人的悔悟中所起的作用，并强调这是上帝唯一认可的途径。我们从让布卢的西格伯特（Sigebert of Gembloux）写于1103年的一封信中可以看出，在面对这种极端兴奋的宗教情绪时更加传统的神学所展现出的弱点。作为一位激进改革的反对者，西格伯特对教皇帕斯加尔二世致佛兰德斯的罗伯特二世的信中所持的宗教战争思想持批判态度，他引述了帕斯加尔的信，还特意提到信中罗伯特二世在耶路撒冷解放后荣耀归来的内容，但他并未评论十字军运动。

1096年，当教皇在布道中将东征解读为宗教战争之后，许多信徒对其做出积极响应，这样的局势一旦出现，整个西欧便进入了转折的岔路口，十字军也随之踏入无边的黑暗。我们从第二章的论述中已经了解到，战士们之所以参加东征，是因为他们相信，这些努力与牺牲最终不仅会为他们自身带来好的结果，也会使后代永久受益。例如，在1100年，图阿尔的赫伯特（Herbert of Thouars）前去普瓦提埃，并从当地主教那里得到了"朝圣者的戎装"，他希望在即将到来的远征中，人们的热情能够为他父亲的灵魂提供慰藉。不论在克勒芒宗教会议中，还是在教皇乌尔班二世本人的布道中，都对十字军能够得到的特权进行了总结，人们认为这类宗教行为会使他们的罪恶得到救赎。正如我们所见，乌尔班二世似乎有意将这种说法当作官方的权威声明，只要十字军战士参与这次补赎活动，其艰辛程度就足以使他们得到彻底的救赎，不仅能够向上帝还清自己近期的罪债，也能为还未犯下的罪行补过，更能使那些未算清楚的陈年旧账一笔勾销。

人们对十字军运动有这样一种印象：当第一次十字军东征结束后，在西欧大部分地区，东征的念头似乎进入了休眠期，随着耶路撒冷的解放，一切仿佛已成过去，但44年之后，东征思潮在第二次十字军东征的号召声中再次复活。众所周知，东征——前往东方的远征活动之号角，在接下来的一个多世纪里被不断吹响（分别在1106—1107年、1120年、1128年和1139年，而在西班牙则相继发生在1114年、1118年和1122年），然而，人们对东征号角的响应并不能保持相对稳定的状态，能够做到这一点的只有佛兰德斯地区以及从普瓦图北部穿越安茹延伸到沙尔特地区、诺曼底南部与法兰西岛整片地带，只有这两片区域还保留着东征的传统，而在其他地方，新兵征募只在偏远的地区进行，而且只是偶有进行，有时甚至完全没有。利穆赞地区曾非常积极地响应第一次十字军东征的号召，但在1102—1146年，就彻底没有人参与远征了。在人们的心目中，"圣墓"的荣光似乎已经烟消云散了。然而事实并非如此，在12世纪早期，我们依然能够在史料中找到许多去往耶路撒冷朝圣的人。或许，真正的原因是11世纪和平朝圣的古老传统重新占据了上风。作为第一次东征的另一个招募中心，香槟地区也经历了同利穆赞相同的转变，也是在1102—1146年期间，没有一个香槟人应征入伍，但这并不代表人们对前去耶路撒冷朝圣的热情就此减退。在众多地位显要的朝圣者中，特鲁瓦（Troyes）伯爵于格曾在耶路撒冷待了四年（1104—1108年），之后分别在1114年和1125年再次前往，并在1125年成为一名圣殿骑士。同样，在同一时期的普罗旺斯，即便还有很多人会去耶路撒冷朝圣，尤其是那些来自马赛地区的名门望族，也没有任何人志愿加入十字军；回看1096年，普罗旺斯也曾对东征的号召反响热烈。

如果我们将目光从地理的角度转向家庭，也能看到相同的图景。在运动早期，战士们很多是以家庭为单位参与远征的。他们倾向于认为，在1096—1101年间的远征运动中已经建立起某种家族传统，到第二次东征的时候，这些家庭中的后代自然会沿袭这种传统，跟随父辈与祖辈的步伐，投入到这场运动中去。然而事实是，直到1146年，在那些积极响应1096年东征号召的家庭中，鲜少能见到应征入伍的例子。居住在利穆赞地区布雷的伯纳德家族（Bernards of Bré），在第一次与第二次东征中各派去四名家庭男性成员，但在这两次东征中，却一个也没有。在勃艮第伯爵威廉·泰特–哈迪（William Tête-Hardi of Burgundy）的后代当中，有很多人在第一次东征中表现卓越，在第二次东征中也有七人在军队中身居高位，但在1102—1146年间，却只有一人出现在十字军的名单中。这些家族在1096年萌发的热情似乎直到1146年才重新燃起。

对于12世纪早期的许多武人而言，第一次十字军东征如同一次一劳永逸的行动，它为他们提供了一次难得的补赎机会，一旦错过，就不会再有。在1102年以后，他们回头转向了从前传统的宗教活动。在1149—1187年间，我们也能看到同样的情况。直到第三次十字军东征开始，东征才在制度上确立了其合法的地位。

无论如何，我们从1102—1146年间的远征局势出发，可以合理地理解圣伯尔纳铎对第二次十字军东征的存在意义的阐释。他的布道演说将这次远征说成是一次救赎的机会，但这次机会只对参加远征的人开启："上帝将他自己放在一个必要的位置，时刻准备着，在你需要帮助的时候伸出援手。他希望人们把他当作债主，因此，他可以奖励那些为他奋勇战斗的人，免除他们的罪恶，并给予他们以永恒的荣光。正因如此，我称你们为有福的一代，你们生逢盛世，深得上主的欢心。他慷慨地赐予你们免除罪恶的机会。此为真正的禧年。"在圣伯尔纳铎的演讲中，他对"大赦"（Indulgence）的解读是非凡的："接受东征的召唤，如同以一颗痛悔的心向上帝告解，二者都能免除你的罪恶。东征的戎装如果当作布料卖掉，也赚不到几个钱，但如果穿在虔诚的信徒身上，那么它却衬得上上帝之国的价值。"然而，圣伯尔纳铎的解读太过领先于他的时代，教会将这个解读方式视为一种全新的赎罪理论，认为在这个理论的指导下，人们的补赎行为是不可能令人满意的，由此，对他的言论的接受与消化遭到了延宕，直到50年后的英诺森三世时期才被人采纳。此时，"大赦"不再是对出色的补赎行为的奖励，而是对恩惠、宽恕与仁爱行为的担保，如果你的表现足够出众，那么上帝会承认这是一次补赎行为。虽然模糊地带依然存在，但当这一概念已经以通俗的方式融入普通百姓的日常表达的时候，这与13世纪"大赦"所发挥的作用已相差无几；而当这一概念逐渐生效的时候，圣托马斯·阿奎那（St Thomas Aquinas）便不得不对他的忧虑做出回应了。

首先，俗世的男男女女感到自身被囚禁在一个充满罪恶的世界里，根本没有逃脱的余地，他们深知远征为自己提供了一次重新开始的机会。他们会签署捐赠书，以表达他们的忏悔之情，甚至会有自贬的情况出现，例如，贵族宣布放弃那些从神职人员手里抢夺而来的财产与权力，而朝圣者们也不情愿就此把他们甩出东征的行列，尤其是那些宗教团体，否则会遭到埋怨。在1101年，勃艮第的奥多一世（Odo I of Burgundy）在一众封臣的陪同下，"来到了第戎的圣贝尼涅礼拜堂。修士们团坐在屋内，周围站着他们的家眷，在他们中间，我悔过自己长期对他人造成的伤害，对这样的错误，我一度非常麻木，直到现在才算彻底认清。我请求上帝赦免我的罪过，如果在东征之后还能回归故土，我保证会补救"。在热夫雷–尚贝坦（Gevrey-Chambertin），奥多似乎又举办了一次浮夸的仪式。在仪式中，他宣布放弃向克吕尼的修士们征收不公正的款项。

东征运动的准备工作往往都笼罩在这种悔罪的氛围之中。据传在第二次东征期间，法国国王路易七世之所以加入东征，可能是因为在1144年入侵维特里（Vitry）时烧毁了一座教堂，并造成教堂内神职人员的伤亡，路易是出于悲痛之情才加入东征的；另一种可能则是由于路易曾拒绝接受布尔日（Bourges）的一位新主教上任，所以以此作为弥补。在听完圣伯尔纳铎的远征布道之后，人们劝说神圣罗马帝国的康拉德三世加入东征，并一再提醒他，他本将受到天厅的审判。英国格洛切斯特的菲利普（Philip of Gloucester）原本要发动一起家族内部仇杀，但一场大病中断了他的计划，痊愈之后，他便立刻宣誓加入十字军；博热的胡贝儿（Humbert of Beaujeu）在神示中受到警告，要求他对自己的不端行为进行悔改，此后，他也加入了十字军队伍。1187年，当耶路撒冷陷入萨拉丁之手时，整个西方基督教世界一片哗然，此时，悔罪的言论达到历史顶点。这是教皇格列高利八世在一封名叫《闻此严判》（Audita tremendi）的信中所定下的基调，通过这封信，他宣布开启第三次十字军东征："深思并选择修正自身的罪恶，是我们所有人都必须履行的义务，我们要主动进行自我反省，并通过虔诚的补赎与劳作向上帝求助，也只有这样，我们才有赎罪的机会；我们只有先做到独善其身，之后才可谈及敌军的背叛与恶意。"信中将远征描绘为一次"忏悔和行善的机会"，此后，各地效法这个表达方式，陆续开展远征布道活动。人们期望不要有任何十字军心怀怨恨地踏上征途。60年后，这个愿望促使法国国王路易九世在托钵修会内部建立专职审查工作的修士群体。如果皇室官员中出现抱怨的声音，他们会收集并对其进行裁决，路易九世的同僚茹安维尔的约翰会召开封建法庭，允许那些对国王心怀怨念的封臣公开表达自己的想法。这样的举措在当时是不足为奇的。

此外，当时还有另一项因素也起到了至关重要的作用。

　　他登陆上岸时的场景是当时最雄伟豪气的一个。在他的战舰上，吃水线上下绘制了盾形饰牌上的标志，或是末端粗大的十字架图案。船上的桨手至少有300个，每个人都配有盾牌作为武器，每个盾牌上都附有三角矛旗，矛旗连着用黄金打造的战矛。他的战舰逐渐靠岸，伴随着桨手的奋力滑行，这艘船好像要飞起来似的，矛旗招展，钹鼓喧天，萨拉森人吹起号角，声音响彻云间，如同天降闪电一般。

这是茹安维尔的约翰对雅法（Jaffa）伯爵伊贝林的约翰（John of Ibelin）登陆埃及时的情景还原，全文渲染了骑士的豪迈气概。历代教皇向来不鼓励东征运动中出现这类奢华排场，第一次与第二次十字军东征的布道中有对豪奢开销的严格规定，但随着骑士精神的气焰不断上涨，基督教本身也因受到军事与贵族因素的影响而变得愈加世俗化，因此自然会强化人们追逐荣誉与声望的野心，这种欲望在远征运动一开始就已存在。起码从第四次十字军东征开始，东征运动越来越成为充满骑士精神的冒险活动，也只有远征才能将这种精神发挥到极致，参与者的热情越是高昂，就越能成为骑士阶层的典范。在这个历史时期，东征已经成为欧洲这片土地上的常态，它受到世俗理想的影响，在宗教"圣战"与骑士精神之间寻求平衡。

当然，比起资料所能揭示的，远征运动本身也许更接地气一些。神职人员负责记录第一次、第二次和第三次十字军东征的工作。到了13世纪，交织着远征与魔法的《天鹅骑士》（*Chevalier du Cygne*）成为骑士文学经典，远征的骑士们——维尔阿杜安的杰弗里、克莱利的罗贝尔（Robert of Cléry）、贝蒂讷的科农（Conon of Béthune）、香槟的蒂博三世和茹安维尔的约翰通过叙述性文字与诗歌发出自己独特的声音。骑士精神之所以得到强化，主要源于三个因素的影响。

第一个因素是与远征运动相关的活动，如武人在东方短暂的军事服役，其中一部分并非十字军，而是世俗的骑士阶层，这些骑士会放弃个人的时间，把精力投入保卫"圣地"与基督教前哨的任务中。这个传统始于1099年达尔戈埃的加尔德马尔·卡尔庞纳尔（Galdemar Carpenel of Dargoire）和蒙彼利埃的威廉五世（William V of Montpellier），到13世纪末随着塞日讷的杰弗里（Geoffrey of Sergines）的军事生涯而达到顶峰，到16世纪从罗德岛的医院骑士团身上，我们依然能看到这个传统的体现。至少从12世纪20年代开始，人们就试着用某些语汇来描述这类骑士行为，在后世的人们看来，这些表达甚至相当早熟。1102年之后的几年里，佛兰德斯伯爵"好人"查理（Charles the Good）一直留在"圣地"，当时人们用"prousse"（意为"英勇"）这个14世纪的流行词来描述查理侍奉上帝的行为。在作为骑士被鞭笞后，查理前往耶路撒冷，"在那里，他拿起武器，对抗我们的异教敌人……为上主耶稣英勇奋战……并为他的丰功伟绩献上初熟的果实"。

　　第二个因素是在军队招募过程中，贵族阶层的影响似乎越来越重。第三章已经探讨了十字军动员与不同社会阶层之间微妙而复杂的关系。显然，贵族阶层一直是重要的动员对象，然而在早期远征动员期间，被"撼动"的主要是封臣阶层中的某几个家庭，如在第一次十字军东征中，我们能找到的贵族、城堡主与骑士的家庭圈子主要来自利穆赞、佛兰德斯、洛林、普罗旺斯、法兰西岛、诺曼底与勃艮第地区，其中以勃艮第的贵族家庭及法兰西岛的蒙莱里（Montlhéry）城堡主家族最为显赫。勃艮第伯爵威廉·泰特–哈迪的五个儿子当中，有三位是十字军成员，还有一位便是后来的教皇卡利克斯特二世，他在1120—1124年为东征布道，而威廉的孙子与孙女也加入了远征的行列。蒙莱里家族有三位成员加入第一次十字军东征，同时，与他们有密切联系的其他家族也有成员应征入伍，其中有四人来自肖蒙–昂–韦克辛（Chaumont-en-Vexin）家族，一人来自圣埃尚弗雷（St Echanfray）家族。事实上，蒙莱里家族有整整两代人都活跃在远征的战场上，总计有二十三位家庭成员参与其中，他们关系密切，有的是十字军，有的则成了定居者，其中有六人在东部拉丁身居要职。我们就此可以在地图上标出蒙莱里家族的远征热情所波及的区域，它从法国北部开始延伸，远至布洛涅的贵族圈子，以及意大利南部的欧特维尔（Hauteville）家族，前者有三名成员参与远征，其中包括生活在洛林的布永的戈弗雷，而后者则有八名成员加入十字军。

　　贵族家庭对东征的投入从财政支出方面可见一斑。在为远征运动筹款期间，这些家族会对这个经济负担进行分摊，这会导致他们失去一部分个人财产。许多家族会表决采纳相对敏感的策略来处理自己的财产，例如教堂与什一税。随着改革运动的步伐不断加快，他们对这类财产的持有权逐渐受到质疑。这也就意味着，家族内部要召开多次会议，以商讨并决定哪些资产保留，哪些资产抵押或销售。在一份布列塔尼语的文件中，对此类家庭会议记录进行了披露。十字军战士普洛斯姆的蒂博（Thibaut of Ploasme）告诉他的兄弟威廉，如果他没能得到任何经济上的援助，他就不得不变卖继承下来的财产；威廉不希望蒂博失去他的那份财产，于是把磨坊卖了为蒂博筹钱，这个磨坊是威廉的部分财产，之前已经被他抵押出去。其他家族也会做出一些安排，有的程序相当复杂，有些学者已经就此进行了相关讨论。1096年，昂布瓦斯（Amboise）贵族卢瓦尔河畔肖蒙的于格（Hugh of Chaumont-sur-Loire）将自己的贵族头衔抵押给他的表兄罗谢科尔邦的罗贝尔（Robert of Rochecorbon），此外，他的舅舅也为他提供了大量资金。出身于南意大利的诺曼人坦克雷德则得到了其监护人的帮助，从而避免卖掉自己的财产。韦尔吉的萨瓦里奇（Savaric of Vergy）购买了他侄子的封地，之后又把地抵押出去用来筹钱资助自己参加远征。方丹（Fantin）和他的儿子杰弗里在离开图阿尔（Thouars）之前，把部分地产分给了他的妻子与儿子，而杰弗里之后又将自己的那份卖给了母亲。

　　为什么这些家族会如此热情地响应远征号召？我们可以找出某些合理的解释，其中就包括去耶路撒冷朝圣的家族传统、对克吕尼隐修生活的依赖（以及相关变革），还有对某个圣人的崇敬之情。此外，这些家族中的女性成员似乎会与联姻的家族互通消息。勃艮第贵族家庭中的四姐妹，有三位是第一次十字军东征成员的妻子，剩下的那位则是成员的母亲。虽然勒皮伊塞（Le Puiset）家族可能拥有相对独立的家族传统，但它的女家长却是蒙莱里家族的四姐妹之一，而这四个姐妹同样要么是十字军成员的妻子，要么是十字军成员的母亲；到了这位女家长的下一代，她的两个女儿也面临相同的情况。

到13世纪，远征的主要动员力量似乎来自贵族权力本身。家族的力量依然很重要，献身远征的传统代代相传，迫使那些符合条件的人参与其中。但在这个时代，人们之间的封建纽带逐渐变得紧密起来，资助与委托关系对远征的影响往往更加强烈，而这类关系通常运作于地方层面。这也许会影响东征宣传中上帝的形象：以往的东征宣传一向应和听众的社会价值，耶稣基督被描述为遗失了自己财产的父亲，他向子孙们发出召唤，要求他们收复"圣地"；而现在布道中的上帝更像一个国王或领主，要求他的封臣为其利益服役。从下文的歌词中我们将看到，上帝是以领主的形象出现的。这首歌创作于第二次十字军东征期间，但到1200年左右才慢慢流行开来，被广为传唱。

> 失去了遗产，上主痛苦万分。他想考验他的朋友，看他的封臣是否忠心于他。当领主遭人陷害，遗失了他的财产，那些曾经把持封地的家臣，若是抛弃了他们的领主，那也理应剥夺他们对封地的所有权。你的身体、你的灵魂以及你所拥有的一切，都来自你的上主；如今，他心急如焚，正在召唤你为他服役，即便你和上主之间不受任何封建法律的约束，但毕竟，他为你付出了那么多，你也得到了无限的好处，你所有的罪过都被免除，不会受到任何惩罚，还许诺你得到永生，你理应毫不迟疑，速速前去。

第三个因素是十字军运动的遍地开花。满腔热忱的十字军往往准备在几个不同的前线作战：奥地利的利奥波德六世（Leopold VI）曾在西班牙与朗格多克征战，除参与过第三次与第五次十字军东征外，还曾在第四次东征招募期间宣誓加入其中；法国骑士彼得·皮勒（Peter Pillart）既应征加入过路易九世的东征，也曾去过意大利南部参加安茹的查理（Charles of Anjou）发起的十字军运动。到了14世纪，对于参与十字军的贵族而言，具体去哪里征战已经成为次要问题了，真正要紧的是与上帝的敌人作战，而有时，"对于在哪里打仗，或是为谁而战，他们甚至会摆出一副满不在乎的样子"。虽然在13世纪早期，波罗的海的十字军首领试图在人们心中建立对里加（Riga）的圣母马利亚的宗教狂热，并讲述关于她嫁妆的神话故事，声称圣母的嫁妆堪比耶稣的遗产，主要藏于利沃尼亚。然而，显然其他战场并不都同耶路撒冷一样，具备悔罪的朝圣传统。随着时间的流逝，十字军运动的目标从一开始的解放和保卫耶路撒冷（或者说为"圣地"提供援助），逐渐演变为保卫整个基督教世界。以"基督教共和国"的名义所开展的运动，越来越像一场保卫国家的战争，而非宗教战争。在14世纪，展现骑士精神的军事服役活动已经基本与补赎的观念分道扬镳，其中，尤其以欧洲和北非的远征运动最为典型，十字军的态度与从前截然不同。

1291年十字军运动的危机事件——第九章将会对圣殿骑士团的衰落进行详细讨论——不仅广受争议，还是十字军运动世俗化的由头。对圣殿骑士团的一系列指控是由几篇文章开启的，文中声称他们拒绝接受耶稣基督就是上帝的观点，还否认耶稣受难。他们受到的指控包括，在成为骑士团成员之后，他们朝耶稣受难像啐唾沫，把圣像踩在脚下，还往上面撒尿。在任何一个基督教社会，这样的指控都是空前恐怖的，但它们也从侧面反映出一种对十字军学说与宗教传统的巨大挑战，这些学说与传统中，耶稣基督的权威及受难的形象占据着中心位置。在法国政府的推波助澜下，这些指控被传播开来，而原本在公众心目中享有崇高声誉的骑士团，沦为一副令人惊骇的样貌。在常规的宗教形态中，它曾是远征理想的化身，现在却亵渎了最关键的宗教信条。虽然很难估量这些指控对远征运动的具体影响，但损害想必是存在的。

随着远征活动的逐步制度化，并在13世纪成为骑士阶层的一个习惯性选项，它必然会变得越来越温和，不再那么激进。理想的骑士精神慢慢变得世俗化，这是对1095年那个极具革命性的远征理想的稀释，即便稀释的程度并不强烈。当然，将战争作为补赎行为的观念犹在，人们依然能够听到类似的表达，即便字里行间点缀了不少华丽的辞藻，尤其是18世纪马耳他的医院骑士团。然而，这个观念已经逐渐让位于为上帝服役的常规形象。作为欧洲最激进的思想之一，宗教战争的概念令人如此不安，很难在基督教暴力的神学体系与实践中长期保有自己的地位。

第五章

诗 歌

迈克尔·劳特利奇

任何历史时期的文学，都必然反映那个时代人们最迫切的思虑与困扰，如果不能做到这一点，那么它就无法得到人们的喜爱。然而，在中世纪，不论"文学"还是"受人喜爱"，都与当今人们对这两个概念的理解大相径庭。例如，两次世界大战期间的歌曲之所以流行，是因为它以某种形式在坊间传播：在第一次世界大战期间，传播渠道是活页乐谱和歌舞表演，前者对人们的识字与识谱能力有较高要求。然而，正是由于这些渠道的传播，像《到蒂珀雷里的漫漫长路》（*It's a Long Way to Tipperary*）这样的诗歌才能在短时间内被百万民众传唱。而在第二次世界大战期间，唱片与收音机这类传播工具使流行歌曲在更广泛的人群中扩散，传播速度也更快。这些歌曲虽然很受欢迎，但我们很难称之为"文学"。另外，对于威尔弗雷德·欧文（Wilfrid Owen）或鲁珀特·布鲁克（Rupert Brooke）的战争诗歌，或者类似《西线无战事》（*All Quiet on the Western Front*）、《沉静如海》（*Le Silence de la Mer*）与《丧钟为谁而鸣》（*For Whom the Bell Tolls*）这样的小说，任何人都不能否认其文学价值，即便它们在传播方面受到很大限制。

与现在相比，文学作品的传播在中世纪的最大区别是，民众有限的识字率也就意味着文学有限的传播率，"受欢迎"意味着受王室贵族阶层的欢迎，"文学"则意味着教养良好的人们所创作的文学。中世纪还存在另一种作品形式：供博学的神职人员与王室的抄书吏阅读的拉丁语材料。这样的"官方"文本，如年鉴、史书与编年史等不在本章的讨论范围内。在这一章里，我们将目光聚焦于那些人们喜闻乐见的作品，它们最初的创作目的一般都是娱乐大众，但也有其他功能，例如教诲与规劝，或是宣传十字军运动。

在前四次十字军东征期间，法语和德语的口头文学产生了丰富的演变，而这些文学作品也的确反映了当时的远征运动。客观来说，至少就文学而言，这个时期应该被称作"12世纪的文艺复兴"。在这一时期，法国文学与德意志文学建立起了自身的史诗传统：最古老的法语史诗《罗兰之歌》（*Chanson de Roland*），大致就流传于第一次十字军东征期间。《安条克之歌》（*Chanson d'Antioche*）记录了1098年的安条克围城战，有两个版本，分别是法语和欧西坦语（Occitan）——一种通行于法国南部的语言。《阿尔比十字军之歌》（*Canso de la Crotzada*）则通过欧西坦语以诗歌的形式再现了阿尔比远征运动。此外，还有由克莱利的罗贝尔和维尔阿杜安的杰弗里所创作的更加传统的历史文本。

早期的法语史诗被人称作"武功歌"（chansons de geste），"geste"一词源自拉丁语"gesta"，意为"发生过的事迹"，后逐渐引申为"由一个英雄、一组人马，或一个家族所达成的伟绩"。武功歌在多大程度上反映了远征运动的实质是一个颇具争议的问题。虽然如此，并且具体细节有待商榷，但最早也是最知名的案例——《罗兰之歌》却是以真实的历史事件为创作蓝本的。其主要内容是：经过艰辛的跋涉，查理曼的队伍成功抵达西班牙，778年，在归国途中，他们在比利牛斯山的伦切瓦尔山口（Renceval）遭到袭击。若是根据9世纪基督教编年史学者的说法，是巴斯克人劫掠了他们；但要是以13世纪阿拉伯编年史学家伊本·阿尔-艾西尔（Ibn al-Athir）的说法为准，则是来自萨拉戈萨的穆斯林所为。包括总管埃吉哈德（Eggihard）、警卫兵首领安塞尔姆（Anselm）以及布列塔尼公爵罗兰在内的后卫部队全部阵亡。究竟穆斯林是否卷入其中，这场战役又是否只是一次小型的遭遇战，要跨越如此遥远的时间距离，还要穿越宣传话语的雾障，想要弄清真相是一件不可能的事。唯一明确的是，到了11世纪，战争的规模在逐步扩大：《罗兰之歌》中所描述的事件，由一次小型的军事摩擦演变为发生于查理曼帝国与伊斯兰势力之间的极其严重的对峙，并以查理曼的胜利告终，他征服了整个西班牙，还逼迫萨拉戈萨民众改变自己的信仰。

> 皇帝占领了萨拉戈萨；一千名战士在城内搜索，进了犹太教堂和清真寺；手拿铁锤和斧子，把神位偶像统统砸碎，魔法和邪说丝毫不留。国王（查理曼）信奉上帝，要举行宗教仪式，他的主教们给净水祝福，带异教徒进了圣洗堂。谁若反抗查理曼，就会被逮捕、火烧或杀掉。十万多人接受了洗礼，都成了真正的基督徒，只除了王后一人。她成为俘虏，被押到富饶的法兰西，国王希望她接受爱的感召而皈依上帝。
>
> （《罗兰之歌》，3660—3674行）[1]

《罗兰之歌》中没有提到过十字军运动，并且，一些富有说服力的论据表明，诗中所呈现的穆斯林形象与生活在西班牙或巴勒斯坦地区的穆斯林大相径庭，后者是11世纪的诗人本该目睹的样貌；然而，正如我们所见，《罗兰之歌》中的穆斯林形同野兽，盲目的宗教狂热分子能从中找到共鸣。此外，我们有理由相信，诗人也意识到自己的作品具有某种独特的

---

[1] 参阅《罗兰之歌》，马振骋译本。

感染力，与宣传鼓动别无二致。不过，有一点必须承认，在这种"独特的感染力"背后，诗歌所暗指的是发生在巴勒斯坦地区的东征活动，这在古法语史诗当中是非常少见的。

这一时期还有一种口头文学形式，它以十字军为主题，起源于12世纪中叶，这便是"十字军诗歌"。流传于第一次十字军东征期间的十字军诗歌没有任何一首存留至今，毕竟，其他同一时期的口头文学也几乎没有存留下来的记录，不论当时它是以什么形式流传的。我们能找到的最早的几首诗歌，使用的是古法语或欧西坦语，内容主要与第二次十字军东征或收复失地运动有关。就十字军诗歌的构成，学界有许多讨论，而单单以东征作为创作主题的诗歌作品的确非常少见，在现存的许多作品之中，十字军运动往往表现在某些思想领域里发挥主题、寓言与思想扩展的作用。在这类诗歌中，欧西坦语的有106首，法语的有40首，德语的有30首，意大利语的有2首，而西班牙语的有1首。至于如何定义"远征诗歌"，为了便于讨论，我们将其设定为"任何一首提及远征的诗歌，不论它是发生在西班牙、法国还是意大利"。

将远征诗歌视作一种文学体裁，对我们的研究帮助并不大。事实上，在这些内容涉及远征的作品中，世人所使用的诗歌形式范围非常广泛。在最早的案例中，如使用欧西坦语的吟游诗人马尔卡布鲁（Marcabru）与塞卡蒙（Cercamon）的作品，我们能找到讽刺诗歌（sirventes）——表达道德、政治与个人见解的诗歌，以及牧羊女之歌（pastorela）——在此类形式中，诗人与一位少女相遇，少女向他哀叹远方的爱人。之后的诗歌还包括以下四种类型：第一种是典雅爱情诗（courtly love-songs），如城堡主库西（Coucy）的作品《对你，爱人，别无他法》（*A vous, amant, plus k'a nulle autre gent*，作于1188年或1191年）以及几乎所有的德语诗歌；第二种是哀叹英雄陨落的诗歌，如高塞尔姆·费迪特（Gaucelm Faidit）在1199年为英格兰国王理查一世创作的普罗旺斯挽歌（planh）；第三种是颂词（panegyrics），如吕特伯夫

（Rutebeuf）的《乔夫罗·德·瑟吉内斯先生的哀叹》（*Complainte de monseigneur Joffroi de Sergines*，作于1255—1256年）；第四种是辩论诗（debate poems），如修士蒙陶多（Montaudo）在1194年创作的《前几天，我在天堂》（*L'autrier fuy en paradis*）。简言之，我们找不到任何证据来证明诗人为了表现远征而创造了一种新的形式或体裁，远征运动只不过是诗歌的主题，是诗人创作的材料。

第二次十字军东征遗留下来的诗歌并不多：法语的有1首，欧西坦语的大概有10首。在此后的几十年里，诗歌的内容大多与西班牙和东征相关。1160年之后，远征诗歌逐渐繁荣起来，吟游诗人（或法国北部使用奥依语吟唱的行吟诗人）的数量越来越多，受到人们的欢迎，通过他们的诗歌，第三次与第四次十字军东征得到了丰富而翔实的展现。德意志大部分"恋歌诗人"（Minnesänger）的作品也涉及这几次远征。在法国南部，有些诗歌的内容会以非常谨慎的形式暗指阿尔比十字军。13世纪大大小小的远征活动大体也是以诗歌的方式在坊间流传的，基本是法语和德语诗歌。

为什么远征活动会在诗歌中被如此频繁地呈现呢？我们开头的论述如若是确凿无疑的，那么继续追问这样的问题就显得多余了，尤其是当我们得知还有一些诗人本身就是十字军首领的时候。远征首领如香槟的蒂博四世、阿尔比十字军运动期间的图卢兹主教福尔凯（Folquet），以及像贝蒂讷的科农和库西的居伊（Guy of Coucy）这样的达官显贵，他们也都是远征诗歌的创作者。此外，许多吟游诗人在很大程度上都依赖于有权势的十字军的资助。诗人瓦克拉斯的雷姆堡（Raimbaut of Vaqueiras）在一封致蒙费拉托的卜尼法斯的信中，表达了对这位赞助人的感激之情："我赞美上帝，正是在他的帮助下，我找到了您，我最慷慨的君主，您如此高尚，为我提供资助和装备，向我表达了极大的善意，让我从卑微的地位跃升成为高贵的诗人，从一个无足轻重的小人物变成一个尊贵的骑士，并在宫廷中受到女士们的欢迎与称赞。"（《英勇的侯爵，蒙费拉托的主人》，5—11行）在信中，雷姆堡接着回忆他与卜尼法斯在君士坦丁堡围城战中的经历，但又提醒他的赞助人不能只活在回忆之中：

> 我与您一同围攻了那么多坚固的城堡、巨大的要塞和宏伟的宫殿，它们原属于皇帝、国王和埃米尔，属于威严的拉斯卡里斯家族（Lascaris）和原教徒（protostrator），他们以及其他君主都被围困在彼得里翁（Petrion）。我与您一同追赶拜占庭皇帝直至费洛帕提翁（Philopation），您废黜了他的皇位，并加冕了另一位皇帝。然而，我若不是得到您丰厚的奖赏，人们可能会觉得，我并没有一直长伴您左右，一直服侍着您，可是您知道，侯爵大人，我说的一切都是事实！
>
> （同上，31—43行）

同样，那些颂扬远征英雄的诗歌，常常将赞助人的慷慨大度与他们的战争功绩相提并论。例如，作为拥有神职人员和吟游诗人双重身份的修士蒙陶多就虚构了一场他与上帝之间的争论。上帝询问修士，为什么他没能得到英格兰国王理查一世的帮助。

> "修士，你犯了一个错误，你没能立即来到国王面前，他不仅统治着奥莱龙岛（Oléron），而且还是你的挚友，这也正是为什么我认为他与你中断友谊是明智之举。啊，为了赐予你恩宠，他丢失了多少原本属于他的功绩。正是他将你从泥潭中拯救出来。"
>
> "主啊，要不是由于你的过错，我原本是要去找他：正是由于你的缘故，才放任他被监禁在牢里。然而，萨拉森人的船只——难道你忘了它是怎样航行的？——若是到达阿卡，将会有

大量邪恶的突厥人在这里兴风作浪。谁要是和你争个没完，那他肯定愚蠢至极！"

（《前几天，我在天堂》，33—48行）

引文中所提到的事情是1192年在从巴勒斯坦地区的阿卡城返国途中，理查一世被奥地利的利奥波德囚禁。巴黎诗人鲁特伯夫（Rutebeuf）在他的作品《论贫穷》（*On his poverty*，作于1270年）中，也用诙谐的口吻表达了类似的观点："死亡对我，也对你，我的国王，造成太多损失，两次航行，把善良的人从我的身边带走，向着遥远的蛮荒之地突尼斯，踏上朝圣之旅，邪恶的不敬神的人们也效法前去……"（20—24行）鲁特伯夫在诗中抱怨法国国王路易九世发起的远征运动，把善良的人们从他身边带走，而这些人原本是该为他提供经济资助的。

对于时下发生的大事，赞助人与诗人都非常了解。但在这个历史时期，远征运动为何会在宫廷诗中扮演如此重要的角色，对于这一问题，我们还能找到其他原因。显然，这类诗歌所颂扬的价值与美德大体属于贵族阶层，正是这些品质，让他们觉得自己与其他阶层的人们有着本质区别。由于贵族的品质与拥有土地这类现实问题之间有着紧密的联系，因此，他们的某些美德会被人贴上"封建"的标签。其中包括对领主的忠诚，并履行必要的领地职责——在敌人入侵时提供武力援助，以及在案件审讯期间提供辩护。诗人一般都是从这几个方面来表现远征运动的。"圣地"被看作上帝的合法领地，但却被强盗篡夺，领地上的封臣有义务竭尽所能为上帝收复失地。如若没能做到这一点，他们也就未能履行自己的封建职责，就像一首匿名的诗歌（大概写于1189年）所描述的那样："在吾主最需要帮助的时候，抛弃吾主的人都将受到谴责……"（《你们，这些以赤诚之心爱人的人》，11—12行）在最早的法语远征诗歌中，一首大约作于1145—1146年的匿名诗歌，把这个想法表达得更加清楚。

Chevalier, mult estes guariz,

Quant Deu a vus fait sa clamur

Des Turs e des Amoraviz

Ki li unt fait tels deshenors.

Cher a tort unt ses freuz saiziz;

Bien en deums aveir dolur,

Cher la fud Deu primes servi

E reconnu pur segnuur.

（1—8行）

骑士们，你们非常幸运，上帝向你们呼救，要你们与突厥人和阿尔摩拉维德人（Almoravids）作战，他们对吾主犯下重罪。他们侵占了吾主的土地；我们为此感到万分悲痛，因为正是在这片土地上，上帝最先出现，并成为创造我们的主。

上帝的形象如同领主。骑士们为上帝提供保护，就如同封臣对领主履行他应尽的义务，这类关于封建职责的信息在全诗被反复强调。在副歌部分，那些追随君主的人得到了进入天堂的保证。

Ki ore irat od Loovis

Ja mar d'enfern n'avrat pouur,

Char s'alme en iert en Pareïs

Od les angles nostre Segnor.

（9—12行）

任何人，只要跟上路易七世的脚步，就不必再恐惧地狱的威胁，因为他的灵魂将同吾主与天使升入天堂。

　　骑士们具有精湛的军事才能，而他们还欠着耶稣基督的罪债，这些讯息在诗中被不断提及："骑士们，你们因高超的军事技能而备受尊敬，好好想想吧，吾主为了你们而被钉在十字架上，现在该是你们为他献身的时候了。"（17—20行）路易七世便树立了一个极佳的典范，他被描述为一位放弃了财富、权力和领土的君王，他摒弃了尘世，去追求圣洁的生活。诗中还提及了耶稣所经受的苦难，这并非仅仅出于虔诚的宗教信仰，还为了鞭策听众，激起他们为上帝复仇的欲望，前去与那些罪有应得的敌人作战。"现在，吾主正在召唤你们，因为那些邪恶的迦南人与赞吉的追随者，已经对吾主耍了许多卑劣的把戏，该给他们点颜色看看了！"（41—44行）双方的冲突是以骑士比武的形式呈现的，就发生在天堂与地狱之间：上帝召唤他的盟友加入他的队伍，并指定了决战的时间与地点——埃德萨；只有通过十字军运动，上帝的冤仇才能得到化解，而战士们将得到救赎的奖励。这使人想到摩西将红海一分为二的场景，以及法老与他的追随者们随后被海水淹死的景象。这样的场面在许多远征诗歌中都会出现，其中，法老的追随者往往等同于穆斯林。

　　在一些诗歌中，骑士与贵族阶层不仅具备区别于其他阶层的品质，而且这些品质还远远超出其他阶层的人们所能企及的高度，而正是远征运动为他们提供了展示才能的机会。

　　　上帝啊！长久以来，我们虽过着悠闲的生活，但却一直保有一颗勇敢的心！现在，我们倒要看看谁是真正勇敢的人；在我们这个时代，"圣地"被人掠走，为了我们，上帝在那里受尽折磨，每个人都为此愁眉不展，为自己的懦弱而感到羞愧，我们应该前去为吾主复仇；如若任凭敌人在"圣地"逍遥，那我们苟活的生命永远都是可耻的。

　　　上帝被围困在"圣地"；当吾主被钉死在十字架上的时候，正是他把这些人从黑暗的牢笼中解放出来，如今他落入突厥人的手中，我们倒要看看他们该如何援救吾主。除非是因贫穷、年老或疾病，那些不前去援救吾主的人，你们是可耻的，你们最好识相点；那些健康的人、年轻的人和富有的人，你们不可能躲在后面，却不受到羞耻心的折磨。

（贝蒂讷的科农，《啊，我的爱，这将是多么艰难，我不得不离开》，25—40行）

悠闲、羞愧、缺乏能力——这些都是骑士与贵族阶层要极力避免的特质，而远征诗歌都是唱给这些人听的（这些诗歌通常以"骑士们……""领主啊……"或"吾主啊……"作为开头）。这样的称呼不仅适合远征诗歌的主题，还与诗歌本身的体裁要求完美契合。中世纪的诗人和学者认为诗歌的两大功能是"颂扬"与"训诫"。他们所受的教育还要求他们要以辩证的逻辑对事物进行思考与推理。因此，远征意识形态提供了一个绝佳的架构：那些顺从远征号召的人应当被颂扬，而对此置若罔闻的人则理应受到谴责。

只有懦夫才会赖着不走。他们都是些不爱上帝之人，没有德行之人，不懂得什么是真正的爱，也不值得被人怜爱。他们都会借口说："但我的妻子可怎么办？我无论如何也不能离开我的朋友。"这样的人思想真是愚蠢，因为除了那个为了我们的福祉将自己的生命牺牲在十字架上的上主，没有人会是你真正的朋友。

如今，那些勇猛的骑士，以及这世上真正受人尊敬的人，这些人热爱上帝，他们踏上了征程，这才算智者，因为他们听从了上帝的召唤；而只有那些满是鼻涕、灰头土脸的人才会躲在后头。毫无疑问，他们被遮蔽了双眼，一旦拒绝向上帝伸出援手，在此后的人生中，这些人将仅仅因为这一件小事而失去整个世界的荣光。

　　（香槟的蒂博四世，《领主啊，你要知道，谁要是不去》，
8—21行）

就诗艺技巧而言，行吟诗人马尔卡布鲁堪称大师。

　　不论国王的冠冕，还是统治者的头衔，全知全能的上帝都
已向我们许诺。你们可知道，那些前往肃清之地的人，他们的
美德胜过晨星；不论在这里还是在大马士革的人们，都犯下了
重罪，我们为上帝复仇。

　　自该隐以来，许多人曾对上帝不敬。我将看到，谁才是他
真正的盟友，通过肃清之地的力量，基督将与我们同在，那些
相信预兆与占卜的恶棍将向四处逃窜。

　　好色的酒徒、贪食的饕客、地狱之火的拥趸、路边的无
赖——这些人都只能与懦夫为伍。只有那些勇敢的人和健康的
人，才有资格前往肃清之地，接受上帝的检验；其他人只能守
在自家的居所之中，他们的生活正经历着艰难的阻碍：这也正
是我让这些人免于指责的原因。

　　（马尔卡布鲁，《肃静，以多米尼人的名义》，28—54行）

　　马尔卡布鲁在诗中反复使用的"肃清之地"，暗指发生在西班牙的
十字军运动。这首诗是最早的（约1149年），同时也是最著名的远征诗歌
之一，它比其他同类作品更清晰地表达了"英勇"这一社会价值与远征这
个道德的试金石之间的联系，这种联系是由吟游诗人们建立起来的。马尔
卡布鲁看到有些贵族并没有为西班牙的十字军运动伸出援助之手。他将
其视作青春朝气（joven）衰落的症候，这个词的字面意思是"青春"或
"朝气"，但其含义并不仅指时间顺序意义上的青春。在马尔卡布鲁以及

其他许多诗人的语境里，"joven"这个词包含一位年轻的骑士或贵族所应该具备的积极的品质与特征：心胸宽广，极富青春活力与奉献精神。而那些没能支持远征的人，则是"衰败的、垂头丧气的，对骑士的英勇精神（proeza）感到厌倦；他们并不懂得什么才是真正的享乐"（同上，62—63行）。"proeza"的意思是"在战场上奋勇杀敌的勇气与技能"，此外，它还有"激情"与"追求荣誉"的含义。马尔卡布鲁期望能够在贵族阶层的年轻人中看到这些品质的展现。马尔卡布鲁的诗歌将具备这些品质的人描写成严厉的道德说教者，他们痛斥肉体的懒惰与软弱，鞭笞统治者的无能。他在作品中所创造出来的理想的贵族形象是充满活力的、清心寡欲的，为了追求至高无上的荣誉与品德而满腔热忱，并且对自己所处的社会地位以及由此所产生的义务有着清醒的认识。通过将这种形象与宗教寓言和讽刺诗歌辩证地结合在一起，贵族的荣誉和义务就与远征的荣光和宗教必然性地等同起来。那些没有响应远征号召的人也就背叛了他们所属阶层的价值。

> Desnaturat son li Frances
> si de l'afar Deu dizon no...
> （同上，64—65行）

> 如果法国人拒绝为上帝卖命，那他们与怪胎还有什么两样……

然而，正如人们所料，远征运动不仅被看作传统道德的试金石，它也成为整个社会的检验标准。马尔卡布鲁的同代人塞卡蒙（Cereamon），将参与远征视作一种无可指责的、合乎道德的生活方式，同时，远征还是一种避免邪恶的有效渠道："如今，一个人有机会洗清自己的罪孽，让自己得到解放，任何一个身负罪恶的人，只要他符合资格，就可以踏上前往埃德萨的征途，将险恶的世界抛在脑后：因为他已让自己摆脱了罪恶的重负，正是这种重负使无数人跌跌撞撞走向死亡。"（塞卡蒙，《现今，我们的时节开始变得暗淡无光》，43—48行）在诗歌余下的部分，塞卡蒙将这种"重负"描述为贪婪、自大、虚伪、淫欲与懦弱的混合体。佩雷·维达尔（Peire Vidal）的《吾主啊，被钉在十字架上的耶稣》（*Baron, Jhesus, qu'en crotz fon mes*，约作于1202年）将远征运动看成对耶稣受难的报答："吾主啊，被钉在十字架上的耶稣，是为了挽救他的信众。如今，他正在发出召唤，要我们拯救'圣地'。正是出于对我们的爱，他才死在那里。"（1—5行）那些没能响应远征号召的人将受到惩罚，在死后他们将受到神的指责，并被剥夺进入天堂的机会，而这个机会却是对十字军的许诺。参与十字军就等于放弃了尘世。无论如何，这都是一个不可靠的世界，其中充满了罪恶。在这里，人们甚至连他们的挚友都会背叛。巴伐利亚诗人阿尔布雷希特·冯·约翰多夫（Albrecht von Johansdorf）创作了五首以东征为主题的诗歌。这些诗歌对这种观念进行了有趣的拓展。在萨拉丁赢得哈丁战役后不久，阿尔布雷希特便指出，"圣地"从未需要人们的帮助，然而，却有几个蠢人说："如若没有我们的援助，为什么万能的上帝不亲自拯救'圣地'？"这样的问题应该从耶稣受难的角度给出回答。耶稣之所以献出自己的生命，并非出于必然，而是出于怜悯："他没有必要让自己经受这样的磨难，但他心中却充满了对我们苦难的同情。如果我们不能以同样的心态回报耶稣替我们所经历的磨难，对'圣地'不抱有任何同情之心，那他同样不会给予我们天国的祝福。"（《那些走出来的人》，8—11行）在这首诗中，十字军的行为与耶稣拯救罪人的行为是等同的。十字军远征运动完全是出于对上帝的怜悯与爱护。一位12世纪的无名诗人也持相同的观点。

　　你们，这些以赤诚之心爱人的人，醒来吧！不要再沉睡下去了！云雀正在啼叫，它通知我们和平的白昼已经到来，那些因热爱上帝而为他受难的人，那些日日夜夜为他奋战而遭受苦

难的人，吾主，无限和蔼，他将为你们带来和平。他要看清，
谁才是真正爱他的人。

为我们而受难的上帝，他对我们的爱是炙热的，这是一
片赤诚之心，为我们，他忍受极大的痛苦，肩负起沉重的十字
架，如同温顺的羔羊，朴素且虔诚；之后，三颗钢钉牢牢钉穿
他的双手与双脚。

（《你们，这些以赤诚之心爱人的人》，1—10行，21—
30行）

将参加远征与仁爱之举联系在一起，这是当时宗教观念的一部分。
然而，除了基督教渊源，我们在文学传统中也能找到两者之间的联系。
爱情是中世纪诗歌的几大主题之一。事实上，在德意志诗人群体中，
有一类诗人被称作"Minnesänger"，这个词的意思是"唱诵爱情的诗
人"。这些诗人最典型的创作手法，是让一个男士与一位并不相识的
女士陷入情网（通常情况下都是绝望的、难以自拔的）。在这些表现
典雅爱情的诗歌当中，最常见的特点是对爱人的渴望、没有得到解决的
矛盾以及对爱人的颂扬。拓展这些特征的方法有很多。例如，如果矛盾
没有得到解决，诗中会给出这样的解释：与出身贵族的女士相去甚远，
对于高攀她的门第，男士感到非常绝望。还有其他类型的障碍与险阻：
相隔两地、竞争对手、爱说闲话的饶舌之人（这种人在古法语中被称作
"losengiers"），或是爱人的羞涩天性。这些爱情诗中的元素是如何转化
成与远征运动相关的观念的，想要弄清这一点并非难事。对恋人难以抑制
的渴望，可以解读为参与远征的意愿未能得到满足，或者，也可以将其理
解成漫长的征途，长到看不到尽头的程度。在一首写于第三次十字军东征
期间的诗歌中，哈特曼·冯·阿尤（Hartmann von Aue）故意将男女之间
浪漫的爱情与对上帝的爱联系在一起，将远征描写为"爱的朝圣之旅"：
"主啊，我的家人们啊，我将踏上征程；愿上帝降福在这片土地和他的人

民身上。没有必要再问我将要前去哪里：我来告诉你这趟旅途将要把我引向哪里。爱情已经将我俘虏，现在，我得到它的假释。如今，她向我发出讯息，为了她对我的爱，我将踏上征程。这一切都必将发生：我定要前往，我怎么能违背当初的许诺与誓言呢？"（《主啊，我的家人们啊，我将踏上征程》，1—8行）

　　直到第二节的尾声，诗人才揭示出这位男士所说的征途是十字军运动。然而，与其说是利用隐喻的表现手法，毋宁说诗人是利用传统爱情诗的语言形式与情境，将远征思想与男女之间的爱情联系在一起。这种创作模式随着时间的推移逐步演进，变得越来越普遍。就第二次十字军东征而言，我们只能找到一首诗采取了这种模式，然而到了世纪末，这样的做法已经非常普遍，尤其在德意志。最早的例子采用的是女性的视角，她的爱人已前去远征，二人相隔两地。马尔卡布鲁的《在果园的泉水边》（*A la fontana del vergier*，约作于1147年）以春天和自然的隐喻开头，这也是典雅爱情诗的传统形式。在《牧羊女之歌》中，诗中的"我"（一般都是骑士）通常会遇见一位少女，她正在放声歌唱，而歌的内容往往涉及爱情的甜美与苦痛。骑士试图勾引这位少女，但遭到了她的拒绝。在这种情况下，少女的悲伤是有其特殊缘由的。

　　　　她是一位年轻的少女，拥有美丽的容貌，是一位城堡领主的女儿；我期待着树上的鸟儿和青葱的草木能够为她带来欢乐，毕竟，这是一个多么甜美的时节，也许她会听进我的劝告，能够回心转意。

　　　　她在泉水旁暗自啜泣，深深地叹了一口气。她说道："上帝啊，世上的君主啊，我的悲伤全是因你而来，我对你犯下的罪过让我羞愧难当，因此，我感到万分悲伤：世上的好男儿全都为你踏上了征途，只有这样才能取悦你的欢心。

　　　　"我的爱人，他是那么英俊、高贵、强壮，又受人敬仰，为了追随你的脚步，他已离我而去；留给我的只有困苦、渴望和泪水。啊！国王路易七世真是冷酷，正是他发出的召唤与敕令让我的心中充满悲伤！"

（8—28行）

在标准的爱情诗当中，国王的形象与远征运动是通过饶舌者的演绎呈现出来的，他们是让恋人两地分离的真正原因。诗歌向人们提供了一个有趣的转折，哀婉的情绪既来自"圣地"沦陷所带来的羞愧之心，也来自失去爱人的伤痛，而少女所抱怨的恰恰是那些常常被人称颂的事情。之后的例子采用了女性诗歌的传统母题，在这类诗歌形式中，会有一位女士抱怨她在情感生活中的不幸，这通常都是源于当初她迫不得已嫁给一个她不爱的男人，只有通过对情人关系的幻想，她才能找到些许慰藉。这首诗由第戎的吉奥（Guiot de Dijon）所作（约1190年），其强有力的情感内核与以暗恋为主题的诗学传统紧密相连。含蓄的叙事风格也与女性诗歌类似，在这首诗中，幸福的阻碍源自爱人的缺席，她的爱人加入了十字军的行列。她以两种途径来抵抗分离带来的痛苦：一是对爱人的性幻想；二是通过爱人留下的一件不同寻常的纪念品。

为了心灵能够得到抚慰，我将歌唱，虽然遭受巨大损失，但我不想就这么死去，或是疯掉。当我发现，没有任何人从那片陌生的土地归来，我将歌唱，当我听到别人谈起他，我的心就能得到慰藉。主啊，当他们高喊"前进！"的时候，愿你能伸出援手，帮助那个朝圣之人，我的心正在为他颤抖；因为那些可怕的萨拉森人，他们都是些恶棍。

一年就这么过去了，我的心饱受折磨，感到无比痛苦。他还在朝圣的途中。愿上帝保佑他能安全回家！即便家人再三劝说，我也不想嫁给别人。谁再与我谈及此事，那么此人便是愚蠢至极。主啊，当他们高喊……

我之所以心怀希望，是因为我收到了他的信物。我的爱人，他在那遥远的国度，当和煦的风从那里吹来，我将欣然地迎向它，仿佛我能感受到他的呼吸钻进我的毛裳。主啊，当他们高喊……

我没能为他送行，为此我感到懊悔万分。他寄给我一件穿过的衬衫，我将它搂在怀里。夜晚，当爱情将我折磨得不行，让我痛苦难耐的时候，我会把它放在身边，整晚拥它入怀，让它贴近我的肉体，来缓解我的苦难。主啊，当他们高喊……

（《为了心灵能够得到抚慰，我将歌唱》，1—20行，33—56行）

在女性诗歌的传统叙事中不断插入副歌，这把她爱的对象——"朝圣之人"——置于十字军的语境之中。

吟游诗人最喜欢的传统主题之一是恋人即使相隔千里，他们的心也能跨越遥远的距离与爱人团聚。弗里德里希·冯·豪森（Friedrich von Hausen）跟随"红胡子"腓特烈一世参与东征，在第三次十字军东征中遇害。他在许多诗歌中使用过这种手法，其中，数《我的心与我的身体，长久地结合在一起》（*Mîn herze und mîn lîp diu wellent scheiden*）最为明显："我的心与我的身体，长久地结合在一起。如今，它们却要竭力分开。我的身体急于和异教徒一战高下，而我的心却选择抛弃尘世，愿依偎在一位少女身旁。"（1—2行）对于弗里德里希而言，诗歌创作的典范大概是贝蒂讷的科农的作品，尤其是《啊，我的爱，这将是多么艰难，我不得不离开》（*AHi, Amours! con dure departie*，约作于1188年）："啊，我的爱，这将是多么艰难，我不得不离开这世上最好的女人，她是如此爱我，无微不至地照顾着我！愿主，以其仁慈之心，务必指引我回到她的身边，正如我当时悲痛而坚决地离她远去。啊！瞧我都说了些什么？我压根儿

就没有离开过她！如若我的身体离开了故土，前去为吾主服役，但我的心会完全与她同在。"（1—80行）

此外，另一个常见的诗学传统是"为爱而死"。在一首无名氏作的女性诗歌《耶路撒冷，你真是错怪我了》（*Jherusalem, grant damage me fais*，大致作于13世纪中期）中，十字军运动的观念与恋爱行为之间发生了有趣的转变："帮帮我吧，上帝，我没有退路可言：我一定会死，我命该如此；然而，我清醒地意识到，对于那些为爱而死的人，他们距离上帝还有一天的旅程。唉！我愿踏上这一日的旅程，只要我能与我的爱人团聚，而不是孤苦伶仃地一个人留在这里。"（15—21行）"为爱而死"包含两层含义：传统意义上的"心碎而死"，一般用于女性角色身上，以及恋人出于对上帝的爱而死于远征战场。死于远征与"心碎而死"类似，二者都距离上帝有一天的旅程。这一节诗歌将远征思想与抒情的爱情诗完美结合，同时也弥补了第一节中女性角色所表现出的几近挑衅的态度："耶路撒冷，你真是错怪我了"，这种态度不仅与出现在马尔卡布鲁的《牧羊女之歌》中的那位少女的举止作风形成共振，而且也能在阿奎诺的里纳尔多（Rinaldo d'Aquino）的《我从未得到安慰》（*Già mai non mi comfortto*，约作于1228年）找到类似的情况：

> La croce salva la giente
>
> e me facie disviare,
>
> la crocie mi fa dolente
>
> e non mi vale Dio pregare.
>
> Oi me, crocie pellegrina.
>
> perché m'ài così distrutta?
>
> （25—30行）

远征虽拯救人民于水火，却让我变得疯疯癫癫。远征使我愁眉不展，向上帝祈祷于我无益。唉，远征的朝圣之旅，为何你竟用这样的方式毁灭我？

哈特曼·冯·阿尤所呈现的女性形象则显得更加积极："这位女士心甘情愿送她的夫君踏上这段旅程，只要在故乡能够听到捷报频传，那便是对她的半数嘉奖。在这里，她将为二人祈祷，而在那边，她的夫君将前去为他们彼此征战。"（《这位女士心甘情愿送她的夫君》，1—7行）

到目前为止，我们已经讨论了远征诗歌以何种方式反映当时的社会欲望、宗教观念以及文学传统，然而，对于远征运动的实际情况，这些诗歌又是如何表达的呢？其中一个最常被提及的方面是这趟旅程本身的危险性。以阿基坦的威廉九世为例，这位举世闻名的行吟诗人从"圣地"归来，身边的随从几乎全部阵亡。当我们了解了这样的背景，再回看他诗中那些恐怖的远征景象也就不足为奇了。高塞尔姆·费迪特在《巨大的海湾》（*Del gran golfe de mar*，作于1192年或1193年）一诗中，庆祝他从第三次十字军东征归来。他并不喜欢这次旅程，能够回到熟悉的环境，他感到非常兴奋，海上航行让他备感焦虑："现在，我不再惧怕劲风，不论它打哪边吹来，北边、南边还是西边，我乘的船都不会再左右摇摆，我也不会对疾驰的战舰与海盗船心生畏怯。"（32—36行）费迪特承认十字军的功绩，但与此同时，他也谴责有些人仅把这次航行当作海上掠夺："经历了这么多苦难，一心为上帝奋战，并以此来拯救灵魂的人，他们才是真正的豪杰；然而，有些人即便在海上经历了苦难，心中却藏着邪恶的意图，只是为了巧取豪夺，那么即便他自认为高尚，但一切都在堕落，最终，他将失去一切：灵魂与肉体，金银与财宝。"（37—48行）诗中所表达的道德约束力是非常明显的，但在个别例子中，我们会看到一个有趣的潜文本，诗人会让那些心术不正的十字军成员遭受晕船的折磨。

在《嫩草点缀荒野》（*Ez gruonet wol diu heide*，大致作于腓特烈二世在1228—1229年的远征时期）中，诗人内德哈特·冯·鲁恩塔尔（Neidhart von Reuental）想象自己从巴勒斯坦地区给家乡写信，他在信中诉苦道："如果有人问你，我们的朝圣之旅进行得如何，告诉他们，那些法国人和意大利人对待我们是多么恶劣；这便是我们受够了这个地方的原因……我们生活在痛苦与磨难之中；半数以上的战士都已死去……"（38—42行，52—54行）诗人对整个远征运动不再抱有任何幻想，他不想让任何事情阻止他回家，以至于乘船远航都显得不那么危险了："都已经八月了，那些还选择留在这里的人，在我看来真是愚蠢至极。我建议他们别再耽搁了，跨越海洋，回到家乡吧；这也没有那么痛苦。一个人如若选择终老的地点，还有哪里能和自己的家乡相比呢？"（71—77行）

在远征诗歌中，很难见到对战争冲突的直接描写。穆斯林的行为举止通常也只是以粗略的方式呈现："……教堂被烧毁，被人舍弃一旁：在那里，上帝不会再为他的臣民献出自己的生命……"（《骑士们啊，你们得到的庇护，如此完好》，13—16行，引文所刻画的事件是攻占埃德萨）虽然诗人本人可能并没有亲眼见证过这一历史事件，但在这首流传至今的唯一的西班牙语诗歌中，对于花剌子模人在1244年占领耶路撒冷，他给出了甚为详尽的描述。这位无名的诗人宣称，他是写给那些参与第二次里昂大公会议（1274年）的人看的，显然，诗中血淋淋的残暴细节具有某种宣传鼓吹的功效："此后，柔弱的少女来了，她们套着脚镣，正经受着极大的折磨。在耶路撒冷这片土地上，她们啜泣着，如此痛苦，如此悲伤。基督徒目睹他们的子孙一个个被活活烧死，妻女的乳房被生生切掉；这些人走在耶路撒冷的大街上，他们的手脚都已被人砍掉。（原文如此！）在耶路撒冷，他们用祭服做毯子，把"圣地"当马厩，用神圣的十字架做篱笆桩。"（《啊，耶路撒冷！》，91—105行）诗中谈及花剌子模人的措辞使人回想起许多早期的远征诗歌："这些摩尔狗占着"圣地"不走，竟在这儿待了七年半；为了征服耶路撒冷，他们连命都不要了。那些来自巴比伦的，来自埃塞俄比亚的，连同那些非洲人，都跑过来助他们一臂之力……现如今，由于我们的罪恶，摩尔人越来越壮大，让这个世界永无天日……基督徒越来越少，都没有羊群多。摩尔人呢？多如天上的星星。"（《啊，耶路撒冷！》，21—27行，66—67行，71—72行）

在《先生们，正是由于我们的罪恶》（*Senhor, per los nostres peccatz*，作于1195年）中，加瓦丹（Gavaudan）将穆斯林在"圣地"取得的胜利归于基督徒犯下的罪恶，并担忧这场胜利会激励他们在西班牙如法炮制同样的行径："先生们，正是由于我们的罪恶，萨拉森人的势力才会疯长：他们侵占了耶路撒冷，至今，我们都没能赢回；这也正是为什么摩洛哥国王发出讯息，连同那些不被人信任的安达卢西亚人和阿拉伯人，他要向所有的基督教国王开战，向基督教信仰开战。"（1—9行）在这之后，诗歌描述了敌方军队浩浩荡荡的阵势，以及他们的贪婪行径：他们的人数多如雨滴，如同一群一群的乌鸦，扑向腐烂的肉，离开时已什么都不剩。诗人也谈到了这些人的傲慢：他们觉得所有的一切都属于自己，每个人都该向他们致敬。对于故乡的听众而言，很显然，诗人希望通过描写恐怖的场景唤起人们应征入伍的急迫心情："……摩洛哥人与阿尔摩拉维德人在山间地头盘踞。他们彼此间吹嘘：'法兰克人，快给我们让路！普罗旺斯是我们的天下，图卢兹人也归我们管了，从勒皮到这儿的所有土地都是我们的领土！'从未听到过如此不要脸的夸口，那些不忠诚的狗嘴里能吐出什么象牙，这些异教徒真该受到诅咒。"（21—27行）诗人催促他的听众不要放弃自己与生俱来的权利，把它让位给"外国的黑狗"，去拯救那些在西班牙身处险境的居民。《罗兰之歌》也以相同的方式呈现穆斯林："第一联队是布腾特洛人（Butentrot），第二联队是大脑袋的米森人（Micenians），他们的脊梁上，像野猪似的长满了长毛……第十联队是荒漠中的奥西恩人（Occïane），这个民族不相信我们的主，比哪个民族都更狡猾。皮肤跟铁一样坚硬，所以不需要头盔和铠甲，在打仗时心狠手辣。"（《罗兰之歌》，3220—3223行，3246—3251行）[1]。穆斯林的罪恶是不信上帝与傲慢，他们被描述得和动物一样。通过赘述穆斯林的部族起源，诗人认为他们只是人多势众。论体格，他们并不强壮。穆斯林把牛皮吹到了基督徒内心最恐惧的角落，他们的入侵与统治将成为基督徒的噩梦。

由于远征诗歌常常采用讽刺诗体，对于个人与政治事件而言，不论夸赞还是批判都非常正常。马尔卡布鲁在诗歌中强调西班牙远征的重要性远过于东征。加瓦丹也在诗中表达了这一主题，认为西班牙远征迫在眉睫。这打动了当时的君王，法国国王腓力二世和他的贵族扈从，包括英格兰国王理查一世都前去援助西班牙。能否得到救赎取决于能否选择正确的道路："耶稣基督啊，他为我们祈祷，愿我们能够善终，他为我们指明了正确的道路。"（《先生们，正是由于我们的罪恶》，37—39行）所谓"正确的道路"，不仅仅是基督教所惯用的隐喻，即通往救赎的道路，这里还指通往西班牙的道路。

吟游诗人往往通过诗歌来敦促君王与贵族发动与参与远征，并希望他们能够倾尽全力完成这项使命。高塞尔姆·费迪特在《我对你的爱是如此忠诚，合我心意》（*Tant sui ferms e fis vas Amor*，作于1188年或1189年）一诗中就表达了这种看法。他认为，那些无所作为的人终将遭受羞耻心的折磨：

> 对于那些不信主的人，实际上，他们剥夺了主的继承权，把他贬得一文不值。就在这片土地上，他曾为众生受难，并在这里死去。所有人都理应前往那里，那些达官贵人更该如此，因为他们享有更高的地位。没有人可以既声称忠于吾主、顺从吾主，又对这项事业熟视无睹，毫无作为。

---

[1] 参阅《罗兰之歌》，马振骋译本。

> 伯爵啊，我的大人，我想要对他说，他是享有这个荣誉的
> 第一人，让他来接手这项事业，上帝会感激他的，因为这趟旅
> 程本身就无上荣耀！
>
> （54—64行）

诗中的"伯爵"指的大概是普瓦图伯爵理查（英格兰国王理查一世），他是哈丁战役之后参与十字军的第一人。实际上，在行吟诗歌当中，我们能够勾勒出理查一世一生的远征事业。虽然他本人的诗作《除了悲伤，没有哪个犯人能说尽自己的心思》（*Ja nus om pris ne dira sa raison*）并不算作远征诗歌，但这首诗是在他被囚禁维也纳期间创作的：

> 除了悲伤，没有哪个犯人能说尽自己的心思。若想得到慰藉，他只能写一首诗了。我的朋友虽然很多，但他们能为我做的实在太少；由于赎金的缘故，他们备感羞愧，毕竟，我在这里已经熬过了两个寒冬。
>
> 当我的领主欺压我的土地，我的心是如此悲伤，这也难怪。如果他遵守了我们二人当初的诺言，我敢确信，现如今，我就不再是囚徒了。
>
> （1—6行，19—24行）

诗中的"领主"是法国的腓力二世，虽然双方在1190年12月立下誓言，在十字军运动期间，双方要为彼此的领地提供保护，但由于理查一世遭到囚禁，腓力二世便趁机入侵了诺曼底。高塞尔姆·费迪特和皮罗尔均在诗中对理查一世的死表示哀悼。他们两人对另一位领主都颇有微词："对国王理查一世，英格兰所做的补偿真是少得可怜。法国曾有一位好国王，许多受人尊敬的领主，西班牙也曾有一位国王，令人敬仰，同样，蒙费拉托的侯爵也备受仰慕，国王深受百姓爱戴；我不知道那些现在留在这

里的人将如何自处。"（皮罗尔，《如今，我一看到约旦河》，15—21行）
这首诗创作于1221年或1222年，从中我们已能感受到皮罗尔对他那个时代
的君主们的态度，相较于参与第三次十字军东征的人，这些君主完全无法
与他们相提并论。

阿尔比十字军为诗人们提供了一个有趣的情境。就东征而言，上帝
相当于受害者，他的合法领土和财产被穆斯林掠夺，如果这么理解，那么
对于一些行吟诗人来说，这便是图卢兹伯爵的处境。而在与收复失地运动
有关的诗歌里，外国的恶势力如若是摩尔人，那部分朗格多克的诗人就会
认为入侵者一定是法国人。在1209年，社会上谣传贝济耶子爵（Béziers）
特朗切维尔的雷蒙·罗杰（Raymond Roger Trencevel）遭到暗杀，幕后是
蒙福特的西蒙（Simon of Montfort）传达的命令。在吉列姆·奥吉尔·诺
维拉（Guillem Augier Novella）的哀诗中，处理法国人的方法与其他远征
诗歌中处理穆斯林的方法非常类似："他们杀了他。没有人曾目睹过如此
可怕的盛怒，也没有人像这帮变节的狼狗那样对上帝犯下如此滔天的罪
行，背叛吾主的意愿。他们都是奸诈的彼拉多的传人，就是这些人杀了
他。"（《人人都在哀叹啜泣》，11—16行）在其著名的讽刺诗歌中，吉
列姆·菲盖拉（Guilhem Figueira）首先谴责罗马应该为达米埃塔的沦陷
负责，因为教皇的"懦弱协商"，之后又控诉它为法国的十字军提供虚
假的特赦："罗马，毫无疑问，我了解事实真相，你欺诈法国的王公贵族
们，给予他们虚假的特赦，让他们永世不得进入天堂，永世遭受痛苦的
折磨；罗马，你杀死了法国的明君，用假造的布道引诱他离开巴黎。"
（《攻击罗马的讽刺诗》，36—42行）诗中，"虚假的特赦"与"假造的
布道"均能反映出吉列姆的观点，即针对清洁派异教徒的远征运动名不
副实，因此，参与其中的十字军并不能够得到大赦。1226年，路易八世
（Louis VIII）在蒙庞西耶（Montpensier）去世，死于一种来自朗格多克
的传染病。在传统的远征诗歌中，通往天堂的道路与远征的旅程是等同
的，然而，吉列姆却将这次远征描述成人们获得救赎的阻碍："于是，不

论冬夏，追随着你步伐的人都走错了方向，因为恶魔将指引他走向地狱的烈火。"（同上，54—56行）

在法语诗歌和德语诗歌中，我们鲜能见到政治隐喻，直到13世纪晚期吕特伯夫的作品面世。他采用了新的创作形式——叙事诗，它比行吟诗人的诗作长得多，这给予他足够的空间来充分表达思想，明确说出事件的来龙去脉、人物特点，以及他个人的态度，并怒斥托钵修会。吕特伯夫认为，正是托钵修会转移了路易九世的关注点，改变了远征所急需的资金的用途。

总的来说，十字军诗歌主要有以下几方面作用。从诗人和表演者的角度出发，远征诗歌为讽刺诗体提供了许多创作材料，成为以典雅爱情为主题的诗歌的一类变种，其中包含大量的讽喻手法，以及各异的思维架构。而从听众的角度来看（有一点我们绝对不能忽视，这些诗歌创作完以后是要用于表演的），十字军诗歌对于当时的社会环境而言可谓文化的饕餮盛宴，它所呈现的宗教教义、时下讯息，以及鼓吹与宣传的，原本是神父与官员所要传播的内容。与此同时，十字军诗歌也强化了听众的自我投射，人们是否具备高尚的品德，可以通过远征运动予以证实，而诗歌便呈现了这个证实的过程，它为人们树立榜样，激励人们向榜样看齐，并唤起大家的集体荣誉感；然而，当现实情况开始变糟，十字军诗歌也会表达忧虑与不确定性。它抵抗不公，也反对那些胡乱操控这项上帝事业的人。

第六章

东部拉丁：1098—1291年

乔纳森·菲利普斯

自第一次十字军东征以后，拉丁基督徒在地中海东部沿海地区开始驻军，并延续了将近200年时间。这支十字军当中包含许多分遣队，它们来自欧洲各个地区，如佛兰德斯、诺曼底、朗格多克与洛林。虽然成分复杂，但驻扎在黎凡特的十字军被当时的穆斯林和东部的拉丁人统称为"法兰克人"。1191年，塞浦路斯被攻占。这进一步强化了这支队伍的凝聚力，这个岛屿遂长期成为基督教国家的前哨基地，甚至在大陆定居点沦陷以后依然履行着这项职责。1204年，君士坦丁堡遭遇洗劫，此后，十字军控制了拜占庭帝国的大部分领土。但希腊人很快收复了他们的部分土地，不包括由威尼斯人管辖的克里特岛与拉丁公国亚加亚（Achaea）。每个西方定居点都独具特点，本章将对这些特点及其对被征服土地所造成的影响进行考察。

东部拉丁：1098—1187年

1098—1109年，法兰克人在地中海东部地区共发展了四个定居点：埃德萨伯国、安条克公国、耶路撒冷王国以及的黎波里伯国。我们是否可以将这些地区看作西欧殖民主义的早期案例，这在学术界还是一个争论不断的话题。许多历史学家认为，在讨论十字军史的时候，使用"殖民主义"这个概念会激发出很多主观的情感联想，因为它会唤起人们对英国殖民北美或西班牙入侵美洲大陆的历史记忆。他们坚持认为对殖民主义的传统定义暗指以下含义：为了宗主国的利益，殖民地在政治上受到管控，在经济上遭到剥削，并臣服于大量移民的统治。而在1291年以前，这些特征并不适用于黎凡特的拉丁定居点。

1108年左右，诺让的吉伯特曾称呼这些法兰克定居者为"神圣基督教国家的新殖民者"。生活于13世纪，创作了《赫拉克勒斯的故事》（*L'estoire de Eracles*）的匿名作者声称："这片土地并不是被一位君主征服，而是被一次远征活动、一次朝圣者的运动，以及集结在一起的人们征服。"之所以征服并占领这片土地，是为了恢复耶路撒冷"圣墓"的安全，使它免遭基督教以外的异教势力的侵害，因此，提出"宗教殖民"的概念也许有一定的参考价值。"殖民地"可以被定义为一片最初是出于宗教原因而被侵占的领土，由于享有同一信仰，同时在财政与军事方面有一定的援助需求，其居民原则上与宗主国保持着密切的联系。

攻占耶路撒冷之后，出于战略与经济方面的考量，法兰克人的首要任务是占领那些位于黎凡特地区的海滨城市。先是在1101年，阿苏夫（Arsuf）和恺撒里亚（Caesarea）沦陷，之后在1104年，海法（Haifa）与阿卡被十字军攻占，随后是1110年的贝鲁特（Beirut）与西顿（Sidon），最后是1124年的提尔（Tyre）。唯一一个逃脱了法兰克人掌控的主要港口城市是阿斯卡隆（Ascalon），这对法兰克人而言是非常危险的，因为阿斯卡隆是埃及战舰的基地，它们随时都可能对海滨发起突袭。与此同时，这座城市的地理优势使它成为向耶路撒冷王国南方地区发动进攻的起点。耶路撒冷王国国王富尔克（Falk，1131—1143年在位）在阿斯卡隆周围建立了许多城堡，削弱了十字军的威胁。然而这座城市所遭受的压力却越来越大，最终导致了十字军1153年围城战的成功。法兰克人在内陆地区的势力扩张是一个极为缓慢的过程，基督教定居点在东方的蔓延有时会受到邻近的穆斯林力量的抑制与反抗。例如，在1110—1115年，安条克便常常受到塞尔柱人的进攻。法兰克人在第一次十字军东征期间便攻占了奇里乞亚（Cilicia）的部分地区，但在这些地方，他们很难巩固势力；这座城市还时常遭到拜占庭帝国的侵略，而本土的亚美尼亚大公们也来争夺这片土地的控制权，到12世纪30年代晚期，拉丁人的势力终于在这里占了上风。法兰克人的势力向死海东部及南部的扩张始于耶路撒冷王国国王鲍德温一世（Baldwin I，1100—1118年在位），由此建立了以沙巴克城堡（castle of al-Shaubak）为基础的外约旦（Transjordan）的贵族权力网。

在殖民者所征服的地区，居民来自许多不同的种族与宗教团体，令人难以做出区分。其中有本土的犹太人、德鲁兹人、琐罗亚斯德教徒，以及基督徒——如亚美尼亚人、马龙派信徒、雅各派信徒与聂斯脱利派信徒，同时还包括人数庞大的希腊东正教团体。当然，还有穆斯林，包括逊尼派与什叶派。通过朝圣与贸易，一些欧洲人对地中海东部地区形成了一定了解，但由于十字军想要占领“圣地”，并在此定居，因此，不论双方此前有过何种交往，法兰克人与本地人之间的关系已经变得大不如前了。

影响双方关系的一个重要因素是，在开拓疆域的过程中拉丁人对待本土百姓的方式。早期的征服活动，其最显著的特征便是接连不断的屠杀，大概是政策导向的原因，那些兼具宗教和战略意义的地点都已被基督徒占据。不过，不久之后，这个政策就产生了适得其反的效果。虽然法兰克人控制了大片土地，然而这片领土大到他们拿不出那么多人力进行管理，尤其在占领耶路撒冷之后，很多十字军成员又踏上了归国的旅程。1101年，在第二拨十字军浪潮之后，留在东部拉丁的人依然很少。虽然之后陆陆续续有西方人前往定居点，但法兰克人显然缺乏足够的人力来对占领城市地区进行充分的重建与守护。由此，他们对待本土人的方式发生了改变。1110年，在西顿，为了能够继续在自己的土地上居住和耕作，穆斯林与法兰克人进行了协商，条件是耕种所得利益归法兰克人所有。在北方，安条克摄政坦克雷德（Tancred）认为本土的劳工应当留在他的领土内，他对此感到非常忧虑，安排劳工们的妻子从阿勒颇（Aleppo）归来，回到她们的丈夫身边，她们原本是逃难去的阿勒颇。虽然从法兰克人对待本土百姓的方式出发，这种种改变并不能被视作转折点，但他们显然已经意识到与当地人和平共处的必要性。法兰克人与比邻的穆斯林之间逐渐滋长起某种务实的意识。如果双方不存在高频度的往来，像商务贸易这类重要的活动是不可能实现的。与此同时，双方陆续签署了大量的停战协定，毕竟，长时间作战也是不现实的。从一些案例中我们可以看出，穆斯林与基督徒之间的联系也在逐步演进，在极个别情况下，双方甚至发展出非常亲密的关系。例如，当时的穆斯林评论家乌萨马·伊本·蒙基德（Usamah ibn Munqidh）就与一队圣殿骑士关系密切，这些骑士曾保护他免于一位过于狂热的西方人的侵扰。对于那些临时参战的十字军成员而言，他们很难理解为什么这些定居者在有些时候能够与穆斯林共同生活，而在另一些时候又能向他们宣战。

对于那些不遵循拉丁宗教仪式的人，将他们全部驱散或实施迫害显然并不现实，因此，对于其他宗教团体的信徒，如东方的基督徒、犹太教徒和伊斯兰教徒，法兰克人采取了相对宽松的态度，虽然会受到一些限制，但所有人都可以从事各自的宗教活动。例如，我们会看到，对伊斯兰教徒与犹太教徒而言，他们的地位类似于伊斯兰国家的基督徒与犹太教徒，他们可以前往耶路撒冷，但在理论上，他们不允许在"圣城"居住。穆斯林与犹太人在东部拉丁处于社会最底层，但起码他们的存在是有法律保障的。在他们之上是东方的东正教徒，而处于顶端的是法兰克的天主教徒。至于本土的基督徒，允许崇尚单一性灵论的雅各派信徒、亚美尼亚人以及马龙派信徒（在1181年其教会加入罗马以前）保留自己的宗教自治权。然而，即便作为基督徒，他们的异端信仰也使他们被排除在"圣墓"之外。尽管存在宗教差异，他们与法兰克人之间仍然时有通婚现象出现，尤其在亚美尼亚人占人口绝大多数的埃德萨伯国；对于西方人而言，本土的贵族阶层成了绝佳的婚配对象，而这个伯国就变成了一块飞地，独属于法兰克人与亚美尼亚人。东部拉丁的其他地区则成了一个多语种混杂的社会，但人与人之间的交融却不及埃德萨伯国。

希腊东正教团体在当地人口中，尤其是安条克公国，也是一个重要因素。在发动第一次十字军东征的时候，乌尔班二世与十字军成员本身似乎打算让耶路撒冷与安条克的希腊东正教牧首继续保持他们的合法权威，然而，军事的必然性以及与希腊人日益恶化的关系，促使刚刚成立的定居点的首领——显然，他们对东正教不表示任何同情——任命了自己的拉丁牧首与主教。

莱茵兰大屠杀的消息使黎凡特的犹太人惊恐万分，他们害怕第一次十字军东征的力量波及他们这里。在入侵早期，许多犹太人选择同穆斯林并肩作战，对十字军进行殊死抵抗。然而，当局势趋于缓和后，大部分犹太人又选择居住在受法兰克人管控的城市地区。同所有的非天主教徒一样，他们没有封地，其中许多人是农民出身，此外则从事如织物染色或玻璃制造一类的行业。与西欧其他地区的犹太人相比，东部拉丁地区的犹太人在个别问题上能够得到更好的待遇。他们可以在相对自由的条件下从事宗教活动，在衣着方面，他们不会遭到严格的规范，例如强迫他们佩戴徽章或穿着特殊颜色的服饰——这些都是宗教信仰的标识，从而招致他人的恶意仇视与孤立。值得注意的是，与西方的情况恰恰相反，东部拉丁没有发生过任何反犹屠杀。

法兰克定居点的发展模式受到人力缺乏的限制。然而，即便大量定居者生活在城市地区，但如果我们认为这些人大都安全地活动于城堡与城市之间，那这种刻板印象也是大错特错的。似乎有相当大比例的法兰克人居住在乡村地区和庄园宅第里。在"新城区"，当地的贵族会给那些自由的西方农民一块土地，并收取耕地收益的百分之十，这在当时是普遍现象。

黎凡特的沿海平原土壤特别肥沃，适于种植多种作物。内陆地区，如加利利海的周边地区，也能产生丰厚的收益。宜人的气候以及古罗马时代遗留下来的渡槽与灌溉渠，不仅能使当地农民输出主要的谷类作物，还能额外耕种生长周期很短的夏季作物，如黍类作物与玉蜀黍。葡萄园、橄榄园和果园也扮演着非常重要的角色，一些特殊产品，如糖类与棉花，主要出口到国外市场。小型的生产制造工场一般都集中在乡村地区，如埃德萨的铁矿开采业，它们对整体经济的贡献并不算太大。就当地农民而言，除领主阶层发生了一些变化外，其他的都没有什么变化。虽然在一开始，为了征服这片土地，法兰克人使用了非常残暴的手段，但在这之后，他们对本地农民的态度有了很大改善，这基本上是因为农民在经济生产领域有着不可撼动的重要地位。根据伊斯兰卡拉吉土地税（kharaj）的传统，法兰克人要缴纳相当于可耕作物价值三分之一（或葡萄园与橄榄园产品的二分之一）的税。与西方明显不同，这里很少有领主的自留地产，每周在一个固定的时间段，农民到领主的"家庭农场"中劳作。

农业生活持续运转，基本没有受到什么阻碍，而黎凡特的城市中心，尤其是那些沿海城市，则发生了巨大的转变。东部拉丁的各大港口变成了繁华的金融中心，与世界各地的商人都有贸易往来。提尔与阿卡成为联结东西方贸易的交会处，法兰克人定居点从热那亚、比萨和威尼斯这样的商业城市中获取了巨额利益。为了征服沿海地带，定居者需要海上力量的援助，而意大利人看到了这方面的需求，因此，他们通过提供军事支持来获得收益。为了回报他们在提尔围城战中提供的军事援助，经协商，威尼斯人出让了提尔城三分之一的领土以及大量特权，其中涉及财政与司法豁免权。由于与其他城市缔结过通商协议，商人群体之间通常存在着清晰的区域界线。例如，阿卡的热那亚人居住区内包含一个中心广场，它以圣劳伦斯教堂（圣劳伦斯是热那亚的主保圣人）和一座豪华宫殿（其中包含一座法庭）为界。该居住区入口有自己的防御工事，里面有面包房和商店，还可以为来访的商人提供住宿。意大利人经商的天性有时会凌驾于族群的宗教隶属关系之上，例如，他们不顾教会禁令，坚持与穆斯林通商，倒卖战争原材料。然而，意大利人的航运对于拉丁定居者而言是至关重要的，因为它是通往西方的命脉。占领耶路撒冷之后，意图前往东方的欧洲人剧增。通过把朝圣者运往黎凡特，意大利人使大批西方人真正感受到了"圣地"的魅力。朝圣者本身也对经济增长贡献颇多，他们不但要支出大量生活开销，还会向当地的基督教机构捐款。

从商贸的角度来看，意大利商人为定居者们提供了最多的利益和好处。大量货物在黎凡特港口流通，这使法兰克人得到了可观的收益，尤其是在13世纪上半叶，虽然西方商人大范围享受税收减免政策，但意大利人所带来的大量的商业贸易机会足够弥补法兰克人为他们提供的好处与特权。而来自拜占庭、北非、叙利亚以及伊拉克的商人，就不像意大利商人那样享有同样的税收政策，他们要上缴销售税以及货物运输税。这些税收制度源于伊斯兰世界，这表明定居者们入乡随俗，习得了当地人的行为习惯，更何况，这么做还能为他们带来经济收益。阿卡成为东部拉丁最繁忙的港口城市。西班牙穆斯林作家伊本·朱巴依尔（Ibn Jubayr）在1185年曾这样描述："作为一座港口城市，阿卡……聚集了五湖四海的商船。这里是船只与大篷货车的集散中心，来自伊斯兰世界与基督教世界不同地区的商人在这里会面。大街小巷，人们摩肩接踵，似乎双脚都没有办法着地。四处肮脏不堪，臭气熏天，垃圾和粪便堆积如山。"

海运货物在登陆以后会被运往主港口中众多贸易市场中的一家。较小的市场主营日常消耗品，如鱼类、蔬菜类，以及某些特殊的出口商品，如糖类产品。香料贸易是其中最繁荣的一项：大批货物从亚洲商道运来，途经法兰克人定居点，最终销往拜占庭与西欧地区。布料一般从西方进口。官方对货物进行称重，并根据每项货物的价值对其征收税款。就散装产品而言，如葡萄酒、食用油和谷物产品，则以量为标准征税。税款的浮动区间为4%～25%。国王或大臣有的时候会从税款中抽取一部分用于奖励个人，通常采取金钱–采邑[1]的形式。当市场或相关港务局将这些拨款扣除之后，余下的钱则进入地方或中央金库。

在政治方面，法兰克人一方面携带着自身所固有的西方传统，另一方面还必须适应客观的东方环境。而耶路撒冷王国的政治发展正是两者相互协调的结果。地位显赫的贵族领主都是一套欧洲做派，像司法管理与外交政策这类事务，他们都有相对独立的行事权力。因此，生活在巴拉丁领地（palatinates）的居民不受王权的控制。除了拥有地产，许多领主还持有金钱–采邑，这在西方并不常见。如果土地受到了侵害，这也能保证他们渡过财政难关。作为封臣，这些贵族有为国王服役的义务，而在西方，国王可能要付出金钱的代价。那些最富足、最具声望的地区，如提尔与阿卡这样的港口城市，以及耶路撒冷城，当然都在国王的掌控之下。虽然在12世纪国王丢失了很多权力，如制造钱币与打捞沉船的财富等，但通过受膏仪式，国王的地位是得到认证的。同时，他还具有强大的经济基础，这也就意味着，只要国王胜任其职责，封臣就很难挑战他的权威地位。

虽然王国的主要司法部门是高等法院，参与法院事务的都是国王的封臣，但真正讨论政治走势的却是"议会"，这个"议会"虽只是偶尔举办一次，却有非常重大的意义，与会的人包括贵族领主、高级神职人员以及军事团体的领袖，偶尔还会有当地地位显赫的城市居民参加。为了支付战争开销，"议会"可以通过决策来征收特别国税，例如1166年和1183年出台的税收政策。有时，"议会"还会讨论为某个重要的女继承人选定一位合适的丈夫——通常都是西方人。"议员们"还要考虑外交的问题，1171年，他们就该向西方的哪位人士寻求军事援助的问题召开会议：贵族想向欧洲派送使团，但国王阿马尔利克一世（Amalric I，1163—1174年在位）却试图亲自前往君士坦丁堡以获得希腊人的帮助，这使贵族阶层大为震惊，他

---

[1] 亦称"采邑年金"，欧洲中世纪封建主以每年固定数额的货币支付给下属的一种酬劳方式。——编者注

们强烈抵制这一做法，然而，国王有足够的权威来执行他的计划。

在"麻风王"鲍德温四世（Baldwin IV，1174—1185年在位）于1174年即位以前，耶路撒冷王国的统治者在与贵族阶层接触时往往能够占据上风。统治者们只能通过立法来强制管控，或是以滥用王权的方式来处理土地问题。前者的例子是阿马尔利克一世国王的《效忠法》（*assise sur la ligece*，约1166年），它规定直属封臣以下的所有家臣——一般被称为次级封臣——也应当向国王效忠。这导致王室与大部分封地持有者之间产生了直接的联系，而越过了中间的大领主。这部法律自然对国王有益，因为在与领主产生分歧时，他可以寻求次级封臣的支持；对于次级封臣而言，向国王宣誓效忠则意味着他们可以直接向国王表达自己对大领主的不满。而在这之前，由于大领主掌控着大片封地，这使他们可以对次级封臣任意妄为，而不受到任何惩罚。

国王并不想让贵族的权力变得过于强大，因此他通过各种方法来阻止贵族势力的增长。如果一位贵族死后没有留下任何子嗣，那么他的财产与权力就会被王室收走。鉴于"圣地"的死亡率居高不下，贵族无后是很常见的现象。国王有时会考虑将领土分割成许多更小的部分，这在理论上也减小了贵族带来的威胁。另一种削弱贵族权力的方法是，将那些分散在其他贵族领土边界的土地赐给他们，这使反对派在领土方面很难形成权力基础。从巩固王权的角度来看，这些举措也许是成功的，但从12世纪40年代开始，不论花费在围城筑墙上的沉重开支，还是穆斯林突袭所造成的损失，都迫使贵族将自己的土地与城堡出让给修道院和军事集团。

在12世纪的拉丁定居点中，统治家族都有一个十分显著的特点，即女性具有突出的地位。耶路撒冷国王鲍德温二世（1118—1131年在位）的女儿们就是一群鲜活的例子。国王死后，他的大女儿梅丽桑德（Melisende）和她的丈夫富尔克（前安茹伯爵）以及他们的儿子小鲍德温（当时还只是一个婴儿），这三个人作为统治者一同治理这个国家。富尔克虽然有独立治国的想法，但他却得不到足够的支持来取代梅丽桑德的地位，因此他不得不与这位女王一起统治国家。富尔克于1143年去世，当时，他年仅13岁的儿子鲍德温三世（Baldwin III，1143—1163年在位）即位，梅丽桑德成了摄政王。1145年，鲍德温已经成年，但他的母亲拒绝交出权力，并继续执政了七年之久。在12世纪的社会环境下，这是一件不可思议的事情：一位女性，凭一己之力治理国家已经极其罕见，正如英格兰的玛蒂尔达（Matilda）在即位时所遭到的强烈反对那样；而在东部拉丁以外堪与梅丽桑德相媲美的大概只有卡斯蒂利亚与莱昂王国的王后乌拉卡（Urraca）了。随着耶路撒冷王国内部的纷争不断加剧，母亲与儿子形成了各自的行政部门，分别以自己的名义颁布法令。通常在这个时候，统治者会采取军事行动，以武力的形式将女性排除在权力之外，然而在耶路撒冷王国——这大概是整个拉丁基督教世界最易受到外部势力攻击的地区——真正的掌权者却是梅丽桑德。她任命了自己的军事指挥官，并以她在耶路撒冷所独具的统治权威来满足当地达官显贵的需求，而她的儿子鲍德温三世却得不到足够的支持来取代他母亲的地位，直到1152年他才独立执政。但即便他已经确保了自己的控制权，梅丽桑德依然在耶路撒冷政府中起着举足轻重的作用。所有这些与她的妹妹爱丽丝公主（Princess Alice）造成的社会动荡相比，实在不算什么。1130年爱丽丝在丈夫死后想要独自统治安条克公国，这一想法遭到了当地显贵的反对。为了达成目标，爱丽丝分别向希腊人、阿勒颇的穆斯林以及来自的黎波里、埃德萨和安条克公国的伯爵贵族寻求帮助，致使国内局势严重分化。七年之后，爱丽丝被迫将权力让位给普瓦提埃的雷蒙（Raymond of Poitiers）——一位由当地贵族请来的，将与爱丽丝的女儿结婚的西方人。

至于法兰克人定居点几位统治者之间的关系倒是相对融洽，只是偶尔会出现一些摩擦。东部拉丁主要由四部分领土组成。虽然他们会出于共同的利益联合起来共抗外敌，但每个定居点都有各自鲜明的特点，且相互独立。耶路撒冷与北方的小邻居的黎波里伯国之间关系密切，的黎波里伯爵是耶路撒冷国王的封臣。埃德萨伯爵们也效忠于耶路撒冷王国，到12世纪

30年代，他们也成了安条克亲王的封臣。安条克亲王非但不对耶路撒冷国王履行任何正式义务，相反，还在理论上臣服于拜占庭皇帝；尽管如此，安条克人在南方却需要与耶路撒冷王国这个强有力的盟友维持关系，因为他们常常需要从那里寻求军事援助。在1110—1137年，耶路撒冷共15次出手帮助这位北方盟友，而在这些年中，耶路撒冷国王也曾13次出任该公国的摄政王。而这并不是单边的关系，在1113年、1129年和1137年，安条克也出兵为耶路撒冷而战，不过，安条克显然是定居点当中更加需要帮助的那一个。在第二次十字军东征期间，我们可以看到这四个定居点之间存在着清晰的竞争关系。提尔的威廉（William of Tyre）是一位生活在12世纪的耶路撒冷王国的历史学家，他曾写道，当法国国王路易七世在1148年3月抵达安条克的时候，各个拉丁定居点的代表都前去拜访他，劝他把大本营设立在自己的领土上，这时他们并不顾及其他人的利益。

在12世纪40年代，军事局势变得更加恶劣。拉丁定居者遇到的第一次挫折发生在1144年12月，当时摩苏尔的穆斯林统治者赞吉侵占了埃德萨。分别由路易七世和德意志的康拉德三世率领的第二次十字军分两路横跨小亚细亚，这次行动虽然是一场灾难，但十字军与拉丁定居者联合起来，在1148年7月攻打了大马士革，并在一周之内攻破城池。而此时，对穆斯林解困力量的恐惧似乎让基督徒做出了严重的战略错判，然而不论对十字军战士还是对定居者，这样的解释都不能让双方感到满意，他们相互指责对方是叛徒。在这之后，西方人打道回府，留下法兰克人独自保卫"家园"。

北方定居者所遭受的来自穆斯林的攻击往往是最猛烈的，因此对他们而言，局势开始逐渐恶化。基督徒感受到前所未有的压力，提尔的威廉形容他们如同被夹在两块磨盘之间研磨。赞吉的继任者，阿勒颇的努尔丁（Nur al-Din of Aleppo）试图将叙利亚北部的贵族阶层聚拢在一起。在1149年的伊纳卜（Inab）战役中，他杀死了安条克亲王雷蒙德，并把雷蒙德的人头送给了巴格达的哈里发，这颗人头象征着努尔丁作为逊尼派穆斯林的武士首领的地位。随后，他的影响范围逐渐向南方延伸，1156年，努尔丁攻占了大马士革。这意味着基督徒将首次面对一个统一的穆斯林力量——叙利亚。在这段历史时期，政治局势恰好处于微妙的平衡状态：穆斯林对法兰克人的威胁正在慢慢加强，而在耶路撒冷，已经有两任国王——鲍德温三世（1143—1163 年在位）和他的继任者阿马尔利克一世（1163—1174 年在位）——做好了时刻应战敌军的准备。

对于阿马尔利克一世而言，掌控埃及是他的政策基础。什叶派的法蒂玛王朝哈里发实力较弱，他们同努尔丁一起统治着阿勒颇与大马士革，阿马尔利克一世一定要守住埃及以防努尔丁的侵占，否则在地势上定居者将会被团团包围。在 1163—1169 年，阿尔马利克一世向埃及进攻不下五次。一方面要抵御穆斯林的威胁，另一方面又要实施攻占埃及的计划，定居者们显然需要更充沛的军事资源，他们首先想到的是向西欧寻求援助。法兰克人定居点之所以存在，是以拉丁基督教世界保护"圣地"的名义，真正与定居者们关系密切的是那些与他们分享同一宗教信仰的欧洲人。所以定居者们认为这些人理应帮助他们一同保卫耶稣的遗产，毕竟从理论上讲，"圣战"关系到所有基督徒的福祉。定居者们还竭尽全力动员与家族有关系的西方贵族，鼓励他们加入远征。

从 1160 年起，定居者们陆续向西欧的领袖们发出信函和派出使节，希望得到他们的帮助。教会对此做出积极响应，把这些信件公之于众，呼吁人们加入东征。一些资金援助已经发往黎凡特，更为重要的是，许多中等规模的东征活动也在着手准备，有的是由佛兰德斯与讷维尔（Nevers）公爵率领。这类短期的军事援助当然会受到定居者们的欢迎，但他们真正需要的是大规模的远征援助。定居者们尤其将希望寄托于法国国王路易七世和英格兰国王亨利二世身上，但两位统治者之间的政治分歧使他们的努力遭到挫败。

对于军事援助的需求从未停止，然而，定居者们还能指望谁呢？一个答案是拜占庭。希腊人从一开始就卷入了与东部拉丁有关的事务中，他们因《德沃尔条约》（Treaty of Devol，1108 年）同塔兰托的博希蒙德产生了矛盾，博希蒙德曾宣誓效忠皇帝，希腊人将他视作安条克的封君。在叙利亚北部有数目庞大的东正教徒，这也促使希腊人参与到当地事务之中。国王鲍德温三世决定同君士坦丁堡建立更加稳固的关系；为了让希腊人在叙利亚北部站稳脚跟，1150年年末，鲍德温三世同意他们购买法兰克人在埃德萨的遗留土地。希腊人与拉丁人之间的关系逐步升温。1158年，鲍德温三世与一位希腊皇室家族成员成婚，九年之后，他的继位者阿马尔利克一世做出了同样的决定。在此期间，皇帝曼努埃尔·科穆宁娶了安条克的玛利亚（Maria）为妻。这些联姻进一步强化了两地间军事合作的前景。法兰克人与希腊人的联盟，其最初的目的是针对埃及的，但在1169年年初，努尔丁先这些基督徒一步攻占了埃及。这场胜利使穆斯林对耶路撒冷王国的威胁更加逼近，同时，由于西方一直都不能提供大规模的军事援助，阿马尔利克一世只能坚守亲近希腊人的政策。1171年，他来到君士坦丁堡，此行的目的很可能是表达他对曼努埃尔的敬意。对于一位耶路撒冷国王而言，这样充满戏剧性的举动算是史无前例了，从中我们可以看出他有多么绝望。1177年，希腊人再次为黎凡特提供援助，而在1180年曼努埃尔死后，两国间和谐的蜜月期也就结束了。总的来说，这次联盟并不算成功，即便在个别情况下希腊人的介入的确影响了穆斯林对定居者的战略决策，例如，在1164年，当努尔丁已经在叙利亚北部挫败了一支法兰克人的军队以后，他的副将建议继续向安条克公国挺进，并歼灭法兰克人的剩余部队，但努尔丁却拒绝了这个提议，因为他认为，如果占领太多基督徒的土地，必定会招致希腊人的报复行动。

　　不论对于法兰克人，还是对于他们的敌人而言，1174年都是一个转折点。5月，努尔丁的去世为法兰克人提供了一个千载难逢的机会，他们斥巨资安排了一支西西里舰队协助他们一同攻打埃及。不幸的是，就在西西里人到达黎凡特的时候，国王阿马尔利克一世得了重病，不久之后便去世了，这次行动未能成行，西西里人只好打道回府。更加令人沮丧的是，阿马尔利克一世的继位者鲍德温四世身患麻风，这也就意味着他极可能不具备有效治理王国的能力，更不能孕育后代。鲍德温四世的统治一直维持到他1185年去世。这段时期，王国的分裂状态愈加严重，两个贵族敌对派系间纷争不断，为了达到各自的目的，双方均试图操控这位可怜的国王。鲍德温四世的继位者是他年幼的侄子鲍德温五世（Baldwin V），显然，这个孩子什么都改变不了，不到一年便去世了。当法兰克人内部四分五裂的时候，伊斯兰世界却开始恢复元气。努尔丁在埃及的副将萨拉丁继任，到1186年，萨拉丁已经建立起一个穆斯林军事联盟，以吉哈德（Jihad，又译"圣战"）的名义，准备向法兰克人宣战。基督徒急需军事援助，一支由耶路撒冷元老与骑士团首领带领的代表团试图说服西欧的统治者们，希望他们能伸出援手保卫"圣墓"。定居者们不惜铤而走险，向法国的腓力二世与英格兰的亨利二世寻求援助，但终无结果。代表团受到了冷落，被晾在一旁。1187年，萨拉丁入侵，并在7月4日的哈丁战役中挫败了由吕西尼昂的居伊（Guy of Lusignan）领导的军队，居伊是鲍德温四世的姐夫，夫妻二人共治耶路撒冷王国。法兰克人缺乏人力资源作为他们的保障，而定居点变得脆弱不堪，毫无防御能力。在随后的几个月里，萨拉丁占领了耶路撒冷，直逼拉丁人退回到沿海地区，最终，仅剩下一座巴勒斯坦城市——提尔——还处于基督徒的掌控之中；的黎波里和安条克也没有受到太大影响，虽然这两个城市都失去了东部的土地。众所周知，西方对此的回应便是发动了第三次十字军东征。

塞浦路斯

1191年6月，英格兰的理查一世从艾萨克·科穆宁（Isaac Comnenus）这位希腊皇室家族的变节者手中夺走了塞浦路斯。当时为了躲避暴风雨，理查一世的部分船队（其中载有他的姐姐和未婚妻）不得不驶离该岛，而理查一世本人则正在前往"圣地"的途中。艾萨克的敌对态度促使理查一世出动武力，不久之后他的舰队便迫使塞浦路斯人缴械投降。理查一世虽然以个人名义做出此决策，但十字军的身份并没有妨碍他从一位信仰基督教的统治者那里夺取土地。很难将攻占塞浦路斯称为宗教殖民行为，然而这座岛屿却与地中海东部的拉丁基督教定居点有着非常密切的联系，并在保卫"圣地"的过程中起着至关重要的作用。如果风力、风向适宜，从塞浦路斯到叙利亚沿海地区全程只需要一天时间。显然，其地理位置重要，适合为远征运动提供补给。在法国国王路易九世的第一次十字军东征期间，这项功能发挥得最为充分。在到达地中海东部之后，路易在这座岛上待了8个月。1249年，在入侵埃及的时候，路易身边有塞浦路斯国王亨利一世（Henry I，1218—1253年在位）以及塞浦路斯的贵族们陪同。塞浦路斯的法兰克人并不总是热衷于为此类远征活动提供协助，而在1271—1272年，即英格兰的爱德华王子所发起的远征期间，有部分塞浦路斯人争辩道，他们在岛外没有履行兵役的义务，如果他们曾经在别的地方为国王效力，那也纯粹是出于自愿；最终，他们同意每年在岛外服役4个月。

理查将这座岛屿卖给了耶路撒冷从前的国王吕西尼昂的居伊，而居伊的弟弟与继位者吕西尼昂的艾默里（Aimery of Lusignan）在这里建立王朝，该王朝统治塞浦路斯将近300年之久。与大陆的拉丁定居点相比，穆斯林的进攻对塞浦路斯的影响要小得多。然而即便如此，由于害怕外部势力的入侵，艾默里还是在1195年寻求到西方的神圣罗马帝国皇帝亨利六世作为自己的领主以求得保护。皇帝还授予了艾默里一个王位头衔。1197年，艾默里娶了耶路撒冷的王位继承人伊莎贝拉一世（Isabella I），成为耶路撒冷亲王。虽然他在阿卡比在尼科西亚（Nicosia）待的时间更长，但这并不意味着两个王国得以融合，双方依然保持着各自独立的状态。与此同时，艾默里也不允许塞浦路斯的财政资源用于守卫耶路撒冷。然而，他却试图以大陆人民的名义部署岛内的军事力量。他与伊莎贝拉膝下无子，1205年，艾默里去世，在此后的一段时间里，这两个王国经历了不同的王朝更迭。

为了巩固法兰克人在塞浦路斯的统治，吕西尼昂家族一开始便将土地与权力授予许多骑士、骑兵与自由市民，这个政策也弥补了之前由于萨拉丁的侵占而失去的大陆土地。在塞浦路斯没有领地，这就意味着司法制度更多的是在王室的控制之下。吕西尼昂家族十分谨慎，努力阻断在俗的封臣们的权力，不让他们掌握城堡与围城。这种做法在东部拉丁是不可想象的，因为人们要时刻警惕穆斯林的进攻；它也使得当地的贵族们无法建立自己的权力基础，同时还说明了岛上相对平静状态的来由（除1229—1233年岛内受外部势力挑唆而发生内战）。非王家的城堡只出现在科洛西（Kolossi）与加斯特里亚（Gastria），那里的大片区域由医院骑士团和圣殿骑士团把持。

肥沃的海滨平原、布满梯田的溪谷，以及对灌溉渠道的有效使用，这些因素使塞浦路斯成为大量生产并出口谷类作物、糖类制品与橄榄油的宝岛。虽然个别品种的葡萄酒质地非常黏稠（当时人们甚至可以像蜂蜜那样将它抹在面包片上），但葡萄酒依然是重要的产品之一。在吕西尼昂家族的统治下，塞浦路斯的经济发展迅速，利马索尔城（Limassol）成了第一个商业活动中心。对于那些前往大陆的商人而言，这个岛屿是一座天然的中转站，而意大利商人群体对塞浦路斯的兴趣更为它的繁荣注入了源源不断的动力。在拜占庭帝国统治期间，威尼斯人已经在这里获得了特殊待遇，现在在吕西尼昂家族的翼护下，热那亚人的地位逐渐提高，尤其是在1229—1233年内战之后。国王亨利一世需要海军援助，热那亚人满足了亨利的要求，换取了丰厚的商业优惠政策。比萨、加泰罗尼亚以及奇里乞亚亚美尼亚王国的商人纷纷与塞浦路斯签署通商协定。到13世纪末，法马古斯塔（Famagusta）开始取代利马索尔的地位，因为它与大陆距离更近（仅15英里，约24千米），与叙利亚和奇里乞亚之间通商也更为便捷，因此逐渐成为岛内的商业中心。1291年，在阿卡沦陷之后，欧洲人与穆斯林间的直接贸易活动受到封锁，此时，西方的商人借由奇里乞亚的阿亚斯（Ayas）港口，让叙利亚的基督徒将商货从黎凡特运往法马古斯塔。在国际商贸活动的航道中，塞浦路斯就此变成了一个关键枢纽，大量商业往来在法马古斯塔发生，使它成为一座富饶的国际化大都市。

法兰克人的征服给这片土地带来的最大变化是拉丁教堂的建立。本土民众原大多信仰希腊东正教，而一位拉丁大主教却成了高级教士，与同级别的天主教教士相比，希腊主教们处于次要位置。东正教还要被迫承认罗马教皇的无上地位，这在大陆是非常自然的事情，信徒很自然地就会接受。东正教大牧首到1261年正式承认了这一点，但底层的教士并没有做好接受天主教管理的准备。双方的矛盾使局势变得危机四伏。例如，希腊人坚持在行圣餐礼时使用发酵面包，因为对他们而言，这象征着耶稣复活。然而这种做法却导致13名东正教徒遭到极刑，大量信徒被处以绝罚。法兰克人还占用了当地教堂的地产，这使原本就伤痕累累的东正教团体遭到更加严重的打击。我们可以从建筑——现存的拉丁大教堂、礼拜堂与寺院建筑等的质量中看出拉丁教会在这段历史时期的显要地位。

从1205年到1267年，这一阶段超过半数的时间里，塞浦路斯王室是由内部的少数派与摄政王掌权的。这造成的一个后果便是伊贝林（Ibelin）家族的出现，这个家族在耶路撒冷王国时期已经建立起来，它对塞浦路斯的内部事务发挥着强有力的作用。大约在1218年，伊贝林的菲利普（Philip of Ibelin）出任摄政王，为他的侄子、幼王亨利一世主政。菲利普所得到的支持足以对付来自亨利母亲的挑衅，然而，神圣罗马帝国皇帝腓特烈二世于1228年抵达该岛，决定抑制伊贝林家族势力的扩大，当时，家族的首领是菲利普的哥哥约翰。他们完全无视皇帝作为他们宗主的权力，未经商定擅自决定亨利为王位的继承人，对此腓特烈二世大为恼火。他宣称自己对这位年幼的国王有监护权，并提出从王室财产中索要收益。腓特烈二世邀请伊贝林的约翰参加一场宴会，约翰在受到盛情款待后被一群武装人员团团围住并逮捕。在逃往位于北部山区的圣伊拉里翁城堡（St Hilarion）之前，约翰被迫交出对亨利国王的监护权。不久之后，腓特烈二世动身回到大陆，是意大利北部的教会冲突迫使他提前回国，但同时，他将塞浦路斯的摄政权卖给了他的五位支持者，从而导致了四年的内战，伊贝林家族要与这些贵族党派对抗，他们不仅来自外部的巴勒斯坦，也来自塞浦路斯内部。帝国军事元帅理查德·费兰杰里（Richard Filangieri）包围了伊贝林家族在贝鲁特的城堡，随后在塞浦路斯煽动反对他们的言论；约翰则获得了一支热那亚舰队的协助，并得到大部分塞浦路斯民众的支持，到1233年，他彻底击败了岛上皇帝的势力。1247年，教皇英诺森四世判定亨利国王效忠腓特烈二世的誓言无效，王国由教皇接管，并受其直接保护。从此，神圣罗马帝国皇帝在塞浦路斯的宗主地位宣告瓦解。

塞浦路斯国王于格三世（Hugh III，1267—1284年在位）在1269年也成为耶路撒冷的统治者。由基督徒统治的巴勒斯坦因派别斗争而变得四分五裂，于格遂把全部精力投入组织法兰克人的剩余力量，集中对抗埃及马穆鲁克王朝的苏丹拜巴尔（Baybars），但收效甚微。在1291年阿卡沦陷以后，塞浦路斯境内涌入大量难民。这座岛屿进入一个新的历史时期，作为地中海东北部拉丁基督教国家最后一个前哨站，它发挥着至关重要的作用，与此同时，塞浦路斯也成为在大陆重建基督教世界的起点。

希腊的法兰克人定居区

1204年4月12日，第四次十字军东征攻陷君士坦丁堡，随后，全城遭遇抢劫，持续了三天之久。在入侵之前，十字军就决定选择一位拉丁皇帝来统治即将从希腊人那里征服而来的四分之一的领地，佛兰德斯伯爵鲍德温九世（Baldwin of Flanders）于1204年5月加冕。其余四分之三的土地被威尼斯人和十字军瓜分。这次远征运动的直接后果是殖民者侵占了拜占庭帝国，而这次侵占并不带有任何宗教色彩。这场征服活动的原始目的是经济与土地收益。在希腊的威尼斯化这一问题上，不论是定居者与威尼斯的密切联系，还是由母城所规定的政治与经济方针，都与两地关系息息相关，而人们通常仅用"殖民主义"这个概念来对这种关系进行界定。事实上，希腊的法兰克人定居区之所以经济上繁荣并相对安全稳定，正是定居者们离开东部拉丁并纷纷前往这里的结果，这甚至削弱了"宗教殖民地"黎凡特的实力。

拉丁征服所造成的影响是非常多样化的，这主要是因为这些西方人本身就来自不同的背景，反映在本土百姓身上，则主要体现在不同的管理方式。希腊人习惯于生活在这样的社会制度下，即所有的自由人都服从于同一部法律，而不论你的社会出身与经济地位。拉丁人则将一套分层严格的体系植入这个社会中，贵族、自由市民与农民遵从不同的法律标准。土地被分割为封地，依然信仰东正教的希腊人则被当作农奴对待。然而在不久之后，征服者与臣民间的界限就逐渐变得模糊了。法兰克人需要将刚刚占领的土地资源利用起来，而最简单的方法便是采用拜占庭现有的财政结构。他们利用"执政官"（archontes）——帝国从前的地主与高级官员——来解决税务体系中的复杂事务。事实上，这些统领都属于希腊的贵族阶层，虽然他们在宗教与文化方面相对法兰克人一直保持着独立的姿态，但到了13世纪后半叶，他们也开始接受定居者的封地了。据考察，从1261年起，已经有希腊人被授予骑士身份，这表明希腊执政官们已经开始慢慢地融入法兰克人的封建等级制度中。当地人与定居者的利益被紧密地联系在一起，同时，当面临来自北方好战的保加利亚人以及流亡到小亚细亚与伊庇鲁斯的希腊人的进攻时，这种联系也弥补了法兰克人在人数上的劣势。从希腊的统领们的角度来看，逐渐向法兰克人的封建体制靠拢是提升自身地位的有效渠道。这大概也就能够解释为什么在占领区的希腊人中鲜有针对西方领主的暴乱事件发生。

威尼斯人的领地包括伯罗奔尼撒南部的克里特岛、莫顿（Modon）与科伦（Coron），以及马尔马拉海的欧洲沿岸地区，其中，克里特岛的地位最为重要，因为它刚好位于埃及、叙利亚与君士坦丁堡之间通商贸易要道的关键点上。与其他西方人相比，威尼斯人对希腊人的侵犯并不那么强烈，这是由于他们长期保持着一种权力高度集中的官僚主义作风，而帝国的特权——如收缴的财政收益——则由当权者一人把控，并不像在希腊的法兰克人定居区那样将其分发给个人。他们也会选举一位"城镇长官"（podestà）进行管理，但其权力完全受威尼斯的管控。

在东部其他地区，法兰克人并没有试图将天主教仪式强行灌输给新的臣民。显然，在庞大的东正教群体中推行这类宗教政策也是不切实际的。然而，法兰克人倒是选了一个拉丁人作为君士坦丁堡大牧首，并用天主教主教取代东正教主教。天主教教士一般都住在城市地区，对于少数住在农村的西方人而言（为了安全起见，他们大多住在塔楼里面，塔楼周围筑有防御工事），想要找到一个神父是件很困难的事情，尤其是他还要受过天主教仪式的良好训练。因此，居住在偏远地区的定居者们可能会让当地的希腊教士来为他们主持圣事，这导致了宗教活动的希腊化趋势。在文化方面，法兰克人坚持与当地臣民保持距离，而在威尼斯人管辖的克里特岛，双方间的通婚在理论上是被禁止的。

伯罗奔尼撒半岛与克里特岛肥沃的土地滋养着经济的发展。随着需求量的上涨，像小麦、橄榄油、毛料与葡萄酒这样的散装产品，以及像丝绸一类的奢侈品源源不断地向外输出，使法兰克人的口袋慢慢鼓了起来。然而，他们的处境却没那么安稳。拉丁皇帝佛兰德斯的亨利一世（1206—1216年在位）加强了定居者在色雷斯（Thrace）的统治地位，但在短短10年之内，希腊人（他们被一位流亡尼西亚的皇帝统治）便收复了他们在小亚细亚丢失的所有土地。蒙古人的入侵威胁迫使尼西亚人停止了收复失地的行动，但到了1261年7月，拜占庭皇帝米海尔八世（Michael VIII）依然为希腊人收复了君士坦丁堡。相较而言，其他几个法兰克人定居点的运气要好得多，亚加亚又是其中最幸运的一个。在维尔阿杜安大公的统治下，宫廷上下均能展现出基督教世界所推崇的骑士精神，安德拉维达（Andravidha）的贵族宫廷被人视作孕育法国骑士的精修学校（finishing school），这样的观念反映出定居者与他们的故土之间存在着强烈的文化纽带。后代作家曾这样写道："在亚加亚，人们的法语口语表达就像巴黎人一样地道。"大公杰弗里二世（Geoffrey II，1229—1246年在位）曾策马扬鞭穿越伯罗奔尼撒半岛，陪同在他左右的是八位穿戴黄金靴刺的精英骑士，这个行为充分体现出亚加亚人的骑士风度。在这段和平的历史时期，贵族们可以享受一些娱乐活动，如骑马比武与打猎；技巧精湛的湿壁画装点着宫殿的墙壁。今天，这些文化现象已所剩无几。

1259年，杰弗里二世的继任者，个性张扬的大公威廉二世在佩拉格尼亚（Pelagonia）战役中被尼西亚人俘获。在被释放以前，威廉二世被迫宣誓向他的敌人效忠。亚加亚因此幸免于难，但这个地方已不再具有独立治理的权利。

东部拉丁的巴勒斯坦和叙利亚：1187—1291年

1191年7月，在占领塞浦路斯之后，通过帮助法兰克定居者重新夺回港口城市阿卡，英国的理查一世与法国的腓力二世取得了显著胜利。到第三次十字军东征末期，基督徒已经基本控制了从提尔到雅法的沿海城市。由于与萨拉丁签订了停战协定，朝圣者们可以在耶路撒冷自由通行，即便收复"圣地"的原始目的还没有完全达到。萨拉丁于1193年去世，这为基督徒巩固他们的收复工作提供了一次绝佳的机会。在13世纪的前几十年里，法兰克定居点的经济增长迅速，经历了一系列王位继承危机，并数次向埃及发动远征。人们一度认为，要想重新占领耶路撒冷，首先要征服埃及，这应当是最好的渠道。

基督徒对阿卡的掌控决定了耶路撒冷王国的经济命脉。在12世纪的大部分时期，亚历山大城一直是地中海东部的商贸中心，但从12世纪80年代起，亚洲的贸易路线开始转移至阿卡，这座城市逐渐成为商货的最初集散地。根据英国编年史家马修·帕里斯（Matthew Paris）的考证，阿卡在13世纪40年代的王家年收入高达5万磅白银，这比同时期的英国国王的年收入要高。虽然这个数字的准确性遭到了质疑，但当时的耶路撒冷王国的确非常富足。意大利的商贸组织越来越多地参与其中。比萨、热那亚和威尼斯纷纷派出官员，长期驻扎在黎凡特。贸易活动不断增多，商人们从中赚取了大笔财富，而国王也通过税收获取了更多利益。但随着商贸组织变得越来越强大，商人们最终对政治生活施加影响。这成了不稳定的因素——1256年，热那亚人与威尼斯人间的商业竞争在阿卡导致了圣萨巴斯（St Sabas）战争，这是一场极具毁灭性的军事冲突，法兰克贵族与骑士团也卷入其中。与此同时，沿海地区则处于相对稳定的状态，这使提尔与阿卡的人口数量有了显著增加。犹太群体慢慢在城市中发展起来，一方面是受到了商业机遇的吸引，另一方面是受到了定居在"圣地"的移民的鼓励。尤其在阿卡，生活着一大批著名的犹太知识分子。

1215年，在宣誓加入第五次十字军东征之后，德皇腓特烈二世原本要加入远征队伍，然而，西方的政治问题却耽搁了他的出行计划。1225年，当与耶路撒冷王国的王位持有者伊莎贝拉二世（Isabella II，1212—1228年在位）结婚的时候，腓特烈已经深深地卷进了耶路撒冷的事务当中。耶路撒冷王位本身就意味着大量特权，而腓特烈二世还希望通过参与"圣地"事务来进一步巩固他作为神圣罗马帝国皇帝的地位。1227年，他组织了一支庞大的十字军队伍，然而他却大病一场，耽搁了出行计划，这使得教皇格列高利九世（Gregory IX）决定对他处以绝罚。到了1228年6月，这位皇帝终于起程向东方进发。上文已经对腓特烈在塞浦路斯的所作所为做了大致的描述，等到了东部拉丁，他却遇到了更多的麻烦。伊莎贝拉因难产而亡，腓特烈二世成为摄政王，辅佐他那个身处西方的、还在襁褓中的儿子康拉德。由于鲍德温四世曾挫败了他继任耶路撒冷王位的可能性，腓特烈二世此时决定重新夺回王位，但当时的贵族首领不希望自己的地位受到威胁，因此他们集体抵抗腓特烈的预谋。在这场冲突中，贵族首领们所把持的最强有力的武器之一便是他们在法律事务上的操纵能力。其中，一个非常有趣的现象是法律专家学派的诞生与发展，该学派成员与贵族家庭有着密切的联系，有的甚至就是这些贵族家庭的成员。它起源于东部拉丁地区独特的封建徭役传统，即如果接到法庭的请求，封臣有义务在庭审期间提出自己的看法、意见并提供帮助。若有封臣因履行义务而遭到杀害，那么其所在群体的声望就会得到进一步提高，因为人们认定这样的事实——既然耶路撒冷已经陷落，那么王国的法律（法律条文被人记录下来，并存放在圣墓教堂的宝箱之中）也就失去了效力。由于王国原本就可以不依赖成文法，因此在13世纪的前几十年中，司法审判主要由人们的经验与生活习俗支配。这与欧洲的发展恰好相反，在欧洲，相较于经验与习俗，人们越来越信任书面文件的作用。社会中因此出现了一批律师，他们引人注目，精通在公共场合辩论的技术，并依照记忆行使司法程序（至少在一开始是这样的）。法律的研究随之兴盛起来，学者们编写了大量重要的法律著作，其中，最著名的是由雅法伯爵所著的《让·德·伊贝林之书》（*Livre de Jean d'Ibelin*，约1265年），我们在第四章中已经了解了这位伯爵是如何带着大批人马抵达埃及的。在少数派与摄政王统治时期，在判定耶路撒冷王国的统治者人选的问题上，法学家起到了举足轻重的作用，这一点虽然不可否认，但需要警惕的是，我们不能只看到他们所起到的重要作用。在与腓特烈二世发生冲突的时候，贵族阶层便曾动用其内部成员高超的法律素养来对付他。他们拒绝将伊贝林家族在阿卡附近的封地充公，并反对腓特烈二世的企图，即推动提升条顿骑士团的地位，使其超越托伦（Torun）的领主继承者。为了巩固王权，耶路撒冷国王阿马尔利克一世在12世纪制定了《效忠法》，而现在，情况却大为不同，它转过头来为贵族们带来了好处。《效忠法》中明文规定，未经宫廷的正式批准，领主不得采取任何行动，以反对他的封臣。据此，贵族们坚持认为，国王同领主一样，应当遵守这条法律要求；如果没有现成的法律提供依据，他们也坚持认为有权动用武力重新占领被充公的封地，同时不再为国王提供兵役服务，这在理论上使国王变得毫无实权可言。在武力干涉下，伊贝林家族重新获得了充公的封地，而在条顿骑士团的问题上，由于害怕失去军事能力，腓特烈二世不得不认输，放弃这个企图。我们在这段历史中可以看出皇帝的软弱，以及贵族阶层的潜在力量。

在与穆斯林的交往中，腓特烈二世要幸运得多。第五次十字军东征对埃及的侵占使当地百姓焦躁不安，与此同时，虽然穆斯林一直坚守至圣殿地区，坚决不允许城市建造防御工事，但出于对腓特烈二世十字军的恐惧，以及阿尤布联盟内部势力的削弱，苏丹卡米尔（Al-Kamil）还是在1229年2月同意投降，并交出耶路撒冷。双方签署了停战协议，腓特烈二世向苏丹保证，他会保护苏丹的利益免受外敌的侵害，不论敌人是基督徒还是穆斯林。由于腓特烈二世之前受到绝罚处分，耶路撒冷的元老禁止他在这座城市举办圣事，即便如此，腓特烈二世还是在"圣墓"举行了皇家冠礼仪式。1229年6月，腓特烈二世计划离开东方，在他前往阿卡港口的途中，当地人向他投掷动物内脏。

腓特烈二世的离开并不代表皇室从此停止干预东部拉丁的事务。1231年，腓特烈二世的军事元帅理查德·费兰杰里试图征服贝鲁特，贵族阶层在阿卡的一次宗教集会上一致反对理查德的行为，以此为基础，他们成功挫败了理查德的计划。尽管如此，理查德还是掌握了提尔的控制权，自此，耶路撒冷王国因神圣罗马帝国的支持者与反对者而分裂，反对者由伊贝林家族领导。理查德盗用了威尼斯人在提尔的财政收入，这促使商人们站在了他的敌手一方。热那亚人已经对神圣罗马帝国代表虎视眈眈，而两个意大利商会代表自愿提出要与提尔决裂，并选择投诚伊贝林家族。1242年夏，反对势力试图联合起来将神圣罗马帝国代表驱逐出境。这需要经过法律的裁决，而不论学者诺瓦拉的菲利普（Philip of Novara，伊贝林家族的法律顾问，卒于1265年），还是我们所掌握的有关这一历史阶段的资料信息，都对终结腓特烈二世的摄政提供了不切实际的论据。腓特烈二世坚称，一旦他的儿子康拉德到了成人的年纪（这要等到1243年），他本人就结束摄政期。由于康拉德并没有到东方巩固自己的王位，而他依然需要一位摄政王，因此距离巴勒斯坦最近的亲戚——塞浦路斯女王爱丽丝（Alice of Cyprus）——被选为代替腓特烈二世的人选。在东方，皇帝的支持者已经失去了掌握局势的能力，不具备任何影响力。

耶路撒冷王国并不是唯一受到政治剧变影响的定居点。1201年，亚美尼亚和的黎波里的王室为了安条克的王位继承人而争执不下，经过多年冲突，最后以博希蒙德四世（Bohemond IV，1219—1233年在位）的胜利告终。他同时统治着安条克与的黎波里，即便两地的司法与行政体系差距巨大。这位大公选择居住在的黎波里，而由于他的缺席，安条克本地受到希腊社群的很大影响。叙利亚北部地区的政治局势由于骑士团势力的介入而变得纷繁复杂，骑士团以强大的城堡——马尔加特堡（Margat）、巴格拉斯堡（Baghras）、托尔托萨堡（Tortosa）、骑士堡（Crac des Chevaliers）与布兰克堡（Chastel Blanc）等为基础，其权力在本地处于相对独立的状态。

相对繁荣富足的局面终止于13世纪40年代。定居者打破了与埃及苏丹签署的停战协定，但随后，当穆斯林与花剌子模人（由于蒙古人的进攻，这个民族不得不过着游牧般的流浪生活）形成联盟的时候，他们发现自己捅了马蜂窝。1244年8月，耶路撒冷沦陷，两个月后，基督徒的势力遭到挫败，超过1000名骑士在拉佛比（La Forbce）战役中被杀害。新的声援致使法国国王路易九世发动了他的第一次十字军东征，进而引发了对埃及的远征运动。但在此之后，法国国王依然留在巴勒斯坦，组织人马，并耗费巨资重新修筑了阿卡、西顿、雅法与恺撒里亚的防御工事。

正如我们所见，路易对埃及的入侵导致了阿尤布王朝被马穆鲁克王朝取代。大约在同一时期，蒙古军队出现在历史舞台上。1258年，他们攻占了巴格达，两年后阿勒颇沦陷。安条克与的黎波里的博希蒙德六世（Bohemond VI，1252—1275年在位）同蒙古人结盟。然而，耶路撒冷的首领们却挑拨蒙古人与马穆鲁克人之间的关系，在1260年赢得阿音札鲁特

（Ayn Jalut）战役之前，这些首领就允许埃及人踏上他们的领土。马穆鲁克人的统治权移交到了令人敬畏的苏丹拜巴尔手里，不久之后，拜巴尔便在叙利亚确立了自己的统治地位。

由于缺少人力支持，在军事行动中，定居者们受到了极大限制。在守卫法兰克人领土的过程中，占据孤立的战略要点（通常都是在骑士团的统领下）是定居者们作战策略中的关键要素。即便路易九世在东方建立法国常驻军队的创举有一定积极作用，但对于定居在这里的基督徒来说，他们既没有足够的作战人员来组成一支野战军，在防御根据地方面也拿不出合格的守备部队。在法国君主的赞助下，这支常驻军主要由100名骑士组成，外加弓箭手、骑兵与步兵。这支军队并不像骑士团那样坚守着一个地方，上级可以通过更加灵活的方式部署任务。军队首领的地位类似于耶路撒冷王国的军事统帅（或最高法院的王家议员，或王室的行政人员），它展现了帝国在东方的地位。然而，这支法国军队的规模太小了，出现得又太晚了。由于受到资源的限制，法兰克人很难确保领土的长久统治，在军事行动方面，他们尽可能地避免与敌人开展阵地战，而多采取突袭的作战策略。除非有十字军在东方为他们提供支援，否则，法兰克人在人数上的劣势就意味着在同样面临战争的不可预测性的时候，他们要比自己的敌手承担更大的风险。拜巴尔正是利用了法兰克人的军事弱点，通过卓越的将才与审慎的谋划，一举攻下了他们所控制的东方领土。由于受到防御能力的限制，定居者们只能眼睁睁地看着自己的土地遭人践踏。甚至像马尔加特堡与骑士堡这样装备精良的城堡，也变得不堪一击，无法抵御敌人的强势入侵。城市与堡垒一个个沦陷，而由基督徒所控制的土地也在逐渐缩小。法兰克人定居点的经济开始衰落，由于蒙古人对伊拉克与叙利亚北部的入侵破坏了原有的通商渠道，黑海取代了黎凡特的位置，成了东方贸易的终点站。许多地方饱受到经济萎缩带来的压力。面对安茹的查理一世对王位继承权（他从一位觊觎王位的人那里购得了王位的继承权）的要求，塞浦路斯的于格三世意识到耶路撒冷王国已经到了难以控制的地步，他决定将精力都放在对塞浦路斯的统治上。1286年，他的继位者——国王亨利二世收复了阿卡，并在隆重的仪式与无限的荣耀下登基，然而，马穆鲁克人却在捕获剩余定居点的过程中逐渐收紧了自己的"渔网"。1287年，的黎波里沦陷；等到了1291年4月5日，攻占阿卡的战役终于打响了。大批穆斯林军队攻破一道道城墙，国王和他的贵族扈从们逃到了塞浦路斯，而殿后保卫他们的士兵大多没能幸免于难。到了5月28日，定居者们的最后一次反抗遭到挫败，之后的三个月内，基督徒对这片土地的统治被彻底终结。地中海东部的拉丁人不再控制任何一片曾经被穆斯林占据的土地。讽刺的是，一场原本打着宗教殖民大旗的运动，现在却以剥削土地资源的方式告终，这些土地被基督教把持了很长时间。

| 第七章 |

东部拉丁的艺术：1098—1291年

雅罗斯拉夫·福尔达

当第一次十字军在1099年7月15日占领耶路撒冷的时候，他们完美地实现了教皇乌尔班二世在克勒芒那场著名的演讲中所设立的目标。乌尔班二世在布道中生动地描述了基督教堂在东方所受到的迫害，以及异教徒是如何亵渎并毁坏基督教纪念碑的。他号召武人前往"圣地"去援助他们的兄弟，并从异教徒的手中解放"圣地"。

第一次十字军东征的参与者们从欧洲带来了各异的艺术传统，它们大多来自11世纪晚期的洛林、默兹河谷（Meuse Valley）、诺曼底、法兰西岛、法国南部以及意大利南部地区。他们还带来了一些轻便的艺术品，如祈祷书与礼拜器具（圣爵、可随身携带的祭坛以及圣髑盒等）一类的远征必需品，还有手绘的军旗、武器与盔甲，当然也包括来自瓦朗斯（Valence）与卢卡（Lucca）等地区的钱币与通用货币。值得注意的是，当这些欧洲人抵达"圣地"之后，经他们赞助所创造出来的艺术作品迅速发生了变化，与他们在本国的创作差异巨大。二者的不同之处主要体现在媒介与工程实施两个方面。显然，这是由于新的环境以及艺术自身特殊的功能诉求所致。与此同时，来自不同地区的艺术家与赞助人聚集在一起，使文化、社会、宗教与艺术环境变得丰富且多元。他们从各种方面汲取了大量的艺术养分，包括新的媒介如圣像画，新的创作材料如当地特殊的石材，东正教的艺术家与艺术传统（如拜占庭、叙利亚与亚美尼亚的艺术传统），以及穆斯林的历史古迹等。法兰克人所创造的新艺术有时被人们称作"十字军艺术"。

自1099年征服耶路撒冷以后，定居者们花了数年时间，才将自己的地位巩固下来。到处都需要搭造防御工事与教堂建筑，但在埃德萨、安条克与的黎波里三个北方定居点中，几乎没有任何人像艺术存留下来。我们能够找到的大多是钱币，安条克与埃德萨的钱币设计在很大程度上受到了拜占庭的影响，而在的黎波里，其设计却深植于法国的（尤其是图卢兹的）钱币学传统。在耶路撒冷的拉丁王国境内，只有在从贝鲁特延伸至亚喀巴（Aqaba）的这片区域中，我们才能充分领略到贯穿于整个12世纪的法兰克艺术成就。

随着1099年伯利恒、耶路撒冷与拿撒勒的沦陷，为了重新建立起基督教在"圣地"——包括耶稣的出生地、各各他山、"圣墓"以及耶稣道成肉身的地方——的无上地位，十字军按照艺术作品的重要性来安排它们的建设日程，这些作品都是由法兰克人出资，创作于12世纪。在这些地点当中，有两处起着非常重要的政治作用。在12世纪的头25年里，伯利恒的圣诞教堂（Church of Nativity）主要用于举行拉丁国王的加冕典礼。从1100年至1187年，圣墓教堂则是埋葬他们的地方，而从1131年开始，这里成了国王的加冕教堂。

由于"圣墓"的重要性，这个地方从一开始便是艺术家关注的焦点，这也不足为奇。当布永的戈弗雷在1100年去世的时候，他的棺木被放在了各各他山脚下的亚当教堂（Chapel of Adam）的门口，这从此成为惯例，1187年以前的国王去世时都遵循这个传统。1114年，教会决定在"圣墓"安排一些奥斯定会的持戒修士（Augustinian canons），此后，在拜占庭东部的三门廊式建筑（一座位于拜占庭圣墓教堂的围廊式庭院，建于11世纪40年代）中，建筑师为他们建造了一座巨大的隐修居所。

　　大约在同一时期，艺术家也格外关注"圣墓"内的神龛（aedicule），它耸立于复活圆厅（Anastasis rotunda）内，主要用于安放棺木。俄罗斯朝圣者切尔尼戈夫的丹尼尔（Daniel of Chernigov）在1106—1108年游访"圣地"，他曾亲眼见过一尊真人大小的耶稣像，被法兰克人安置在这个神龛的顶端。对于拉丁人为美化"圣墓"所做出的努力，丹尼尔的记录是我们所能找到的这方面的最早证明。然而，到了1119年，人们用大理石雕塑与马赛克瓷砖对这座建筑进行了重新装修。我们只有从伯恩哈德·冯·布莱顿巴赫（Bernhard von Breydenbach）的著名画作（主要以木版画的形式流传于15世纪），以及扬·凡·斯科列里（Jan van Scorel）在16世纪20年代以后的绘画作品中，才能对这座神龛的雏形有一个大致的了解。但是，不幸的是，这些画作中并没有细致地展现出那些由法兰克人出资重建的工程，我们只能从后世朝圣者们的描述中对其做进一步了解。值得注意的是，我们从圣墓教堂中的所有早期作品中可以看出，其特点都是以西欧的艺术传统为根基的。

　　随着由国王与元老资助的艺术活动在耶路撒冷逐步开展，在伯利恒，有许多前往"圣地"的朝圣者委托工匠为圣诞教堂画宗教圣像画。在南面的走廊，《圣母子像》（Clykophilousa）被直接画在了五根廊柱上。除了经文与纹章标志外，我们在铭文中还能读到1130年这个年份，因此，这幅作品被认为是现存最早的"十字军"巨型画作。在画作中，这位在拜占庭受过艺术训练的西方画师，将希腊教堂中的马利亚雕塑风格与意大利人在宗教艺术作品中所展现的那种极富人情味的母子关系进行了完美结合。此外，我们在画作的背景中能够看到一个山洞，这在伯利恒代表着横穿教堂下方的圣诞洞穴（grotto of the Nativity）。因此，在这幅经朝圣者委托，由一位通晓拜占庭、西方与本土艺术传统的画家所创作的作品中，我们首次看到了以地点为象征标志的图像。

1130年的湿壁画是见证十字军艺术从第一代定居者向下一代转变的重要实例。在一篇重要的文章（大致写于1124年7月，在十字军攻占提尔的时候）中，沙特尔的富歇（Fulcher of Chartres）针对这种外观上的转变做出评论："我们这些西方人现如今已经变成东方人了。在这片土地上，一个罗马人或一个法兰克人，同一个加利利人或巴勒斯坦人已没什么两样。即便你来自兰斯或沙特尔，现在也算是提尔或安条克的公民了。我们早已把出生地抛在了脑后，对我们当中的许多人而言，那些地方已经变得陌生，不再为人所提及。"

艺术在1131年之后的转变是在赞助人的促进下实现的，其中包括耶路撒冷的元老们、国王富尔克，以及女王梅丽桑德，尤其是后者，她是第一位在圣墓教堂接受加冕的统治者。富尔克可算作一位伟大的城堡建造者。在所有重大的十字军活动中，他的军队都会带着耶路撒冷王国的象征——装有真十字架（True Cross）的圣髑盒。圣髑变得如此重要，以至于为了给朝圣者中的赞助人制造出带有双翼的十字架圣髑盒，耶路撒冷"圣墓"以南的金匠的产业都随之逐渐成长起来。现珍藏在巴列塔（Barletta）的那个华美无比的真十字架圣髑盒，大概在1138年制造于耶路撒冷。

国王富尔克最主要的贡献还体现在《梅丽桑德圣咏集》（*Psalter of Melisende*）上，原稿堪称无价之宝。早在1135年，至少有七人一同合力投入到这部豪奢的手稿创作中去。这个创作小组包含四位插图画家、一位来自法国北方的抄写员（内容主要涉及教历与拉丁语圣咏诗）、一位为书籍雕刻象牙封面的"十字军"雕刻师，以及一位"十字军"刺绣工（他的工作主要是用银线刺绣丝绸书脊）。在四位插图画家当中，有一位描绘了拜占庭君主（Basilius），他是在拜占庭接受绘画训练的"十字军"艺术家，他将自己的名字——迪西斯（Deësis）签在了圣像上面。这本书精美的装饰反映出十字军在艺术方面的品位，堪与拜占庭的贵族风格比肩；同时，它也反映了梅丽桑德的东正教情感。这份12世纪的手稿是"圣墓"缮写室中存留下来的最重要的艺术作品，它同1130年保存在伯利恒的圣人像一样，代表着远征艺术的新阶段，东方艺术与西方艺术如此不同，却又如此完美地结合在一起。

从1131年至1161年，在拉丁王国之中，女王梅丽桑德的重要性几乎无人能敌——她是国王鲍德温二世的女儿，国王富尔克的妻子，同时还是两位国王（鲍德温三世与阿马尔利克一世）的母亲。正如我们在第六章中所见，她是一位政治强人，这也体现在艺术领域，起码在1152年鲍德温三世相对独立执政以前，情况都是如此。在这个艺术繁荣发展的时期，作为一位法兰克父亲与一位亚美尼亚母亲的女儿，梅丽桑德几乎成为一个全新的东方模式的象征。总体而言，在她的赞助之下，12世纪40年代的十字军艺术达到了巅峰状态。

我们从东部拉丁著名史学家提尔的威廉写于12世纪80年代的文章中得知，梅丽桑德委托工匠为她的妹妹伊维特在伯大尼（Bethany）的拉撒路之墓（Lazarus's Tomb）建造了圣拉撒路女修道院。我们有理由相信，梅丽桑德一定是许多艺术工程的幕后推手，其中最早的项目之一大概是对圣安妮女修道院的翻修工作，当时（1144年以前）伊维特还住在那里。圆顶清真寺（Dome of the Rock）于1141年祝圣，成为耶路撒冷的圣殿教堂（church of the Templum Domini），而可能就是在梅丽桑德的赞助之下，教堂展开了全新的美化工程，除了用马赛克瓷砖装饰外墙，围绕着内部建筑还安装了精美的铁艺栅栏。在12世纪40年代早期，皇家宅邸从城堡南面的苏莱曼尼耶清真寺（Templum Salomonis）迁出，显然，这项工程也与梅丽桑德有着千丝万缕的联系。

在12世纪40年代，大部分杰出的艺术工程建设是对圣墓教堂的翻修工作。虽然编年史家们很少在著作中专门谈及教堂，不论朝圣教堂、教长大教堂，还是拉丁王国的国立教堂，然而，这项工程却是为了在1149年7月5日纪念十字军占领耶路撒冷50周年而兴建的，当时，结局惨淡的第二次十字军东征刚刚过去不久，军队首领们全部灰溜溜地回到了欧洲故土。

12世纪30年代，国王的加冕仪式从伯利恒转移到耶路撒冷，而重新修建拜占庭教堂的计划显然是由此演变而来，到了40年代，翻修的主要工作陆续展开。这项工程是令人赞叹的，我们将在第八章的内容中看到，在以"圣墓"中的神龛、各各他山与耶稣之牢（Prison of Christ）为基础的整体建筑群中，工程师对几处"圣地"进行了重新规划。为了达到这个目的，也就是将原有的圆厅结构与另外两座新的圆顶建筑（一座钟楼和南面一座宏伟的主通道）结合成为一个建筑整体，设计师将西方的朝圣路线融入教堂的规划之中，其中用到了交叉通道、唱诗席以及周围步行可及的分堂。装饰工作主要涉及室内与室外的柱头雕塑，有的有具体形象，有的则没有。在主教堂与各各他山分堂内部，贴有大量的马赛克瓷砖，只有一个基督像存留至今。在教堂东端的半圆形壁龛中，我们虽然看不到那个由马赛克拼贴而成的耶稣复活的形象，但至少从教长——内勒的阿马尔利克（Amalric of Nesle，1157—1180年在位）的印章设计中，依然可以窥豹一斑。南面耳堂的正门处，装饰着华丽的马赛克图像，它所展示的是《圣经·约翰福音》中一个著名的场景——"不要摸我"（Noli Me Tangere）；在门楣处则是精美的雕塑，而门楣的石料来自意大利。左侧的大门描绘了耶稣的生平场景，内容都围绕着耶路撒冷，且与"圣地"相关。在右侧的大门上，顶端卷曲的藤蔓雕刻使人想到"生命之树"（arbor vitae），而在下面的三角门楣中，可能是耶稣受难的形象。总体而言，"圣墓"的建筑与装饰工程是富丽壮观，其样式复杂繁多，而它也是独一无二的"十字军"艺术，完美地结合了拉丁世界东西方的艺术精华。在经历了漫长的翻修工作（在12世纪50年代以前，这项工程大概从未彻底竣工）之后，圣墓教堂已经成为建筑翻修工程的巅峰之作，它为即将在伯利恒与拿撒勒展开的建筑规划定下了一个非常高的标准。

不论梅丽桑德在圣墓教堂的翻修工作中起到了多么重要的作用，到1152年鲍德温三世强势执政之后，梅丽桑很快便失去了民心。此后，她唯一能够参与的工程就只有她自己的坟墓修建工作了，这座豪华的坟墓坐落于约沙法山谷（Valley of Jehoshaphat），就在圣母墓（Tomb of the Virgin）的入口处。提尔的威廉对这位女王的赞颂，反映出梅丽桑德是一位多么杰出的女性人物。

鲍德温三世继位之后，首先发行了一套新的钱币，我们在钱币上面看到大卫塔（Tower of David），这是一座耶路撒冷城堡。在这里，他曾与他的母亲因王权的继承而争得不可开交。在1153年攻占阿斯卡隆（自1099年起，阿斯卡隆一直都掌握在法蒂玛王朝手中）并取得巨大胜利之后，鲍德温三世同样在当地发行了钱币。与此同时，在保卫东部拉丁的过程中，圣殿骑士团与医院骑士团均起到了关键作用。在这段历史时期，经济比较繁荣，社会相对稳定，而为了纪念施洗约翰，人们在拉姆拉（Ramla）、加沙（Gaza）与塞巴斯蒂亚（Sabastiya）建造了许多教堂。位于塞巴斯蒂亚的大教堂，内含圣约翰墓，是东方第一座在建筑正面容纳柱头装饰的大型拉丁教堂，法国的大部分教堂采用类似的风格，而这座塞巴斯蒂亚大教堂之所以如此与众不同，源于它与桑斯大教堂（cathedral of Sens）在建筑方面的关系。事实上，大部分拉丁教堂独具特色，兼具黎凡特式建筑与罗马式建筑风格，其中包含宽阔的尖形拱门与平顶；在耳堂与正厅交会处的正上方，通常是圆形的穹顶。

鲍德温三世并不以他在艺术方面的出手阔绰而闻名，但他的弟弟阿马尔利克一世却恰恰相反。在1163年继位后不久，阿马尔利克一世便试图与拜占庭人联盟，来对抗埃及的法蒂玛王朝的威胁。基于这样的目的，阿马尔利克一世发行了一套新的钱币，钱币上的图案特意突出了圣墓教堂中具有拜占庭式建筑元素的复活圆厅，他还托人设计了拜占庭风格的服饰，并在1167年娶了拜占庭公主玛利亚。阿马尔利克一世在艺术方面的关键投入均与其在治国和外交方面的重要举措相关。1167—1169年，阿马尔利克一世同拜占庭皇帝曼努埃尔·科穆宁与主教伯利恒的拉尔夫（Ralph of Bethlehem）一道，资助完成了圣诞教堂的翻修工程。

在众多建筑工程中，唯一涉及马赛克与湿壁画的是开展于伯利恒的工程，由于赞助人、艺术家与工程目标等原因，它成了东正教与十字军艺术传统相结合的产物，具有丰富的艺术价值。教堂南面圣殿墙上的双语铭文，分别用拉丁文与希腊文写成，记录了这次修建工作的全过程，如今已经残缺不全了。拉丁文部分称国王阿马尔利克一世为"慷慨的朋友、尊敬的伙伴、对神不敬者的仇敌"，称曼努埃尔皇帝为"大方的捐助人、虔诚的统治者"，并描述拉尔夫"慷慨……配得上主教的宝座"。希腊文部分也提到了这三位赞助人，还有一位名叫伊弗列姆（Ephraim）的镶嵌工，他在1169年完成了镶嵌马赛克的任务。

这项工程非常浩大，规模等同于圣墓教堂的内部装修工程。用马赛克拼成的圣母子像、《最后的晚餐》中的场景以及耶稣降生的场景，分别出现在半圆形壁龛、耳堂与石窟之中，它们展现了强烈的拜占庭风格与图示手法。教堂正厅的南墙展现的是教会的七次大公会议（Ecumenical Councils），北墙则是六次临时会议。在每扇高侧窗之间，许多天使冲着半圆形壁龛的方向阔步前行，在会议场景的下面，则是耶稣祖先们的半身像。在西面的内墙上有一棵巨大的耶西之树（Tree of Jesse）。正厅的廊柱上画着东西方的圣人像，在内容上对先前的湿壁画形象做了补充。

参与这项工程的艺术家来自不同的背景，因此，它在十字军艺术的发展中是一次具有里程碑意义的创举。有一位皇帝亲自参与了正厅墙上的天使的镶嵌工作，他是一位叙利亚东正教徒。一位名叫赞（Zan）的威尼斯艺术家似乎曾在南面的耳堂工作过。伊弗列姆（Ephraim）是一位希腊修士，同时也是一位镶嵌工。在这次工程中，他似乎主要负责监督工作。因此，作为基督教国家中最神圣的地方之一，在法兰克人与拜占庭人的联合资助下，这里的圣像装饰工作是由一个具有多种文化背景的艺术家团队完成的。各地的艺术家带来了不同的艺术传统，使东西方的风格元素完美地结合在一起，这很容易让人想到《梅丽桑德圣咏集》，但在创作规模上，前者显然要宏伟得多。由于深受拜占庭风格的影响，艺术家使用马赛克作为创作媒介，而大部分会议文本是希腊语，同时还借鉴了叙利亚东正教的会议文本内容，以及强烈的十字军元素——例如耶西之树、双语铭文的使用、第七次大公会议图像中的拉丁语文字，以及在铭文中提及赞助人与艺术家的想法，这一切都和谐地融为一体，形成高超的艺术效果。

艺术家在伯利恒的工作启发了此后许多以湿壁画为载体的建筑美化工程，例如，在阿布高什（Abu Ghosh）、大马士革城门教堂（Damascus Gate chapel）、伯大尼，甚至远在北方的骑士堡，不过这些工程都已不再使用马赛克作为装饰材料。因此，在1187年耶路撒冷沦陷以前的最后几年里，我们惊讶地发现，随后在拉丁王国开展的最重要的艺术工程都与雕塑有关。在12世纪70年代早期，医院骑士团用精美的人像雕塑装点他们在贝尔沃（Belvoir）城堡中的教堂，而12世纪70年代至80年代，圣殿骑士团资助了一家坐落于耶路撒冷圣殿地区的大型手工作坊，作坊的工匠们为苏莱曼尼耶清真寺内外大大小小的修道院提供装修工作。在12世纪的整个70年代，最重要的工程当数对位于"圣地"地区的圣母马利亚故居（House of the Virgin）的报喜堂（church of the Annunciation）——上帝道成肉身的地方——的翻修与美化，该工程由拿撒勒大主教出资建设。

报喜堂在正门处全部采用12世纪法国教堂的雕塑风格，它也是唯一一座接纳此类风格的拉丁教堂：三角门楣上刻有被天使环绕的耶稣坐像，楔形拱石上则是黄道十二宫图，而门道两旁是使徒与先知的雕像。然而，最具创意的雕塑工程都在教堂内部，报喜石窟（grotto of the Annunciation）上面的神龛由一系列精美的多边形柱顶支撑起来。按照传统，为了纪念圣母马利亚，这些柱顶分别刻画着使徒们的生平事迹，正是他们建立了这座拿撒勒教堂。此外，墙墩围绕着圣祠，而在墙墩上面则是巨大的矩形柱顶。这些雕刻家很有可能具有"十字军"血统，他们是生于东部拉丁的法兰克人定居者，在法国工匠那里当学徒并受训多年。由于受到本土的基督教传统与穆斯林建筑雕塑的影响，这些人能够灵活切换创作风格，利用当地的石材进行雕刻工作。

在拿撒勒"圣地"，选择宗教雕像作为美化工程的首要任务，这本身就是一个大胆的举措。我们不要忘了，工匠是要在这些雕像上涂色的。这么做，显然是想将某种特殊性赋予拿撒勒，从而与开展于耶路撒冷和伯利恒的修建工程形成明显的反差，后者在风格上受到拜占庭艺术的强烈影响。最后，在十字军艺术领域，这种选择代表着一个新的成熟与发展阶段——将西方的媒介与东方的风格和图像元素结合在一起，专门用于打造独一无二的"圣地"样貌。从前，十字军艺术的主要成就大多集中于绘画（不论小型插画还是大型宗教画）与建筑，而在12世纪70到80年代，人像雕塑异军突起，成为最新的艺术媒介。

1174年，在耶路撒冷国王阿马尔利克一世去世之后，东部拉丁的局势急转直下。英勇的国王鲍德温四世试图抵挡萨拉丁的进攻，但却在1185年输给了麻风病。他的继位者鲍德温五世统治不到一年便去世了，年仅8岁。从1186年至1187年，雕刻师们为这位年幼的国王准备了皇家墓室，装饰极端精致，这些雕刻家都来自由圣殿骑士团资助的作坊。其他工匠则从事对圣餐室的翻修与装饰工作，它是耶稣进行最后晚餐的地方，位于锡安山上的圣母教堂（church of St Mary）。这个项目是耶路撒冷沦陷以前最后几个重要的十字军工程之一；12世纪的十字军艺术兼具黎凡特式建筑与罗马式建筑风格，很少会受到哥特式建筑风格的影响，而这个项目也是少有的几个真正能反映出这类影响的作品之一。

1187年7月4日，法兰克人在哈丁战役遭遇惨败，此后，耶路撒冷于1187年10月2日沦陷。东部拉丁连同十字军艺术，遭到了来自萨拉丁一方的毁灭性打击，几乎到了致命的程度，不仅土地被人侵占，资源被人掠夺，而且那些珍贵的艺术作品不是被人抢走，就是遭到破坏。当耶路撒冷被攻陷的时候，一位伊斯兰编年史学者伊马德丁（Imad ad Din）写道："耶路撒冷终于摆脱了那些如魔鬼一般的法兰克人，他们的脏手污染了这里，这个地方将从此得到净化。"

为了让法兰克人定居点继续存活下去，定居者们需要从政治、宗教与经济方面入手，使定居点重新恢复稳定。第三次十字军东征至少使拉丁王国的统治得到了部分恢复。英国的理查一世在1191年征服了塞浦路斯，新的成员国加入东部拉丁的行列之中，但几个主要的目标都没有得到收复。

1187年以后，十字军艺术还在继续发展，尤其是在1191年收复阿卡之后，但与之前相比，创作的环境与条件都发生了彻底的变化。创作的地点变化巨大——由于不像在内陆地区那样，所有的注意力都集中在"圣地"，因此，如阿卡和提尔这样的港口城市就成了艺术工作的焦点。所有主要的赞助人也都迁居别处——耶路撒冷教长、医院骑士团以及圣殿骑士团都将总部迁至阿卡，而国王也已没有住在拉丁王国的必要，他可以偶尔住在塞浦路斯。同时，赞助人群体也在扩大，不再像从前那样仅局限于王室贵族与宗教人员，越来越多来自中产阶级的人成为资助者——来自商业重镇与沿海港口城市的商人、军人加入原本由国王和教长组成的赞助人行列。因此，除了用于履行仪式礼拜等宗教功能外，一些十字军艺术还出现了全新的功能，这些功能是世俗的、非宗教性的。十字军艺术同它的根基——东部拉丁与"圣地"——之间的联系开始松动，并且在13世纪的地中海世界里，十字军艺术逐渐成为商业与艺术的"通用语"。

从12世纪发展起来的十字军艺术，我们能看到一种关联性，即便这种关联性日趋微弱。手稿的插画绘制工作一般在阿卡的缮写室中完成，可能在12世纪90年代，安条克也曾参与其中。在那不勒斯，现在收藏着一部弥撒经书，大概是由居住在阿卡的意大利南方艺术家完成的，这部经书遵循着圣墓地区的缮写传统。在一部如今保存于弗留利地区圣达尼埃莱（San Danieli del Friuli）的《圣经》中，我们能从那些精美且独特的插画中识别出来自拜占庭、亚美尼亚，甚至是叙利亚艺术风格的影响，里面的大写字母极具装饰性，与我们在耶路撒冷或西方看到的完全不同。虽然能与这部《圣经》进行对比的例子少之又少，但其艺术特色如此鲜明且与众不同，可能与当时艺术家身处安条克的具体环境有关。

第三次十字军东征之后，"圣地"依然掌握在穆斯林手中，教皇英诺森三世在1202年再次发起远征运动。正如我们所知，这次远征的目标转向了君士坦丁堡，而在1204年之后，近东地区出现了第三个拉丁飞地。拉丁帝国包含君士坦丁堡与希腊的法兰克人管辖区，其中出现了许多城堡建筑，但教堂中的壁画与雕塑几乎都没能保存下来。是否存在插画手稿与圣人画像还有待考证，但有一系列湿壁画却存留在卡朗德哈清真寺的君士坦丁堡分堂（Constantinopolitan chapel）中，大约创作于1250年，主要是以圣方济各的形象为题材。自1187年以后，朝圣者就不断地从耶路撒冷地区拿回各种纪念品，这个潮流曾一度终止，但在第四次十字军东征攻陷君士坦丁堡之后，大量战利品被运回欧洲，尤其是圣髑盒与黄金制品，这在某种程度上算是弥补了之前中断时期的"损失"。即便在13世纪40年代，路易九世曾为刺冠（Crown of Thorns）圣髑交付赎金，我们也依然很难找到任何证据来证明拉丁帝国曾存在过兴盛的法兰克金属制造业。

即便法兰克人与穆斯林之间签署了停战协定，也不能保证和平稳定的局势，而在拉丁帝国，建造城堡始终都是第一要务。大概在1202年地震发生后不久，医院骑士团就扩大并强化了骑士堡的建设工程——城堡加设了外墙与塔楼，主堂南面开辟了一道新的入口，在北面的分堂墙壁上还绘制了以圣母进殿（Presentation in the Temple）为主题的湿壁画。骑士堡与马尔加特堡中的绘画作品创作于13世纪的第一个10年，它们由骑士团（尤其是医院骑士团）资助完成，展现的主题是十字军战士，因此，这些作品极具历史重要性。在更加往南的地区，在圣殿骑士团的资助下，十字军于1217—1218年冬建造了佩勒兰堡（Chastel Pèlerin），这支建设队伍是由匈牙利的安德鲁二世（Andrew II）与奥地利的利奥波德六世领导的。在这座城堡中，一座圆形教堂成为最具特色的组成部分。这座教堂如今已遭到严重损毁，唯一遗留下来的装饰是正厅梁托上三个哥特风格的头像雕塑，雕工细致。最后，是建于阿卡西北偏西方向、坐落于群山之中的蒙福特（Montfort）城堡，它修建于13世纪20年代晚期，即腓特烈二世发动十字军运动的历史阶段，这座城堡成了条顿骑士团的大本营。蒙福特城堡是被发掘出来的最早的十字军城堡，其中有许多素材可供学者研究，包括小型人像雕塑、用于支撑穹顶拱形结构的大型层状雕塑，以及彩色玻璃窗碎片等。

1204年之后，为了援助"圣地"，许多大大小小规模不等的十字军运动又陆续开展起来。讽刺的是，在这些十字军活动当中，只有腓特烈二世成功收复了"圣地"，即便他在这一过程中曾遭到过两次绝罚处分。他并非通过武力征服的方式收复"圣地"，而是利用外交手段。1229年2月，腓特烈二世同苏丹卡米尔签订条约，根据双方协定，基督徒可以重新获得包括耶路撒冷、伯利恒、利达（Lydda）以及拿撒勒在内的"圣地"统治权，但在这些地方不能再建设新的宗教建筑，也不能开展任何重大的艺术工程。

因此，从13世纪20年代晚期到40年代早期，拉丁王国中几乎没有出现什么重要的艺术作品。当然，依然有工匠在绘制插图手稿，如现藏于大英图书馆的《里卡迪圣咏集》（*Riccardiana Psalter*）与一部圣礼书。阿帕玛大教堂（Pontifical of Apamea）也开展了美化工程，但该建筑中不允许出现任何人像装饰。在拉丁王国（可能是在耶路撒冷），工匠们会制作大小合适的圣髑盒用以存放圣人遗物，13世纪30—40年代，英格兰人从"圣地"运回许多重要的圣髑遗物，并存放在布罗姆霍姆（Bromholm）与威斯敏斯特。1236年，欧比尼的菲利普（Philip of Aubigny）托人在他的墓碑上刻下铭文，做了装饰，并把它安置在圣墓教堂主入口的外面，这是最后一座知名的十字军坟墓。

1229年，当停战协议到期时，社会中再次弥漫起令人不安的气息。1244年4月，花剌子模的突厥人横行肆虐并攻占了耶路撒冷。此后，在"圣地"的主要城市中，只有伯利恒与拿撒勒仍对基督徒开放。在这场灾难之后，国王路易九世在1248年出兵支援"圣地"。当他在攻打埃及失败后，路易九世前往拉丁王国（他曾在那里居住过4年时间），并在阿卡、恺撒里亚与雅法重新修建防御工事，还在西顿建设了新的城堡。就宗教与艺术领域而言，路易九世的重振作用是空前巨大的。在宗教方面，这位国王在1251年前往拿撒勒"圣地"，借此重申了欧洲基督教在这些地方的中心地位，这次访问极具象征意义，它代表了国王对信仰的虔诚态度，在人们心中很有表率作用。而在艺术方面，路易九世为阿卡的十字军绘画艺术带来了一股全新的风气。

在路易九世逗留阿卡期间，出现了两部手稿作品，这两部作品重新定义了十字军绘画在13世纪后半叶的样貌。阿森纳尔《圣经》选取了《旧约》中的部分文本，并将其译成古法语，还配上了卷首插图，这项工作是由王室出资完成的。这些凸版插画同巴黎的圣礼拜堂（Sainte-Chapelle）有着紧密的联系，它们突出了国王统治"圣地"的理想，同时也歌颂了《旧约》中那些勇武的女性形象。路易九世的妻子玛格丽特与这些女性形象非常类似，性格特别强悍，她曾陪同路易踏上远征之路，并在埃及赎回了被敌人囚禁的丈夫。在作品风格方面，阿森纳尔《圣经》融合了两种传统艺术元素，一个是哥特式建筑中彩窗玻璃的装饰母题，另一个是拜占庭的艺术形式。阿森纳尔《圣经》与君士坦丁堡的圣方济各湿壁画中的某些元素非常相像。这件作品是由一位十字军艺术家完成的，他精通法国与意大利的传统艺术手法。

另一部创作于阿卡的手稿作品则是《佩鲁贾弥撒经书》（*Perugia Missal*），它也具有法国与意大利艺术的风格元素，同时又受到拜占庭艺术的影响。这部作品之所以非常重要，是因为它的风格同阿森纳尔《圣经》有类似之处，同时又与现保存于西奈山上圣凯瑟琳修道院（St Catherine's monastery）中的圣像画非常接近——比较两处的耶稣受难像便可见一斑。此外，《佩鲁贾弥撒经书》的历书在7月12日的条目中引用了《献礼阿卡教堂》（*Dedicatio ecclesie Acconensis*），这显然可以证明，这部古书抄本大约是在1250年由一位生活在阿卡的十字军艺术家所誊抄绘制的。

作为十字军艺术全新的重要媒介，圣像画在1250—1291年最为突出。虽然由法兰克人赞助的圣像画早在12世纪就已存在，然而直到13世纪后半叶，才有更多的作品存留于世，这些作品几乎全部保存在西奈山上的圣凯瑟琳修道院中。在所有的十字军绘画艺术当中，这些圣像画存在的疑点是最多的，我们很难判断艺术家的背景、这些作品的创作地点、赞助人的名字，以及它们的作用，然而，这些画作又是这一时期最杰出的十字军艺术作品之一，其中分立两边的耶稣受难像与耶稣复活像就是很好的例子。这些圣像画可能是由一位威尼斯画匠完成的，绘画风格结合了拜占庭与法兰克的艺术元素，线条的走势与拜占庭艺术模式非常接近，拉丁铭文的字体非常大，笔锋格外矫健。

在一些圣人像中，我们能观察到几位画匠的手迹。现藏于圣凯瑟琳修道院中的一幅三联画，中间一幅画的是圣母子像，他们被天使环绕，两侧的画幅中分布着耶稣生前的四个场景，它们反映出圣母马利亚的喜怒哀乐，这样的布局在当时是很罕见的。在绘有耶稣的场景中，绘画的风格与阿森纳尔《圣经》中的插画非常接近，而中间的圣母子像却是以受到了拜占庭艺术影响的13世纪意大利的绘画方式完成的，这显然出自一位十字军画家的手笔。

人们对1250年之后的十字军艺术心存许多疑问，而这幅三联画中的圣母子像为其中一个最大的问题提供了参考。这个问题就是，各种各样的十字军绘画是如何与同时期的艺术——不论拜占庭（君士坦丁堡与骑士团风格）、亚美尼亚、意大利（希腊风格），还是塞浦路斯（塞浦路斯风格）的艺术——产生联系的，而又在多大程度上与艺术的"通用语"——例如，一幅深受拜占庭艺术影响的绘画作品，而它又不出自拜占庭地区，对于这幅作品背后的创作地点、艺术氛围以及赞助者，我们无从考证——相关？在三联画的圣母子像中，我们能看出各种艺术元素的混合，这是十字军艺术最显著的特点之一，而这幅三联画很可能来自阿卡。现珍藏在美国国家美术馆的圣母子像，则应该属于君士坦丁堡艺术，在本质上则是拜占庭艺术风格。最后，莫斯科的圣母子像是希腊风格，据说来自比萨。与这些13世纪50年代和60年代的重要作品不同，美国国家博物馆内的另一幅著名的圣母子像似乎就可以被看作"通用语"了。而这幅圣母子像是在哪里绘制、为谁绘制，又是出于什么目的绘制的呢？

虽然这些问题很难回答，但是在十字军圣像画的研究领域还是有很多进展的。研究工作揭示出圣像画的起源是多么庞杂，其多样化程度完全超乎人们的想象。圣像画的风格主要起源于阿卡地区，图示手法来自1250—1291年的西奈地区。此外，我们还能从个别创作元素中追寻到其他的艺术源头，其中包括利达、雷萨法（Resafa）以及距离的黎波里不远的圣谷。举例来说，我们能够分别从现藏于大英博物馆中的圣乔治圣人像、现藏于西奈地区的圣塞杰乌斯（St Sergius）圣人像以及现藏于休斯敦曼尼尔美术馆中的圣玛丽娜圣人像中发现这三个地方的影响。还有许多难以查证源头的圣人像，如现保存于圣凯瑟琳修道院的多个赫德戈特利亚（Hodegetria）圣母子像，对当代学者的塞浦路斯研究启发巨大。

在1254年路易九世回到法国之后，法兰克人面对埃及马穆鲁克人持续不断的攻击，势力渐弱。时局如此动荡，但在阿卡，艺术活动还在进行之中，甚至发展出一种全新的世俗艺术形式。由于与内陆的基督教同僚中断了联系，定居者们的处境变得越来越孤立。在艺术领域，他们比以往任何时候都更加依赖来自西方的艺术家群体。我们所能考察到的最后一位重要的十字军艺术家是一位手稿插画师。他来自巴黎，在1276年之后来到东部拉丁，在阿卡沦陷以前一直在那里工作，长达10年之久。这位画师主管着一个规模巨大的手工作坊，作坊效益颇高；同时，作为"医院骑士团的艺术大师"，他创作了大量插图手稿，内容广泛，其中大部分与世俗生活相关，而这些作品有些是为圣约翰骑士团（Order of St John）的成员创作的。他的作品包括提尔的威廉的《外省属地史》（*History of Outremer*）、《世界史》（*Histoire Universelle*）、《恺撒之书》（*Livre de César*），甚至还有伊贝林的约翰的《阿西西之书》（*Livre des Assises*）。这些绘有插图的古书抄本都是用古法语方言写成的。他的插画属于13世纪70年代纯正的法国哥特式风格，而东方的艺术格调又赋予这种风格以新的色彩与图形元素。这位插画师最后的系列作品并没有完成，我们在其他作品中也再没有看到他的绘画，研究者们怀疑他可能在1291年5月死于阿卡围城战。

那些在阿卡围城战中幸免于难的法兰克人定居者，有一部分举家迁往塞浦路斯，那里是医院骑士团与圣殿骑士团的大本营。在地中海东部地区，依然存在法兰克人文化的是吕西尼昂家族统治的塞浦路斯、法兰克人统治的希腊以及罗德岛（1309年以后）。然而，与融合多种文化、极具国际性的十字军艺术（不论在叙利亚、巴勒斯坦沿岸，还是在拉丁王国耶路撒冷的远征艺术）相比，在作品质量、数量、丰富性与多样性上，那些更具地方色彩的作品都很难与十字军艺术相媲美。在1291年之后，东部拉丁的社会局势非常动荡，然而，艺术的发展却没受到太大影响。

十字军艺术虽然在12世纪就以各种媒介渠道发展起来，但直到13世纪，它才在建筑与绘画两个领域里兴盛开来。在1187年以后，十字军艺术依然深受拜占庭艺术的影响，其中偶尔融入叙利亚与亚美尼亚的风格元素，以及一些重要的西欧传统，尤其是法国与意大利传统，由此产生了独特的、结合多种文化的区域性艺术现象。而当十字军艺术投身地中海世界的艺术"通用语"的使用中时，它并没有因此失去自身的独特性。虽然其中某些艺术特征——还有某些十字军艺术家——似乎会让人从中感受到强烈的殖民色彩，但这也是极个别的现象。十字军艺术并不是殖民艺术。

相较于以往而言，十字军艺术在1187—1250年的发展状况显然没有那么顺利。即便如此，在1250—1291年，阿卡再次成为十字军绘画的发展中心，这为十字军艺术注入了崭新的活力。在12世纪，虽然十字军艺术的创作灵感与功能全部直接源于"圣地"——不论耶路撒冷、伯利恒，还是拿撒勒——宗教与政治的无上地位，但在1250年以后（准确地讲，应当是1187年以后），与朝圣相关的艺术元素已经非常少见。在13世纪，十字军艺术逐渐成为流行于富足的商业港口城市（尤其是阿卡）的艺术形式。当今存留于世的十字军艺术作品数量非常少，这个事实证明了穆斯林对于一切与法兰克人有关的事物所采取的销毁与"清洗"政策。直到1291年以后，基督教"圣地"才免遭毁坏，但在拿撒勒等地，明文规定"不准搭建任何教堂建筑"。

十字军运动最终没能实现乌尔班二世于1095年在克勒芒所设定的目标。然而十字军所创造的宏伟且庞杂的艺术作品却一直存留于世，成为人类一项了不起的艺术成就。

第八章

东部拉丁建筑：1098—1571年

德尼斯·普林格

　　在黎凡特大陆与塞浦路斯的拉丁定居点中，大大小小的建筑，从罗马风格到文艺复兴风格，代表着近五个世纪的建筑发展历程。虽然新迁到这片土地上的移民来自不同的文化背景，而且他们在东方本土所遇到的文化和建筑传统也非常多样，但令人意外的是，在这里涌现出来的建筑，不但风格独特，其发展脉络也有着十分清晰的条理与自洽的逻辑；这得归功于一个关键因素，即当地的建筑材料。

　　在整个中世纪，石料始终是黎凡特地区最传统的建筑材料。这里石灰岩与砂岩的开采非常便捷，大马士革南部的德鲁兹山、加利利东部以及霍姆斯峡谷（Homs Gap）还出产玄武岩。白垩与石灰岩能进一步生产出石灰，用于制造砂浆与灰泥。虽然品质更好的易切石需要从几千米外的地方运过来，但大部分采石场位于建筑附近。在加利利的贝尔沃地区（1168—1187年），大部分城堡是用当地采石场的玄武岩建成的，而教堂却是由一种从15英里（约24千米）外的赫尔蒙山（Little Mount Hermon）运来的白色石灰岩建造而成。

在叙利亚与巴勒斯坦，人们通常用一种质地更硬的石灰岩——称作
narī——来建造墙壁，而一种质地稍软的——称作malikī——则属于易切
石，一般都用在突角、门窗或雕塑装饰上面。在一些地方，如伯利恒，人
们对石灰岩进行了大理石化处理，虽然这种处理方法并不彻底，但作为建
筑材料，却可以用来替代大理石本身。而质量上乘的大理石一般都用于修
建"圣墓"地区的王家墓穴，或是雕刻神殿群中那些精美的建筑雕像。这
些石材几乎都源自古老的圆形石柱与石棺，它们是早先从罗马及拜占庭的
其他城市被运输过来的。就像之前的法蒂玛人（Fatimids）一样，法兰克
人也对那些古老的柱子底座——有的是大理石，有的是花岗岩——进行再
次利用，加固了阿卡、阿斯卡隆、西顿、雅法与恺撒里亚的港口与围墙。

在7世纪穆斯林征服该地期间，森林砍伐已较为普遍，故到中世纪，
适用于建筑的木材只能在有限的几个区域内才能找到。例如1184年，在为
大教堂挑选梁木的时候，只有从黎巴嫩山的雪松林中，或是从贝鲁特以外
著名的阿勒颇松林与石松林中采集的木材才能令主教满意。有些建筑——
如耶路撒冷的阿克萨清真寺与圆顶清真寺，以及伯利恒的圣诞教堂——会
建造木质穹顶，这些木材都是在拜占庭时期运送过来的。1480年左右，当
伯利恒教堂的房顶需要维修的时候，人们则使用从威尼斯运来的木材。总
体而言，虽然木材的使用非常广泛，如建设过程中使用的脚手架，以及穹
顶与拱门的拱架，或者某些建筑也会使用很多木质结构，如红堡（Qal'at
Yahmur）的塔楼与叙利亚北部图克拉（Tukla）的夹层楼，或加利利的吉
丁堡（Qal'at Jiddin）流行的凸出阳台，但是对于地板、穹顶、阳台与台
阶而言，更常见的建筑材料还是石材。这使黎凡特的"十字军"建筑具
备了一种与众不同的特点。一位在1172年前往耶路撒冷的德意志朝圣者对
这个特点做出了准确的描述："这里的建筑……和我们的建筑风格完全不
同，它们并没有高耸的穹顶，个个都是等高、扁平的形状。"

木材还会用于制造房屋、城堡与教堂的内部配件，不过这些配件很少
能够保存到今天。虽然在圣殿教堂周围原本有许多锻铁栅栏，这些栅栏如

今有一部分还在教堂原址，另一些被保存在附近的伊斯兰博物馆（Islamic Museum）中，还有一部分则被开罗的清真寺重新利用，但是即便如此，建筑中的大部分金属制品已随着时光的流逝而消失不见了。

不论通过历史记录，还是偶尔从刻写的铭文当中，我们都时常可以得知建筑的赞助人是谁，但我们却很难从中查到建筑师的信息。在位于耶路撒冷与耶利哥（Jericho）之间的乔奇巴东正教修道院（Orthodox monastery of Choziba）里，有一段用希腊语与阿拉伯语写成的铭文，其中称那些在1179年修建这座修道院的人为叙利亚的基督徒：易卜拉欣（Ibrahim）和他的兄弟们、吉夫纳的穆萨（Musa of Jifna）的儿子们。事实上，在整个东部拉丁，技艺精湛的石匠群体中有希腊人、亚美尼亚人（他们的标记出现在拿撒勒的报喜堂中），还有叙利亚的基督徒以及法兰克人。

耶路撒冷王国、的黎波里伯国与埃德萨伯国，以及安条克公国

穆斯林一方面限制新教堂与居住区的建设工程，另一方面又控制当地基督徒的资源。这也就意味着，当十字军抵达叙利亚与巴勒斯坦后，他们所接触到的教堂建筑不仅体积小，而且数量少。在哈里发哈基姆（al-Hakim，996—1021年在位）统治时期，法蒂玛王朝境内的大部分具有一定影响力的教堂建筑遭到了破坏，其中就包括圣墓教堂。

1036年，拜占庭人许诺要重建"圣墓"。在这段历史时期，在耶路撒冷周边接受重建的东正教堂包括圣十字修道院（monastery of the Cross，修建时间约为1020—1038年），以及位于埃因–卡里姆（'Ain Karim）与塞巴斯蒂亚的两座圣约翰教堂。雅各派信徒在1058年也重建了位于阿布德（Abud）的圣母教堂，意大利的本笃会信徒在耶路撒冷重建了天主教圣母教堂，另外为修女们重修了一座圣母教堂。

在十字军征服耶路撒冷之后，拉丁人由此启动了"圣地"的重建工

作，抓住这次机会的不只有拉丁人，还有很多当地的基督徒。在12世纪60年代，亚美尼亚的圣詹姆斯大教堂（cathedral of St James）经历了翻修与扩建，增加了一个面朝南方的前廊。虽然这座教堂的整体规划显然是根据亚美尼亚人的礼拜仪式要求设计的，但柱顶与出入口的建筑工艺却与这一时期的法兰克人建筑类似。此外，前廊的砖石结构也与西方的建筑结构一脉相承。坐落于穆斯林社区（从前的犹太社区）的圣母教堂（雅各派的）可能也源自12世纪。

12世纪60年代和70年代，社会相对稳定，皇帝曼努埃尔一世·科穆宁同耶路撒冷国王鲍德温三世与阿马尔利克一世之间的关系较为热络，进而促进了大量东正教堂与修道院的重建工作，其中包括几座位于乔奇巴的教堂、离伯利恒不远的圣艾利斯城堡（St Elias）、约旦河旁的施洗约翰教堂以及在耶利哥附近的圣母教堂。在耶路撒冷，除了圣尼古拉（St Nicholas）大教堂与圣德克拉（St Thecla）教堂外，重建的东正教堂还包括有小型圆顶的圣米迦勒（St Michael）教堂与阿达斯女修道院。在伯利恒，东正教的圣诞教堂中的6世纪绘画与马赛克装饰也在王室的资助下得到了翻修，即便该教堂是由一位天主教主教管理。事实上，正如圣墓教堂与利达的圣乔治大教堂那样，在12世纪的伯利恒，东正教团体与拉丁的神职人员之间的关系处于相安无事的状态。

圣墓教堂不仅在耶路撒冷处于主宰地位，对所有其他"圣地"地区来说也是最神圣的一座，它是耶稣死亡、埋葬与复活的地方。在1042—1048年，拜占庭人把内有耶稣墓的圆形大厅作为一座教堂，对其进行了重建。他们在原有基础上加设了一个长廊与一座朝东的半圆形壁龛。在12世纪上半叶，拉丁人将半圆形壁龛拆除，并在东面建造了新的唱诗席与耳堂，由此扩大了教堂的占地面积，从而将在传统上与耶稣受难相关的地点——如耶稣之牢、骷髅地、受膏地（Place of Anointing）——都置于一个屋檐之下。在教堂东面的会堂——建于君士坦丁一世时期（335年），毁于哈基姆时期（1009年），拉丁人在里面建了一座隐修院，隐修院周围的建筑都是供持戒修士使用的。这座修道院的地下是圣海伦娜礼拜堂——
这座礼拜堂是为了纪念重新发现真十字架而建造的。

对于与安条克大教堂相关的建筑信息，我们几乎一无所知。然而，还
是有许多拉丁大主教与主教教堂存留于世，我们能从中找到涉及这些大教
堂的古文物学与考古学记录，其中最为宏伟的当数位于提尔与拿撒勒的大
主教教堂，后者的占地面积约为2000平方米。这座教堂在1263年被埃及苏
丹拜巴尔摧毁，在1959—1969年，人们在教堂原址上又修建了一座新的教
堂。这座教堂可能有一个会堂，其中包含三条过道与七个隔间，三面墙
壁上深嵌着半圆形壁龛，教堂正厅东面的隔间大概是正方形的，这意味
着教堂顶端可能是圆形穹顶或塔式天窗。正厅的墙墩是十字架形状的，
每面墙上都有一个附墙柱，每个过道的墙上都有许多壁柱。北面的过道
里有一个小型建筑物，里面附有报喜石窟（或圣母马利亚居所）。提尔
的大主教教堂规模与此相似，但多了凸出的耳堂。

相较而言，其他教堂就没有这么大的面积了。在恺撒里亚，人们在
1960—1961年发掘出了大教堂的遗迹。这座建筑的总面积就小很多了，长
55米，宽22米，有三个过道，东面有一个半圆形壁龛。与其他小型教堂类
似，它的穹顶用方形墙墩支撑起来，每面墙壁都有附墙柱，教堂正厅显
然盖有穹隆式拱顶，几个过道大概也是如此。地面用砌石工艺铺成，人
们从中发现了被二次利用的马赛克嵌块与大理石碎块的痕迹。这座建筑
大致建于12世纪中期，而建筑的东侧似乎经历了重建，可能是由于它在
1191年（也可能是在1219—1220年）遭到破坏的缘故。新换的壁柱明显与
旧的不同，并且没能与底座完美嵌合。在重建过程中，为了让宗教活动继
续进行，当时的人们在圣殿前面建了一个临时壁龛。

在贝鲁特、朱拜勒、塔尔图斯、摩押（Moab）的卡拉克（Karak）、
希伯伦（Hebron）与利达，我们都能找到12世纪类似规模与风格的教堂建
筑，在希伯伦的是圣亚伯拉罕大教堂（St Abraham），而利达的则是圣乔
治大教堂。希伯伦的教堂规划必须进行压缩，以适应麦比拉洞（Cave of

Machpelah）上方希律党人（Herodians）的城围，麦比拉洞是用来埋葬教长与其妻子的。当前现存的这座建筑大概建于1120年，当时，一位奥斯定会的持戒修士偶然发现了麦比拉洞的入口，并在里面找到亚伯拉罕、以撒与雅各的圣髑遗物。

也许是为了替换之前的结构，位于朱拜勒的大教堂在建筑规划方面特别不同寻常。在1115年的规划图中，它原本涵盖了三个过道和六个隔间，东边是半圆形壁龛，正厅的拱廊由狭长的正方形墙墩支撑，东西两面墙上有附墙柱，正厅是筒状拱顶，而过道则是穹隆式拱顶。然而，这座教堂在1170年的地震中受损严重，只有建筑东面还有部分可以修复。在重建过程中，当时人们把主要精力都用在建设南面的过道上，而和恺撒里亚的情况相同，原来的附墙柱被替换成长方形壁柱。与北面第三个隔间相连的是一座户外洗礼堂，三个"V"字形的拱门支撑着上面的斗拱。这座洗礼堂显然在地震之前就已存在。

在塞巴斯蒂亚的教堂建筑中，我们能够看到一些风格上的演变。这座教堂大致建于12世纪70年代，在原始的规划图中该建筑呈长方形，长54米，宽26米，中央是一个凸出的半圆形壁龛，同贝鲁特的教堂一样，壁龛外侧用圆形壁柱加以装饰。中间的正厅带有四个隔间，其中有三个隔间大概都属于六分肋骨拱（sexpartite rib-vault），而东面的第二个隔间似乎是一个刻有铭文的耳堂，顶端盖有圆顶或塔顶。两种类型的墙墩交替支撑着正厅的拱形结构，一种是成对的自立式柱子，它们承载着顶端的高侧窗；另一种是正厅周围的过道，它们由四分肋骨拱（quadripartite rib-vaulting）支撑着。根据努里斯·凯南-基达（Nurith Kenaan-Kedar）近期的研究，设计并建造这座建筑的人很可能对桑斯大教堂非常熟悉，因为桑斯大教堂的大主教威廉在12世纪70年代曾是塞巴斯蒂亚教堂的赞助人。附近位于雅各布之井（Jacob's Well）的教堂，在风格上也与这座教堂类似，只是在设计规划上有所不同。

虽然塔尔图斯的大教堂大概始建于12世纪30年代，但直到13世纪才完工。因此，从正厅的柱顶中，我们能够发现建筑风格的演变与发展，正厅东面属于罗马建筑风格，而西面则是哥特式风格。在整个12世纪，当面临穆斯林进攻的时候，雅法、利达与拿撒勒等地的法兰克居民往往会选择教堂作为他们的避难所。塔尔图斯的大教堂似乎是唯一一个能够说明拉丁教堂防御工事的证据。在教堂的东北角与东南角，各有一个形似塔楼的圣器室，显然可以成为人们的避难所，而与南墙与北墙相连的支墩，原来大概用于支撑堞口，也能起到祈祷庇护的作用。13世纪晚期位于卡马尔格（Camargue）海滨圣玛丽（Saintes-Maries-de-la-Mer）的教堂也有类似的构造和功能。卡米尔·恩拉特（Camille Enlart）在西面隔间上面的双塔中也找到了类似的证据。教堂向小型城堡的转化，大概可以追溯到13世纪60年代，当时塔尔图斯正面临来自埃及马穆鲁克人的威胁。

我们从拉丁教区的教堂分布中可以看出法兰克人的人口分布情况。在耶路撒冷与阿卡的大部分乡村地区，有大量的法兰克人定居者。除了这些较为特殊的地区以外，总体而言，西方人大多选择聚集在城市，当然其中也有少部分人定居在村镇、城堡与乡下的修道院里。在加沙、拉姆拉与纳布卢斯（Nablus），郊区教堂的大小堪比大教堂，即便在加沙这样的地方，也让人很怀疑当地的居民能否填满这座建筑。我们在阿米恩（Amiun）、比拉（al-Bira）、屈拜巴（al-Qubaiba）、伊卜纳（Ibelin/Yibna）、贝特·努巴（Bait Nuba）、塞佛里亚（Saffuriya）、提比里亚（Tiberias）与凯门（Qaimun）等地能够找到更小的教区教堂，它们一般只有三个过道。乡镇的教堂则更为简单，大多是盒状建筑，由一个筒状拱顶或穹隆式拱顶的正厅与一个半圆形壁龛组成，如在法玛（Fahma）、辛吉勒（Sinjil）、贝丁（Baitin）、达布里亚（Dabburiya）、齐林（Zir'in）与伊姆瓦斯（'Amwas）等地的乡镇地区教堂，在提比里亚与贝鲁特这样的城市中也有这样的教堂。

在东方的拉丁宗教建筑中，另一个重要的元素则是通过宗教团体呈现的。在12世纪，奥斯定会的持戒修士对橄榄山上的基督升天大教堂

（Church of the Ascension）进行了重新规划，并将其重建为八边形，而同样由他们任职的圆顶清真寺也是八边形设计。在约沙法山谷，人们在拜占庭教堂的地下室上面建了一座新的教堂，地下室里有圣母墓，而几座本笃会修道院的建筑则围绕这座教堂的西面展开。一进入约沙法城门，我们就能看到圣安妮教堂，它属于本笃会的修女们。在耶路撒冷，锡安山上的圣马利亚大教堂在规模上仅次于圣墓教堂，它建于"圣母之死"的原址（Dormition of the Virgin）之上。这座教堂如今只剩下南边的一个楼座分堂，俯瞰着教堂的圣殿，并与上方的晚餐室（room of the Last Supper）相连。大概在14世纪晚期，当这个分堂由方济各会修士掌管后，教堂早期具有哥特式风格的肋式拱顶结构经历了一次修改，但学界对翻修的具体时间存在分歧，一种观点认为这次工程发生在1187年之前的几年，而另一种观点则认为在拉丁人收复耶路撒冷的1229—1244年。

在耶路撒冷以外，本笃会信徒占据了他泊山（Mount Tabor）上一个巨大的教堂，它成了耶稣变相（Transfiguration）的场所。1143年，在耶路撒冷国王富尔克与女王梅丽桑德的资助下，本笃会的修女们在伯大尼修建了圣拉撒路修道院。这座修道院将原有老旧的拜占庭教堂与新的圣拉撒路教堂（这座教堂就建在圣拉撒路的墓上）结合在一起，并将新建的回廊与女修道院囊括在内。那座拜占庭教堂现用于纪念圣马利亚与圣玛尔达（St Martha）。

1157年，毛立蒙（Morimond）的西多会（Cistercian order）修士在距离的黎波里不远的贝尔蒙特（Belmont）修建了一座闺房（daughter house）。1161年，在耶路撒冷附近另建造了一座闺房，名叫"救恩"（Salvation）。而1169年，在埃因–卡里姆修建的闺房则叫"林中的圣约翰"（St John in the Woods）。这三座闺房的设计都非常朴素，很有家庭氛围，教堂被分成一个个单间隔室，女修道院的房子围绕着一个小型的长方形庭院或回廊建立而成。这些西多会修士的闺房设计同西方的相比，几乎没有任何相同之处。先知萨姆尔（prophet Samuel）的墓位于耶路撒冷西北部的乔伊山（Mount Joy）上，普雷蒙特雷修会在这座墓上修建了一座十字形的教堂建筑，而我们能够从这座建筑中看到一个更为经典的西多会教堂设计。大约在1220—1283年，圣衣会（Carmelites）在瓦迪-西亚（Wadi al-Siyah）迦密山（Mount Carmel）的西边建造了一座带有回廊的小型教堂。

骑士团的教堂建筑在这里也值得单独提一下。在西方，现存圣殿骑士团与医院骑士团的大量教堂都是圆形或多边形设计，显然，这是在模仿圣墓教堂的圆形建筑形式（学界对此存在争论，有人认为圣殿骑士团的教堂更多的是在模仿圣殿教堂的形式）。虽然如此，他们在东部拉丁建造的教堂更多的却遵循着传统的长方形设计。这样的例子包括医院骑士团在骑士堡、马尔加特堡与贝尔沃城堡内的教堂，以及他们在贝特·吉布林（Bait Jibrin）的教堂。除此之外，还包括德意志医院骑士团在耶路撒冷与阿布高什的教堂——前者如德意志人的圣玛丽大教堂，后者如以马忤斯城堡（Castellun Emmaus）。以马忤斯城堡大致建于1140年，是为了纪念耶稣复活，并现身于通往以马忤斯的路上而建造，而它刚好成为12世纪朝圣旅程的一个中间站。同样地，圣殿骑士团在塔尔图斯与勃朗堡的教堂也是长方形设计，勃朗堡的萨菲塔（Safitha）采用了城堡主楼的设计形式，而位于阿特利特（Atlit）佩勒兰堡（Chastel Pèlerin）中的教堂（大概建于1218年后的某年）却是一座十二边形建筑，萨法德（Safad）的教堂（建于1240—1260年）也可能是多边形建筑。

法兰克人在定居黎凡特期间，除建造了许多宗教建筑外，还开展了大量世俗建筑工程的建设。但这些建筑除了城堡以外，几乎都未引起学界的兴趣，一方面是因为当中很多项目并未归入建筑学领域，而被视为城市改造工程；另一方面是由于缺少可供判断的建筑特征，如独特的雕塑与砖石结构等，这也就意味着人们很难确定某个建筑是出自法兰克人还是穆斯林之手。

在东部拉丁，大部分乡镇与城市在十字军征服以前便已存在，城墙也早就建立起来了。因此，我们很难找到提及12世纪城墙建设的资料。

1187年以后，法兰克人的势力逐渐衰落，最后只剩下一条狭窄的沿海区域还在他们的控制之下，他们不得不花费更大的力气在阿斯卡隆、贝鲁特、提尔、西顿、阿卡、恺撒里亚、雅法与塔尔图斯建造防御工事，这些工程通常都是在西方的协助下完成的。

至于供水问题，大部分乡镇要依赖贮水箱与水井，而在提尔、安条克、恺撒里亚与耶路撒冷，则有古老的渡槽作为补充。12世纪的商品市场在耶路撒冷得以保留，商铺门脸上都画有"SCA ANNA"的字样，意思是这些商家属于圣安妮修道院。在阿卡，皇家海关如今有一部分存留了下来，后成为奥斯曼人的柱子客栈（Khan al-'Umdan）。十字军对阿拔斯王朝与法蒂玛王朝遗留下来的港口进行了翻修，这些港口现存于西顿、提尔、恺撒里亚、阿苏夫与阿卡。人们还在与佩勒兰堡毗邻的乡镇中挖掘出一个13世纪的浴场。

各种文字与考古材料证明，在城市地区存在着两种不同类型的房屋。原始类型的房屋大多临街而建，几个主要房间的大门都向着中央庭院敞开，院子里有一个贮水箱，用来接从房顶上流下来的雨水，这些情况都可以在保存于耶路撒冷的文字材料中得到证实，也可以通过在恺撒里亚的发掘中得到确认。第二种类型显然是建于11世纪，在12世纪，新来到这片土地上的法兰克人对这些建筑进行了扩建，并将其沿用为住宅，它们类似于西方与地中海国家毗邻地区的房屋，底层面向街道的一侧一般都是商铺、货栈或凉廊（loggia），上面的几层用于居住。我们在耶路撒冷、阿卡、恺撒里亚与纳布卢斯都找到了这类房屋的实例。

虽然在多数情况下，城市在十字军到来之前就已经有完备的基础设施了，但新的建设工程还是在不断开展。阿卡建设了新的郊区蒙特米萨德（Montmusard），并在1212年建起了城墙。阿卡城的面积因此增加了一半。这个郊区与圣殿骑士团的佩勒兰堡相连，大概是当法兰克人被苏丹拜巴尔击溃后，才在13世纪20年代至1265年间被人建起。我们也发现了一些法兰克人"新城镇"，虽然这些地方还处于原始的农业阶段，但居民中已经有法庭审判员与专业的手艺人存在，这说明这些城镇正处于发展过程中。屈拜巴、比拉与济卜（al-Zib）的法兰克人"新城镇"分别是古拜卜（Parva Mahumeria）、麦格纳·玛哈梅里亚（Magna Mahumeria）与因贝特城堡（Casal Imbert），这些定居点的房屋整齐划一，临街的房屋都背朝主街，房屋后面是一排排民宅。在外约旦的沙巴克城堡与加利利的米伊勒亚（Mi 'iliya），定居点被设置在皇家城堡圆形的城墙内。

经过考古发掘，学者发现在乡村地区也曾存在大量的世俗建筑。从功能的角度对它们进行划分，可发现以下几类：由领主或骑士团把持的城堡；小型城堡或有一定防御工事的庄园宅第，这样的建筑一般由小领主、骑士与战士控制；私人庄园或法庭建筑，主要由官员、管家或乡绅占据；普通的法兰克人与本土人居住的民宅。将这些类别同现存的建筑之间建立关联性不是一件容易的事，因为很多建筑已经成为废墟，也没有任何记录可供参考。

虽然有部分民宅在考古过程中被挖掘出来，但我们几乎找不到现存的例子。在屈拜巴的法兰克人"新城镇"里，有些民宅具备一定的城市建筑特征，这些建筑更加稳固，底层是手工作坊，上面则是居住室。现存的建筑中还有几座厅式房屋（hall-houses），其中较完整的房屋现保存在基尔巴特布尔杰（Khirbat al-Burj）、基德纳（Kidna）与拜特伊塔卜（Bait 'Itab）。拜特伊塔卜的这座厅式房屋原本是一座独立的二层建筑，长29米，宽13.3米，门上有堞口，可发挥防御作用，墙内前有楼梯，可直通底楼的大厅。之后这座厅式房屋与一个庭院式建筑结合为一体，这个庭院式建筑原本包含四个房间，它们围着中间的庭院，建筑南侧有一个入口。通过外接的楼梯，如今从大厅可以直接到达庭院。在1161年，为了向穆斯林交付赎金，骑士约翰·戈斯曼（John Gothman）将拜特伊塔卜卖给了"圣墓"地区。似乎正是这个缘故，这座厅式建筑才成为其贵族权力的中心。

我们还能看到其他类似的庭院式建筑，其中有些可能是领主的权力核心地。在耶路撒冷西部阿卡贝拉（Aqua Bella）的乡镇地区有一座庭院式建筑。它似乎是一座基督教建筑，大概是一座医院，属于医院骑士团。因为在12世纪60年代这个乡镇归他们所有。另一座庭院式建筑建在耶路撒冷以北的拉姆（al-Ram），它是围绕着一个塔楼建成的，可能是"圣墓"地区的法院大楼，当地的住户有义务到这里缴纳租金。通过上面的例子，我们可以看出，某一类型的建筑并不能与某个功能画等号，尤其当存留下来的例子少之又少的时候。

城堡是领主权力的中心，这样的功能同样适用于厅式房屋与庭院式建筑，它们之间的不同主要体现在各自的防御能力上。事实上，有些城堡是在从未设防御工事或建设了部分防御工事的建筑基础上发展起来的。泰伊巴（al-Taiyiba）的圣艾利斯修道院以及苏巴（Suba）的贝尔蒙特城堡，分别位于耶路撒冷的东北部与西部，它们原本都属于内庭院，均包含一座庭院式建筑，并配备一些小型的防御装置。这两座建筑，之后都在外边围上了多边形城郭，城墙外侧呈斜面状。

塔楼显然更具防御功能。在耶路撒冷，现存登记在册的塔楼建筑共有75座，有些相对孤立，有些外围建有围墙，还有些则发展成为设备健全的城堡，如在的黎波里、拉特伦（Latrun）、米拉贝尔（Mirabel/Majdal Yaba）与博福堡（Beaufort / Qal 'at al-Shaqif Arnun）的塔楼建筑。许多塔楼结构甚至为人们日常居住留有余地。这种情况一般出现在大型塔楼建筑中，如伯利恒的主教塔楼，拉姆与比拉的执事塔楼，以及伊比林（'Ibillin）、基尔巴特·吉丁（Qal'at Jiddin）、卡坤（Qaqun）、迈代（Madd al-Dair）、红塔与乌姆泰伊巴（'Umm al-Taiyiba）的城堡建筑。就这些塔楼的构造而言，一般底层为居住区，居住区的下面是带有拱顶的地下室，上面是露天平台屋顶。事实上，它们不仅在布局上与厅式房屋非常类似，而且根据内部结构分析，这些塔楼的实用面积也非常可观。面积相对较小的塔楼——内部实用面积小于60平方米——所包含的建筑功能非常广泛，例如可作为避难所或瞭望塔。即便是位于杰巴阿（Jaba）的塔楼，虽然其实用面积相对较小，但也能在底层容纳一个采光良好的房间。

这座塔楼后来被骑士弗朗克利厄的阿马尔利克（Amalric of Franclieu）卖给了锡安山的圣玛丽修道院。

其他的城堡在建设之初就是出于军事目的，而非出于居住的考量。我们能够找到的例子包括位于白丘（Blanchegarde / Tall al-Safi）、伊卜纳、贝特·吉布林与加沙的几座城堡，这些城堡各自包含四座塔楼，它们在12世纪30年代与40年代将阿斯卡隆包围起来，这些内容在提尔的威廉的文字中有所记载。1136年，贝特·吉布林由医院骑士团掌控，因此我们可以推断，该地的守备部队应当由一队骑士组成，他们居住在当地的社区之中，居住条件包括寝室、食堂、厨房、教堂，以及其他围绕着中央庭院所建立起来的修道院建筑。我们在医院骑士团在贝尔沃的城堡中也能看到类似的设计。这座城堡兴建于1168年，晚于贝特·吉布林的城堡建筑。在原有的四塔楼结构内部还包含了第五座塔楼，而它的入口不及一人高；城堡的外围都是功能性建筑，以及为守备部队中的平信徒所提供的居住区。然而，这类建筑并非独属于骑士团，白丘与伊卜纳的城堡主就属于在俗人士，而代尔巴拉（Darum / Dair al-Balah）与米伊勒亚在1160年以前也都有城堡建筑存在，它们均属于王室城堡。我们可以推测出这些建筑的组成，包括一个大厅、若干房间、教堂与厨房，这是一个领主或城堡主的起码配备。13世纪早期，条顿骑士团在加利利建造了蒙福特城堡与吉丁堡，这些建筑采用了典型的莱茵兰地区的城堡设计理念——主塔与住房相连，外部则被幕墙团团围住，这也说明骑士团在规划城堡的结构时，为了实现某些功能需求，也会借鉴世俗城堡的样式。

在12世纪与13世纪，东部拉丁的建筑防御工事在各个方面都有长足的发展。具体发展包括以下几个方面。首先，入口的设计越来越巧妙，大门、吊闸门与城垛结合在一起，起到了很好的防御作用，像在贝尔沃、提尔、塞赫云（Sahyun）、塔尔图斯、耶路撒冷与恺撒里亚这样的地方，入口的通道会做曲折的设计，有的入口则不足一人高。其次，为防止进攻者接近城堡内的大本营，成行的箭孔高高低低地密布在幕墙的不同地方，墙顶端的堞口也能起到防御作用。最后，是最为重要的防御工事的外部设计，它所起到的关键作用是能够有效地将敌人、攻城塔与投石的炮兵部队抵挡在外，并使之与主墙体保持安全距离。当法兰克人围困耶路撒冷（1099年）、阿卡（1103年）、提尔（1124年）与阿斯卡隆（1153年）的时候，他们已经见识过这种"同心圆"式的防御设计了。因此，虽然防御工事在西欧也有发展，但相较于东部拉丁，前者在时间上明显滞后。就城堡而言，防御工事的同心圆设计，在1187年以前就在贝尔沃与贝尔蒙特出现了，在代尔巴拉，则是在1192年以前。更加宏伟的同心圆设计最终出现在13世纪，其中包括医院骑士团的骑士堡与马尔加特堡，以及圣殿骑士团的佩勒兰堡与塔尔图斯城堡，其中后者从未被攻破过。

对于拉丁人占领时期的其他建筑形式，我们依然能在乡下找到相关遗迹，其中包括水力磨坊、拦河坝、贮水箱、桥梁、街道、马房、厨房，以及生产糖、盐、橄榄油、红酒、铁制品、玻璃制品与石灰的工业加工设施。

奇里乞亚亚美尼亚王国：1100或1102—1375年

从11世纪中叶开始，在拜占庭皇帝的保护下，越来越多流离失所的亚美尼亚人前往奇里乞亚定居。鲁本（Rubenid）男爵利奥（Leo）同拥护拜占庭帝国的敌手赫特兀米德（Het 'umids）联合，并在1199年1月加冕登基。虽然奇里乞亚亚美尼亚王国只持续到1375年，但在文化上却一直非常多元。突厥人已经在拜占庭王国的部分地区定居，而自1097年起，奇里乞亚南部与东部沿海地区也被法兰克人占据。从12世纪90年代开始，威尼斯人、热那亚人以及骑士团也都在当地得到了承认。虽然国王海图姆一世（Hethum I）同蒙古人在13世纪40年代达成和解，但真正对亚美尼亚造成最大威胁的是埃及的马穆鲁克人，1375年王国正是亡于他们之手。

奇里乞亚亚美尼亚王国经历了动荡的历史，而它的文化又非常多样，这两个特点都能在建筑中体现出来。给这里的风景地貌留下最明显印记的建筑类型就是堡垒建筑。多亏了罗伯特·爱德华兹（Robert Edwards）的研究，让关于这些建筑的年代与文化分布的学说直到最近才站稳脚跟。亚美尼亚的堡垒建筑独树一帜的风格有以下几个特点：不规则的平面设计，一般都是依照具体地点的轮廓而定，堡垒内部有许多堡场（bailey）；建筑外角为圆形，塔楼也大多采取圆形或马掌形结构；墙基的形状是分叉的；堡垒内没有主塔楼；城垛上面带有圆形的城齿，并被互嵌的塔楼分为几个部分；没有沟渠；有曲折的入口设计，侧门设有牵拉杆与堞口；门楼要么有一个不及一人高的入口，要么安有两扇被拱道分开的门，拱道上有城垛；不论斜面门洞，还是平开窗，都是凿穿一整块石头制作而成，底部为马镫形基座，顶部为圆形洞沿；更偏爱尖形拱门和拱顶。与此同时，大部分城堡内还包含一个礼拜堂和一个贮水箱。

学界一度推测，奇里乞亚的城堡建筑大多建于利奥一世加冕之后，虽然如此，但现在的研究似乎倾向于认为有大量城堡建于更早的时期，即政敌赫特兀米德与鲁本家族在本土发展各自势力的时候。同时，还有许多城堡是各个历史阶段融合的结果。例如在阿纳瓦扎（Anavarza），参与第一次十字军东征的人们就在原有城堡的基础上加盖了新的塔楼结构；最终能够体现亚美尼亚人建筑成果的部分是之后对城堡的整体改造，通过铭文，我们可以将他们的工程追溯到1187—1188年。科律克索（Korykos）的一座位于岛中的城堡原是12世纪早期的拜占庭建筑，之后在利奥一世与海图姆一世时期，经历过几次翻修。其他像巴格拉斯（Baghras）与锡利夫凯（Silifke）这样的城堡建筑，在本质上都属于法兰克人的劳动成果。

上面提到的城堡，大多是王室与贵族的居所，或是被当作守备部队的哨所使用。但就筑有防御工事的建筑形式而言，除了这些大型的城堡建筑外，还有许多其他类型，警戒哨所就属于其中一类。它包含一个小型围场，通常用于查看道路，还能通过烽火信号或信使的方式，使守备部队与邻近的居民中心之间进行有效的沟通。另一类是庄园式房屋（estate houses），它在功能上同厅式房屋与塔楼类似，一般属于地位较低的领主与拥有封地的封臣，多见于由法兰克人治理的巴勒斯坦与叙利亚地区，贝伦凯利斯克城堡（Belen Keslik Kalesi）便是一个例子。它是一座双层建筑，总占地长为18米，宽为8.5米，底层长边一侧的中央有一个入口，整个城堡都是通过堞口来开展防御工作的。筒状拱顶的地下室一角有楼梯，可以通往上面的居住区，斜开窗使居住区采光良好。在戈斯内（Gösne）以及两个均叫作锡纳普（Sinap）的地方——一个靠近兰普伦（Lampron），另一个靠近恰德尔（Çandir），庄园式建筑都有圆形角楼或扣在墙角的支墩。

为了安全起见，奇里乞亚亚美尼亚王国似乎大体上是以城堡为基础建立起来的，其中很多建在陶鲁斯山脉上。在沿海或平原设立定居点的情况非常稀有，正如前文所提到的，虽然像在西斯（1266年毁于穆斯林之手）、塔尔苏斯（Tarsus）、阿达纳与米西西（Misis）是有教堂的，但城市定居点依然很罕见。事实上，塔尔苏斯的圣保罗大教堂是现在唯一存留下来的城市教堂建筑，这座教堂属于西方的建筑风格，大致建于12世纪最初10年，它有三个过道，都是筒状拱顶，并由柱廊支撑起来。

现存的亚美尼亚教堂大多建在城堡里面，其中最著名的便是1111年王公托罗斯一世（Toros I，约1100—1129年在位）为其祖先兴建的教堂，它坐落于阿纳瓦扎城堡南面的堡场上。不幸的是，这座教堂遭到严重损毁，但格特鲁德·贝尔（Gertrude Bell）在1905年用照相机将它记录了下来。它是用方石灌注碎石混凝土建造而成的，长方形设计，内有三个过道，都是筒状拱顶，教堂一端有一个半圆形壁龛，上面刻有铭文。拱廊分隔为三部分，都是由简单的长方形墙墩与模具浇灌而成的拱墩支撑起来的。教堂内部原来是由湿壁画作为装饰的。教堂的西门与南门都有门楣和刻有浮雕的门拱，这些都是从前建筑上古老的装饰构件。阳光从西面墙上的窗子透过，能够照亮所有的过道，山墙上也挖有天孔。装饰性的壁柱让突角也显得拔高了不少；檐口下面刻有铭文，上面记录着建造者的信息。在教堂修建的第二阶段，人们在建筑北侧后加了一个壁龛室。

在恰德尔，由"治安官"国王辛巴德（constable Smbat）发起兴建的教堂于1251年完工。这座建筑的整体设计同托罗斯一世兴建的教堂非常接近，但并没有得到妥善的保护。虽然教堂的拱顶早已倒塌，但学界推断大厅上方的拱顶可能是圆顶，而非筒状顶。半圆形壁龛同教堂的过道和正厅是分开的，从而形成了一个小房间，房间的上方是筒状拱顶，很像一间圣器室。教堂的南侧还有一个前廊，也可能是一个半圆形分堂。

在基督教建筑中，教堂可算作一大类，我们可以从中举出大量的实例来。它们大多包含一个带有筒状拱顶的正厅，以及一个半圆形壁龛，有的上面刻有铭文，有的外部为圆形结构。有些教堂建筑是城堡防御工事的一部分，如马兰（Maran）、切姆（Çem）、梅登（Meydan）与曼西力克（Mancilik）的教堂建筑。

塞浦路斯：1191—1571年

法兰克人统治塞浦路斯将近4个世纪，因此，相较于东部拉丁的其他地区，塞浦路斯在建筑方面的发展要显得更加广泛——从早期的哥特式建筑，如尼科西亚的圣索菲亚大教堂，再到法马古斯塔的普罗维德多尔宫（Palazzo del Provveditore，1552年）极具文艺复兴风格的正面设计。在这两座城市中，尼科西亚是塞浦路斯的皇家行政中心与宗教中心，而东海岸的法马古斯塔则接替了阿卡的位置，从1291年起成了黎凡特最主要的西方贸易集散地。虽然在19世纪中叶为了建造塞得港，人们从这些建筑中盗取石料，但城墙还是将大部分建筑围拢并保护起来，使许多耶路撒冷以外的拉丁教堂建筑存留至今。

尼科西亚的圣索菲亚大教堂之所以得以兴建，要归功于大主教蒙塔古的尤斯托吉（Eustorge of Montaigu，1217—1249年在位）。即便有证据显示建筑工程在更早的时候便已开展，然而，直到1319年，教堂的正厅与前廊才由尤斯托吉的后继者乔瓦尼·德尔·孔特（Giovanni del Conte）完成，最终在1326年祝圣。该建筑属于13世纪的法国教堂风格，不同的地方在于拱顶并非木质结构，而是梯田式结构，这是依照黎凡特的传统建造的，此外，教堂西面的塔楼从未完工。这座教堂有一个正厅和带有五个隔间的过道，尽头是带有回廊的圆形唱诗席。正厅的墙墩是圆柱形的，回廊上方的拱形结构由四根经二次利用的古柱支撑起来。五个分堂与教堂相连，其中包括一个圣母礼拜堂（Lady chapel，1270年，位于教堂南侧的耳堂）、一个圣尼古拉礼拜堂（位于教堂北面的耳堂）以及一个圣托马斯·阿奎那礼拜堂（也在南面），后者在15世纪被人绘有"圣医传奇"的字样。

　　法马古斯塔的圣尼古拉大教堂大致始建于1300年。根据教堂南门西侧的铭文记载，我们得知这项建筑工程在1311年重新启动，指导重启工作的是大主教鲍德温·兰伯特（Baldwin Lambert）。通过建筑本身自信且统一的法式哥特风格，我们似乎可以判断，该建筑的主体结构在14世纪上半叶便已完成。在教堂的西面，有三个带有三角墙篷顶的巨大入口、六扇圆顶侧高窗以及几座著名的钟楼，第一眼看到这些元素，很容易使人想起兰斯大教堂。事实上，两者之间的联系也许并非巧合，毕竟吕西尼昂家族的历代塞浦路斯国王也都被加冕为耶路撒冷国王。对于大部分位于东方的拉丁建筑而言，西方的影响并不仅局限于一个源头，从1262年起，建筑内部的装饰细节与辐射式哥特建筑越来越相似，如特鲁瓦的圣乌尔巴因大教堂（St Urbain）。

　　据说尼科西亚在1567年时曾有80座教堂建筑，而如今只有六七座被保留下来，其中包括14世纪早期位于提尔的本笃会圣母院（现为亚美尼亚的圣母马利亚教堂），以及14世纪晚期极端华丽的圣凯瑟琳教堂——这座哥特式建筑现在则成了海达尔·帕夏清真寺（Haidar Pasha mosque）。圣尼古拉大教堂坐落于圣索菲亚大教堂的柱廊南侧，这座东正教堂的北面建于

16世纪早期。而正是从这个时期开始，建造水准开始下滑，圣尼古拉大教堂就是一个典型的例子。这座教堂的内部融合了希腊和西方晚期的哥特式的，以及文艺复兴时期的建筑风格，建筑者试图模仿西方大教堂建筑主流的大门样式，但看上去却非常笨重，且毫无生气。

西方的建筑风格在这两个主要城市占据主导地位，甚至东正教堂以及聂斯脱利派信徒与亚美尼亚人的教堂，情况也是如此；然而在乡村地区，拜占庭风格却更为流行。一些乡镇教堂会在原有建筑基础上，修建专供拉丁移民使用的礼拜堂，例如吉布莱特家族（Gibelets）位于基蒂（Kiti）的家庭礼拜堂，以及卡拉帕纳约蒂斯（Kalapanayiotis）的圣约翰兰帕迪提斯（St John Lampadistes）礼拜堂。在1421年建于皮尔加（Pyrga）的皇家宅邸的小型教堂里，不但在南门的铭文上刻有石匠"巴索日"（Basoges）的名字，还有许多壁画装饰在教堂的内部，其中就包括十字架苦像。在这幅壁画中，国王雅努斯（Janus）与他的妻子波旁的夏洛特（Charlotte of Bourbon）就跪在受难的耶稣面前。在其他建筑中，我们能够看到法国与拜占庭建筑风格的融合，例如位于莫尔富（Morphou）的希腊教堂，其圆顶就结合了哥特式的拱形结构与叶形的装饰。

在乡下，很少有修道院建筑能够存留下来，其中最令人印象深刻的就是贝拉派瑟修道院（Bellapais），这座位于凯里尼亚（Kyrenia）东部的修道院修建在悬崖石壁之上，俯瞰着北方的海岸。它原属于奥斯定会，由国王艾默里（Aimery，1194—1205年在位）组织建造，由大主教尼科西亚的蒂耶里（Thierry of Nicosia，1206—1211年在位）接管后，便遵循普雷蒙特雷修会的规矩进行修建。由于国王于格三世（1267—1284年在位）及其继位者的慷慨资助，这座修道院变得越来越富裕，且具有非凡的影响力。修道院的各个建筑都是围绕着一个长方形大厅进行设计布局的，在14世纪，人们又修建了一个带有肋式拱顶的回廊与这个大厅相连。位于南面的教堂可追溯到13世纪早期，这座教堂有一个正厅（分隔为两部分）、各处两侧的过道、带有耳堂的十字形通道（耳堂中刻有铭文），以及凸出的长方形祭坛。修道院的东侧是寝室，上面是修士的房间，下面则是带有筒状拱顶的地下室。修道院的北面是餐厅，西面是食品贮藏室与厨房。在修道院西侧，有几间可能是供皇家使用的客房，大概是国王于格四世（1324—1359年在位）为他自己修建的。

圣殿骑士团1191年在加斯特里亚修建的城堡，是塞浦路斯最早的拉丁城堡，如今只剩下岩凿的沟渠。另一个早期的城堡建筑是位于帕福斯（Paphos）的萨兰塔·科隆（Saranda Kolones），我们通过考古挖掘才对它有所了解。显然，这座城堡于1191年建成后不久，便毁于1222年的地震。该建筑由于同贝尔沃城堡有很多相似之处，因此常常被人划归为医院骑士团建筑，但现存的证据却无法论证这个结论。这座城堡属于常规的同心圆布局，内部区域是长方形的，四角是长方形的城角塔，东侧圆形的塔楼是一座教堂，这座教堂有一个不及一人高的入口。城堡外墙的塔楼形状不一，其中包括圆柱形的、长方形的、三角形的、分水角形的以及多边形的。外面长方形门楼也有一个不及一人高的入口，而且还要通过架在沟渠上的木桥才能抵达这个入口。通过城堡地下室的制糖作坊，我们可以推断，城堡在建成后不久，便已成为当地社区的中心，无论其建设的原始目的是否如此。

在拉丁人的统治下，甘蔗曾是塞浦路斯西南地区重要的经济作物。医院骑士团的科洛西城堡（castle of Kolossi）由首领雅克·德·米利（Jacques de Milly）于1454年兴建，这座城堡坐落在一片产糖的土地中央，紧挨着一家制糖工场。在库克利亚（Kouklia，旧时的帕福斯），学者在皇家宅邸附近挖掘出两家精炼工场，其中有碾碎甘蔗用的水磨坊、用于煮沸糖浆的窑炉遗迹以及用于糖分结晶的陶制模具。还有一家工场可追溯到16世纪中叶，它属于威尼斯的科纳罗（Cornaro）家族，现位于埃皮斯科皮（Episkopi）。

在拉丁塞浦路斯，除了那些属于骑士团的城堡外，其他所有的城堡建筑都是由皇家直接控制的。在凯里尼亚，吕西尼昂家族就住在一座拜占庭式的城堡建筑中，这座城堡是一座边长约80米的正方形建筑，似乎带有圆柱形的城角塔，在南面可能有外墙或外堡，由分水角形的塔楼守卫着。在13世纪，吕西尼昂家族重建了东面和北面朝海的城墙，并在朝向陆地的西侧与南侧加盖了新的外墙，外墙上有堞道，堞道上有箭孔。这座城堡原来大概是有城角塔的，但如今只有一个"D"字形的塔楼存留下来，它位于城堡的东北角。城堡的西侧是皇家宅邸，它们控制着入口处，这里还有一座小型礼拜堂。最后一段拉丁统治时期是1544—1560年，在这段时期，威尼斯人将这座城堡改造为火炮台——他们重新修建了西墙，填满了双层墙之间的空隙，并在城堡的西北角与东南角加盖了圆形的堡垒，在西南角加盖了一座角堡。

那些13—14世纪位于凯里尼亚的皇家城堡，在拜占庭时期也都被当作防御性堡垒使用，如圣伊拉里翁城堡（St Hilarion）、坎塔拉城堡（Kantara）与布法文托城堡（Buffavento）。这些城堡的设计都是不规则的形状，许多堡场都与天然的地形条件相适应。更加规范的城堡建筑是詹姆斯一世（James I）的西古里城堡（Sigouri，1391年），这座城堡为长方形，带有常规的城角塔，四周被沟渠围绕。当然，类似的例子还有尼科西亚的拉卡瓦城堡（La Cava）。

在威尼斯人治理塞浦路斯时期，当时的人们特别注重加强防御工事建设，尤其是在两个主要城市里。在法马古斯塔，第一轮防御工程建设开展于1492—1496年，工程涉及加厚吕西尼昂家族的城堡墙壁，加盖圆形堡垒作为火炮台；城墙上同样加盖了圆形堡垒，士兵可以从顶端火炮台的斜坡处开火，两侧的炮塔也可以起到掩护的作用。第二轮工程（1544—1565年）包括加盖位于东北角的迪马曼特堡垒（Diamante Bastion），位于西南方的地门（Land Gate）以及位于西北角的马丁内戈堡垒（Martinengo Bastion）。其中，迪马曼特堡垒是一个八边形的堡垒建筑；地门的前面有一座圆形三角堡（ravelin），三角堡外面右侧有两个门，它们可以通向堡内的门。马丁内戈堡垒是一座角堡，堡垒一侧有火炮台，火炮台被城角掩护着。有许多顶尖的专家参与到这些防御工事的设计中，他们大多来自意大利北部，其中就包括米凯莱·桑米切利（Michele Sanmicheli）和他的侄子吉安吉罗拉莫（Giangirolamo）。吉安吉罗拉莫于1558年在法马古斯塔去世。

1372年，彼得二世（Peter II）为尼科西亚组织建造了圆形的城墙，城墙上有圆形的塔楼，八扇城门，城墙外环绕着沟渠。当时的威尼斯工程师认为城墙设计得太长，不能有效地起到防御作用，因此，这项防御工事连同城墙外部的建筑被一并拆毁，取而代之的是一道更小的圆形城墙，只将城市的中心区域囊括在内。这项工程是在朱利奥·萨沃尼昂（Giulio Savorgnano）的指导下完成的，城墙上有3道门和11座角堡，每座角堡上都带有圆形的城角，内部能容纳200人与4架火炮。1570年9月9日，当土耳其人攻陷尼科西亚的时候，城墙外包括沟渠在内的修建工作依然没有完成。尽管如此，尼科西亚的城墙始终是意大利文艺复兴建筑在意大利以外的最佳代表之一。

第九章

骑士团：1120—1312年

阿伦·弗瑞

骑士团机构及其起源

在11世纪晚期与12世纪早期，西方基督教世界的宗教生活变得越来越多样化，而骑士团的出现正体现出这种多样化的趋势。骑士团需要遵循严格的纪律，这些纪律与现存的修道院制度非常相似，而它们基本上也是以此为蓝本制定的。与修士们的情况有一些不同，骑士团成员虽然过着类似的宗教生活，但同时他们还要拿起武器，在战场上打打杀杀。骑士团成员主要为一般信徒，也有教士存在，但领导权大多掌握在一般信徒手中。在较为重要的骑士团中，成员一般分为两类，一类是骑士，另一类是军士，后者由武装军士与非武装军士组成。令人惊讶的是，除了这些成员之外，许多骑士团里还有女性成员，不过她们并不参与任何军事活动。

历史上第一个骑士团就是圣殿骑士团。它大约在1120年始建于耶路撒冷，得名于其总部所在地——所罗门圣殿。圣殿骑士团最初成立时旨在为前往"圣地"的朝圣者提供保护，但在几年之内，它便成为基督徒用以抵抗穆斯林的军事力量之一。在第一次十字军东征发起后不久，很多人踏上了朝圣之旅，其中不乏大量作家。从他们的记述中我们可以了解到，通往耶路撒冷的道路显然并不安全。与此同时，在12世纪早期，定居在东部拉丁的统治者们也缺少相应的军事保护，而骑士团在完成他们任务的同时，恰好满足了人们对安全的需求。

有些学者认为，基督教社会的骑士团组织其实是模仿穆斯林的"安养院"（ribat）而建立的。我们可以将安养院理解为一个带有武装防御功能的修道院，其内部成员过着一种宗教与武装相结合的生活，在必要的时候，他们会拿起武器抵抗伊斯兰世界的敌人。然而，两者却有很大的区别：安养院成员的服役期相对较短，在这方面他们更接近十字军，而非骑士团成员。此外，似乎那些于12世纪早期居住在耶路撒冷王国的人并没有意识到这类穆斯林机构的存在。事实上，我们可以将骑士团视为当时基督教社会的产物。只要目的正当，动用武力也可被视作一种救赎，甚至是一种善举。这样的想法已经被当时的人们普遍接受，因此对于一般信徒而言，以这种方式度过自己的宗教生活显然是可以接受的。禁止使用暴力是基督教的经典法规，在一些人看来，它是只适用于神职人员的，对骑士团的发展则是一个巨大的阻碍。不得不承认的一点是，人们曾对这类新型机构的建立提出过质疑。一封写于圣殿骑士团成立之初的信中曾提到，甚至骑士团内部的一些成员，对于自己的岗位职责也会感到没有把握。这部分可以归因于中世纪人们的思维习惯，即对任何新兴事物心存疑虑。但在另外一些人看来，相较于那些经过深思熟虑而建立起来的机构，骑士团还差得很远，这是人们对骑士团更深层次的担忧。反对的声音主要来自那些秉持着暴力有罪论的人，他们认为只要是暴力，不论它出于何种目的，都是一种罪恶。对于这个新机构的批评主要来自这个立场，而这种立场也正是克莱尔沃的圣伯尔纳铎在他支持圣殿骑士团的书——《新军荣誉赞》（De laude novae miliriae）——中所极力反驳的。然而，虽然有人表达了自己的疑虑，但在不久之后，圣殿骑士团迅速得到了教会的全方位肯定。在1129年召开的特鲁瓦大公会议（Council of Troyes）上，与会者就圣殿骑士团的问题进行了充分讨论，并将骑士团需要遵守的准则形成条文，这从会议记录中能够得到明确证实。从这个时候起，骑士团便从西方各个国家得到赞助，这个趋势发展迅速，以至于在几年之内，骑士团就在西方许多地方建立了下属修道院。

虽然圣殿骑士团的建立获得了极大的成功，但在"圣地"，没有其他机构效仿他们而建立新的骑士团体，当然有一些已经在耶路撒冷王国存在的宗教团体在逐步向骑士团的方向转化。圣约翰医院（Hospital of St John）在第一次十字军东征之前便已在耶路撒冷成立，12世纪30年代中期，这所旨在帮助穷人与病人的医院慢慢肩负起了一些军事职责。然而，医院骑士团在当时是否已经拿起了武器并参与军事活动，学界对这个问题的认识始终没有达成统一。条顿骑士团由一所德意志医院发展而来，这所医院在阿卡，建立于第三次十字军东征期间。大致在同一时期，普通教士的修会在不久之后演变成了阿卡的圣托马斯修会。这两个机构的转变分别发生于1198年与13世纪20年代。至于圣拉撒路麻风病医院是在何时开始承担军事职责的，学界对此还不是很清楚，在现存的资料中，第一次提到这所医院是在1142年。骑士团成员早期参与的军事活动包括1244年的拉佛比战役。

从现存的史料中，我们很难找到这些机构发生转变的具体原因。很明显，圣殿骑士团是一个先例，但为什么要追随这个先例实现转变却并不明朗。在这背后，一定有某些因素起了作用，例如阿卡的圣托马斯修会之所以向军事化方向转变，很大程度上要归功于温切斯特主教彼得·德·勒罗什（Peter de Les Roches），当时修会的势力正在减弱，而他本人恰巧身处东部拉丁。除了这个特例外，其中一定还有某些更加普遍的因素。在我们所谈及的机构中，除阿卡的圣托马斯修会以外，可能存在着拥有战斗能力的成员，其中大概还有一部分是受到了外界的鼓励，敦促他们尽快动用武力，毕竟"圣地"长期缺少战士是不争的事实。

虽然骑士团最早诞生于"圣地"，但不久之后，其他西方基督教国家也出现了类似的组织。在西班牙，最先拿起武器的骑士团是圣殿骑士团和医院骑士团。他们一开始将注意力集中在伊比利亚半岛。原因非常简单，这里不但可以满足他们的收入，还能解决招募新兵的问题。1143年，巴塞罗那伯爵劝说圣殿骑士团加入其收复失地运动中，而在12世纪中叶，医院骑士团已经参与到抵抗异教徒的斗争中。在12世纪的第三个25年，出现了一系列本土的骑士团——1158年，卡拉特拉瓦（Calatrava）骑士团成立于卡斯蒂利亚；1170年，圣地亚哥骑士团成立于莱昂。蒙特高迪奥（Montegaudio）骑士团大致成立于1173年，主要活动于阿拉贡地区；到了1176年，阿维什（Avis）骑士团在葡萄牙成立；而阿尔坎塔拉（Alcántara）骑士团的前身——圣胡利安·德·佩雷罗（San Julián de Pereiro）修会——也在莱昂王国出现。从12世纪70年代到1300年，西班牙只出现了两个骑士团机构，一个是创办于12世纪与13世纪之交的阿尔法玛的圣乔治修会（order of San Jorge de Alfama），另一个是创建于13世纪70年代的西班牙的圣马利亚修会（order of Santa María de España）。这几个西班牙组织在成立之初便是骑士团，均是模仿圣殿骑士团与医院骑士团建立而成的。在对这些机构的成立做进一步解释之前，我们有必要先了解一下它们的创始人及最早的成员构成（例如，蒙特高迪奥骑士团的创始人，其实早先是圣地亚哥骑士团的成员，因对圣地亚哥骑士团心存不满，才创建了蒙特高迪奥骑士团），以及支持这些机构的西班牙国王的态度。西班牙那些信仰基督教的统治者，显然希望能够得到大陆的军事援助，卡斯蒂利亚的阿方索十世当然也会大力支持西班牙的圣马利亚修会，这样他便能获取海军的帮助，尤其是在就直布罗陀海峡的管辖问题同伊斯兰世界发生冲突的时候。还有一点需要指出，卡拉特拉瓦骑士团的成立与圣殿骑士团有关。卡拉特拉瓦城堡原本属于圣殿骑士团，但他们没能守住城堡，由此才有了卡拉特拉瓦骑士团的出现。本土的骑士团享有一个优势，那就是它们不必将自己的部分收入上缴给"圣地"。与此同时，统治者通过对大量此类机构的支持，可以避免某个单一机构的势力过于强大的情况出现。这样的考量大概也可以用于解释阿拉贡的阿方索二世（Alfonso II）对蒙特高迪奥骑士团的偏袒。西班牙的统治者一开始大概是想利用这些本土机构，来抵抗他们那些同样信仰基督教的对手，虽然几大骑士团势力在整个半岛迅速壮大，但对于发生在几位基督教国王之间的冲突，它们却始终保持着中立的态度。

虽然有王室的支持，但并不是所有的骑士团都能够繁荣发展。例如，蒙特高迪奥骑士团先是在1188年同位于特鲁埃尔（Teruel）的圣救世主医院（hospital of the Holy Redeemer）合并，之后又在1196年同圣殿骑士团联合在一起。虽然一些修会成员拒绝接受这种联盟形式，并在卡斯蒂利亚塔霍河（Tagus）流域的蒙弗拉格（Monfragüe）自行建立了新的组织，然而不久之后，这个组织就被卡拉特拉瓦骑士团吞并了。蒙特高迪奥骑士团与蒙弗拉格修会之所以联合，是由于各自机构内部的问题；而西班牙的圣马利亚修会与圣地亚哥骑士团的结合，则是后者在莫克林（Moclín）战役中的失败导致的。其他西班牙本土的骑士团也都存活下来，甚至在逐渐扩大，但它们的势力范围却一直没有延伸到半岛之外。虽然也曾有过这样的机会，不论北非还是"圣地"，甚至远至波罗的海地区，但这些计划都没能真正落实。

与西班牙不同的是，在欧洲大陆，圣殿骑士团与医院骑士团并不是首个拿起武器的组织。在13世纪早期，军事力量主要来源于条顿骑士团以及一些新成立的机构。这些骑士团在征服普鲁士与利沃尼亚的过程中发挥了至关重要的作用，虽然经历了许多阻碍与反抗，但两地最终在13世纪末屈服。成立宝剑骑士团（Swordbrethren）与多布任（Dobrin）骑士团的原始目的，是向传教活动提供保护与援助——前者1202年在阿尔伯特（Albert）主教的支持下建立于利沃尼亚，后者的发起人是普鲁士主教克里斯蒂安（Christian）与波兰的马佐夫舍公爵康拉德一世（Conrad of Masovia），大致在1228年创建于普鲁士，而两者在13世纪30年代都同条顿骑士团联合为一体。

条顿骑士团在欧洲的扩张始于1211年,当时匈牙利国王安德鲁二世将布尔岑兰(Burzenland)地区交给了这个骑士团组织,布尔岑兰坐落于特兰西瓦尼亚(Transylvania)阿尔卑斯山脉以北,直面异教徒库曼人(Cumans)。条顿骑士团不断壮大,其势力范围堪比"圣地"的圣殿骑士团与医院骑士团,相较于这两个久享盛誉的骑士团,条顿骑士团的控制范围似乎更大。然而,安德鲁二世却在1225年将条顿骑士团驱逐出境,这显然是因为骑士团的势力已经越来越不受这位匈牙利国王的控制了。而大约在同一时期,马佐夫舍公爵康拉德一世迫于普鲁士人的压力,将库尔莫兰(Culmerland)地区交给了条顿骑士团。之后的谈判(皇帝腓特烈二世也参与其中)为条顿骑士团在普鲁士建立其坚实且独立的立足之地铺平了道路。在1230年左右,条顿骑士团开始参与抵抗普鲁士人的运动,并在此后的10年中同宝剑骑士团联合,它的势力还扩展到了利沃尼亚,但显然不如其在普鲁士那么深入。

在欧洲大陆,虽然条顿骑士团似乎以这样的方式成为唯一在前线征战的骑士团,但依然有一个地方为其他组织提供了机会。由于条顿骑士团已经被匈牙利驱逐,并在普鲁士建立了相对独立的军事力量,匈牙利与波兰的统治者不得不向别处寻求军事支持。1237年,马佐夫舍公爵康拉德一世曾试图在位于布格河(Bug)流域的德罗希钦城堡(Drohiczyn)重建多布任骑士团,但并未成功。到13世纪50年代,条顿骑士团的势力已蔓延到波兰东部边境城镇武库夫(Luków),但它似乎没有在这里长久驻扎的打算。1247年,匈牙利国王贝拉四世(Bela IV)将瑟韦林(Severin)地区交给医院骑士团管理,这片区域从特兰西瓦尼亚阿尔卑斯山脉起,一直延伸到多瑙河。医院骑士团同样没有选择长期驻守在这里。

贝拉四世希望医院骑士团不仅仅是与异教徒进行对抗,他还期望他们能够抵抗教派分裂分子的势力。虽然这类军事援助并非随要随到,但在更加靠南的地区,圣殿骑士团、医院骑士团和条顿骑士团的确为抵抗君士坦丁堡的拉丁帝国做出了不少贡献。这发生在1204年，第四次十字军东征之后。随着13世纪针对基督教反对派的十字军运动日益高涨，将抵抗希腊人视作骑士团的主要功能也就不那么稀奇了。13世纪，骑士团的军事功能在不断扩大，既可以用来抵抗异教徒与教会的敌人，还可以平息那些扰乱西方基督教世界和平的破坏者。教皇曾多次敦促骑士团前去干涉塞浦路斯与耶路撒冷王国的内部纷争，1267年，克雷芒四世（Clement IV）则希望医院骑士团能够援助安茹的查理，以抵抗意大利南部最后一位霍亨斯陶芬家族的继任者。为了同异教徒作战，人们也曾试图在法国南部建立新的骑士团。然而，这些尝试都没能维持太长时间。只有意大利的仁慈圣母马利亚修会（Order of the Blessed Virgin Mary）的历史相对较长。这支修会成立于1261年，其建立之初，旨在维护基督教的信仰与自由，并平息内部的纷争。但像这样的功能在当时并不占主导地位，在整个12世纪与13世纪，骑士团的主要作用是与非基督徒作战，其主战场多在西方基督教世界的边境地区。

军事作用

在几大骑士团当中，执行军事任务的主要是骑士与武装军士。在军事事务上，两者的区分并非体现在各自所从事事务的种类上，更多的是在程度上。相较于军士，骑士的盔甲更加精良，每人允许享有三至四匹坐骑，而军士则只能有一匹。虽然武装军士常常被当作步兵使用，但他们与骑士的武器装备却非常相似——他们从不会像在某些穆斯林军队里那样被视为轻骑兵。这些人构成一个骑士团的常备军，然而他们有时也需要一些非常备军的援助，这类非常备军或为骑士团提供军事服务，或为他们处理个人的日常生活事务，他们只在某个特别时段为骑士团服役；在"圣地"，充当类似角色的人想必是从西方过来的十字军成员。在圣殿骑士团的内部制度中，只有三条会对这些人形成制约，而此类军事援助一直持续到13世纪。之后，骑士团仍然需要下属提供相应的军事援助，但在某些区域，他们则不得不雇用雇佣兵。在"圣地"有许多收取报酬的军队组织，其中就包括"图尔科波利斯"（turcopoles）。这是一支从当地人中征召选拔出来的军队，在个别情况下，会为他们配备坐骑和弓箭。

其实在所有的战争前线，骑士团的分遣队只是众多基督教势力中的一个元素而已，相较于在西班牙，他们在叙利亚与波罗的海地区能够享有更加独立的地位。就西班牙的收复失地运动而言，其领导权掌握在伊比利亚半岛的基督教统治者手中，他们力图对一切军事事务施行严格管控。西班牙出台了许多针对骑士团的法令，其中申明骑士团是否动用武力，其决定权掌握在国王的手中，虽然这遭到了教会的反对，但骑士团基本上还是遵循这一管理模式。西班牙的国王们这么做并不是要阻止所有的军事倡议，而骑士团也的确自行发起过远征运动——例如，根据史料记载，圣地亚哥骑士团与卡拉特拉瓦骑士团曾在13世纪20年代晚期到30年代早期攻占了许多穆斯林城堡，但这些活动必须遵守皇家的政策。在东方，情况却恰恰相反。1168年，安条克的博希蒙德三世（Bohemond III）任由医院骑士团发动战争，之后又同敌方商讨停战协议，博希蒙德三世甚至还保证会遵守双方签署的停战条件。亚美尼亚的利奥二世在1210年也曾向骑士团许下过类似的承诺。像这样的让步行为，我们在12世纪耶路撒冷王国的历史资料中是根本找不到的，但君主的权威却在不断滑落，这使得骑士团在13世纪找到了壮大自身的政治机会，这种情况在巴勒斯坦与叙利亚尤为突出。在世纪初的几十年中，圣殿骑士团与医院骑士团在北方采取了极具侵略性的政策，这使他们从当地的穆斯林统治者手中收取到大量贡金。在南方，他们的势力延伸至埃及与大马士革，到了世纪末，当埃及马穆鲁克的力量不断壮大的时候，他们又与入侵者就停战事宜进行协商。而在波罗的海地区，骑士团的行动也越来越不受限制，他们在那里能够享受到最大的自由。在普鲁士，没有任何更强大的力量能够对条顿骑士团形成制约，而在利沃尼亚，虽然宝剑骑士团与条顿骑士团在理论上并不拥有完全独立的状态，但在战场上，还没有哪股力量能够超越他们的威力。在描述13世纪早期的宝剑骑士团团长的时候，利沃尼亚的亨利（Henry of Livonia）曾写道："他为吾主而战，在每一场战役中，他所带领并指挥的军队都是上帝的军队，无论（里加）主教是否在场。"

骑士团在多个战场前线奋勇杀敌，而这些战役的目的与战术也都各不相同。叙利亚与西班牙的保卫战，其主要目的是维护土地的自治权，而非迫使穆斯林皈依基督教。征服波罗的海地区则是为了净化异教徒。在战术方面，波罗的海地区的运动也与其他战役非常不同——通常要等到冬天才能开战。因为到那个时候，沼泽与河流都已结冰，战士行动会更加方便。在所有的战争前线，骑士团都将火力集中在陆地战场上，即便是西班牙的圣马利亚修会也没有把全部精力投入海战之中；直到13世纪晚期，圣殿骑士团与医院骑士团才在地中海东部地区发展起自己强大的海军舰队。

在陆地战中，骑士团的任务主要包括两方面：一方面是保卫堡垒，另一方面是在战场上作战。在12世纪，巴勒斯坦与叙利亚的许多城堡被交托到圣殿骑士团与医院骑士团的手中，有的是赠予的，有的是卖给骑士团的。之所以这么做，主要是因为统治者与贵族们缺乏足够的人力与资源来守卫这些城堡。1180年，在东方估计有25座城堡是由医院骑士团负责防卫的。在1150年以前，医院骑士团与圣殿骑士团就已经分别控制了位于耶路撒冷王国南部边境附近的贝特·吉布林与加沙，而在他们所掌握的小型防御工事中逐渐出现了一些堡垒，它们位于朝圣之路的沿途地区，为那些前往耶路撒冷与约旦地区的朝圣者提供庇护。在12世纪，与耶路撒冷王国相比，这两个骑士团在叙利亚北部所拥有的城堡要更多。1144年，的黎波里伯爵雷蒙德二世（Raymond II）将几座堡垒托付给医院骑士团，其中就包括骑士堡（位于雷蒙德二世所统治的伯国的东部边境）。在安条克公国北部，圣殿骑士团则负责守卫马努斯山脉的边境地区，公国范围内所有属于医院骑士团的城堡中，最为重要的一座当数马尔加特堡。这座城堡是在1186年由它的前领主亲手交给骑士团的，这位领主当时"意识到，为了基督教的利益，他自己不能再继续控制这座城堡了，一方面是因为维持城堡所需要的开销过于庞大，另一方面则是由于它与异教徒之间的距离太近了"。哈丁战役之后，这些城堡大多数被攻陷，然而在这之后，其中的一些又被基督徒收复。在13世纪，圣殿骑士团与医院骑士团新获得了一些堡垒的控制权，与此同时，条顿骑士团则主要承担起了城堡的驻守任务，尤其是在阿卡腹地。防守城堡的重担正源源不断地压在骑士团肩上。

骑士团的职责不单单是为保卫城堡出人出力，他们还要负责修建新的堡垒，以及修缮与扩建旧的堡垒。圣殿骑士团开展的工程包括佩勒兰堡与萨法德地区的堡垒建筑，前者在1217年或1218年建于沿海地区，而后者则重建于从穆斯林手中收复此地（1240年）之后。除了新建城堡（如贝尔沃城堡），医院骑士团还扩建了骑士堡，他们在12世纪与13世纪为城堡加盖了外围的城郭。

在西班牙，对于此类建设工程的细节，我们虽然知道得很少，但位于伊比利亚半岛边境的大量城堡显然是在骑士团的指挥下修建完成的。在12世纪，阿拉贡与加泰罗尼亚都非常依赖圣殿骑士团与医院骑士团的保护，阿方索二世曾企图强化蒙特高迪奥骑士团在阿拉贡南部的影响力，但以失败告终。阿拉贡国王海梅一世（James I）在13世纪中期夺取了巴伦西亚王国的南部地区，这位国王更加偏爱圣地亚哥骑士团。在半岛的另一边，我们也能看到同样的情况。在12世纪，葡萄牙的统治者们虽然会利用圣殿骑士团与医院骑士团的势力，但到了13世纪，西班牙的骑士团却更受偏爱，尤其是阿维什骑士团与圣地亚哥骑士团。在半岛中部，卡斯蒂利亚与莱昂国王一直都依赖西班牙的骑士团——尤其是卡拉特拉瓦骑士团与圣地亚哥骑士团，在城堡前线为王国提供保护。

在波罗的海地区，随着土地被不断征服，骑士团的建设工程也在陆续展开。例如，当条顿骑士团在普鲁士沿着维斯瓦河（Vistula）与弗里舍湖（Frisches Haff）向前挺进的时候，就是这么做的。而在利沃尼亚，骑士团同样为城堡的建设做出了巨大贡献。在这两个地区，异教徒原来的木质建筑大部分被烧毁，骑士团建设了防御工事作为替换。虽然大多也不过是木质或土质建筑，但工艺更加先进，结构规范，砖块的使用也开始变得日益广泛。

我们不能轻易推断，骑士团所建设的城堡都是由大批的守备部队守卫。1255年，医院骑士团曾声称，他们要在骑士堡安插60名骑士，也有史料记载，要想驻守萨法德，起码要动用80名圣殿骑士团成员。然而在具备可信性的证据中，这两个数据的说法是相对较多的。实际驻防在城堡中的骑士团成员人数并不多，尤其是在西班牙与波罗的海地区。一位编年史学者曾写道，1231年，在条顿骑士团完成了索伦（Thorn，位于维斯瓦河地区）的防御工事之后，只有7位成员留守在那里。而在一些小型城堡中，甚至都没有长期的守备军。

保卫城堡的骑士团成员常常需要辅助军队援助，其中就包括周围地区的附庸。不过，若想获得当地臣民的援助，西方人首先要在这里定居，这显然是很有必要的。尤其在一些边境地区，基督徒若想确保自己的统治地位，在当地定居是极为关键的一步。虽然在叙利亚，骑士团定居在自己领土的情况并不常见，但在西班牙，骑士团通常会将当地的定居者吸引到他们的领地，使之成为附庸。骑士团会为附庸发布定居特许状，这有大量相关史料保存至今。然而，对于那些始终处于废弃状态或是市场受到战争威胁的土地，想要吸引人们来此定居是很不容易的。因此，这个过程在西班牙就非常缓慢。在普鲁士也一样，直到13世纪的最后几年，即普鲁士人终于被征服的时候，才开始有西方的农民在这里定居。在利沃尼亚，西方农民在这里的定居点从未形成较大的规模。

骑士团之所以广受赞誉，是因为他们为保卫城堡做出了重大贡献，他们的抵抗是顽强且坚决的。在哈丁战役之后，医院骑士团还在贝尔沃城堡坚持防守了一年多时间，而萨拉丁却不得不放弃骑士堡与马尔加特堡。1211年，在遭到阿尔摩哈德帝国（Almohad）哈里发的袭击时，卡拉特拉瓦骑士团也在位于卡斯蒂利亚的萨尔瓦铁拉城堡（Salvatierra）坚持抵抗，为此经历了漫长而不懈的奋战。但是，也有城堡立刻被攻陷的情况发生。在哈丁战役之后，加沙城堡中的圣殿骑士团未进行任何抵抗就投降了；在1195年的阿拉尔克斯（Alarcos）战役中，当基督徒战败以后，卡拉特拉瓦骑士团在西班牙的几座堡垒都宣告沦陷。还有一些特殊因素对于保卫城堡的成败起到了关键作用。圣殿骑士团之所以会在加沙投降，是因为他们要保住被敌人俘获的骑士团团长，但是根据穆斯林的史料记载，在哈丁战役之后，骑士团损失了加沙城堡，却保住了马尔加特堡，原因是后者更具重要性，实力也更强。不过在那些决定城堡命运的因素中，这些较为特殊的因素还是相对次要的，最主要的还是当时的军事与政治局势。在几次战役都经历了失败——如哈丁战役与阿拉尔克斯战役——之后，骑士团成员很难继续维持城堡安全，尤其是在城堡的守备部队被缩减编制或是直接被调到战场上支援军队作战的时候。而在13世纪晚期，马穆鲁克人北上并不断扩大在叙利亚的势力，当与他们发生冲突的时候，骑士团也指望不上后援部队的帮助，因此，城堡的守备部队的防御工作也坚持不了多久。有时人们甚至觉得，与其奋力抵抗，还不如趁早投降，对于被围困的一方而言，这起码还能换来安全的通行许可，而非战败的苦果。13世纪60年代，在普鲁士的许多条顿骑士团城堡中都有叛乱的情况发生，这是因为漫长的抵抗耗尽了城堡内的物资，而上级又不允许战士投降。骑士团守卫堡垒的任务，确实不是一般人所能轻易完成的。

由于骑士团通常没有指派固定人数上战场的义务，想要估算前线的分遣队规模并不是一件容易的事。但学者们认为，哪怕是以中世纪的作战标准，骑士团的参战人数也是相对较少的。在1187年，有一位来自"圣地"的圣殿骑士团成员在信中写道，那年5月，骑士团在克雷森（Cresson）折损了60名兄弟，而在之后的哈丁战役中有230人被杀，城中的修道院"几乎被夷为平地"。还有一封信写于1244年，信中提到，拉佛比战役落败之后，圣殿骑士团与医院骑士团的死亡人数均为300多人，但在战役中活下来的人当中，圣殿骑士团只剩33人，医院骑士团则是36人。因此我们可以推算，在耶路撒冷王国，一个骑士团投入战场作战的成员人数大概为300人。按照这个估算，两个骑士团分遣队加在一起的人数，相当于12世纪后半叶领主通过征募新兵所能达到的规模，而这个数字到了13世纪理应更大。

在伊比利亚半岛，骑士团的人数则更少。在1280年的莫克林（Moclín）战役中，圣地亚哥骑士团失去了自己的团长与55位兄弟，这个损失严重到足以导致他们不得不同西班牙的圣马利亚修会联盟。虽然圣殿骑士团是阿拉贡王国最主要的骑士团，但在1229年攻打马略卡岛的时候，他们的分遣队却只占整个军队人数的二十五分之一。不过有一点我们不能忘记，若是召集由在俗的基督徒所组成的军队，那么相较于叙利亚的基督教统治者，西班牙的国王们能够召集人数更为庞大的分遣队，因为在半岛上的几个王国中，西方基督徒的人口比例要比其他十字军国家高得多。西班牙的统治者不仅会敦促人们履行服兵役的义务，还会要求贵族们去组织分遣队。

一些记录波罗的海地区战役的编年史作品对此也有描述，即与在本土召集的队伍相比，骑士团成员的人数要少得多。例如，根据《利沃尼亚编年史》（Livonian Rhymed Chronicle）的记载，在1268年，利沃尼亚的条顿骑士团团长将手下所有能够动员的力量召集在一起也只有180人，而当时所有军队的总人数是18,000人。还有一点是显而易见的，那就是地方势力的增长主要依靠十字军的援助。如1255年攻占东普鲁士萨姆兰（Samland）的时候，当地军队是在波希米亚国王奥托卡二世（Ottokar II）、勃兰登堡侯爵以及大量十字军的援助下，才获得胜利的。

虽然在人数上非常有限，但至少在东方，骑士团的勇敢与坚毅是非常受他们的对手敬重的。例如，编年史学者伊本·阿尔–艾西尔曾将骑士堡

（属于医院骑士团）的城堡主描述为"一根卡在穆斯林喉咙里的骨头"。比起世俗的军事力量，骑士团成员具备更加严格的纪律性。在圣殿骑士团的军规中就包含许多严厉的要求，其中甚至涉及成员在营地与行军过程中的言行。当然，不论哪个骑士团，成员都要发誓服从上级的命令，如果他们在战场上违背了自己的誓言，将会受到严重的惩罚。面对这样的威胁，骑士团成员不会轻易违抗上级的命令。几个首要的骑士团规定，如果从战场上逃走，便会被驱逐出骑士团；圣殿骑士团的成员曾未经上级许可便发动进攻，正因为这种情况的发生，这个惩罚的传统曾一度遭到废弃。惩罚带来的威胁虽然并不能摒除战场上的违抗行为，但一些远征理论家还是同意圣殿骑士团团长雅克·德·莫莱（Jacques de Molag）的说法——正是因为他们发誓要服从命令，骑士团成员才比其他军队更胜一筹。还有一些学者看到了叙利亚的骑士团所具有的优势，即他们拥有丰富的经验，例如在东方的圣殿骑士团中，虽然普通的骑士通常都是刚刚被招募进队伍不久的成员（在意气风发的年轻岁月，他们在"圣地"曾有过一段短暂的服役经历），但骑士团中具有官衔的成员肯定都有过长期的服役经历。然而，丰富的经验并不总能保证他们在战场上做出正确的决定。例如在1187年的克雷森，圣殿骑士团就遭受到沉重的打击，当时团长里德福特的杰拉尔德（Gerard of Ridefort）拒绝接受任何意见，坚持要与势力更为强大的穆斯林军队进行正面交战。通常情况下，前线的骑士团军官所给出的意见是对当下政治与军事局势的现实评估，并常常倾向于谨慎行事。在第三次十字军东征期间，圣殿骑士团与医院骑士团曾反对围攻耶路撒冷，部分原因是，他们在围攻期间有可能会暴露在萨拉丁的势力范围内；同样，在攻占马略卡岛期间，医院骑士团的首领曾劝告阿拉贡国王，不要攻打那些藏于印加（Inca）后方山林中的穆斯林，因为这么做的风险太大。总之，在前线作战的骑士团成员并不是极端分子，若出于军事需要，他们随时可以同非基督徒的军队并肩作战。

在地中海东部地区，由于丰富的战争经验与军事知识，骑士团常常被用来充当十字军中的先头部队或后卫部队，例如，第五次十字军东征与路易九世的埃及远征。在西班牙，他们并没有履行类似的职责，因为世俗军队的成员大多是西班牙人，不过在战争刚刚开始的时候，他们往往都是运动的核心力量，因为想要让世俗的分遣队立即投入战斗是比较困难的。世俗军队时常会受到某些因素的制约，但对于骑士团而言却不成问题。在所有的战争前线，十字军一般只服役一段时间，而在西班牙，普通臣民服役也是有明确期限的，因此在1233年的乌韦达（Ubeda）围城战中，一些卡斯蒂利亚城镇的民兵组织放弃了这场战争，因为服役期已满。

在具体实践层面，骑士团也并不总是抵抗异教徒的，有的时候，为了维护或追求骑士团的自身利益，他们反而会将矛头指向自己的基督教兄弟。这样的例子几乎在所有战争前线都能找到。1233年，在利沃尼亚，宝剑骑士团同教廷使节阿尔纳的鲍德温（Baldwin of Alna）的支持者们发生了冲突。而在东方，骑士团卷入内部政治纷争已经成为13世纪的典型特征，例如圣萨巴斯战争，以及其他一些私人口角。在13世纪晚期，卡斯蒂利亚王国也受到政治局势动荡的困扰，因此同样的情况也发生在这里。这些问题耗尽了各地的资源，而这些资源本来是该用于针对穆斯林或者异教徒的。在叙利亚，骑士团所享有的独立性意味着他们可以拒绝服役的请求。相较而言，骑士团在西班牙的自由度要小很多，不过在13世纪后半叶，他们拒接服役的势头也在不断增长。阿拉贡国王在面对这种情况时，如果是骑士团首次拒绝服役，那么国王会向他们反复发出传票，并且还会以违抗皇家命令为依据，威胁骑士团的财产安全。然而在东方与波罗的海地区，骑士团即便时常拒绝参战，但仍在抵抗异教徒方面做出了巨大贡献，在驻守堡垒的时候，他们也起到了非常关键的作用。在12世纪中期，耶路撒冷国王阿马尔利克一世就曾对法国国王说："如果我们做成了什么，那也都是通过他们才达成的。"

其他活动

在战场上，医院骑士团与西班牙的一些骑士团似乎也承担起了照料伤员的任务。慈善活动是骑士团活动的重要组成部分，但这些慈善活动往往是在战场以外进行的。1188年与圣救世主医院合并后，蒙特高迪奥骑士团就开始从事赎回基督徒俘获的工作，而圣地亚哥骑士团也将夺得的战利品用于类似的目的。事实上，圣地亚哥骑士团几乎掌控了伊比利亚半岛所有的救济医院。圣约翰医院与条顿骑士团在成立之初都是为了向穷人与病人提供援助，在它们逐渐向军事机构转变的时候，并没有放弃继续承担这些任务。虽然在12世纪晚期，教皇亚历山大三世曾对医院骑士团表示担忧，认为军事功能影响了它的慈善任务，但在朝圣者维尔茨堡的约翰（John of Würzburg）的描述中，情况却并非如此。约翰在12世纪60年代前往耶路撒冷，他曾写道："大量的病人，不论男女，聚集在各个楼里。他们日益恢复健康。我从那里的男仆口中得知，病人总数多达2000人。"正如在审讯时所揭露的那样，圣殿骑士团没有向穷苦百姓提供医疗服务的义务，虽然如此，但同其他骑士团一样，它会定期向人们分发救济金。这项职责部分是通过分发面包的形式实现的，他们会从圣殿骑士团修道院的面包中抽出十分之一来分发给穷人。

在所有骑士团中，都会有从事地产管理工作的成员，条顿骑士团则几乎承担了整个普鲁士的征服行政职责，而在"圣地"，几个主要的骑士团也会行使一些政治权利。还有一些骑士团，尤其是圣殿骑士团，还会从事储蓄与借贷业务。骑士团修道院通常被当作存储钱财、珠宝与文件的场所。虽然我们不能假定所有远离战场的修道院都位于防御工事坚固的堡垒中，但有一点不得不强调，正是骑士团所扮演的军事与宗教角色，使他们的修道院特别适合承担这项任务。除了储存财物，骑士团还负责将其从一地向另一地转移的工作。在整个西方基督教世界的几个主要骑士团中，它们下属的修道院彼此间已经连成网络，因此，这样的转移工作可以很顺利地完成。许多存储行为虽然是临时性的，但许多人都在圣殿骑士团那里办理活期账户，圣殿骑士团定期从客户那里获取收益，并代表客户本人扣除收益的款项。几乎在整个13世纪，巴黎的圣殿骑士团就相当于法国国王的财务部。很多贵族都在圣殿骑士团那里开设账户，其中包括路易九世的兄弟。

圣殿骑士团的借贷业务也变得越来越重要。例如在阿拉贡，预付欠款的业务早在12世纪30年代就已经开始，到了13世纪晚期，圣殿骑士团会定期向阿拉贡王室提供贷款。在13世纪，一般都是为了达成某个特殊目的，王室才会向骑士团寻求贷款，但在接下来的100年里，这已经成为政府财政的常规选项。统治者日益需要利用金钱达成义务。为了满足财政需求，他们时常采取短期贷款的方式，将自己的收益提前取出。他们会求助于那些拥有大量资金的个人与机构，其中包括意大利商行，当然也包括圣殿骑士团。为了满足王室的财务需求，圣殿骑士团有时不得已也要向他们提供借款，毕竟，为了赢得王室的欢心，想要拒绝也并不容易。

财　力

不论军事活动还是慈善事务，骑士团势必都要在其中投入大量金钱。骑士团的一项收入来自战争。如果战役取得胜利，战利品与被征服土地上的地产都构成了这项收益的一部分，在有些战争前线，骑士团还能收到贡金。然而，大多数骑士团成员所获得的收益基本来自那些远离战场的地产。圣殿骑士团与医院骑士团之所以有能力承担"圣地"的主要防御工作，是因为它们可以定期从西方基督教世界的各个地区得到收益，而不像东部拉丁的统治者与贵族，他们的收入基本依赖于当地的地产。在所有骑士团中，只有圣殿骑士团和医院骑士团能够从西方获得大量财富。

有些赠予来自西方基督教世界的边境地区，这些资金源于世俗社会的各个阶层，虽然在俗教士所能提供的赞助非常有限。捐款人希望通过自己的捐赠推进基督徒抵抗异教徒的事业。在12世纪，"圣战"还是一个比较新的概念，但它却影响了捐款的形式，因为此时古老修道院的荣光正在渐渐褪去，受欢迎的程度变得越来越小。一些人支持骑士团的理由非常特殊——捐款有时可以用来替代加入远征的义务，而有些资助人本身就有过远征经验，或是曾在骑士团中从事军事与慈善工作。有些人之所以选择赞助骑士团，一方面可能是受到某个人或家庭成员的影响，另一方面则可能是地理因素的作用——赞助人决定资助一个骑士团，往往是因为这个骑士团的修道院就在他的居所附近；捐款人希望通过自己的善心，在此生或来世能够得到神的恩宠。虽然捐款人从未试图建立新的修道院——这通常都是富有的施主想要达成的目的，但他们的名字还是会在修道院的祈祷文中出现。12世纪的赞助人期望他们的捐款主要用在军事与慈善方面。然而，到了13世纪，人们越来越倾向于把钱捐给祈唱堂（chantry）的神父、弥撒仪式或是在分堂讲坛前燃烧的油灯。有些人则希望看到捐款带来的物质利益——如教堂的维护与修缮，有这种期待的赞助人通常都来自修士阶层。

通过购置资产，骑士团又可以增添一项收益。他们会利用剩余的收益进行投资，从而获得长远利益。在有些地区，骑士团购置的财产要比得到的捐赠还多，即便有些财产并不值钱。通过捐赠与通过购置资产所获得的收益，在本质上是完全不同的。由于在军事与慈善方面的开销巨大，骑士团不能像一些宗教机构那样，对于所购置的资产过于挑剔。在条顿骑士团的条文中，第二条就指出，由于战争与慈善开销巨大，"骑士团成员既可以掌握动产，也可以拥有不动产，即土地、耕地、葡萄园、乡镇、磨坊、堡垒、教区教堂、小礼拜堂，以及什一税等"。这个列表显然并不详尽——例如，还有捐赠的马匹与盔甲，或现金捐款；与此同时，骑士团还能享受到一些特权，这些待遇要么能够为他们提供更多增加收益的机会，要么能够确保他们的收益为自己所用。例如，对于那些每年都会向骑士团捐款的资助者，教皇会从他们必须参与的补赎行为中免除七分之一，而骑士团也可以免缴一部分什一税。通过开垦荒地，骑士团也可以增加收入，这主要发生在12世纪和13世纪的西方基督教世界。发放贷款也属于骑士团的收益之一，不过这方面的史料很少，我们难以掌握其获得收益的具体细节。然而，为了获取利益，据说骑士团常常会滥用自己的特权。

虽然骑士团通过各种不同的途径来获得收益，但这些途径并不总是能够维持下去。在叙利亚与西班牙，尤其后者的收复失地运动在13世纪中期陷入停顿，通过向异教徒宣战的方式获取收益的渠道变窄了。在大部分远离基督教世界的区域，骑士团在13世纪收到的捐款数目也在萎缩，购置资产的情况同样不容乐观。赞助人渐渐对骑士团失去了兴趣，而购置资产的数量也在不断下降，这与骑士团的财政状况有关。

骑士团不仅没能积累更多的财富，反而丧失了很多收入渠道。由于埃及马穆鲁克人的进攻，骑士团失去了在东方的地产。医院骑士团团长在1268年声称，他在耶路撒冷王国已经有8年没有任何收入了。教皇时常谴责并恐吓那些对骑士团的财产造成损害的人，这表明在西方基督教世界，想要维持自己的权益需要非常谨慎。在那些侵犯骑士团利益的人当中就包含在俗教士，他们出于自身利益的考量，急于限制骑士团的特权，如举行葬礼的特权。骑士团还会受到某些时代大趋势的影响，如通货膨胀，而在西方基督教世界的大部分地区，由于战争与骚乱频仍，人们的收入普遍都在下降，哪怕这只是短期的趋势。

我们不能简单地认为，骑士团的大部分收益使用在了军事与慈善事业上，或是拿去购置资产。大部分圣殿骑士团与医院骑士团的成员居住在西方，因此，骑士团在西欧获得的收益基本用于维护他们的住所。在履行宗教义务方面，骑士团也消耗了大量财富，这些义务是以修建祈唱堂与弥撒的形式出现的。1309年的一份调查显示，圣殿骑士团在位于英格兰埃塞克斯（Essex）的克利幸（Cressing）的收入，其中有四分之一用在这个方面。骑士团的支出还包括建筑的维护与修缮，有时甚至为了讨好某些人，也需要投入一笔开销。由于要偿还在外欠下的应缴款与税款，骑士团可自由支配的收入也在缩水。在13世纪，骑士团之前享受到的一些豁免权也受到约束。在1215年，教皇英诺森三世限制了骑士团的什一税豁免权，而在与主教们发生冲突之后，为了与当地教区达成和解，骑士团又让出了一些权限。一些在俗的统治者迫于不断增长的财政压力，同样选择收紧骑士团已享有的免税政策。在13世纪，国王和教皇还希望骑士团能够上缴一种新形式的普遍税款——虽然教皇从未要求骑士团为援助"圣地"而上缴税款，但为了满足在西方的需求，教皇曾多次向骑士团索要补助金。

　　一些小型的骑士团，如蒙弗拉格修会，从未拥有足够的收入来让自己保持相对独立的状态；即便是那些发展较好的机构，当它们在承担额外的负担，或是遭到严重的军事打击的时候，也时常会遇到财政上的困难。例如，医院骑士团曾不顾自己的财力，大力支持12世纪60年代攻打埃及的计划；而在西班牙，当卡拉特拉瓦骑士团输掉了阿拉尔克斯战役之后，卡斯蒂利亚国王不得不出手资助。种种迹象表明，在整个13世纪，几个主要的骑士团所面临的财政问题更多的是长期性的。涉及债务的证据越来越多，而这些债务通常都不是短期债务。在14世纪初期，为了解决财政困难，医院骑士团在德意志开始实行限制征募与禁止建设新建筑的政策。不过，相对于这些措施而言，一种更加普遍的做法是财产转让。这在短时间内可以缓解问题，但却损害了长期收益。

　　不论军事活动还是慈善事业，都受到了这些问题的影响。医院骑士团团长在1306年声称，他的骑士团没有足够的资金来为病人提供良好的照顾；而在13世纪晚期，圣殿骑士团团长曾多次表示，由于贫穷，他们很有可能放弃守卫"圣地"的职责。在西班牙，圣地亚哥骑士团团长在1233年也有过类似的言论——骑士团的资源很难维系堡垒的正常运转，而他们愈加不情愿在伊比利亚半岛服役，这似乎也是财政问题所致。许多骑士团很难继续履行它们的义务。

成员招募

同收益问题一样，骑士团需要稳定的人员输入，尤其是骑士团成员的死亡率似乎要比行为更加内敛的修会死亡率高得多。虽然并不排斥外来人员，但骑士团大多在本地招募新兵——志愿加入西班牙骑士团的人们基本来自伊比利亚半岛，而条顿骑士团的成员大都是说德语的本地人，只有圣殿骑士团与医院骑士团的应征者来自西方基督教世界的不同地区，这两个骑士团主要是从法国吸收新鲜血液。至于修会，则有一些入会要求。所有新兵都要以自由人的身份加入骑士团，在13世纪，只有骑士的后代才能在应征时申请成为骑士。在圣殿骑士团与医院骑士团，若想要加入骑士的行列，申请人还必须是合法夫妻所生的后代。然而在这两个骑士团中，此类申请人只占较少的一部分，大部分应征者成了军士。在大部分骑士团中，对于已婚的应征者，如果未征得配偶的同意，也是不允许加入的。在此基础上，骑士团还会对此类申请人进行健康与财产方面的考察。在中世纪早期，修道院往往被认为是收容身患残疾或畸形的子女的庇护所，而这正是骑士团所力图避免的。与此同时，它们还要确保申请人在加入之前没有债务缠身。如果有人想要进入修道院从此过上远离世俗的宗教生活，那么他必须向修道院提供一笔入院捐赠金。虽然这种做法在12世纪和13世纪遭到教会越来越多的反对，但在骑士团中，这项制度却消亡得非常缓慢。骑士团也拒绝接受儿童，这与如今教会反对儿童进入修道院的做法如出一辙。贵族子弟在修道院（而非自己家里）被扶养长大并非一件不同寻常的事情。生活在骑士团中的孩子不必宣誓。有些骑士团还设定了最小准入年龄。从圣殿骑士团的审讯记录中我们可以看到，有几个申请者在加入骑士团的时候只有10岁或11岁，但这毕竟是例外，圣殿骑士团的新兵平均年龄为20岁上下。

然而，从条文的措辞中我们可以判断，这并不意味着父母在孩子的职业选择上没有任何发言权。家族中的年轻子弟在新兵中占据很大比例，此外，他们还有维持生计的需求。在新兵入团仪式的演说中有这样的暗示，即在有些人看来，加入骑士团就会过上美好的生活。在有些演讲中，还会向新兵们保证，加入骑士团会提升他们的社会地位，比如说在圣殿骑士团。以上的考量往往都是非常重要的——在他加入骑士团的时候，"他们曾问他为什么要这么做，既然他已经是贵族出身，富有，且拥有足够的土地"。大量史料都会强调新兵的精神与思想层面的问题，而这也是不容小觑的。对于一些人而言，不论为上帝服役，还是确保自己能够得到救赎，相较于躲在修道院里，与异教徒作战似乎都是更好的选择，这种想法特别兴盛于十字军运动早期。还有一个因素让骑士团显得没有像修道院那么排外——那些在修道院中只能成为皈依者的人，在骑士团中却可以成为正式成员。与此同时，我们也不能忽视某个家庭或邻里与骑士团之间的关系在招募时所起的作用。

在骑士团成立早期往往很难招到新兵，有些机构可能自始至终都没能解决这个问题，如蒙特高迪奥骑士团。然而，一旦形成规模，如圣殿骑士团与医院骑士团，即便它们没能吸引到几个拥有神职的志愿者加入，但想要在西方征召足够的在俗人员还是不成问题的，哪怕在13世纪情况也是如此。有些志愿者还得通过颇具影响力的赞助人作为中介才能得到骑士团的认可。在编年史学者马修·帕里斯（Matthew Paris）1244年（拉佛比战役战败之后）的记载中，圣殿骑士团与医院骑士团不得不"从一般信徒中进行挑选，并允许他们加入骑士团"。然而在13世纪，骑士团在伊比利亚半岛所面临的情况并有没那么理想。

组织工作

在成立之后的几年里，骑士团一般仅由一队成员与一位团长构成，在这个阶段，管理体系在骑士团内部是基本没有必要的。随着财富与人员的不断积累，不论在前线地区还是在别处，建立下属于骑士团的修道院已经成为一种常态。如果骑士团拓展的范围太大，那么在修道院与骑士团大本营之间就需要有一个管理层作为调节。由于团长很难对遥远地区的修道院进行监管，因此，管理体系的建立就显得很有必要了。通过体系的运作，位于西方基督教世界其他地方的物资与人员，就可以轻松地运送到前线地区。同时在几个战争前线作战的骑士团，在每个地区都要配备一位首领。修道院当时的组织形式很难满足骑士团的需求，在这些形式当中，较为重要的一种是将一个地区的修道院组织在一起，形成一个省。虽然在细节上各有差异，但几个主要的骑士团都采用一种分成三个层次的管理系统。

在前线地区，修道院大多位于城堡里面，并要履行相应的军事职责，而在其他地区，修道院的首要任务是对周围地区的财产进行管理。虽然有些骑士团为许多神职人员开设了分院——如圣地亚哥骑士团，而且有的骑士团还有女修道院，但修道院中的成员大多是由在俗的兄弟组成的。在女修道院中，修女的人数有时会多达四五十人，而在男修道院中（除了前线地区的修道院），常常只有几位修士，人数远没有在这里生活或工作的外人多。修道院的首领被人称作"导师"或"长官"，这位首领并不是由修道院成员选举产生，而是上级指派的。他必须确保修道院成员都遵守规矩，而在前线地区，他还要在战场上领导他的兄弟们。与此同时，他还要负责修道院的财务管理工作，非前线地区的修道院每年都要从自己的收入中拨出一部分交给上级。这位首领没有下级官员，他的管理工作要在修道院全体教士的意见下进行，他们每周都会召开一次例会。省级首领也是由上级指派的，他的职责同修道院的院长类似。在圣殿骑士团、医院骑士团与条顿骑士团中，西欧每个省的首领都要将年收入的三分之一上交给骑士团大本营。同修道院的情况相同，省级首领之下也不存在副省级官员。但他们会咨询省级教士的意见，这些人每年开一次会，与会的人中还包括下级各个修道院的首领。在几个主要骑士团的大本营中，大统领（或称团长）手下有几位副手，其中包括一位副统领、一位负责军事事务的长官以及一位负责军需的长官。在规模较小的骑士团中，这些长官各行其是，并不会组织例会。大统领会向总修道院的成员咨询意见，他大概每周都会同修道院的修士们见一次面。所有骑士团，不论规模大小，都会定期举办碰头会，来自不同省的教士都会出席。

因此，在各个层面，骑士团官员的权力都会受到修道院教士的制衡。在某些问题上——如招募新兵，教士通常会要求事先召开会议，商讨事务的具体措施。这种做法已经成为惯例，以至于其他类型的业务往来也会以这种形式展开。在中央级和省级会议上，人们会详细列出账单，并结清之前欠下的债务。在履行前者的义务时，有的官员因账目问题将会面临短期停职，这种情况在一些骑士团中时有发生。因此，修道院时常会组织这样的会议。然而，官员们希望他们在行政过程中能够享受到充分的自由，而不是被自己的下属牵着鼻子走。中央与省级修道院之间很少开会，而且修道院中的成员流动性较大，缺乏连续性，并非所有修士都有自己的印章。虽然监管的确存在，但似乎没有人愿意因此给官员们戴上过于沉重的镣铐。通常只有在违纪情况持续不断的时候，下属才会介入。例如，在1296年，医院骑士团就发生过此类情况。当时中央级别的修士试图修正团长们滥用职权的做法。下属在加入骑士团的时候，曾发誓服从上级指挥，这似乎在某种程度上起到一定的制约作用，不过有一点我们不能忘记，即便在世俗世界，人们也不愿对统治者长期加以限制。

与此同时，上级官员对下属进行监管的时候，并不总是那么顺利。骑士团团长始终试图让自己的影响力遍及整个西方基督教世界，但想要在"圣地"实现这个理想就困难得多了。原因很简单，身处"圣地"的骑士团在地理层面并不占据中心位置。在所有规模较大的骑士团中，巡查探访已经成为惯例。虽然各省的长官会亲自执行这项任务，但骑士团团长也常常会派代表进行检查工作。显然，中间的省级管理层存在逐渐独立化的趋势，尤其在省级修道院中的修士大多是本地人的情况下，便可能滋生本土的人际关系凌驾于上下级关系之上的问题。在履行财政义务的时候，省级长官虽然偶尔会有拖延，但在1300年以前，省级官员真正让自己获得更大的独立性，这个尝试只出现在13世纪晚期葡萄牙的圣地亚哥骑士团。在葡萄牙国王的支持下，他们成功地削弱了自己的上级，即骑士团团长的权威。

与在俗教士占大多数的修道院不同，那些以神职人员或修女为主导的修道院，通常有选择自己首领的权利。在与神学或精神领域有关的问题上，在俗教士要听从神职人员的指导。然而，骑士团的管理工作却主要由在俗教士负责，上层的管理工作则掌握在骑士手中。大本营中的官员与省级首领一般都属于骑士阶层，在圣殿骑士团的中央修道院中，骑士当然是最大的组成部分，骑士团每天的日常事务都在这里进行。骑士还是各大分团的重要组成部分，而在圣殿骑士团与条顿骑士团负责选举新一任团长的委员会中，骑士也占多数——委员会由八位骑士、四位军士以及一位神父组成。在地方层面，几个主要骑士团中的骑士通常会负责管理那些位于前线地区的修道院，但是在西方基督教世界的其他地区，充当这一角色的往往是军士，而在他们的下级官员中则会有骑士出现。在这些地区，官员的委派似乎是由一个人是否合适而非他的级别决定的。由地方修道院组织的分团，大多也由军士阶层构成，在基督教世界边境以外的地方，他们已经具有较大规模。不同级别成员承担着各自不同的角色，他们之间并不总是和平相处，但长期的分歧也实属罕见。例如，圣地亚哥骑士团与卡拉特拉瓦骑士团的内部纷争，其中的神职人员时常抱怨他们的权利受到了侵犯。在医院骑士团中，锡赫纳（Sigena）修道院（位于阿拉贡）中的修女们曾多次与省级首领发生冲突。

对属于自己的事务，骑士团也无法彻底掌控。虽然大部分骑士团因享有一些豁免权而往往不受主教的管辖，但他们还是服从教皇的权威，当教皇认为有些问题需要更正的时候，他们便会出手干预。教皇偶尔会插手骑士团内部的官员委任，有的是出于政治原因，有的是因为教皇想要提携某个人。国王也会因同样的理由干预此事。此外，西方的世俗君主有时也会阻拦骑士团发往"圣地"的款项。隶属于一些宗教机构的骑士团更倾向于服从外部的定期监管。几个西班牙骑士团就隶属于西多会，包括卡拉特拉瓦骑士团、蒙特高迪奥骑士团与圣马利亚修会，而阿维什骑士团与阿尔坎塔拉骑士团则并入卡拉特拉瓦骑士团旗下。这些安排的具体原因大多不得而知，即便如此，我们还是能够了解到，卡拉特拉瓦骑士团的案例是由修会当时的处境所致：1158年，圣殿骑士团的卡拉特拉瓦城堡即将失守，而菲特罗（Fitero）修道院院长（属于西多会）接手了这项任务，卡拉特拉瓦骑士团在这之后建立。这种隶属关系在西多会内部也存在，中央级别的修道院有审查下级修会的权力，并且可以委任修会首领。然而在理论上，大多数骑士团仅隶属于教皇。

修道院生活

加入骑士团的新兵需要起誓，遵守常规的隐修戒律，即守穷、守贞与忠顺的誓言（圣地亚哥骑士团除外，他们甚至允许已婚男士成为正式成员）。从此，他们便过上了修道院式的生活——睡在寝室，吃在食堂。居住在修道院的所有兄弟都有参加礼拜的义务，不过，很多人不识字，他们顶多只能听神父背诵经文，并在每个特定的时间说几句主祷文。在礼拜仪式之间穿插着许多实践活动。人们并不指望在俗的兄弟们会进行冥想与阅读。虽然骑士团中并不缺乏文化活动，但在审讯圣殿骑士团的记录中，我们唯一能找到的一类书籍都与礼拜仪式相关。有些兄弟主要从事管理与慈善工作，而内务与农活一般由军士负责。在和平时期，如何进行军事操练与演习，对此我们能够了解到的非常少。骑士团的规章制度仅仅是用来确保某些世俗骑士的行为能够受到约束，如打猎与沿街兜售。虽然在人迹罕至的荒废地区，卡拉特拉瓦骑士团的成员是允许打猎果腹的，但在骑士团（如圣殿骑士团）的规则条文中有明确规定："宗教骑士团成员不应当沉湎于世俗的娱乐当中。"与修道院中的修士不同，骑士团的兄弟们是可以吃肉的，一周有三天能开荤。他们在斋戒期贯彻戒律不必像僧侣们那样彻底，且在事先未征得他们同意的情况下，额外加设斋戒也是不允许的。实行这项举措，是为了确保兄弟们在战场上有足够的体力，即便主要的斋戒时段与战争季并不重合（除波罗的海地区），且在战场上打仗的战士在骑士团中只占少数。在修道院中，就餐时不允许说话，虽然圣殿骑士团接受了这条戒律，但在席间还是需要利用手势进行沟通。在衣着方面，圣殿骑士团也被迫进行改良，在叙利亚，从复活节到诸圣节（All Saints）期间，由于天气炎热，骑士团成员可以换掉棉质衣服，改穿亚麻制品。服装与配饰的样式必须简约、质朴，不可以出现浮夸的装饰。

对于那些违反规矩的人，骑士团制定了不同等级的惩罚方案，重到开除团籍，轻则为几日的补赎劳动，有时也会有体罚的形式。然而，法令并不能完全杜绝违纪情况的发生，而且偶尔还允许宽大处理。因此，集体生活并不能有序开展。有越来越多的证据表明，官员已经开始有自己的独立居所。例如，在14世纪初，在利马索尔（Limassol）的医院骑士团大本营中，普通的成员似乎也有属于自己的房间了。与寝室相关的史料，不论官员居住的大型居所，还是普通成员生活的小型房间，都能在对圣殿骑士团的审讯中找到记录。在食物方面也存在一些宽松政策，这种做法有时（并非总是如此）需要以骑士团的特殊需求的名义才能展开。与衣着和装备相关的规矩都要严格遵守，没有放宽的余地，但想要执行下去却颇有难度。在13世纪医院骑士团的雕像中，人物的衣着上刻有许多刺绣图案，配饰上装点着黄金与白银制品，这类浮夸的衣着形象时常遭到人们的指责。与此同时，骑士团成员也没能严格遵守禁止打猎的戒律。

在骑士团中贯彻严格的生活管理制度之所以受到阻碍，是因为这些成员在刚刚加入骑士团的时候，缺少一段初学期（novitiate）。如果有这个阶段存在，志愿加入骑士团的人就可以检验自己能否适应这种宗教生活，而接纳这些志愿者的原有成员也可以对他们进行评估，与此同时，后者还能对前者做出相应的指导。卡拉特拉瓦骑士团一向坚持新招募的成员要经历一段试用期；条顿骑士团在13世纪中期已经允许部分新兵免于初学期；而在圣殿骑士团中，这项政策已经彻底不存在了。但即便在初学期已经遭到废除的时期，骑士团依然会给予新兵一些指导。例如，在圣殿骑士团入团仪式临近尾声的时候，新兵会得到一些训导，内容涉及违反戒律将面临的惩罚，以及与生活细节相关的种种规矩。然而，对于刚刚进入骑士团的新兵而言，这些训导显然没有多大效果。虽然在圣殿骑士团以及其他一些骑士团中，上级时常会公开向成员宣讲骑士团戒律，我们找到许多14世纪早期圣殿骑士团接受审讯的记录，这些记录揭示了骑士团兄弟对此类经文的茫然无知。例如，对于主祷文的宣讲次数，人们的评估就各不相同。由于缺少初学期，骑士团兄弟的识字率又很低，许多问题继而出现，但实际上，在修道院的世界中，戒律标准的下降早已成为一种普遍现象。

批评家与角色转换

虽然在13世纪，骑士团依然能够得到捐款与资助，仍然会有志愿者应征加入大型的骑士团组织，但在12世纪与13世纪，骑士团却逐渐受到外界越来越多的批评。在此类机构出现之初，人们对它的质疑便已存在，而这种质疑的声音，在后世作家的写作中从未停止过。此外，骑士团也会因为各种不同的理由遭到指责，这样的情况也变得越来越普遍。外界常常谴责骑士团的傲慢与贪婪。此外，人们也开始责问骑士团的资金使用问题。一些批评家指出，骑士团成员的生活其实非常安逸，甚至极其奢华，他们把钱财都浪费在满足个人的欲望上。因此人们认为，骑士团成员的生活与那些在前线地区的骑士，尤其是那些在"圣地"的兄弟，并不相同。这些批评的声音包括圣奥尔本斯大教堂的编年史学者马修·帕里斯的作品《大事纪年》（*Chronica majora*），以及林肯大教堂院长1274年在里昂大公会议上的发言。活动于前线地区的骑士团成员往往会将军事矛头指向自己的基督教兄弟，这也是常为人们所诟病的，这项指控通常是针对波罗的海地区的条顿骑士团。而在骑士团之间也存在诸多矛盾，特别是在圣殿骑士团与医院骑士团之间，由于长期的竞争与敌对关系，双方刀剑相向的情况时有发生。骑士团之间的敌对关系还会阻碍它们在战场上的合作。另外，骑士团都享有相对的独立性，这也会影响它们在东方战场抗击穆斯林的作战效果。而另一些批评家则指出，地中海东部地区的骑士团在对待异教徒的问题上并不愿采取过于侵略性的政策。例如，在第三次十字军东征期间，圣殿骑士团与医院骑士团反对攻打耶路撒冷的计划，这招致法国十字军的责难。有些人甚至认为骑士团成员对穆斯林的态度过于友好。另外，英国方济各会修士罗杰·培根（Roger Bacon）在13世纪60年代批评骑士团的作战对象过于宽泛，指向性不够明确。他认为骑士团的军事行为对异教徒的皈依起到了反作用。这样的批评已经算是比较客气的了。在波罗的海地区的宝剑骑士团与条顿骑士团就不止一次地遭到更尖锐的批评，认为他们的活动阻碍了异教徒的皈依，并且正是骑士团所采取的政策才导致这一现象的出现，不过这是少数人的观点。

像这样的批评言论必须放在具体语境下进行观察。所有宗教都不乏恶意诽谤与诋毁它的人。对骑士团的行为做出的评价也并不总是批判性的，每个骑士团都有各自坚定的捍卫者，他们当中的一些人，甚至已经超出了批评的范围。在12世纪与13世纪，教皇虽然会对骑士团的某些行为做出批评，但他们在大部分时候抱以支持的态度。还有一些批评家显然对骑士团心存偏见。教皇为了给予骑士团特权，牺牲了在俗神职人员的利益，他们不仅要奉献部分收益，在民间的权威也有所下降。等到了13世纪，教会还不断地要求神职人员为援助"圣地"而缴税。在波罗的海地区，很多诽谤者是条顿骑士团的竞争对手，他们的批评并不是基于个人经验，而仅仅是重复以往的成见。许多批评家存在一个问题，即他们得到的信息不足，对骑士团的了解非常有限。他们觉得骑士团手里一定持有大量资源，在为防御"圣地"提供资金的时候不会遇到任何困难。然而，在审讯圣殿骑士团的清单中，我们很难找到说明骑士团非常富裕的证据。批评家对敌人的评估也有夸大嫌疑。我们常常会看到他们批评骑士团在"圣地"对异教徒的政策，然而，这部分是由误解，以及不同的价值观造成的。十字军往往对东方的政治局势缺少清晰的判断，他们无法理解拉丁定居者们的长远利益究竟体现在何处；相较而言，他们更赞赏对异教徒的强硬政策，而对未来并不多加考虑。

另外，并不是所有批评的声音都是有失公允的。骑士团有时的确会滥用特权；对自己的基督教兄弟动武也不能总以自卫做挡箭牌——条顿骑士团先后在匈牙利与普鲁士宣告独立，这种做法并不是只针对异教徒的。

到了13世纪晚期，许多人认为，有必要对骑士团组织进行改革。基督教权威以及研究十字军的学者对此投入了很大关注。一些人认为，骑士团在地中海东部地区的独立性应当受到制约；还有一点得到了更多的讨论，即为避免骑士团之间的不良竞争，应当考虑将一些骑士团，甚至所有骑士团合并。许多理论家对这一观点做出了进一步论证，如雷蒙德·卢里（Raymond Lull）与彼得·杜波依斯（Peter Dubois）。1291年在教皇尼古拉四世（Nicholas IV）组织召开的几次省级会议上，也对这个问题进行了讨论。在一些会议上，人们还提议评估骑士团的资产，看他们手中的土地能够维持多少骑士的生计。彼得·杜波依斯就主张，骑士团在西方的财产应当充公，以支持其他远征项目。

在一些理论学者的愿景当中，他们期望能有一个骑士团在地中海东部地区领导基督教事业，等到那个时候，就可以迎来更加美好的未来。虽然如此，但他们所提出的改革方案却都没能得到具体落实。最终，迫使骑士团做出调整的是前线地区局势的变化。这种骑士团自身的转变起步于西班牙，13世纪中期当地的收复失地运动基本陷入停滞，骑士团将作战重点转向了基督徒的内部纷争。西班牙的统治者们希望通过骑士团的力量抵抗基督徒内部的竞争对手。例如，在1285年法国入侵阿拉贡的时候，骑士团就曾为后者服役；而在13世纪晚期，骑士团则卷入了卡斯蒂利亚王国的内部权力纷争。在1291年，地中海东部地区的拉丁定居点沦陷，对于骑士团而言，这成为一个更加明显的转折点。虽然遭到巨大的损失，但这并不意味着骑士团就此消亡，因为对于当时的人而言，"圣地"还未彻底沦陷。圣殿骑士团、医院骑士团与阿卡的圣托马斯修会将大本营迁至塞浦路斯，这里离叙利亚海岸只有100英里（约161千米）。在此后的几年中，有几次针对穆斯林的远征发起；而同一时期，圣殿骑士团与医院骑士团的团长们就收复"圣地"的最佳方案争论不休。医院骑士团在塞浦路斯也遇到了许多困难。在14世纪的第一个10年中，医院骑士团征服了小亚细亚西南沿岸的罗德岛，从而为自己转换了一个新的角色。与此同时，圣拉撒路骑士团将大本营迁至法国，它在那里就不再承担任何军事功能；条顿骑士团则先将总部设在威尼斯，并于1309年再次迁址到玛丽恩堡（Marienburg，位于普鲁士），从那时起，条顿骑士团就将工作重点放在波罗的海地区了。

对圣殿骑士团的审讯

在其他骑士团寻求角色转型的时候，圣殿骑士团却在法律上遭到废止。1307年10月，法国在国王腓力四世（Philip IV）的动议下，圣殿骑士团成员（当时它的总部依然在塞浦路斯）在法国被逮捕。据说，在入团仪式上，新兵被迫否认上帝的存在、在十字架上吐痰，并且还要做出下流的亲吻动作。圣殿骑士团成员被指控滥搞偶像崇拜，坊间同时传言，骑士团内部同性恋关系风行。虽然教皇克雷芒五世极力反对腓力四世的做法，但由于骑士团团长雅克·德·莫莱以及许多成员对自己的行为供认不讳，因此克雷芒五世勒令西方各国统治者逮捕本地的圣殿骑士团成员，并剥夺其财产。在执行教皇命令的过程中，唯一受到较大阻碍的地方便是阿拉贡，那里的骑士团成员固守在城堡中，并进行顽强的抵抗，前后超过一年之久。在1308年年初，腓力四世与教皇之间发生了许多口角，因此耽搁了对骑士团的审讯工作，直到1311年才有裁判者与高级教士在整个西方的各个国家对圣殿骑士团进行调查。他们所得到的结果各异。在法国以及意大利的部分地区，大部分成员招认了自己的罪过，甚至那些更加严重的指控他们也都承认了；但在塞浦路斯、阿拉贡、卡斯蒂利亚和葡萄牙，骑士团成员却否认这些起诉；在英格兰，只有三位兄弟供认了控告中的主要内容。基于这些情况，维埃纳大公会议（Council of Vienne）在1311年年末召开，以决定圣殿骑士团的命运。有一组骑士团成员出席并为自己申辩，但他们却没能得到辩护的机会，即使高级神职人员中的大多数认为应当给他们一次机会。1312年3月22日，就在腓力四世到达维埃纳两天后，克雷芒宣布了废除圣殿骑士团的决定。大部分成员被立即除名，至于他们的财产却不是那么容易解决的问题。

审讯期间，在讨论如何抑制圣殿骑士团的权限这个问题上，主要牵涉两个方面：第一是骑士团有罪与否，第二是国王腓力四世想要达到的目的。那些针对圣殿骑士团的种种指控如此触目惊心，令人难以置信。至关重要的是，还缺乏对骑士团治罪的证据，例如那些据说已经秘密窝藏起来的神像（谣传在法国居多，但法国王室在逮捕圣殿骑士团成员时都是搞的突然袭击）。此外，那些承认了严重指控的供词很难让人信服：这些供词前后不够连贯，对于指控中涉及的不当行为所做出的解释也并不合理，即便在法国的审讯中所记录的供词，我们也找不到任何成员为自己辩解的内容。这些供词给人的印象是，骑士团成员正在从事一些连他们自己都难以置信的活动。在法国，一些骑士团兄弟推翻了原来的供词，然而这种做法似乎对被判有罪的人毫无益处。如果这些被招认行为已经持续了很长时间，那么骑士团成员早就该逃脱这次检查了，然而这种情况是不可能的，因为不论在圣殿骑士团还是在其他骑士团中，都曾有过叛教的先例，而许多成员要接受审讯（调查者一般是一位本骑士团以外的神职人员），并供认自己的罪过。基于这样的前提，我们再回看这次审讯，有一点就显得非常突兀了——没有任何人见证圣殿骑士团成员的供认行为（1307年之前均是如此），这里显然存在很大的问题。还有一点我们不能忘记，那就是这次对圣殿骑士团的指控并不新鲜——之前早有针对异教徒与穆斯林的控告。也许，骑士团成员供认了罪行，这始终是个事实，然而，这个结果却是通过极富技巧且持久的盘问、心理战术与折磨实现的——利用这种方法，哪怕是清白的人都会认罪。

想要探询逮捕骑士团成员的背后动机则更是难上加难，部分原因是我们没法确定，在商讨动议的过程中，法国国王究竟发挥了多大作用。一种常见的说法是，法国王室财政吃紧，因此背后的目的可能与金钱有关。同其他统治者一样，通过掌控圣殿骑士团的财产，法国国王的确能够得到一些短期收益，但这并不必然指向原始的动因。与此同时，法国政府似乎也没有为了得到更多长期收益而向骑士团施压。还有人指出，王室试图拓展自己的权势，因此他们不能容忍骑士团在自己的王国里存在，尤其是这个组织还享有一定的独立性，具有很强的军事实力，且由贵族阶层组成。然而，圣殿骑士团在法国却很少彰显其尚武的一面；其成员也并不以贵族为主；此外，骑士团的行动也常常受到限制。有的学者将这次审讯解读为君主权力对教会势力的超越。可是异教徒与偶像崇拜的罪名很难与这种学说相匹配，因为即便法国政府有能力对教皇进行恐吓，并影响他的决定，但判定骑士团命运的依然是教皇，政府必须接受教皇的审判结果。为了扩大法国在"圣地"的影响，人们当时设计了许多提案，而部分学者也尝试将审讯放在这个背景下进行考察。然而，这些提案有哪些是源自法国政府的又是一个模糊的问题；另外，将这些提案同国王在审讯中的地位联系在一起，也不是一件容易的事情。事实上，腓力四世很有可能轻信了坊间关于圣殿骑士团的流言。在妻子于1305年去世以后，他越来越沉迷于宗教事务，并对于教皇能否采纳他个人认为正确的行为持怀疑态度。总之，想要下一个确切的结论并不容易。

　　骑士团历史的第一阶段在14世纪早期宣告结束。虽然圣殿骑士团遭到废止，其他骑士团也饱受批评，但此类机构依然有其自身存在的价值，即便它们在14世纪的作用已经大为改变。

第十章

伊斯兰世界与十字军运动：1096—1699年

罗伯特·欧文

末日期待

世界将如何终结，中世纪的穆斯林对这个问题的种种细节简直了如指掌，以至于14世纪的阿拉伯编年史学者伊本·卡帝尔（Ibn Kathir）在为其伊斯兰史著作《开端与终结》（*The Beginning and the End*）收尾的时候，认为具体描述这个结局将是最好的选择，因为它符合穆斯林对世间万物的期待。在十字军东征期间，许多穆斯林相信，当西方升起一轮黑日的时候，即意味着末日的到来，之后歌革（Gog）与玛各（Magog）会带领成群的野人出现。然后他们又消失了，根据一份12世纪记载于叙利亚地区的资料，在前往东方以前，他们喝干了提比里亚湖（Lake Tiberias）里的湖水。这时，独眼的反基督者（Antichrist）达加勒（Dajjal）会带领他的7万犹太人扈从，骑着一头驴穿越巴勒斯坦。达加勒会以模仿耶稣的戏谑方式，在人们面前施展虚假的奇迹。然而，40天后，也就是在他毁灭十字架并号召所有人信仰伊斯兰教之前，耶稣会从天堂降临，杀死这位反基督者。最终，太阳将从东方升起，随着第一声号角的响起，所有生灵都将死亡。而当第二声号角响起的时候，所有曾活在这世上的男男女女都将复活，并被带到耶路撒冷接受最后的审判。像这样的描述还有很多，它们之间只存在一些细微的差别。有些资料则强调马赫迪（Mahdi）的重要性，他是一个受上帝指引的角色，在审判日先于达加勒出现，最终为穆斯林带来正义与胜利。

对于末日审判的推断，以及对马赫迪这一人物的猜测，常常同伊斯兰教终将战胜基督教的预言，以及耶路撒冷、君士坦丁堡与罗马未来的命运纠缠在一起。根据圣训（Hadith），或者说是先知穆罕默德的言行记录（第一次十字军东征发起之前已在世间流行）："时候未到，要等到上帝赐予我的族人以胜利，我们要赢得君士坦丁堡。"除了圣训，还有许多包含启示内容的材料，人们假设这些材料都来自凯尔布·伊本·阿赫巴尔（Ka 'b ibn al-Akhbar），7世纪的时候，他是先知身边的伙伴。还有一种专门以末日惨烈的战争场面为主题的文学形式，人们一般都推测那是出自《圣经》中的先知但以理（Daniel）或是13世纪安达卢西亚的苏非派潜修者伊本·阿拉比（Ibn al-Arabi）的手笔。此类杀戮文学（malahim literature），其早期作品一般创作于穆斯林为保卫叙利亚地区的土地而奋力抵抗的时期，此前，拜占庭人试图重新夺得叙利亚地区而向他们发起了进攻。在这些文本中，先知们通常倾向于强调在获得最终胜利以前穆斯林所面临的艰辛与挫折，在同基督徒的斗争中，穆斯林可能会遭遇溃败，甚至会使耶路撒冷经历短暂的沦陷。有一则故事讲到，在君士坦丁堡的城中央，竖立着一座辟邪用的雕塑，这个塑像手中抱着一个球，球上面写着"只要这个球还在我的手里，我便将一直统治这个世界"。然而，根据阿拉伯的历史资料记载，那个球早已不在塑像的手上了。按照一些穆斯林传奇故事的说法，真正征服君士坦丁堡的人是马赫迪，在此之前他先拿下了罗马。在第一次十字军东征发起前的那段时期，穆斯林（还有犹太人）都格外期盼希吉来历（AH，又称"伊斯兰教历"）500年的到来，相当于

1106—1107年。

不论对穆斯林、基督徒，还是犹太人，11世纪晚期的近东地区始终十分动荡。一些人希望在伊斯兰教纪元的第五个世纪行将结束的时候，复兴伊斯兰信仰；而另一些人则恐惧地等待着马赫迪的出现，以及世界末日的到来。与此同时，埃及的法蒂玛王朝哈里发与穆斯林东部土地上的塞尔柱王朝苏丹，为争夺叙利亚地区已经开展了旷日持久的战争，因此在更加世俗的层面，穆斯林期盼能够在双方持续的纷争中取得决定性胜利。不论当时的人们期待什么，其中绝不会有西方人对他们的入侵，况且还打着宗教的旗号。

破碎的中东

第一次十字军东征取得了巨大的成功，近东地区纷纷建立起基督教王国，然而从塞尔柱王朝瓦解——以苏丹王马立克沙（Malik-Shah）于1092年去世为标志——的角度来看，这些功绩只是相对次要的结果。塞尔柱人的生活遵循着部落传统，他们更倾向于在家庭内部共享统治的权力，可是在马立克沙死后，族人为了争夺他的帝国而打得不可开交，战争遍及伊朗、中亚河中地区、高加索地区、伊拉克与叙利亚。叙利亚等地的突厥将军与军阀支持几位处于竞争关系的大公，并在本土逐渐建立起越来越独立的政体。与此同时，效力于埃及法蒂玛王朝的将军趁着塞尔柱王朝时局紊乱，在巴勒斯坦与叙利亚获取了大笔利益。马立克沙的长子巴尔克亚鲁克（Barkayaruq）在帝国腹地勉强建立起宗主权，但权力基础极不稳定，1105年他去世的时候，依然是将各地联合在一起的唯一关键人物。

从1038年开始，塞尔柱王朝的苏丹即自诩为阿拔斯王朝哈里发（位于巴格达）的仆人，以及逊尼派伊斯兰信仰的守护者，他们的统治也是在这两个旗号下开展的。而实际上，11世纪的阿拔斯王朝并没有多少真正的政治权力，哪怕是在巴格达城内，情况也是如此。哈里发穆斯坦绥尔（Al-Mustazhir，1094—1118年在位）疏于治国，把大量精力都花费在追求诗歌与书法技艺上了。即便如此，阿拔斯王朝哈里发至少在形式上依然被大部分逊尼派穆斯林视作伊斯兰世界的政治与宗教领袖。逊尼派因"逊奈"（Sunnah）得名，逊奈指先知穆罕默德及其同伴的言行记录，它经口头一代代流传下来，不仅塑造了伊斯兰教法——也称"沙利亚"（Sharia），还为每个穆斯林制定了个人行为规范。逊尼派穆斯林承认哈里发的最高政治权威，即便这个权威如今已经成为一种墨守成规的假象。

正是在这一点上，什叶派不同于逊尼派。在什叶派穆斯林看来，他们的政治与宗教的最高权威必须掌握在先知的女婿阿里（Ali）的手中，在这之后，则由伊玛目即阿里的后代或精神继承者担任。"什阿里"（Shi'a 'Ali）即阿里派的意思。什叶派中的大部分穆斯林相信，在第十二任伊玛目于878年消失（或者也可称为"隐遁"）之后，精神的终极权威便随之消失。什叶派中的十二伊玛目派（Twelver）等待着隐遁伊玛目（Hidden Imam）[1]的回归，随着他的到来，伊斯兰教的正义将波及全世界。然而，什叶派中的另一派——伊斯玛仪派——却认为，应当将时间向前推至760年，即伊斯玛仪（Isma 'īl）消失的时候，伊斯玛仪是第七位名副其实的伊玛目，教长职权（imamate）在他之后便进入隐遁。在11世纪，教派的分裂愈加严重，德鲁兹派（Druze）、尼扎里派（Nizari Isma 'ili）——或称阿萨辛派（Assassins）——相继出现，这些教派脱离了法蒂玛王朝伊斯玛仪派的哈里发在开罗的统治，并与之形成对立。

我们的判断虽不可武断，但在11世纪与12世纪，生活于大叙利亚地区（Greater Syria）——叙利亚、黎巴嫩与巴勒斯坦等国——的穆斯林，可能大多数属于逊尼派，他们宣称对阿拔斯王朝哈里发效忠。即便如此，在宗教教义与仪式方面，逊尼派与什叶派的区别却并非很清晰。一方面，

---

[1] 即穆罕默德·马赫迪·蒙塔扎尔。——编者注

许多逊尼派有某些什叶派的倾向；另一方面，当什叶派为阿拔斯王朝哈里发及塞尔柱王朝苏丹效劳的时候，内心也并不会感到愧疚。在一些较大的穆斯林城市中，双方的关系也非常融洽。虽然逊尼派在人口上占多数，但在个别区域，如叙利亚的部分地方，什叶派也并非少数派。在叙利亚，虽然大部分什叶派似乎属于十二伊玛目派，但在选择以迈斯亚夫堡垒（Fortress of Masyaf，位于叙利亚高地）为中心创建一个小型伯国之前，下属伊斯玛仪派的阿萨辛派的支持者曾在12世纪早期反复尝试控制阿勒颇以及叙利亚其他大型城镇。

在法蒂玛王朝哈里发的领土以外，即在伊斯兰教世界的其他地区，什叶派常常与逊尼派处于敌对状态。虽然如今的伊朗完全属于什叶派的天下，但在中世纪，它却是逊尼派的堡垒。哈桑·萨巴赫（Hasan-i Sabah）生于伊朗，他是阿拉伯人的后代，他在里海以南的高地上建立了一个属于伊斯玛仪派的阿萨辛派飞地。他的追随者在1090年攻占了阿拉穆特城堡（Alamut），之后该地的其他城堡也纷纷落入伊斯玛仪派手中。

如果我们将大叙利亚地区视作一个第一次十字军东征之前就存在的庞大阿拉伯组织，那么这种想法显然是错误的。一方面，穆斯林内部的教派分裂情况严重；另一方面，正如之前在第六章所讨论的，不论在城市还是在乡镇，一直都有重要的本土基督教社群的存在。基督徒中的麦勒卡派（Melkites）或东正教派，期望在拜占庭皇帝的羽翼下得到保护，而其他派别，如雅各派、聂斯脱利派与马龙派，却希望能够自由地实践自己的宗教信仰，他们只听从穆斯林领主的管理。在穆斯林统治者的领导下，许多派别得到了长足发展，而在城市的官僚体制内部，以及在医疗行业，基督徒的表现又格外出众，在埃及，基督徒的影响力甚至更加卓越——科普特人（Copts），即埃及的单一性灵论者，主管政府的财政部门，而有些亚美尼亚的基督徒则在部队担任军官。

在第一次十字军东征前夕，相较于宗教问题，近东地区的政治局势要复杂得多。而在伊斯兰世界的背景下，想要政教分离不是一件容易的事。在11世纪晚期到12世纪早期的伊斯兰历史中,最富特色的事件便是塞尔柱王朝的分裂。马立克沙去世之后,哈里发穆斯坦绥尔要么试图在处于内乱的塞尔柱族人之间进行斡旋,要么以提升他在巴格达地区独立性的方式,从塞尔柱人的纷争中获得利益。同样地,那些曾经被分派到各地的官员与士兵,趁着王朝四分五裂,在本土称王称霸,逐渐发展出许多独立的政权,这也使塞尔柱王朝进一步走向瓦解。有些人是利用他们之前的正式任期来掩盖其篡权的事实的,他们原来的职位被称作"阿塔伯克"(atabaks),字面意思是"王子之父""太傅",本是受托为那些塞尔柱王朝的未成年子弟(他们作为地方官员被派往全国各个省份)提供保护与政见的。但在越来越多的省份,这些"太傅"都把未成年的王子晾在一边,自己却掌握着许多实权,变得愈加独立起来。例如,11世纪90年代的摩苏尔,卡布卡(Karbuqa)原是那里的阿塔伯克,后成为摩苏尔的统治者。在伊拉克、叙利亚以及伊朗西部地区,不论独立的突厥军阀、极有野心的雇佣兵,还是篡权夺位的阿塔伯克,这些人都试图从彼此手中获得更多利益,从而扩大自己的势力范围。

在11世纪晚期,大叙利亚地区已经成为一个硝烟弥漫的战场,在此地作战的除了军阀和曾经受塞尔柱人保护的委托人,还有为埃及的法蒂玛王朝哈里发效力的军队。自1064年起,土库曼人(Turkomans),一支突厥人的游牧部落,南下进入叙利亚;这些土库曼人当时并不受塞尔柱苏丹的统治,然而几年以后,塞尔柱的军队陆续占领了叙利亚的大部分地区,其中包括叙利亚腹地中几个重要的穆斯林城镇,从北方的阿勒颇,延经哈马(Hama)与霍姆斯,一直到南方的大马士革。不过塞尔柱人及其同盟者很少能够在沿海城市获得成功,而埃及法蒂玛王朝则始终占据着巴勒斯坦及沿海地区。

在第一次十字军东征前夕,阿勒颇以及叙利亚北部的大部分地区处于马立克沙的侄子里德万(Ridwan)的统治之下。当时有些地方虽并未真正受控于里德万,但人们也会声称此地受这位统治者管辖。里德万不久之后便受到了阿萨辛派的影响，而在阿勒颇又常常不得人心。此外，里德万对叙利亚的野心也遭到他的兄弟杜卡克（Duqaq）的反对，后者是大马士革名义上的统治者。另外，位于阿勒颇以西的安条克公国由埃米尔亚吉西延（Yaghi Siyan）统治，而安条克已经与大马士革形成同盟，一同对抗阿勒颇。1084年以前安条克公国一直隶属于拜占庭帝国，因此，那里的穆斯林人口可能相对较少。里德万的领土还会受到来自东部地区的威胁，摩苏尔阿塔伯克卡布卡对这片领土也虎视眈眈。

在叙利亚，几乎每个城镇都有自己的统治者。在这些统治者中，有不少是突厥人，还有很多是士兵出身。霍姆斯处于亚纳道拉（Janah al-Dawla）的统治之下，他就是一位突厥的阿塔伯克。值得注意的是，虽然阿拉伯人在叙利亚的人口中占据大多数，但当地的军事精英却以突厥人居多，其次是库尔德人（Kurdish）。从1086年起，位于叙利亚北部的谢萨城（Shayzar）受巴努·芒奇德家族（Banu Munqidh）管辖，这是一个阿拉伯家族，属于什叶派下的十二伊玛目派。港口城市的黎波里于1070年成功推翻了法蒂玛王朝的统治，在1109年被十字军征服之前，都是由伊斯兰教法官（qadis）管理的，什叶派在这里占大多数。在其他港口城市中，贾柏莱（Jabala）也属于一个独立王国；贝鲁特则受法蒂玛人的统治，法蒂玛人会通过水路向这里运送物资；虽然泰尔、西顿和阿卡也由法蒂玛人控制，但他们的统治是从1089年才开始的，且其势力并不稳定，时常有叛乱发生，并试图推翻其统治。

至于耶路撒冷，突厥将军阿特西兹（Atsisz）在1071年将其从法蒂玛王朝手中抢走，然而到了1098年，由于突厥人把精力都放在叙利亚北部的第一次十字军东征上，因此法蒂玛王朝趁机又把这座城市夺了回来。波斯旅行者纳西尔·胡斯拉夫（Nasr-i Khosraw）曾在11世纪50年代前往耶路撒冷，依据他的记录，当地人口约有2万，有很多穆斯林去那里朝圣，他们由于各种各样的原因而不能前往麦加或麦地那朝圣。这座城市是神的第三大"圣地"，很多穆斯林潜修者选择生活在这里。在穆斯林对末日审判的设想中，耶路撒冷享有特殊地位：等最后的审判之日到来的时候，复活的号角将再次吹响，所有圣灵都将复活，人类会聚集在欣嫩子谷（Valley of Gehenna），而欣嫩子谷恰恰位于耶路撒冷的东面城墙之外。因此，许多穆斯林选择将自己葬于此地（或周边地区）。位于耶路撒冷圣殿山地区的穆斯林神龛，即圆顶清真寺于692年完工。至于当初建造这座清真寺的具体原因至今是个谜，但在11世纪以前，穆斯林普遍认为，长有翅膀的马形神兽布拉克（Buraq）正是从位于神龛中央的石头上飞起，将先知穆罕默德带向天堂，此即"夜行登霄"（Night Journey）。

1098年，虽然法蒂玛王朝竭力从塞尔柱人手里重新夺回了耶路撒冷，但对他们而言，这个地方已经不再具有那么重要的意义了。拉姆拉是他们在巴勒斯坦的首都，而阿斯卡隆成了主要的海军基地。他们的书面命令在巴勒斯坦以外的城镇几乎没有效力，作为战争掠夺者的游牧民与土库曼人对城镇中的居民、商人以及各个宗教的朝圣者都形成了巨大威胁。一位滞留在埃及的犹太朝圣者在一封写于1100年的信中揭示了他在过去5年中屡次尝试前往耶路撒冷，但土匪与游牧民却让这条道路变得不可通行。

然而，巴勒斯坦的朝圣者所面临的危险并不是第一次十字军东征的直接原因，而是罗姆塞尔柱苏丹基利杰·阿尔斯兰一世（Kilij Arslan I）以牺牲小亚细亚的希腊人为代价，对土地进行掠夺，从而导致拜占庭皇帝阿列克塞一世向西方寻求军事援助。基利杰·阿尔斯兰一世属于塞尔柱宗族中的一个分支，该分支同伊朗与伊拉克的"大塞尔柱"（Greater Seljuks）家族之间常常发生冲突。事实上，基利杰·阿尔斯兰一世企图从伊拉克北部的混乱局势中获益，反而导致他于1107年死亡。在小亚细亚，罗姆塞尔柱人的地位受到了达尼什曼德人（Danishmendids）的威胁，他们都属于突厥前线的勇士，其势力集中在小亚细亚半岛北部。不论在罗姆的塞尔柱人，还是在达尼什曼德人所统治的土地上，其人口都大多由希腊基督徒构成。

基督教"圣战"与穆斯林的应对

伊斯兰世界如此的分裂局势，第一次东征的十字军相继在小亚细亚半岛、叙利亚北部以及巴勒斯坦取得胜利也就不足为奇了。为了解救安条克，各路突厥军队于1097—1098年陆续从阿勒颇、大马士革与摩苏尔赶来援助。不过，他们的行动并不协调，计划也不够缜密。位于南部远端的小型海滨城市，由于军事实力较弱，无法抵抗基督徒的进攻。而当法蒂玛人眼看着耶路撒冷就要被十字军征服的时候，其中一些逊尼派穆斯林心中一定暗生欢喜，因为他们乐于见到那些什叶派敌人失去自己的领土。

在一封由一位滞留在埃及的犹太朝圣者写于1100年的信中，我们能够看到基督徒在征服耶路撒冷之后不久埃及的景象。信中提到，此后瘟疫在埃及肆虐，而埃及维齐尔[1]与将军阿夫达（al-Afdal）却信心满满，认为当年年底便能重新夺回耶路撒冷。多数穆斯林起初并不能完全领会远征运动的意义，也不理解基督徒占领耶路撒冷的动机。他们普遍错将法兰克人看作拜占庭帝国的军队，同时，他们并不希望这次占领持续太长时间。虽然穆斯林社群内部的宗教与政治分化严重，并且对于十字军的出身与动机，他们也都漠不关心，但随后的事件却立刻激起了穆斯林的愤怒情绪：一是十字军在各地犯下的暴行，如在迈阿赖努阿曼（Ma 'arrat al-Numan），当地许多平民百姓遭到屠杀；二是"圣地"被占领。

1099年年末，大马士革教法官（qadi）哈拉维（al-Harawi）带领一支由难民组成的代表团来到巴格达，他们希望能够得到哈里发穆斯坦绥尔的帮助。哈拉维在哈里发面前的陈述让在场的许多人热泪盈眶。伊拉克诗人伊本·阿彼瓦迪（Ibn al-Abiwardi）曾将哈拉维诉说的内容改编成诗歌：

灾难临头，还有谁能够安然入睡？

---

[1] 伊斯兰国家历史上对宫廷大臣或宰相的称谓。——编者注

> 当你的叙利亚兄弟只能睡在战马的背脊之上，
>
> 或是长眠于秃鹫的腹中，
>
> 还有谁能够安然入睡？

由于哈里发穆斯坦绥尔手里没有足够的兵力，因此他写信给巴尔克亚鲁克，希望其能够发兵支援，然而这位塞尔柱苏丹却忙着在伊朗北部地区同自己的兄弟吉亚斯丁·穆罕默德一世（Ghiyath al-Din Muhammad）作战，因此对于他的要求没有做出任何回应。

1110年，阿勒颇的什叶派教法官伊本·哈什沙布（Ibn al-Khashshab）也做出类似的举动，他带领一个代表团来到巴格达，试图在哈里发的朝堂上挑起人们对法兰克人的愤怒，并请求哈里发立刻针对法兰克人采取行动。在苏非派与商界人士的支持下，伊本·哈什沙布在巴格达的哈里发清真寺组织游行，时间选在周五的祷告期间；在第二周的同一时间同一地点，哈什沙布再次组织了游行活动，但这些游行队伍阻断了来到巴格达的哈里发妻子的路，哈里发大怒。在巴尔克亚鲁克于1105年去世后不久，吉亚斯丁·穆罕默德一世便自称接任塞尔柱王朝苏丹的位置，他也的确做出了保证，力图通过一些提案，从而为"圣战"做好准备。然而，即便有这些向塞尔柱王朝苏丹索要援助的人，在十字军暴行下的叙利亚受害者也没有真正得到过任何具体的帮助。

抵抗十字军的早期宣传材料大部分是以诗歌形式呈现的，它们都遵循着阿拉伯不同类型诗歌的种种创作传统。这些诗歌的主题一般都是体现十字军对伊斯兰世界的破坏，从而使穆斯林过上了流亡的生活。它们最先多由前伊斯兰教时代（pre-Islamic）的阿拉伯游牧民创作完成，诗中哀叹他们所失去的宿营地，即"那些已经不再受到祝福的地方"。正如在下面的例子中，诗人悲叹1098年迈阿赖努阿曼沦陷于十字军之手，类似的传统母题被反复提及。

> 我的朋友，上帝注定要让这座城市陷入毁灭。
>
> 停下骆驼的脚步，与我一同哭泣，
>
> 为曾经居住在这里的人们，不论老少，
>
> 如果有一天你来到这里，请不要忘记，
>
> 它曾是一座广受恩宠的城市！

"圣战"的想法

对于十字军来到这里的原因，虽然穆斯林起初势必会感到迷惑，且将这些感想用较为过时的诗歌形式表达出来，但有些穆斯林统治者立刻认清了基督徒入侵的真正目的，并为反抗十字军着手准备。阿里·伊本·塔西尔·苏拉米（'Ali ibn Tahir al-Sulami，1039—1106年）是一位逊尼派穆斯林宗教学者，他同大马士革清真寺的联系颇为紧密。他于1105年完成的《论圣战》（*Kitab al-jihad*）是在法兰克人抵达近东地区之后第一部与"圣战"相关的作品。与他的同代人不同的是，苏拉米并没有将十字军与拜占庭人相混淆。而且，他还认为，这次远征实则属于西方基督徒所发起的"圣战"的一部分，其目的一方面是为本土的东正教徒提供援助，另一方面便是征服耶路撒冷。他认为十字军在叙利亚取得的胜利体现了伊斯兰教在道德与政治方面的堕落，以及哈里发的软弱无能；与此同时，他还向他的读者提供了对于未来的希望，穆斯林终将会获得胜利，因为根据先知穆罕默德的预言，他们的确会失去耶路撒冷，但这次失守只是暂时的，他们最终不仅会夺回耶路撒冷，还会进一步征服君士坦丁堡。

苏拉米还意识到这场基督教与伊斯兰教的纷争将会蔓延到西班牙、西西里与北非。他已经将远征放在这个广泛的背景——即两个宗教之间的斗争——下进行考察，并在地理方位上把眼光放得很远——几乎涉及整个地中海地区，这不禁使人想到13世纪的摩苏尔史学家伊本·阿尔-艾西尔的编年史著作，后者显然是前者的历史回响。

　　法兰克王国第一次出现、随后的势力扩张以及对伊斯兰
领土的侵占，这一连串事件都发生在希吉来历478年（1085—
1086年），他们当时攻占了托莱多城，以及其他几座位于安达
卢西亚的城市。在希吉来历484年（1091—1092年），法兰克人
入侵西西里岛，最终将这里征服，这一点我在之前也曾提及。
他们一路挺进，甚至将火力开到非洲海岸，他们在那里并没有
占领多少土地，因此不久之后便被当地人夺回。正如我们现
在所知，法兰克人之后还侵占了其他地方。当希吉来历490年
（1096—1097年）到来的时候，他们将炮火指向了叙利亚。

　　另一位历史学者生活在12世纪的阿勒颇，名叫哈姆丹·伊本·阿卜
杜勒·拉希姆（Hamdan ibn Abd al-Rahim）。他的著作《法兰克入侵史》
（*The History of the Franks who Invaded the Islamic Lands*）并未能存留于
世，而只出现在后代学者的摘录之中。伊本·阿卜杜勒·拉希姆的著作的
遗失尤其令人惋惜，因为这部著作使他在当时获得了极高的地位——他先
是从阿塔勒布（al-Atharib）的法兰克领主那里得到了一座村庄，后又效力
于"圣战"的第一位领袖赞吉。

　　虽然是苏拉米的作品最早回应远征运动，但却不是第一个关于这一主
题的书籍。对于"圣战"的最权威论述，还是要在《古兰经》（*Qur'an*）
中才能找到。

　　战争已成为你们的定制，而战争是你们所厌恶的。（《古
兰经》第2章，第216节）
　　对于不信真主和末日，不遵真主及其使者的戒律，不奉真教
的人，即曾受天经的人，你们要与他们战斗，直到他们依照自己

的能力规规矩矩地缴纳丁税。（《古兰经》第9章，第29节）

以物配主的人群起而进攻你们，你们也就应当群起而抵抗他们。你们应当知道，真主是和敬畏者在一起的。（《古兰经》第9章，第36节）

"Jihad"一词通常被译为"圣战"或音译作"吉哈德"，但字面的意思却是"力争""力求"，也就是所谓"力求推动伊斯兰教的发展"。按照传统的逊尼派穆斯林教义，在"圣战"中，带领人们扩大伊斯兰世界的领土范围的权力，只有哈里发才可掌握，在8世纪与9世纪的时候，指导"圣战"已经成为阿拔斯王朝哈里发的职责之一。例如，哈伦·拉希德（Harun al-Rashid）每隔一年便会带领他的军队向拜占庭帝国宣战；而在中间不开战的年份，他又会带头前去朝觐，即前往麦加朝圣。在东部地区也有"圣战"陆续开展，它们主要针对的是中亚河中地区的突厥异教徒，以及印度北部地区那些盲目崇拜的印度教徒。自愿加入"圣战"的人被称作"加齐"（ghazis），意即勇士，他们期望从中获得战利品，而若在战争中身亡，就确立了其殉教者的崇高地位。

《美德之海》（Babr al-Fava'id/Sea of Precious Virtues）更接近一篇百科全书式的而非劝诫式的文章，在"镜像叙事"中属于"王者明镜"（Mirrors for princes）一类，由一个匿名的波斯人（似乎居住于由努尔丁统治的阿勒颇）于12世纪50—60年代写成。显然由于作者对穆斯林与法兰克人在叙利亚的纷争极其关切，他向读者阐述了生活在12世纪中叶的人们对于"圣战"教义与法规的理解。"圣战"分为两种类型：一种是向内的，针对的是个人的道德缺陷；另一种是向外的，针对的是异教徒。《美德之海》所表达的观点均能体现出学者对"圣战"这一主题的传统思考，而根据该书的描述，后一类"圣战"还可进一步分为两种。第一种是攻击型"圣战"。这是穆斯林社群的集体义务——不断扩大穆斯林的领土，即"伊斯兰教地区"（Dar al-Islam）。有些穆斯林期望能加入这些对邻近非穆斯林地区的侵略性活动之中，而所有穆斯林都应对他们的这种行为予以赞赏，并提供金钱上的支持。第二种则是针对那些想要占领伊斯兰领土的外部入侵者的。这也是攻击型"圣战"，所有身体健全的成年穆斯林都要肩负起这个义务。

《美德之海》在某些细节上进一步考察了那些参加"圣战"的勇士所拥有的权利，以及所要履行的义务。如果志愿者是未成年人，那么他事先必须取得父母的同意；如果是已婚人士，那么要确保他的妻子在生活上能够得到良好的照顾。加齐参加"圣战"则是义务性的，他不可指望从中得到报酬。然而，统治者会从国库中拨出一部分款项，支付给基督徒与犹太人，好让他们同穆斯林并肩作战。一个穆斯林战士只有在战场上面对两个以上的异教徒敌人时，才可以逃走。不可杀妇女与儿童。

涉及战利品的规矩极为复杂，而《美德之海》在这方面的论述似乎有些古怪。书中认为，连参与"圣战"的动物都能得到奖赏，而"一头大象要比一头骆驼或驴得到更多的份额"。显然由于作者是宗教学者的缘故，在这篇文章中，他坚持认为宗教学者也有权从掠夺物中分一杯羹，毕竟这是一场针对异教徒的战争："你可能觉得只有手持利剑的勇士，才是在战场上奋勇杀敌的功臣，我们要谨防这种想法。事实上，那些在清真寺与圣龛中奋笔疾书的宗教学者，同样是一位勇士，而他的笔甚至比勇士手中的剑还要锋利。"虽然《美德之海》的作者痛恨并鄙视基督徒，但相比之下，他认为活动于伊斯兰世界中的异教徒才是更大的威胁。"杀死一个异教徒等同于开展70次'圣战'。"

中世纪的一些学者认为，"圣战"实则是侵略性战争。然而，持这种观点的毕竟还是少数，大多权威人士秉持着这样的立场，即伊斯兰教若还未遍及整个世界，那么"圣战"的义务就不能失效。《美德之海》坚持认为，一位穆斯林统治者的首要义务便是从事"圣战"，并为伊斯兰世界带来胜利；如果他不这么做，甚至还同异教徒和平相处，那这位统治者还是死了的好，因为这个世界因他而变得愈加堕落。但这篇论文的作者也意识到，不论他希望人们在宗教上多么虔诚，都只是纸上谈兵而已，叙利亚的法兰克人还在持续壮大，而穆斯林所开展的"圣战"都是针对穆斯林自己的。

在什叶派的神学理论中，只有伊玛目才有权号召"圣战"，由于伊玛目已经隐遁，因此这个义务只能搁置，直到末日审判的到来。例如，虽然伊斯玛仪派的法蒂玛人与来自巴努·芒奇德家族的谢萨城领主们（属于什叶派下的十二伊玛目派）同十字军频频开战，但他们的头脑中却没有"圣战"的概念。另外，很多穆斯林，尤其是什叶派与苏非派，都会强调他们将对外的"圣战"放在次要位置，而把主要精力投入到对内的"圣战"中去，他们要竭力对抗的，是灵魂中的邪恶力量。

鼓吹"圣战"的宣传者都会突出耶路撒冷在伊斯兰世界的独特地位，而在12世纪与13世纪，学者们扩大了论述的范围，将耶路撒冷、巴勒斯坦与叙利亚放在一起，来分析其卓越性。在阿拉伯人与拜占庭人开战期间，有许多类似的著作问世，而上面提到的作品都是以这些书籍为蓝本写成的。还有一种文类，其内容涉及一些鲜为人知的朝圣路线，如前往先知、殉道者以及苏非派圣人的墓地，这些地方原本都是穆斯林的领土，之后被法兰克异教徒侵占。

"圣战"的具体实践

从政治的角度来看，11世纪90年代到13世纪90年代，近东地区的历史经历了塞尔柱王朝的覆灭、花剌子模人的兴起与衰败，最后迎来了蒙古人。这段历史时期同样见证了逊尼派对什叶派的胜利，特别是阿萨辛派在领土实力方面所遭受的打击，先后分别发生在伊朗与叙利亚。如果我们就此将这段时期的近东历史称为"十字军时代"，那显然具有严重的误导性。虽然如此，但我们的确可以将12世纪与13世纪叙利亚与埃及的历史视作伊斯兰世界为了应对拉丁定居者与日俱增的威胁而逐渐团结起来的初级阶段。

在1099年，当十字军对当地的穆斯林进行屠杀与囚禁之后，耶路撒冷已经彻底没有穆斯林了。不久之后，来自外约旦信仰基督教的阿拉伯人被请到了耶路撒冷，该城恢复了常规生活状态。在一些地区，如拉姆拉，当地居民在十字军到来之前便已逃离；而在其他城镇，人们则选择留在本地。在法兰克人定居点，尤其是在沿海地区，社会治安更加完善，当地农民也能得到保护，免于四处抢劫的游牧民与土库曼人的侵扰。依然生活在十字军领土上的穆斯林，要单独上缴一份人头税，这与穆斯林领土上的情况恰恰相反，在那里，反而是基督徒与犹太人要上缴人头税，而同拉丁基督徒不同的是，这里穆斯林不必缴什一税。西班牙穆斯林作家伊本·朱巴依尔是一位朝圣者，他在麦加朝圣结束，1184年在回家的路上路过耶路撒冷王国，他声称法兰克领主对他们手下的穆斯林农民都非常友善，与邻近地区效忠于穆斯林统治者的农民相比，这些农民缴的税更少；朱巴依尔甚至认为，从长远来看，这些穆斯林可能有皈依基督教的倾向。

然而，历史资料所提供的证据并不是一边倒的，在一些地区，即便穆斯林先前选择留在本土，但在之后也有叛乱与集体大规模出逃的情况发生。在1113年，纳布卢斯地区便发生了穆斯林反抗活动；在12世纪30年代与80年代，贾巴尔·巴赫拉（Jabal Bahra）地区同样发生过叛乱；1144年的反抗行动爆发于外约旦南部；在12世纪末期，巴勒斯坦也有农民起义间或出现，恰逢萨拉丁入侵该地。在12世纪50年代，苦于米拉贝尔领主的苛捐杂税与种种不公，在几次抗议无效之后，纳布卢斯地区八个乡镇的居民集体潜逃。他们穿过约旦河，并抵达大马士革。这些出逃的穆斯林以及来自耶路撒冷与其他拉丁公国的难民，一同定居在阿勒颇与大马士革的腹地城市中，他们组织了一个游说团体，为发起"圣战"大声疾呼。他们认为，只有借助"圣战"才能恢复家园，为此，他们需要一位合适的领导者。

首位候选人是依尔加齐（Ilghazi），他是阿图克（Artuq）家族的一名成员，这个家族属于突厥部落组织，塞尔柱王朝处于四分五裂的时候，在本土发展成为一个小型王国。正当依尔加齐统治马尔丁（Mardin）的时候，阿勒颇居民于1118年请求他来接管他们的城市，并帮助他们抵抗安条克的罗杰（Roger of Antioch）的入侵。土库曼人向依尔加齐宣誓，他们将加入"圣战"。在依尔加齐的领导下，他们在穆斯林抵抗十字军的运动——血田战役（Field of Blood）——中赢得了首次胜利。然而，依尔加齐各方面都不符合一个"圣战"领导者的理想形象。他不仅嗜酒如命，更重要的是，相较于与安条克公国作战，这位"圣战"领导者把更多心思放在了如何巩固他在马尔丁的政权这个问题上。依尔加齐直到1122年去世都没能实现阿勒颇人对他的期望。

在领导"圣战"方面，摩苏尔阿塔伯克伊马德丁·赞吉（Imad al-Din Zangi，1127—1146年在位）显得更加成功。13世纪的摩苏尔历史学者伊本·阿尔-艾西尔写道："要不是上主慈悲，让这位阿塔伯克（赞吉）征服叙利亚，法兰克人也许早就在这里称王称霸了。"1128年，赞吉征服了阿勒颇。当地居民一方面出于对城市内部阿萨辛派的恐惧，另一方面又害怕来自外部的法兰克人的威胁，于是对赞吉的军队没有做任何抵抗。同许多在塞尔柱王朝时期受到委任的阿塔伯克一样，赞吉也充分利用了自己的职位之便，在伊拉克北部与叙利亚地区有效地建立起一个独立公国。在这个公国中，赞吉在许多方面都效仿了伊朗的塞尔柱苏丹的做法，这不仅体现在制度习惯与外交政策方面，还体现在对伊斯兰宗教学校（madrasas）与经学院（khanqas，音译"哈卡"）这类机构的资助上。

伊斯兰宗教学校最早源于塞尔柱王朝苏丹的东部土地，是一种教授《古兰经》与宗教法规的学校。这完全是一个逊尼派穆斯林机构，主要目的之一是与什叶派的训诫相抵抗。哈卡则相当于收容所，苏非派在其中居住、学习，并从事宗教活动。在对抗十字军的战争中，苏非派的神职人员与志愿者起到了非常重要的作用。在赞吉及其继位者的影响下，伊斯兰宗教学校与哈卡在叙利亚的数量不断增加，这种做法属于道德武装运动的一部分。在这场运动中，不论统治者还是宗教精英，都投入消灭穆斯林社群内部的腐败与异端学说之中。因此，这次大规模"圣战"，其目的不只局限于将法兰克人从巴勒斯坦沿岸赶走。上文所讨论的《美德之海》忠实地反映出时代的意识形态，除了在书中激励向法兰克人宣战以外，作者还劝告读者不要读闲书，不要坐秋千，不要穿绸缎做的袍子，不要用金樽喝酒，不要讲不正当的笑话，等等。

虽然穆斯林的虔诚信徒，尤其是阿勒颇的信徒，指望赞吉能够成为命运的强者，并领导"圣战"，但赞吉的职业生涯几乎没能满足大家的期望。他把大量精力花在同穆斯林社群内的敌人开战上。人们特别期望赞吉能够占领大马士革，并将其收编到他在叙利亚的领土之内，但是大马士革的军事统领穆因纳丁·乌努尔（Mu 'in al-Din Unur）却通过同耶路撒冷王国联盟而阻隔了赞吉野心的蔓延。1144年，由于一连串幸运与意外，赞吉成功地攻占了拉丁城市埃德萨。叙利亚历史学家迈克尔哀叹这座沦陷的城市："埃德萨已变成一片荒漠：一个身着黑衣的身影出现，血液已经将他灌醉，其子女的尸首遍野横陈！在夜晚，吸血鬼以及其他凶猛的野兽都窜到这座城市，那些被屠杀的人变成了它们口中的美食盛宴。整座城市已是豺狼之家，除了盗墓挖宝的人以外，没有人还会来到这里。"

然而，伊本·阿尔–艾西尔的描述却恰恰相反："在视察的时候，赞吉不仅对这座城市留下了很好的印象，还认为如果将它夷为平地，并非明智之举。因此，他令自己手下的人将城中男女老少安置回家，并归还之前掠夺来的战利品……这座城市回到了原来的样貌，与此同时，赞吉还在城中部署了一支守备军。"

1146年，赞吉被一位奴隶刺杀身亡。他的继位者，其子努尔丁，在大马士革城中一支热衷"圣战"的教派的协助下，于1154年成功攻入该城。努尔丁在位于耶路撒冷的阿克萨清真寺中安置了一个讲坛，期望随后能够成功夺回这座城市。然而，时局让他不得不将征服埃及放在首位。法兰克人于1153年攻陷阿斯卡隆，在尼罗河三角洲地区为十字军舰队提供了一个港口。在军事维齐尔与不同民族军事力量的斗争中，埃及的法蒂玛王朝哈里发已经变成了一个傀儡。在12世纪50—60年代的埃及，一些人更倾向于同耶路撒冷王国达成协议，从而确保在其协助下法蒂玛王朝的政权能够继续维持下去，而另一些人则期望努尔丁能够帮助抵御异教徒的侵害。

萨拉丁的崛起

最终，是努尔丁的穆斯林军队成功夺取了埃及政权，挫败了基督徒对该地的野心。然而在这次胜利中，努尔丁本人却没能得到多少好处。他派遣到埃及的突厥军队中的大部分军官是突厥人与库尔德人，其中有一位，即来自库尔德阿尤布家族的萨拉丁，于1169年有效地控制了埃及的局势。1171年，萨拉丁趁时任埃及哈里发去世，打压法蒂玛王朝哈里发的权势。从此以后，每逢周五在各大清真寺举行的布道仪式便极具象征含义。这些布道仪式是以巴格达的阿拔斯王朝哈里发与大马士革苏丹努尔丁的名义举行的。在埃及，虽然已经有很多逊尼派穆斯林、基督徒和犹太人，他们都很有权势，但在社会上层集团中，还是什叶派的伊斯玛仪派占主导地位。对于逊尼派的强势回归，人们几乎没有做出任何反抗，即便如此，萨拉丁及其在埃及的继任者还是用心培育正统的宗教信仰，他们建立了许多伊斯兰宗教学校，同时还出钱为苏非派提供资助。

萨拉丁做好了随时向努尔丁表达忠心的准备，但事实上，他却不愿意再向自己的主子提供财政与军事上的帮助，因为这样的要求过于频繁。当努尔丁于1174年去世后，萨拉丁便向叙利亚挺进，随后攻占了大马士革，并夺取了努尔丁之子的权力。想要充分理解萨拉丁作为埃及与大马士革统治者的大部分生涯，我们要从两个方面出发，首先是他试图从赞吉王朝领主手中夺取对摩苏尔的掌控（结果以失败告终）；其次便是以其家族为基础企图建立帝国。萨拉丁要不断满足阿尤布家族成员的期待，即为他们开拓封地。这个帝国是以牺牲其穆斯林邻国——叙利亚北部、伊拉克与也门——为代价而建立起来的。在萨拉丁的整个统治生涯中，其资源大多用于实现家族成员及其拥护者的期待上。对于一位中世纪的穆斯林统治者而言，慷慨是其最核心的品质。

另外，萨拉丁还面临着另一方面的压力，即虔诚的理想主义者以及巴勒斯坦的难民，他们都指望萨拉丁能够对拉丁定居者发起"圣战"。像在萨拉丁政权文秘处任职的文人，如卡迪·法迪尔（al-Qadi al-Fadil）与伊马德丁·伊斯法哈尼（Imad al-Din al-Isfahani），就会不停地劝谏萨拉丁把炮火从邻近的穆斯林身上移开，转向他们的异教徒敌人。卡迪·法迪尔和他的下属曾试图将文秘处变成萨拉丁的宣传机构，在散布于伊斯兰世界的文件中，他们把萨拉丁的各种行为解释成只为了一个最终的目的，即消灭所有的拉丁王国。赞吉的手下以及其他萨拉丁的敌人，指控他为篡权者，还说他只对与家族有裙带关系的人委以重任。面对这样的言论，萨拉丁的支持者会拿出"圣战"作为论据予以反驳，他们认为正是由于萨拉丁履行了"圣战"的义务，才使他拥有了合法的政治地位。即便如此，对于在战场上同基督徒厮杀，萨拉丁其实一直都提不起兴趣，直到1183年，当赞吉王朝统治下的阿勒颇承认了萨拉丁的无上地位后，情况才有所改变。

萨拉丁的军队

抵抗拉丁王国的萨拉丁军队虽然把精力都投入"圣战"中了，但这些军队并非由加齐构成。事实上，同赞吉与努尔丁的军队一样，萨拉丁的军队首先是由突厥与库尔德的职业军人组成的。大部分官员（或埃米尔）会得到一份伊克塔（iqta），即一部分税收拨款，这些税款主要针对某些乡镇、庄园或大型工业企业定向征收，它们上缴税款以换取军事保护。虽然已经得到了一份伊克塔，但从军人员依然希望能够收到更多捐赠。此外，作为奴隶兵的马穆鲁克人，正如他们在所有穆斯林军队中所表现的那样，在萨拉丁军队中也形成一支非常重要的精英团体。萨拉丁及其同代人也会使用雇佣兵，小亚细亚半岛的塞尔柱人甚至还会征收法兰克人雇佣兵。最后，由于游牧民与土库曼人的部落分遣队的加入，萨拉丁的军队得以进一步扩大，这些分遣队作为轻骑兵加入萨拉丁军队，目的是得到战利品。

突厥的精英部队中个个都是使用弓箭的专家，他们所使用的可回折的复合式弓箭由层叠的牛角与肌腱制成，在未拉弓时，其长度约1米。同英式长弓一样，只有受过严格训练的人才能使用突厥弓箭，弓箭手必须具备一定的身体素质，肌肉要受过相应的训练；与英式长弓不同的是，这是一种攻击力极强的骑兵武器，具有更大的穿透力，相较于长弓，其目标范围也更远。在游牧民与土库曼人所组成的支援部队中，人们所使用的弓箭虽然同突厥人的弓箭非常类似，但其杀伤力却逊色不少，因此在一些史料中会有这样的记载：当英格兰的十字军在1191年向阿苏夫挺进的时候，战士们的身上插满了弓箭，一个个如同刺猬一般，但他们却没怎么受伤。在近距离战争中，穆斯林军队大多使用轻型长矛、标枪或剑，战士大多穿皮甲铠作为保护，而埃米尔与马穆鲁克人却身穿层状铠甲，防护措施非常严格，这与那些骑士阶层的敌人非常类似。除了引入平衡投石器（主要用于围城战，用于投掷炮弹）以外，在12世纪与13世纪，穆斯林的军事技术几乎没有任何创新之处。

一位在萨拉丁统治时期活动于叙利亚地区的阿拉伯心机家

《例习集》（*Kitab al-Ii 'ibar*）提供了一个新的视角，让我们看到了战场内外穆斯林与基督徒的样貌，以及关于他们的种种见闻。作者乌萨马·伊本·蒙基德（Usamah ibn Munqidh）出身贵族，1095年生于叙利亚北部的谢萨城，卒于1188年。在写这本书的时候，他已年届90，书中主要讨论命运如何受到神的主宰，从而由神决定了万物（尤其是人的寿命）。

由于大量例子都取材于作者的亲身经历，因此这本著作类似自传。但如若将其视作自传，那么它显然是一部遗漏颇多且闪烁其词的作品，书中关于作者与法兰克人打交道的内容，都有意以碎片化的形式加以呈现。事实上，在12世纪40年代，作者及其赞助人，掌管大马士革的将军穆因纳丁·乌努尔，同耶路撒冷国王富尔克曾有过许多交流，二人还因出席外交事务而前往耶路撒冷。虽然有公务在身，但其中也不免夹杂着许多乐趣。对法兰克人，作者乌萨马在嘴上从不留情，但他还会同他们一同打猎，因此，这位作者有很多深入了解法兰克人的机会。

按照乌萨马的说法，"法兰克人（愿真主使他们孤立无援！）身上不具备任何人类美德，唯独剩下勇气"。但乌萨马认为勇气是人类最珍贵的品质，高于其他任何美德。因此，当对法兰克人的习俗进行评价的时候，他尽量做到公允，正面与负面的论述均有涉及。首先，法兰克人的某些医疗手段是极其愚蠢和危险的，但却收效良好。其次，法兰克人比武审判的司法程序非常荒诞，乌萨马本人就曾受过这样的审判。最后，有些刚到"圣地"的法兰克人，其行为举止如同野人，但是乌萨马却有很多法兰克人朋友，而这些人对伊斯兰就具有非常透彻的理解。

乌萨马在书中提到，他同法兰克人之间发生过多次肉搏战，但唯独没有谈到"圣战"。这一方面反映出，当他回忆自己早年与法兰克人进行外交会晤的时候，心中难免感到尴尬羞愧；另一方面，同巴努·蒙奇德家族（Banu Munqidh）一样，乌萨马也是一个什叶派穆斯林，因此他对"圣战"的宗教合法性不抱有任何幻想，更何况此类"圣战"还是在像萨拉丁这样的篡权军阀的领导下展开的。

巧合的是，乌萨马的许多同辈作家，在见证了十字军运动之后，也都动笔书写自传式作品。我们只能从其他书籍的引述中一窥其样貌。阿布德·拉提夫·巴格达迪（'Abd al-Latif al-Baghdadi，1161或1162—1231或1232年）是一位伊拉克医生，他便是其中的一位。如果他的自传能够保留至今，那么其趣味程度可能比乌萨马的著作还高，因为他是一位杰出的知识分子，而他本人的生活也丰富多彩，他曾在阿卡围城战期间与萨拉丁会面，在不久之后的和平时期，他还同英格兰国王理查一世在耶路撒冷见过面。阿布德·拉提夫还写过一篇驳斥炼金术的文章，当时的炼金术士认为，从年轻男子的眼球中能够提取出长生不老的药水，阿布德·拉提夫在其著作中就这一问题进行了深入讨论。在十字军与穆斯林的交战结束之后，炼金术士会游走在血流成河的战场上，在一具具残骸之中寻找异教徒的尸体，并挖出他们的眼球。阿布德·拉提夫曾目睹过这样的场景，对其印象格外深刻。

战争诗人

在其所处的时代，乌萨马并不是以传记作家的身份闻名于世的，在人们的眼中，他的诗作更加出众。虽然乌萨马也会认真研习《古兰经》，但他只从中汲取了一部分道德价值观。他所认同的行为准则，以及他在描述战争（不论同法兰克人，还是同其他族裔的战争）时所使用的语言，均来自前伊斯兰教时代的诗歌传统。这一传统主要出自汉志（Hijaz）地区的阿拉伯游牧民。在这方面，乌萨马与许多倡导穆斯林反十字军运动的同代人没有多大区别。在12世纪70年代与80年代，萨拉丁身边的智囊团中大多是12世纪的杰出作家。如前文所提及的伊马德丁·伊斯法哈尼便在萨拉丁的文秘处工作，他不仅是一位用颂文写作的历史学家，同时还是一位知名的诗人；卡迪·法迪尔则是文秘处长官，他也是一位诗人。在阿拉伯文体风格方面，卡迪·法迪尔绝对是一位极具影响力的革新者，他的文章充满了隐喻，辞藻格外华丽，极富夸张效果，这种行文风格对后世的阿拉伯作家具有深远影响，文坛后辈争相效仿。

据说，乌萨马具有高超的记忆能力，他能背下来的前伊斯兰教时代的诗歌超过两万行。即便是萨拉丁，这位库尔德军事投机分子，也是深深浸泡于阿拉伯文学的养分之中的。他不仅随身携带着乌萨马的诗歌选集，还能背诵阿布·塔马姆（Abu Tammam，约806—845或846年）的整部《坚贞诗集》（*Hamase*），并且乐在其中。阿布·塔马姆的《坚贞诗集》收录了前伊斯兰教时期的游牧诗，在诗的内容中，有对良好言行的谆谆教导，诗人希望借此为读者提供指导。在阿尤布王朝时期，"人们能够将这些诗歌背得滚瓜烂熟，这些诗集常常被人翻阅，根本没有被久置在书架上的机会"。按照阿布·塔马姆的说法："刀枪剑戟要比书本中描述的场景真实得多，两者是现实与虚构的分别。"他在诗集中所遴选的诗歌均体现出传统的阿拉伯价值观念，特别是勇气、刚毅与慷慨。

从更为宏观的角度来看，前伊斯兰教时期的诗作，其体裁、意象、隐喻手法以及情感立场等元素，规定了后世战争诗歌（这些诗歌通常都是对穆斯林击败十字军并取得战争胜利的歌颂）的形式，并塑造了穆斯林勇士的精英形象。从前的诗人会用各种修辞手法，吹嘘那些发生在7世纪阿拉伯半岛的肉搏战，以及在骆驼背上取得的微不足道的小小胜利，这些创作手法此后重新迸发了生机，它们被再次利用，来描绘"圣战"的场景。此时，军队中的人员是由来自不同种族的人们会聚而成的，他们大多是叙利亚与埃及的战士，具备半职业化的作战技能。萨拉丁的家族成员及其继位者都和他一样，许多人具有诗歌创作的能力与热情。萨利赫·阿尤布（Al-Salih Ayyub）是埃及最后一位阿尤布王朝苏丹（1240—1249年在位），在他的智囊团中就有两位中世纪最伟大的诗人——巴哈丁·祖海尔（Baha al-Din Zuhayr）与伊本·穆拉（Ibn Marruh）。

文化交流

在穆斯林与法兰克人的军事贵族阶层内部，人们可以享受彼此之间的陪伴，常常一同出行打猎。即便在穆斯林与基督徒之间，也存在大量的商业往来，尤其是那些穿行于大马士革与阿卡港之间的商人。西班牙作家伊本·朱巴依尔记述道："战士们忙着在战场上打仗，而普通百姓却过着和平的日子。"然而，穆斯林与基督徒之间虽然有很多交往的机会，但双方的文化交流却并不多见。彼此亲近并不必然导致相互理解。按照《美德之海》中的说法，外族人的书不值一读，而"有谁要是相信神诞生于一位女性的私处，那他一定是疯了；同这种人我们也没什么可说的，最好把他晾在一边，因为他既无学识，也无信仰"。

虽然乌萨马不会说法语，但根据其回忆录中的描述，我们显然能够发现几个会说阿拉伯语的法兰克人。他们当然是出于实用目的才学习这门语言的。摩押人（Moab）在卡拉克（Kerak）的领主沙蒂永的雷纳德（Rainald of Chatillon）就会说一口流利的阿拉伯语，并同外约旦本土的游牧民有着亲密的接触。西顿的赖纳德（Rainald of Sidon）不仅精通阿拉伯语，还聘请了一位阿拉伯学者对各种书籍进行评论，并且全程使用阿拉伯语。即便如此，在东部拉丁，却没有任何一本阿拉伯语的书被翻译成拉丁语或法语，反之亦然，阿拉伯人对西方文学也没有什么兴趣。耶路撒冷国王阿马尔利克一世雇用了一位名叫阿布·苏莱曼·达乌德（Abu Sulayman Dawud）的阿拉伯医师，在12世纪60年代，阿马尔利克一世将这位医生从埃及请来成为御用医师，这位医师后来还为国王的儿子——后来的鲍德温四世治疗麻风病。但更为常见的是穆斯林对本土信仰基督教的医生的使用。人们曾猜测，有许多东西都是借由东部拉丁从东方流传向西方的，其中包括哥特式尖顶、徽章纹饰、性爱技能以及烹饪食谱，等等，然而这种说法依然只是一种猜测而已。生活在东部拉丁的精英分子，不论穆斯林还是基督徒，他们都赞叹彼此对宗教的狂热态度，尤其是那种尚武的品质。然而对于彼此的学术与艺术，他们却不太感兴趣。双方重要的文化交流并不发生在此时此地，而是发生在其他地方，且是在这之前更早的历史阶段。阿拉伯文化是通过西班牙、西西里与拜占庭传到西方基督教世界的。

哈丁战役及其后续

萨拉丁分别在1183年和1185年占领了阿勒颇和迈亚法里津（Mayyafa-riqin），并在1186年成为摩苏尔名义上的大领主。直到此时，他才着手向耶路撒冷王国发起猛攻。1187年6月，萨拉丁带领3万兵马穿越约旦河，在这支队伍中，有12,000人属于常备骑兵；其余的战士中，有一部分是平民志愿者，他们自愿加入"圣战"，在穆斯林编年史学者的记录中，也提到了这些志愿者所起到的作用，他们需要完成的任务包括在基督徒军队前面的草地上点火。萨拉丁可能一直都想要攻占提比里亚城堡。他大概并不期待同耶路撒冷王居伊麾下的军队展开正面交锋，而他似乎也没有做好向前挺进的准备，从而获得哈丁战役的胜利。然而，这些他都做到了，并且产生了空前巨大的影响力。大部分被俘获的基督徒最终被赎了出来，他们都身居显要地位；但在萨拉丁的随从中，那些苏非派潜修者却被给予了特权，他们可以对被抓获的圣殿骑士团或医院骑士团成员施行斩首。

在打响这场战役之后，萨拉丁趁在攻打耶路撒冷（于10月2日投降）之前，先立刻攻占了一系列拉丁势力较弱的地区（大多是沿海城市）。他没能拿下阿卡这个港口重镇，而后来的事实证明，这座城市在第三次十字军东征中起到了非常重要的作用。在哈丁战役过去几年后，萨拉丁同仰慕他的传记作者巴哈丁·伊本·沙达德（Baha al-Din ibn Shaddad）有过一次对话，当时二人正在前往阿卡的路上，途中萨拉丁谈到了他对未来的期许："在上主的帮助下，我要把所有的法兰克人驱逐出这片海岸，一个也不留下，然后我会分割我的领土，将它们分给几位继承人，并向他们下达我最后的指示；此后我将与他们告别，并出海远航，踏上追寻法兰克人的征途，直到这世上不再有任何不信真主的人，我至死都将为此奋斗下去。"然而，令萨拉丁及其智囊团没有想到的是，耶路撒冷的陷落竟然会导致西方再次发起十字军运动。与此同时，萨拉丁的文秘处官员向哈里发及其他穆斯林统治者发出信函，信中鼓吹他们已经占领"麦加的兄弟圣地，此地已重获自由"。信中的内容还暗示萨拉丁早年向他邻近的穆斯林开战，实则是想通过"圣战"的形式让人们团结起来。

此后，当第三次十字军东征从西方到来，抵抗战争的号角被再次吹响。事实上，这是一场消耗战，穆斯林军队所能掌握的资源已经变得非常有限。按照卡迪·法迪尔的说法，萨拉丁"把埃及的收益用在叙利亚，把叙利亚的收益用在美索不达米亚，最后再将美索不达米亚的收益花在巴勒斯坦"。由于财政不断吃紧，萨拉丁很难维持战场上大批军队的各项开支。伊克塔的持有者希望对乡镇的收成进行监督，因为他们的收益都是从这些收成中得来的。在阿尤布王朝走向灭亡的时候，萨拉丁的家族成员更关心的是如何维系好个人利益，而并非同第三次十字军相抗衡。在这一时期的阿拉伯文学中有这样的暗示，即有人将萨拉丁视作某种末世形象，一位末日中的勇士。几年之后，当十字军返回欧洲的时候，多年的征战终于耗尽了萨拉丁的心力，他于1193年因热病去世。

萨拉丁的继位者们

萨拉丁付出了巨大代价才获得了这样的成就，他的继位者们不得不非常谨慎，尤其在是否要采取过于进攻性的策略上，虽然他们以此可以获得更多领土，如叙利亚或巴勒斯坦，但也可能引发另一轮十字军东征。在萨拉丁去世之后，他的帝国在其家族成员手中变得四分五裂。这些人彼此充满敌意，个个都在强调，当赞吉、努尔丁与萨拉丁发动"圣战"时，他们与"圣战"间的紧密联系。然而，在由突厥将领与马穆鲁克人组成的部队中，这些贵族连傀儡都算不上，他们真正感兴趣的是在阿尤布王朝中争得最高权力。有时，阿尤布王朝的某些贵族甚至会与法兰克人勾结，以联手对付其家族内部的其他成员。家族中的其余成员将埃及的统治者视为自己的上级或苏丹，而仅把大马士革、阿勒颇、哈马、霍姆斯以及其他地区的统治者看作大公（Maliks）。这样的情况虽未形成常态，但也并非罕见。萨拉丁的兄弟赛义夫丁·阿迪勒（Sayf al-Din al-Adil）继位埃及苏丹（1200—1218年在位）后，当第五次十字军东征的第一支分遣队于1218年抵达尼罗河三角洲达米埃塔以西的某个地带的时候，这个局势在名义上应由他出面摆平，但首先站出来指挥反击战的却是阿迪勒的儿子卡米尔（1218—1238年在位）。阿迪勒于当年8月去世之后，卡米尔顺理成章继任成为苏丹。1219年11月，十字军成功攻陷达米埃塔。此后，十字军急于向开罗逼近。从长远的角度来看，这注定会导致十字军运动的失败，因为卡米尔的家族成员，即叙利亚与美索不达米亚的统治者们，带着讨伐十字军的热情，向埃及发出了分遣队予以援助。十字军最终在1221年向卡米尔投降，并交出达米埃塔。

伊本·乌奈恩（Ibn Unayn）用颂歌这一传统形式的诗歌来赞美这次胜利。

> 在战争到来的那天，你若分辨不出我军的标志，那就看看马背和长矛。
>
> 清晨，在达米埃塔，一群强壮有力的拜占庭人（原文如此）便站在我们面前，
>
> 人数难以计量，即便猜测也难以估出个大概。
>
> 他们虽然语言不通，但心中的想法、信念、雄心与信仰都是一致的。
>
> 他们恭候着那些十字军兄弟，他们的军队向前逼近，如同乘风破浪的舰队。
>
> 阳光洒在每一位战士的盔甲上，就像太阳的号角一般闪耀，
>
> 所有的光线都紧密地交织在一起。

诗歌在之后还有20余节。根据诗人的描述，十字军战士在战场上的表

现非常英勇，对于那些投降的战士，穆斯林心中充满了同情。当然，诗中所有的赞扬，最终都给予了阿尤布王朝的骑兵，以及他们尊贵的王子卡米尔，这也是这首诗真正要表达的。

另一位诗人也竭尽讨好之能事，他在诗中写道：

若这世上有救世主，那便是你，
是你让上主选民的信仰，以及经书上的文字成真。

然而，虽然萨拉丁将英勇的基因留给了后世的子孙，并且阿尤布王朝也不负众望，在达米埃塔赢得了最终的胜利，但当我们试图理解13世纪早期阿尤布王朝是如何应对十字军的时候，最好还是从穆斯林实际需求的角度出发进行考察。事实上，相对于发起"圣战"，阿尤布王朝更倾向于同十字军和平共处。至于同异教徒长期共处，在穆斯林的宗教法规中并不存在任何条款能够为此提供支撑。然而，出于商贸与农业的需求，双方通常都会签署为期10年的停战协定，并在某些城市建立公共住宅，以便穆斯林与基督徒能够有效合作，从而对庄稼的收成进行整合与管理。因此，"休战领地"（Dar al-Sulh）往往坐落于针锋相对的"伊斯兰教领地"与"战争领地"（Dar al-Harb）之间。萨拉丁将所有精力都投入战争与政治事务上，如今看来，其动机如此单纯，而这样的品质并没有遗传给他的后代。13世纪早期是阿拉伯文学的繁盛年代，文人在自己的作品中歌颂生活中各种美好的事物：聚会、野餐、恋爱以及美酒。著名诗人巴哈丁·祖海尔（卒于1258年）写过一本诗集，诗歌充分证明了阿尤布王朝的子民所享有的美好生活。在一首诗中，诗人描述他同自己的爱人前去埃及的酒馆与寺院的经历，大家都喝醉了，竟然对"圆脸细腰的僧侣"产生了倾慕之情。

1229年，与卡米尔处于敌对关系的家族成员们宣称要结成联盟，在此威胁下，卡米尔只好向神圣罗马帝国皇帝腓特烈二世投降，这自然在整个伊斯兰世界引起了强烈的不满与批评。对卡米尔发起最猛烈攻击

的是阿尤布王朝的其他大公。然而这些人如同墙头草，一旦时局发生
变化，他们随时准备同基督徒开展战略合作。卡米尔于1238年去世。
在阿尤布家族中，长子继承制几乎毫无效用，因此，卡米尔的次子萨利
赫·阿尤布于1240年在埃及继位。萨利赫·阿尤布已经于1239年暂时占
领了耶路撒冷，到1245年，大马士革也被划入了他的领土范围之内。不
论同阿尤布大公的纷争，还是与巴勒斯坦沿岸地区基督徒之间的战争，
萨利赫·阿尤布在武力方面极度仰赖巴利家族（Bahris）的马穆鲁克军
队。正如上文所讲到的那样，大部分穆斯林统治者会使用奴隶兵，萨利
赫·阿尤布尤其如此，他从南俄草原引入了数目惊人的钦察（Kipchak）
奴隶。他在作战方法方面对他们进行全方位的训练，同时还向他们强行
输入效忠统治者的理念。

　　1249年，法王路易九世的十字军抵达埃及，这年萨利赫·阿尤布在尼
罗河三角洲的曼苏拉（al-Mansura）指导防御工作时去世。马穆鲁克的首
领们就此扛起了抵御十字军的大任。1250年，巴利家族的马穆鲁克人在曼
苏拉击败法国人，当时的编年史学者伊本·沃西尔（Ibn Wasil）称这些勇
士为"伊斯兰世界的圣殿骑士团"。几个月后，这些军事精英将萨利赫的
儿子，同时也是王位继承人图兰沙（Turanshah）杀害。这一行为使得埃
及和叙利亚在接下来的10年中陷入了十分严重的政治纷争，阿尤布大公、
突厥人与库尔德将军，以及马穆鲁克人中的反对派等各方势力，在阿尤布
帝国的各个地区展开混战。

　　对于拉丁定居点的法兰克人而言，这场内部纷争为之提供了一个喘息
的空间；而这从某种程度上来说，也是一种奢侈的行为，因为等到蒙古人
涌入叙利亚后，这些内讧便显得微不足道了，人们必须将这些纷争搁置一
旁。虽然蒙古军队早在13世纪20年代便已进入近东地区，并在13世纪30年
代占领了小亚细亚半岛的大部分地区，但其系统性的征战行动直到13世纪
50年代才算正式开始，这是在成吉思汗的孙子旭烈兀的领导下展开的。阿
萨辛派的阿拉穆特城堡于1256年被攻陷；阿拔斯王朝哈里发的大本营——

巴格达则在1258年被占领；此后，蒙古人穿越幼发拉底河，在1260年1月进入叙利亚。掌控阿勒颇和大马士革的阿尤布首领纳西尔·优素福（al-Nasir Yusuf）弃这两座城市于不顾，踏上了前往沙漠地区的逃亡之路，不久被蒙古人俘获，并处以极刑。

其时，一位名叫忽都思（Qutuz）的马穆鲁克军官篡夺了苏丹王位，并在埃及和叙利亚召集了所有能够集合而来的人马，孤注一掷冲出埃及，同蒙古人进行最后一次正面交锋，这便是1260年9月3日的阿音札鲁特战役。忽都思获得了战役的胜利，然而，胜利的成果却被另一位马穆鲁克人篡夺，他便是拜巴尔。拜巴尔谋杀了忽都思，并宣称自己才是埃及与叙利亚的苏丹。扎伊尔·拜巴尔（1260—1277年在位）利用刺客的利刃坐上了苏丹的宝座。为了保住自己的权力和地位，他向人们证明，自己才是"圣战"的真正领导者。百姓中那些见风使舵的人并没有对拜巴尔篡权的事实多加理会，他们还反过来强调这位苏丹作为"圣战"领导人的有效性。在其统治生涯中，为了抵御叙利亚城外幼发拉底河前线的蒙古异教徒，拜巴尔几乎用尽了所有猛烈的手段。他还从基督徒手中夺取了恺撒里亚、阿苏夫、安条克以及骑士堡。最后，拜巴尔同他手下的官员很谨慎地向世人宣称，他们所发起的军事"圣战"实则属于一个更加宏伟的计划的一部分，而这个计划是为了实现道德上的改革与复兴。在马穆鲁克人的保护下，阿拔斯王朝在开罗被重新建立起来。苏丹自诩为"圣地"——麦加、麦地那与耶路撒冷——的保护人。政府采取措施，禁止百姓饮酒和使用违禁药物；对异教徒的搜查也相继展开。在13世纪60年代与70年代，当一系列大大小小的运动过去之后，阿萨辛派位于叙利亚的城堡最终被攻占。

到了拜巴尔统治的末期，近东地区的权力地图已经与11世纪90年代大不相同。阿尤布家族没能成功抵抗蒙古人的入侵，这使该王朝颜面扫地。其所持公国随后由拜巴尔接管，而阿尤布王朝最终只剩下了哈马，由家族中的一个支派贵族进行统治。埃及和叙利亚从此隶属于同一个帝国，苏丹的领土从努比亚边境一直扩展到奇里乞亚亚美尼亚王国。与此类似的是，在幼发拉底河以东，后塞尔柱时期的所有公国，其原先疆界则被蒙古的伊利汗国取代。

马背上的奴隶

塞尔柱人擅长利用马穆鲁克奴隶兵作为自己的作战工具，根据一项历史资料的记录，在1071年的曼齐刻尔特（Manzikert）战役中，阿勒卜·阿尔斯兰（Alp Arslan，1063—1072年在位）动用了4000名马穆鲁克士兵。虽然萨拉丁的埃米尔多半是生来自由的突厥人和库尔德人，但他的突击部队却是由马穆鲁克人组成的。马穆鲁克苏丹统治下的埃及与叙利亚（1260—1517年）之所以变得如此繁荣，正是由于马穆鲁克人包办了军事与行政事务。相较于阿尤布王朝的前统治者，马穆鲁克苏丹在指挥军队方面更加娴熟，能够有效地掌控更为庞大、战斗素养更高的部队。首先，被带往埃及与叙利亚的马穆鲁克人大多是来自南俄草原的钦察人。从14世纪60年代开始，官方的征兵政策发生了局部转变，越来越多来自高加索地区的切尔克斯人（Circassians）被招入军队中。虽然军队以突厥人与切尔克斯人居多，但马穆鲁克普通士兵中，还有大量的欧洲战士，其中包括匈牙利人、德意志人、意大利人，等等，这些欧洲人大多是在战争中被俘获的年轻人，有些是在"圣地"或巴尔干半岛的大型战役中被俘虏的，有些则是在小型突袭中被俘虏的，这些被囚禁起来的年轻人被迫皈依伊斯兰教。

其次，年轻的马穆鲁克士兵在开罗城堡中要接受极其严苛的军事训练。为了强化手臂肌肉，他们需要练习用剑劈土块，每天至少1000次。他们还要学习无马鞍骑乘以及骑射，尤其要学会在骑马时如何向身后射箭。还有一个重要的训练项目，就是在骑马过程中向挂在一根高柱上的葫芦射箭，在射箭的时候，骑射手需要松开缰绳，并用膝盖引导坐骑的走向。初学者往往不知道有人在训练中因撞到柱子而暴毙身亡。在马球运动中，死亡事件也时有发生，马球原本是一项贵族运动，在这里则成了一个操练士兵的项目。他们还会在自己的或蒙古人的领土上组织大型狩猎活动，这同样是出于训练的目的。

另外，马穆鲁克士兵还要掌握阿拉伯语的读写能力。在13世纪与14世纪，受过教育的军事精英已经具有较大规模，这也恰恰说明，当时为什么会有那么多与"芙鲁西雅"（Furusiyya）相关的论文在学界流传。"Furusiyya"的字面意思是"马术"，此类讨论"芙鲁西雅"的文章不仅与马匹的使用与管理有关，还涉及大量具体的战术问题，其中涵盖武器——剑、弓箭、长矛，以及之后出现的火炮——的使用方法，也有攻城兵器的研发和军队的管理工作。作者通常会在导言部分附上一首赞美诗，用以强调这些技巧在"圣战"中的重要性，因为这一切都是服务于真主安拉（Allah）的。例如，塔苏西（al-Tarsusi）曾声称，他论及射箭术的手册是献给萨拉丁的，他希望这部作品能够在抵抗异教徒的运动中发挥作用。在伯德勒丁·巴克图特·拉马赫（Badr al-Din Baktut al-Rammah）所著的《马术学典》（*The Book of Knowledge about Horsemanship*）中，作者向那些想要在"圣战"中成为骑士的战士倡导进行自我授职的仪式：如果一个战士有成为"圣战勇士"（mujahid）的愿望，他应当前往海边，涤净衣装，清洁沐浴，并向上主发出恳求，在祷告之前，还需三次跳入海中。

虽然有大量马穆鲁克投入"圣战"中，他们训练有素，且专业化程度也日渐提升，但在同拉丁定居点的法兰克人交战时，战况依然旷日持久，且消耗巨大，即使在休战期间，各地仍然会有围城战。大部分保存至今的13世纪停战协议中所透露的信息，同叙利亚社会有关。协议条款的内容会涉及社会生活的方方面面：建立海关哨所、遣返逃奴、边境地区联合课税、船难货物补偿以及商人安全过境，等等。

拜巴尔耗费了极其漫长的时间攻打拉丁堡垒，战争从1263年打响，之后由苏丹曼苏尔·嘉拉温（al-Mansur Qalawun，1280—1290年在位）接续。嘉拉温先于1285年攻下马尔加特堡与马拉克利（Maraclea）城堡，之后又在1289年占领了的黎波里。由于马穆鲁克人的军队过于庞大，基督徒不敢同他们进行正面交锋。几十年之间，马穆鲁克人在挖掘战壕方面日益熟练，而且愈加乐于使用投石器来投掷炮弹，例如，嘉拉温的儿子，王位继承人阿什拉夫·哈利勒（al-Ashraf Khalil，1290—1293年在位）于1291年入侵阿卡，当时这支军队就配有72台攻城兵器。阿卡落入马穆鲁克之手，这使得基督徒们不得不立刻从其余的城镇与堡垒中撤离。阿什拉夫·哈利勒从萨拉丁的经验中吸取教训，他害怕攻占阿卡会引起新一轮的远征运动，因此，他有计划地将位于巴勒斯坦与叙利亚的所有拉丁城镇及港口全部夷为废墟，以防止将来被基督徒夺回后又成为作战基地。

拉丁教堂与宫殿也被洗劫一空，而在之后的几十年里，原来哥特教堂的廊柱，以及从叙利亚劫掠来的战利品，都被用来装点开罗的清真寺。为了庆祝这次胜利，阿什拉夫·哈利勒委托工匠在开罗城堡中绘制湿壁画，以炫耀那些被他攻陷的拉丁堡垒。在阿卡沦陷后的几年里，马穆鲁克的军队将注意力转移至那些生活在叙利亚与黎巴嫩高地的异教徒与基督徒身上。对于马穆鲁克的统治，他们一直处于顽强抵抗的状态，其中当属马龙派信徒所遭受的打击最为严重，他们先后于1292年、1300年和1305年遭遇来自马穆鲁克的攻击。概括而言，在整个远征运动时期，生活于穆斯林统治下的基督徒始终蒙受巨大的痛苦。当地人怀疑他们是间谍，或是如"第五纵队"[1]（fifth columnists）般的人，先是为法兰克人，之后又为蒙古人卖命。按照一本由伊本·瓦西提（Ibn al-Wasiti）写于13世纪末期的反基督教文章所述，据称在拜巴尔统治时期，阿卡城的居民曾雇用基督徒在开罗

---

[1] 源于西班牙内战期间的一次演说，后泛指隐藏在对方内部的间谍。——编者注

部分地区纵火。在法蒂玛王朝被推翻以后，基督徒在军队中就不再被委以重任了。虽然他们依然会在大马士革与叙利亚的税务局中继续工作，但对此的抗议活动却接连发生，基督徒常常被人指控滥用职权，打压穆斯林。在马穆鲁克统治时期，偶尔会有强迫基督徒官员改变宗教信仰的情况发生，然而，在伊斯兰教法典中，强制基督徒与犹太人归附伊斯兰教是被明文禁止的。与此同时，社会暴民（有时是受苏非派神职人员的指使）会破坏基督教堂，这些人甚至懒得为自己的行为编造合理的借口。由此可见，基督徒在穆斯林社会中的地位遭到了长期无法挽回的打击与削弱，而在十字军所公开宣称的运动目的中，其中一条便是为居住在东方的基督徒提供援助。

安达卢斯

在12世纪与13世纪，当叙利亚、巴勒斯坦与小亚细亚的穆斯林军队以牺牲基督徒为代价来获取利益的时候，在地中海的另一端，西班牙的穆斯林却在节节败退，这一过程自11世纪晚期便已开始。西班牙倭马亚王朝的衰亡，以及1031年科尔多瓦被柏柏尔人侵占，这样的局势导致安达卢斯（穆斯林统治下的西班牙）处于四分五裂的状态，进而蜕变为许多小型公国，由不同的"泰法"（Taifa，意为"帮派"）与国王统治。由于资源匮乏，面对来自北方的基督徒的进攻，这些国王是很难招架的，因此，他们宁愿献上贡金，也不想硬碰硬打仗。1085年，莱昂国王阿方索六世占领了西班牙当时最大的城市托莱多，"泰法"国王们因此惊慌不已，他们向北非的伊本·塔什芬（Ibn Tashfin）求助，即使其中一些人对阿尔摩拉维德人的恐惧并不亚于基督徒所带来的威胁。塞维利亚的统治者兼首席决策人穆塔米德（al-Mutamid）曾说："我宁愿养骆驼（指在北非），也不愿当猪倌（指在基督徒的统治之下）。"

阿尔摩拉维德人的首领伊本·塔什芬是以逊尼派宗教复兴运动的军事领袖的身份开始掌权的。阿尔摩拉维德人——或者更准确地说是"穆拉比特"（al-Murabitun）——并不是一个家族，而是一群一心投身"圣战"的人，他们住在安养院中。安养院指的是具备良好防御工事的隐修所，仅供志愿投身"圣战"的虔诚信徒居住。在阿尔摩拉维德人的招兵布道中，对于宗教法规的解读被放在了首位，人们对事物的理解必须以对教规的恪守为前提。志愿者对于基督徒与犹太人不能有任何怜悯之心，对苏非派教徒同样如此。早期应征入伍的战士大多来自桑哈扎族（Sanhaja）的柏柏尔人部落联盟。西班牙的阿拉伯人急需这些头脑简单、举止野蛮的部落成员提供军事援助，然而，双方的文化鸿沟却相当巨大，他们虽然拥有同样的信仰，但安达卢斯的阿尔摩拉维德人却常常遭到对方的嫌弃。1086年，阿尔摩拉维德人迅速在萨拉卡（Sagrajas）战役中取得胜利，但他们却没能重新夺回托莱多。从长远的角度看，他们并不能扭转基督徒向半岛不断涌入的浪潮。不过阿尔摩拉维德人起码将那些"泰法"国王的领土逐渐吞入了自己的帝国之中。

阿尔摩拉维德人在1110年以前已经将整个安达卢斯地区占为己有，然而从1125年起，他们在北非的权力却受到了一股新的宗教复兴运动的打压，该运动是在另一支柏柏尔人部落的支持下展开的。阿尔摩哈德王朝——或者更准确的称呼应当是穆瓦希德王朝（al-Muwahhidun，意为"真主之名的信奉者"）——极其强调一神论信仰，正如这个名字所暗示的。与阿尔摩拉维德人恰恰相反，阿尔摩哈德人的迫害对象是教法学派中的马利基（Maliki）学派的追随者，而他们信仰的是苏非派教义。阿尔摩哈德运动的支持者是来自马斯穆达（Masmuda）部落联盟的柏柏尔人，其发起人伊本·图马特（Ibn Tumart）宣称自己是真正的马赫迪，永远不会犯任何错误。他的信徒相信他能够展现神迹，例如同死者交谈。曾去过"圣地"的西班牙籍穆斯林朝圣者伊本·朱巴依尔便是一位伊本·图马特的狂热追随者，他祈祷阿尔摩哈德人未来能够占领麦加和麦地那，他期待那一天的到来，并为他们带来净化："愿真主保佑阿尔摩哈德人，以其利剑铲除穆斯林中的异教毒瘤分子。他们是信仰的真正追随者，永远站在真主这边；他们相信真理，是万能真主的守护者；他们认真对待宗教戒律，尽其所能赞美真主之名；他们履行自己的义务，是真主信仰的虔诚支持者。"

在阿卜杜勒·穆明（Abd al-Mumin，1130—1163年在位）统治时期，阿尔摩哈德王朝占据了阿尔摩拉维德人在北非的所有土地，势力范围扩展至西班牙半岛。在阿尔摩拉维德人的势力风雨飘摇的时候，基督教国王也希望趁机从中得到些许好处。另外，相较于阿尔摩拉维德人对安达卢斯的统治，阿尔摩哈德王朝则更加不受人们的欢迎。在1195年的阿拉尔克斯战役中，阿尔摩哈德人获得了胜利，击败了卡斯蒂利亚的阿方索八世。他们在这次"圣战"中所获得的胜利，堪比萨拉丁当年在东方开展的运动。然而，阿拉尔克斯战役是穆斯林所获得的最后一次重大胜利，在这之后，基督徒发起的收复失地运动陆续进行，且势头不减。在拉斯纳瓦斯·德·托洛萨（Las Navas de Tolosa）战役中，卡斯蒂利亚的阿方索八世给阿尔摩哈德人以沉重一击，此战为日后基督徒的得势铺平了道路，科尔多瓦、巴伦西亚与塞维利亚相继在1236年、1238年与1248年沦陷。塞维利亚沦陷之后，只剩下格拉纳达的南部山区还处于穆斯林的掌握之中。奈斯尔家族（Nasirid）的阿拉伯王公们已经夺取了这里的政权，然而他们所力图实现的政策却是极不稳定的——他们想要在北方的基督徒与摩洛哥的马林（Marinid）王朝苏丹之间寻求某种平衡。他们有时会向基督徒献上贡金，但又会怂恿马林王朝苏丹在安达卢斯开展新一轮的"圣战"。自13世纪早期以后，阿尔摩哈德王朝在摩洛哥的统治便一直受到马林王朝的挑衅，后者始终自称为泽纳塔部落（Zanata，柏柏尔人的一个部落）的首领；到了1275年，摩洛哥已经全部成为马林王朝的领土，而在这之后，为了抵御格拉纳达的攻击，马林王朝的统治者一次次地发起"圣战"。

伊本·赫勒敦（Ibn Khaldun，1332—1406年）是中世纪最伟大，也最具原创性的穆斯林历史哲学家。他生于突尼斯，但在基督徒占领这座城市之前，他的祖辈们就已从塞维利亚逃来北非了。伊本·赫勒敦所钻研的是一种循环性的历史哲学。在他的学说中，静态的文明始终处于衰落的状态，并会对社会边缘的游牧民族造成难以挽回的损害，具体体现在对该族群原有天性的损害，如天然的凝聚力以及对宗教的热忱。这样的游牧民族在建立王朝之初的历史时期可谓一路凯歌高奏，然而，最多几代人的时间，他们的热情与凝聚力便会被新的生活方式侵蚀，这种生活方式便是他们所逐渐适应的、安定的，而非游牧式的生活方式。伊本·赫勒敦的历史视野是通过对历史的深刻思考形成的，其中就包括西班牙与北非的阿尔摩拉维德王朝、阿尔摩哈德王朝与马林王朝，以及它们所经历的种种幸与不幸。伊本·赫勒敦倾向于将十字军运动早期获得的胜利仅仅看作单一特定因素所造成的后果，即基督教世界自11世纪以来在海军领域的崛起，其势力主要集中在地中海地区。就他所处的时代而言，伊本·赫勒敦认为，权力的中心已经逐渐向北方移动，似乎到了法兰克人与奥斯曼人的领土。他还特别提到在战争中，北非的统治者们应当使用欧洲的雇佣兵为自己提供援助，因为欧洲人在军队中具有更好的组织纪律性，可以有效地维持行列队形的编排。

为了抵抗基督徒势力，马林家族与奈斯尔家族曾断续有过几次联盟，但彼此之间都心存顾虑——奈斯尔家族怀疑马林家族有侵占西班牙的企图与野心，而对于后者而言，他们更倾向于将格拉纳达视为作战的最前线，仅用于保卫其在北非的领土。14世纪40年代，马林王朝进入衰败期，这使格拉纳达变得孤立无援，找不到任何可靠的盟友。基督徒于1344年占领了阿尔赫西拉斯（Algeciras），这里成了西班牙与非洲之间的桥头堡；而奈斯尔王朝的统治者穆罕默德五世（Muhammad V）又在1369年重新夺回阿尔赫西拉斯，这场小小的胜利在阿尔罕布拉宫（Alhambra Palace，位于格拉纳达城外）的铭文上被大肆夸耀。在14世纪穆斯林与基督徒之间的战争中，前者取得胜利的次数少之又少，占领阿尔赫西拉斯便是其中一次。

卡斯蒂利亚王国与阿拉贡王国在1469年统一，这进而决定了格拉纳达的长期命运。1482—1492年的十年运动期间，大量火炮攻下了一座座穆斯林堡垒。而格拉纳达的最后一位统治者穆罕默德十一世（Muhammad XI）——也被人称为巴布狄尔（Boabdil）——始终试图得到马穆鲁克与奥斯曼人的援助，然而这些尝试都归徒劳。最终，经协商，穆罕默德十一世于1492年宣布投降，并放弃格拉纳达城。埃及编年史学者伊本·伊亚斯（Ibn Iyas）将穆罕默德投降的那个秋天描述为伊斯兰世界发生过的最不幸的灾难。虽然如此，在15世纪90年代的那个时段，马穆鲁克王朝苏丹也的确爱莫能助，因为他们一方面在北方边境受到奥斯曼土耳其人的威胁，另一方面，葡萄牙人在印度洋也对他们构成隐患，所以很难伸出援手去帮助遥远的格拉纳达。

马穆鲁克王朝

整个14世纪，以及15世纪的大部分时期，马穆鲁克王朝在地中海东部地区，始终是最强大的存在。虽然蒙古人曾屡次试图攻下马穆鲁克王朝辖下的叙利亚，但均未获得成功。1322年，马穆鲁克苏丹纳西尔·穆罕默德（al-Nasir Muhammad）与伊朗的阿布·赛义德（Abu Said）达成和平协议。1335年阿布·赛义德去世时，伊朗的汗国分崩离析，经历了一系列内部纷争后，最终覆灭。

伊本·泰米亚（Ibn Taymiyya，1263—1328年）是中世纪晚期最重要的宗教思想家之一，他始终认为，在马穆鲁克王朝苏丹的政治议程中，"圣战"应当具有极其重要的地位。为了推行这一学说，他比其他同代人走得更远。让伊本·泰米亚感到特别不安的是以下两种趋势的出现。首先，伊斯兰教可能出现倒退的迹象，并回到发展初期很简陋的宗教规范与具体实践中去；其次，则是扫清一切不为人们所接受的开拓与创新。他教导世人，不要简单地将"圣战"看作抵抗基督徒与异教徒的工具，对于所有虔诚的信徒而言，他们甚至有责任将矛头指向自己的统治者。这些统治者虽承认自己的穆斯林身份，但对宗教法规却没有半点儿热情。不论对一位君主，还是对一个战士而言，放弃"圣战"都是一个穆斯林可能犯下的最严重罪过："有些人对'圣战'的信仰已经沉睡，并且过着奢靡无度的生活。若这已变成一种普遍现象，那将对穆斯林百姓造成巨大打击，不论出于穆斯林的宗教利益，还是世俗利益，他们对'圣战'的玩忽职守将导致难以挽回的损失。"

在14世纪上半叶，马穆鲁克王朝苏丹将大量精力放在了大型建筑的修建工作以及同样奢华的宫廷事务上，在扩张伊斯兰教领地方面则几乎毫无作为。他们仅将军事活动局限于有利可图的战争之中，例如攻打基督教王国，其中包括西里西亚人治理下的亚美尼亚，以及努比亚。马穆鲁克王朝的统治者当时正忙于同威尼斯与热那亚进行商贸合作，远没有向欧洲发起"圣战"的想法。1347年，从俄国南方草原传来的黑死病登陆埃及与叙利亚。在接下来的五至八年时间里，瘟疫在马穆鲁克王朝的土地上肆虐。黑死病不仅在境内造成大量人口死亡，同时波及了草原地区年轻的钦察奴隶，这致使14世纪晚期的奴隶价格飙升。许多奴隶在购入不久还没完成军事化训练，便因瘟疫死去。苏丹为确保军队人数，在绝望之际，决定缩短新兵训练时长。人口减少还影响了苏丹与埃米尔的农业收益，并越来越普遍。

塞浦路斯国王彼得一世（Peter I）于1365年发起了远征运动，并占领了亚历山大城，这对马穆鲁克王朝造成了巨大打击。在这次远征之后，在马穆鲁克领土上经商的人都被抓了起来，而作为一种惩罚手段，本土的基督徒被课以重税。为了一雪前耻，埃米尔雅布哈·卡萨吉（Yalbugha al-Khassaki）下令组建一支复仇舰队。雅布哈当时主要负责处理埃及与叙利亚的相关事务，他趁苏丹阿什拉夫·沙班（al-Ashraf Shaban）尚未成年，怂恿阿什拉夫做出了这个欠考虑的决定。然而，雅布哈却于次年被谋杀。

在学界，好战分子掀起了新一轮"芙鲁西雅"论文风潮，但在现实的层面，具备足够政治影响力的"圣战"游说团体已经不复存在。马穆鲁克王朝不得不在1370年同塞浦路斯达成和平协议。其实，对于尼罗河三角洲地区的劫掠自11世纪便已开始，而亚历山大城的陷落只是这一系列突袭事件中最令人惊叹的一桩。亚历山大城虽然在此后被夺了回来，并依然是地中海地区的重要港口，但罗塞塔（Rosetta）、达米埃塔与蒂尼斯镇（Tinnis）——这几个地方均是工业重镇——就没那么幸运了。

从14世纪60年代开始，在马穆鲁克王朝苏丹所有购买的奴隶中，钦察人的占比越来越低，而切尔克斯人的数量却在不断上升。一方面是由于生活在草原地区的钦察人很多死于瘟疫；另一方面是因为许多钦察人已皈依伊斯兰教，而依据伊斯兰教法规，这些人从此不再是奴隶了。1382年，一位名叫巴库克（Barquq）的马穆鲁克（切尔克斯裔）篡夺了苏丹王位。在巴库克统治时期（1382—1399年），社会动乱频发，切尔克斯人与钦察人之间的纷争愈演愈烈，这种状况延续到了巴库克的继位者，其子纳西尔·法拉吉（al-Nasir Faraj）的统治时期（1399—1412年）。就在这一动荡时期，来自中亚的军阀，未来世界的征服者塔尔梅兰（Tamerlane）——也称帖木儿（Timur），向叙利亚发起进攻，并随后入侵大马士革（1400—1401年）。马穆鲁克王朝在此后开展了收复失地运动，这场运动大概由穆伊亚德·谢赫（al-Muayyad Shaykh，1412—1421年在位）发起，并在阿什拉夫·巴尔斯拜（al-Ashraf Barsbay）在位期间（1422—1437年）获得最为显著的胜利。

在15世纪由巴尔斯拜及其后代所领导的收复失地运动中，最大的特点便是海上舰队的成功建立。自法蒂玛王朝全盛期起，直至此时，穆斯林海上势力终于在地中海地区达到顶峰状态。但穆斯林与基督徒之间的海上战争更像是某种海盗行为，而并非出于宗教目的。由于英格兰国王理查一世在1191年攻占了塞浦路斯，因此这里已经成为信仰基督教的十字军与海盗们的大本营，尤其是对于15世纪早期的加泰罗尼亚海盗而言。现在马穆鲁克军人占领了叙利亚沿海地区的港口城市，这使基督徒同这座岛屿间的距离变得异常遥远。在1425年埃及舰队袭击了塞浦路斯之后，一支马穆鲁克军队摧毁了这座岛屿，并于次年捕获了国王雅努斯。塞浦路斯由此成为马穆鲁克王朝的辖地，而这里也不再是海盗的庇护所。

15世纪40年代，马穆鲁克王朝将火力转向了罗德岛。苏丹扎伊尔·雅克马克（al-Zahir Jaqmaq，1438—1453年在位）决定终结基督徒在地中海东部地区所从事的海盗行为。同时，他也希望由此能为奥斯曼人提供间接的帮助。1440年，马穆鲁克苏丹首次攻打罗德岛，我们很难判定这次袭击是毫无条件的。第二次发生于1443年，而单单在小亚细亚南部沿海地区与基督徒对垒期间，马穆鲁克的军队便已将所有战斗资源消耗一空。1444年的两次入侵，马穆鲁克军队虽然将精力完全投注在罗德岛的堡垒上，不过均被击退。按照当时一位穆斯林编年史学者的说法："这些军队既没有实现自己的目的，也未能收获到其他成果；因此，在该地开展'圣战'的热情始终受到强烈的压抑。毕竟，真主才是万事万物的终极目的。"在1446年，经法国商人雅克·柯尔（Jacques Coeur）协调，马穆鲁克王朝同罗德岛的医院骑士团签署了和平协议。

马穆鲁克与奥斯曼苏丹的共同利益，是对抗地中海东部地区的十字军与海盗，但在其他问题上，双方却是分歧不断的，尤其在土耳其南部与东部地区，在他们所支持的土库曼公国，他们是长期处于敌对状态的。虽然两者的矛盾是以谁作为土库曼公国代理人呈现出来的，但在1486—1491年，马穆鲁克王朝将矛头直接指向了奥斯曼人。马穆鲁克最终获得了战争的胜利，这部分是缘于其对火炮部队的成功部署。然而，由于战争拉锯时间过长，这在财政方面对马穆鲁克王朝造成了沉重打击。而葡萄牙人在印度洋的出现，使马穆鲁克的经济问题进一步恶化——葡萄牙人当时试图封锁红海，并剥夺埃及在香料贸易中所获得的收益。1516年，出于恐惧，马穆鲁克王朝同伊朗新的什叶派政体萨非王朝（Safavid）形成联盟，奥斯曼苏丹"冷酷者"塞利姆一世（Selim the Grim，1512—1520年在位）便先发制人，向马穆鲁克王朝发动进攻。塞利姆一世周围那些温和的法学专家声称，这场战争实则是一场"圣战"，因为马穆鲁克妨碍了塞利姆一世同基督徒与什叶派裂教派分子之间的战斗。1516年，奥斯曼人在叙利亚北部获得了达比克草原（Marj Dabiq）战役的胜利，又于次年在埃及赢得了里达尼亚（Raydaniyya）战役的胜利，这两场胜利主要归功于奥斯曼军队的人数优势，以及充足的后勤补给，即便其军队中也时常有背叛与逃逸的情况发生。马穆鲁克王朝最后一位苏丹图曼巴伊（Tumanbay）在开罗的祖维拉（Zuweyla）城门上被绞死，而塞利姆一世吞并了叙利亚与埃及，并宣称自己是麦加与麦地那的守护者。在之后的几十年中，奥斯曼人的领土不断扩张，其中包括北非沿海的大部分地区。

奥斯曼人的崛起

根据历史记载，奥斯曼土耳其人最先于14世纪初占领了布尔萨（Bursa）地区，这个奥斯曼公国是在塞尔柱人的罗姆苏丹国政权瓦解之后，于小亚细亚建立起来的众多公国中的一个；其时，蒙古人也已经从该地区撤离。对奥斯曼人早期的故事，我们需要警惕，因为其中含有许多传说，许多问题我们并没有十足的把握。例如其第一批省督，也称贝伊（Beys），是不是来自部落的天然领导者，或者，他们的支持者是不是那些曾在拜占庭帝国边境地区为获取战利品，或愿为理想而殉道，从而加入"圣战"的加齐勇士。很明显，加齐勇士的道德体系在其他一些公国中起着举足轻重的作用，尤其是沿海公国，如艾丁（Aydin）公国与门特瑟（Menteshe）公国，这些公国的海上加齐勇士（sea-ghazis）会在港口毁坏基督徒的船只。同其他地方一样，在小亚细亚半岛，苏非派是宣扬"圣战"的主力军，根据后世的一份历史资料显示，在梅夫拉维教团（Mevlevi）——也称德尔维希教团（Whirling Dervishes）——中的一位

"谢赫"（shaykh，意为"长老"）的影响下，艾丁公国的一位埃米尔加入了勇士的行列。在宣誓之前，谢赫拿出一根军棍（war-club），把它放在这位埃米尔的头上，之后埃米尔宣誓："首先，我将用这根军棍抑制个人的情感与欲望，之后，再用它讨伐所有同信仰作对的敌人。"

布尔萨在1326年落入奥斯曼省督奥尔汗（Orkhan，约1324—1360年在位）之手，然而在此后很长一段时间里，奥斯曼首都一直都没有固定下来，省督的帐篷支在哪儿，首都就在哪儿。不论部落成员还是勇士，那些早年为奥斯曼省督征战的战士始终相信，他们受到了真主的垂青。东正教大主教格里高利·帕拉玛（Gregory Palamas）曾在1354年做过突厥人的战俘，根据他的说法："这些人臭名远扬，上帝对他们恨之入骨。他们还吹嘘说，正是由于上帝的恩宠，他们已经将大部分罗马人（拜占庭人）控制在自己的手中……他们如今的生活都是靠刀剑厮杀掠夺而来，这些沉湎于酒色的暴徒，乐于让别人臣服于脚下，变成他们的奴隶。对于这些人而言，唯一有意义的，便是谋杀与巧取豪夺……反常的是，他们对犯下这些罪行不但不感到羞愧，反而认为那是上帝的旨意。"

在奥尔汗的领导下，奥斯曼人在小亚细亚半岛西南部的领土扩张速度非常快，而奥尔汗也是第一个自称苏丹的人。奥尔汗的领土扩张是以牺牲拜占庭人，以及与其对立的公国的利益为代价实现的。在西方人眼中，他们认为艾丁公国所带来的威胁要比奥斯曼人大得多，因此，在1344年，一支十字军海军选择艾丁公国君主乌穆尔（Umur）的港口城市士麦那作为进攻对象。与此同时，突厥入侵者们（其中只有很少一部分服役于奥斯曼王朝）跨越了达达尼尔海峡，在14世纪40年代于亚德里安平原（Plain of Adrianople）开展军事活动。加里波利半岛（Gallipoli）在1354年（或1355年）发生了一场大地震，奥斯曼人趁机占领了那里的港口，并将其作为他们在达达尼尔海峡以西的第一处军事基地。加里波利随后被一支由萨伏依的阿梅迪奥（Amadeus of Savoy）率领的十字军攻陷。虽然如此，奥斯曼人仍在1369年占领了亚德里安平原，从而使他们在欧洲的地位没有受到任何动摇。在穆拉德一世（Murad I，1362—1389年在位）统治时期，奥斯曼人还拿下了色雷斯与马其顿。

虽然有人将禁卫军（Janissaries）描述为"伊斯兰世界的天选之兵"，但我们不宜夸大禁卫军在中世纪的重要性。禁卫军更准确的名称应当是"耶尼切里"（Yeni Cheri）或"新军"（New Troops），它原本是从年轻的基督徒那里征召而来，这些基督徒都是巴尔干战场上的俘虏。然而，单单这些年轻的基督徒是不够的，因此从14世纪晚期开始，新兵征召逐渐向"德米舍梅制"（Devshirme，也译作"德夫希尔姆"）转变。"德米舍梅制"指的是从奥斯曼帝国的基督教乡镇中强制招募8～15岁的男孩，他们被当作奴隶带走，并接受严格的军事训练。在这些被征召的年轻人中，最出色的会留在王宫，为进入行政高层而接受进一步训练。而禁卫军则是由在"德米舍梅制"中被淘汰下来的不合格者组成的。在整个15世纪，禁卫军中主要是步兵弓箭手，虽然早在40年代个别部队的战士就已经配有手枪，但直到60年代晚期，大多数禁卫军才配备火枪。与禁卫军并行的另一支规模更大的步兵军团被称作"亚亚"（Yaya），其军队组织纪律性没有禁卫军严明。在奥斯曼帝国的军队中，精英部队当数"西帕希"（Sipahis），它由出身自由的骑兵组成，他们参与军事活动能够分配到"蒂玛"（Timar）——一片可以得到收益的地产——作为回报。"阿金基轻骑兵"（Akinjis）则为得到战利品而参战，他们也让奥斯曼军队进一步得到扩充。

穆拉德一世在欧洲展开了大规模的军事活动，他的军队一路挺进至多瑙河，这迫使巴尔干半岛的几个基督教公国不得不联合起来，以抵抗穆拉德一世的入侵。这支联合军队在1389年参与了科索沃战役。虽然穆拉德一世在这场战役中阵亡，但他的儿子巴耶塞特一世（Bayezid I，1389—1402年在位）——人称"闪电"（Yildirim或Thunderbolt）——顺理成章地继承了王位，并直接获取了战役胜利的果实。科索沃战役的胜利确保了突厥人接下来对保加利亚的征服，并明确了塞尔维亚未来的长期命运。但巴耶塞特一世并没有为难塞尔维亚人，这使他能够沉着处理卡拉曼王朝（Qaraman）的土库曼人在小亚细亚半岛的起义。奥斯曼帝国声称，卡拉曼人要向他们开战，他们认为这是为了阻碍"圣战"的进行，并为异教徒提供帮助。在接下来的几年中，巴耶塞特一世利用旗下的欧洲附属国（这些附属国对巴耶塞特一世的忠诚程度值得怀疑），向亚洲开展军事活动，而小亚细亚的7个公国也在这样的情况下被相继吞并。

由于基督徒长期控制着君士坦丁堡，因此，在奥斯曼苏丹的领土中，东部与西部之间的沟通是非常困难的。1394年，巴耶塞特一世下令封锁君士坦丁堡。虽然法国与匈牙利在1396年联合发起十字军运动，旨在为君士坦丁堡解围，但在尼科波利斯（Nicopolis）却以大败收场。君士坦丁堡的得救是由多方面的不同合力造成的。巴耶塞特一世在小亚细亚半岛实行极富攻击性的吞并政策，这使得他与帖木儿的附属国发生冲突，从而激起了中亚军阀的介入。1402年，巴耶塞特一世在安卡拉城外组织了一支军队来对抗帖木儿，其中大部分是士气低下的仆从军，他们很快就倒戈投向了帖木儿。巴耶塞特一世在战役中被俘，不久死于监禁中。在这场战役之后，帖木儿重建了土库曼公国。但奥斯曼帝国却在巴耶塞特一世之后面临其几个儿子——苏莱曼（Suleyman）、伊萨（Isa）、穆罕默德（Mehmed）与穆萨（Musa）——的继承权之争，势力遭到削弱。争战最终以穆罕默德一世（1413—1421年在位）的胜利宣告结束。

在穆罕默德一世及其儿子穆拉德二世（Murad II，1421—1451年在位）的统治下，奥斯曼帝国的元气迅速恢复过来。虽然再次攻占君士坦丁堡的尝试（1422年）失败了，但此时土耳其人所重新拥有的，要比他们在1402年失去的多。早在1432年，勃艮第密探布罗奎尔的贝特朗顿（Bertrandon de la Brocquière）就曾指出，只要奥斯曼苏丹"愿意动用他的权力和财富，即便在基督教国家会遇到些许反抗，他也完全有能力征服那里的大片土地"。匈牙利将军匈雅提（John Hunyadi）在1441年与1442年抵抗土耳其人的战役中获得过几次胜利，但是1444年的瓦尔纳十字军运动——这是匈牙利与西方的海上军团在黑海联合开展的一次军事行动——却并不成功，这次十字军运动也成为遏制奥斯曼帝国在巴尔干半岛继续扩张的最后一次尝试。

1451年，穆拉德二世的继位者穆罕默德二世（Mehmed II）对君士坦丁堡展开围城战。在这场战役中，火炮起到了极其关键的作用。早在14世纪80年代，奥斯曼人便已经在战场上使用大炮了。从15世纪20年代开始，大炮已经普遍用于围城战中。这些大炮都是在欧洲战场上从基督徒的手中缴获的，当然，还有很多是投诚土耳其人的基督教叛教者提供的。有一位名叫乌尔班（Urbanus）的叛教者，来自特兰西瓦尼亚，他专门为奥斯曼帝国提供大炮；穆斯林在1453年攻下君士坦丁堡，他功不可没。

"在真主的援助下，苏丹穆罕默德征服了君士坦丁堡。这里已成为神的住所……他将华美的教堂变成了伊斯兰清真寺。"穆罕默德二世的胜利，让人们更加确信传统伊斯兰教的预言，即这座城市终将回到穆斯林的怀抱。然而，征服了东罗马帝国的古城，这不仅使穆罕默德二世成为伊斯兰英雄的传人，同时也让他继承了亚历山大大帝与恺撒大帝的衣钵。当时，一位意大利评论者曾说，穆罕默德二世宣称，他将由东向西挺进，正如从前的西方人向东方进军一样。他说，这世上只能有一个帝国、一种信仰和一个最高的权威。

征服君士坦丁堡不仅让奥斯曼苏丹收获了一座大型的造船厂，还外加一座兵工厂。在君士坦丁堡围城战中，奥斯曼舰队始终谨小慎微，显得非常不光彩。然而在1453年以后，奥斯曼海军开始变得具有攻击性，战事一路告捷。黑海已经变成了土耳其人的一片湖，而穆罕默德二世的陆军与海军继续在爱琴海等地组织军事行动。到了1460年，奥斯曼帝国攻下了拜占庭帝国位于伯罗奔尼撒半岛的最后一个前哨基地。1480年，奥斯曼舰队将火力对准了罗德岛。正如莱昂内尔·巴特勒（Lionel Butler）所言，穆罕默德二世"急于将罗德岛这个古典世界的希腊名城纳入他的征服之列，而在此之前已将君士坦丁堡、雅典、底比斯、科林斯与特拉比松

（Trebizond）收入囊中"。不但如此，占领罗德岛对穆罕默德二世也有非常重要的战略意义，土耳其人的这场猛攻却被击退。1481年，穆罕默德二世不仅计划再次对罗德岛发起攻势，还打算强化土耳其远征军的实力，这支远征军于1480年在意大利南部的奥特朗托（Otranto）登陆。不幸的是他于1481年去世。土耳其海军在意大利搁浅，并在同年9月投降。

巴耶塞特二世（1481—1512年在位）对于西方的军事政策要温和许多，这主要是由于他首先要保住自己的皇位，以防他的兄弟杰姆（Jem）篡权。1481年，杰姆战败，次年逃往罗德岛，并经此抵达法国。杰姆在欧洲受到密切的监视。在1495年去世之前，他始终是基督教世界中一颗非常重要的棋子。巴耶塞特二世虽然在巴尔干半岛取得了一些军事胜利，但他在东方前线却面临着更加强大的威胁，首先是马穆鲁克苏丹的压力，其次是萨非王朝的第一位"沙"（shahs）[1]伊斯迈尔自1501年以后在伊朗的崛起。

在伊斯迈尔的拥护者中，什叶派的十二伊玛目派甚至将他视为马赫迪，认为他是绝对正确且不可战胜的。然而，伊斯迈尔不可战胜的传奇却在1514年的查尔迪兰（Chaldiran）战役中被打破。当时，"冷酷者"塞利姆一世率领着一支部队，以抵抗伊斯迈尔毫无组织纪律性的追随者们，即便他们是土库曼部落中的勇士。虽然在查尔迪兰战役中遭到沉重打击，但什叶派在此后仍被奥斯曼帝国的逊尼派视为巨大的威胁。而对于塞利姆一世而言，只要马穆鲁克苏丹对其南方领土仍构成威胁，他对伊斯迈尔展开进一步的军事行动便是非常危险的。奥斯曼帝国在1516—1517年占领了马穆鲁克王朝的领土，这使得地中海东部地区终于划归同一版图，由一位穆斯林统治者管辖。此后，君士坦丁堡每年都可以从埃及那里获取大量收益。

在塞利姆一世于1517年来到开罗之前，奥鲁奇·巴巴罗萨（Aruj Barbarossa）就已经将阿尔及尔的宗主权交给了塞利姆一世，而奥鲁奇是在

---

[1] 波斯语中的古代君主头衔，又可译为"沙阿"。——编者注

一年前攻下这座城市的。奥鲁奇与凯尔丁（Khayr al-Din）两兄弟的英勇行为开创了伟大的巴巴里海盗（Barbary corsairs）时代。1533年，凯尔丁负责组建了一支奥斯曼舰队，这支舰队于次年便占领了突尼斯。虽然下一年神圣罗马帝国皇帝、西班牙哈布斯堡王朝国王查理五世派去了一支军队将突尼斯夺了回来，但凯尔丁却在1538年的海战中取得了巨大胜利，这场海战发生在普雷韦扎（Prevéza），对手是基督教世界的一支联合海军，由世俗皇帝与罗马教皇共同资助。的黎波里在1510年之前始终被西班牙人掌控，最终于1551年被穆斯林夺回。至此，除了摩洛哥之外，北非其他地区已经被奥斯曼苏丹吞并。

苏莱曼大帝（Suleyman the Magnificent，1520—1566年在位）统治下的奥斯曼帝国，其规模可以与查理五世的基督教帝国等量齐观。苏莱曼在地中海与巴尔干半岛开展的军事活动，实则是抵抗西班牙哈布斯堡家族（Habsburgs）的帝国战争，而非反对基督教世界的"圣战"，虽然支持苏莱曼的鼓吹者们更愿意强调战争的"圣战"属性，说这是为了铲除猖獗于伊朗与伊拉克的萨非王朝及其异端思想。一开始，命运之神是向苏莱曼一方倾斜的——占领贝尔格莱德（1521年）、拿下罗德岛（1522年）、在摩哈赤（Mohacs）战役（1526年）中打败匈牙利人，以及此后将匈牙利王国彻底消灭。虽然苏莱曼在1529年未能攻下维也纳，但这次失败似乎在当时并不那么重要，因为在战争季临近尾声的时候，尝试入侵维也纳只是未经周密考虑而做出的临时决定。即便如此，苏莱曼的继位者们也将会发现，由于其所处的地理位置的原因，入侵维也纳已经超出了奥斯曼军队所能承受的后勤能力的极限。在16世纪，穆斯林对于长期征服的期望已经破灭，而勇士的道德体系也陷入了停滞状态。土耳其人于1565年在马耳他的失利，进一步阻碍了奥斯曼帝国的野心，而苏莱曼也于次年去世。

然而，奥斯曼帝国还在继续推行它的征服路线，1570年，占领了威尼斯共和国辖下的塞浦路斯的大部分地区，这导致了基督教世界新一轮海军联盟的形成。1571年，基督徒在科林斯海湾赢得了勒班陀（Lepanto）战役的胜利，对他们而言，这是针对异教徒的一次重大胜利。虽然土耳其人在这次战役中损失惨重，成百上千技术一流的水手与弓箭手战死，但这对实力雄厚的奥斯曼帝国而言并不算什么。据说，塞利姆二世（Selim II，1566—1574年在位）向一位维齐尔问到更换一支船队需要花费多少金钱，这位维齐尔答道："帝国的实力已经非常强大，如果您想让舰队装备银质的锚、丝质的绳索以及缎子的船帆，我们也能做到。"事实上，奥斯曼帝国的确组建了一支新的舰队，其在塞浦路斯的力量也没有受到任何挑战，与此同时，他们还可以在整个地中海西部地区任意发起袭击，有时甚至可以借助法国的友好港口城市来达成其军事目的。

在巴尔干半岛开展的新一轮战争（1593—1660年）中，奥斯曼军队的表现则没有那么出色。奥斯曼帝国虽然复制了欧洲人的军事技术，但却没有学到他们的战略。土耳其的评论者们可能会对西方军队的组织纪律性赞赏有加，其中还包括大炮与火枪的发明与使用，但这些并不是土耳其军队愿意向基督徒看齐的领域，土耳其将军们依然坚信挥刀弄剑的西帕希骑兵具备雄厚的实力。另外，奥斯曼苏丹同样遇上了财政问题，以及小亚细亚半岛的起义事件。

富于哲学思维的奥斯曼官员绞尽脑汁分析问题的缘由，其中一些人求助于伊本·赫勒敦的理论。在这些官员的建议书中，最引人瞩目的是，他们觉得苏丹的首要职责已经不再是领导"圣战"了，取而代之的应当是维持社会公正，以及保障民生。1625年，一位名叫奥马尔·塔利布（Omer Talib）的官员写道："如今，欧洲人已经找到了与世界沟通的渠道，他们的船只驶向世界各处，并占据着各大港口城市。从前，来自印度、信德（Sind）与中国的货物都被运到苏伊士，经由穆斯林被分发到全世界。而今天，这些货物却乘坐葡萄牙、荷兰与英国的船只，最终被运往欧洲，并被销往全世界。"许多人与奥马尔·塔利布有着类似的观感，由于同美洲缺乏贸易往来，奥斯曼苏丹正面临着极大的威胁。

奥斯曼帝国在1683年试图最后一次攻占维也纳，但结果依然以失败收场，这还导致了神圣同盟战争（War of the Holy League，1684—1697年）的爆发，反而使其失去了布达（Buda）与贝尔格莱德。《卡尔洛维茨和约》（*Peace of Karlowitz*，1699年）迫使奥斯曼帝国将匈牙利与特兰西瓦尼亚割让给奥地利，威尼斯与波兰也恢复了对其被占领土的主权。显然，奥斯曼帝国领土扩张的步伐从此受到了阻碍，它第一次成为失败的一方，并且不得不向基督徒屈服，放弃部分领土。"圣战"的时代已经过去，而瓜分奥斯曼帝国的过程却刚刚开始。爱德华·吉本（Edward Gibbon）将基督教国家与伊斯兰世界在地中海东部地区发生的纠纷称为"世界性的争论"（World's Debate），纵然这种说法是正确的，但这一争论也如同聋人之间的争论，直到19世纪中叶，阿拉伯还在用"Hurub al-Salibiyya"（意为"十字架之战"）来指代十字军运动。

第十一章

十字军运动：1274—1700年

诺曼·豪斯利

十字军运动发展到第二个百年末期的时候，已经陷入危机四伏的状态。在西班牙、普鲁士及意大利，刚刚获得的胜利已然很不稳固，处于摇摇欲坠的状态中。这些胜利并不能弥补一个事实，即面对埃及马穆鲁克王朝势力的逼近，守卫"圣地"的任务已经形同一场灾难。考虑到十字军运动的性质，其危机注定体现在两个方面——信仰危机与战略战术危机。正如第二次里昂大公会议（1274年）的十字军法令《为热情的信者》（*Constitutiones pro Zelo Fidei*）所言："真是对造物主莫大的耻辱，同时也是对那些忠于基督教的信徒的伤害，他们（马穆鲁克）竟然用如此肮脏的话语来嘲笑并辱骂基督徒：'基督徒的上帝究竟在哪儿？'"（115：2）这场危机并没有在1291年结束，因为当时的人们根本无法接受失去巴勒斯坦这一事实。事实上，直到1337年百年战争爆发时，收复"圣地"的愿望才在一些乐观者的心目中慢慢浮现。第二次里昂大公会议一方面启动了远征思想的发酵，另一方面进一步巩固了其在组织形式与财政投入等问题上的执行措施。这两方面因素对1300年前后几十年的十字军运动产生了深远影响，而我们对晚期十字军运动的研究，也是从这两方面入手的。虽然并非只有这些变化才是促进十字军运动在接下来的几个世代继续发展的原因，然而恰恰是这些元素，以其强大的吸引力、韧性与适应能力，为十字军运动注入了新的活力。

磨炼期及其遗产

"为了收复'圣地'，有三样品质是重中之重，即智慧、能力与热情。"拉蒙·卢勒（Ramon Lull）在他的《论收复圣地》（*De acquistione Terrae Sanctae*）一书的序言中，为发起收复"圣地"运动制定了一个议程表。智慧是以建议的形式呈现的，这个品质显然并不缺乏。在第二次里昂大公会议后、英法战争爆发前的几十年间，有很多拉丁基督徒撰写过与收复"圣地"相关的论文，而卢勒是其中最负盛名，也是最高产的作者之一。根据学者西尔维娅·施恩（Sylvia Schein）的研究，单单在里昂与维埃纳大公会议之间（1274—1314年），就有26位这样的作者。从出身、地位、隶属关系以及专业技能的角度看，这些作者几乎形成了欧洲男性社会的横截面（有趣的是，在已知的文献中并没有女性作家的身影），这里包括两位国王、一位法国王室官员、几位主教与行乞的托钵修会会士、几位骑士团团长、一位流亡的亚美尼亚大公、一位威尼斯商人以及一位热那亚医生；其中，那两位国王分别是塞浦路斯的亨利二世与那不勒斯的查尔斯二世（Charles II of Naples），而那位王室官员则是诺加雷的威廉（William of Nogaret）。在这些作家中，有些是纸上谈兵的战略家，有些是各个领域的专家，即便收复"圣地"这件事本身并不总是需要他们提出自己的意见。这些文章都是写给一位读者看的，通常不是一位皇帝，就是一位教皇，而文章的作者们都希望，在他们的建议下，这位读者能够立即采取行动。

这些建议与劝告的大量爆发是前所未有的，它们非常独特，且具有重大意义。这个局面的出现，部分是由于从格列高利十世开始的历届教皇，都依照英诺森三世所立下的传统，即十字军运动发展的本源来行事，而他们所参照的，都是征集而来的意见。在存留至今的早期的短文与备忘录中，它们大部分是为第二次里昂大公会议而作。第一篇成熟的文章是帕多瓦的菲登齐奥（Fidenzio of Padua）关于收复"圣地"的作品，这可能还是对格列高利十世的回应，他当时呼吁人们为十字军运动书写建议。然而这部作品直至阿卡沦陷前不久才刚刚完成。教皇的呼吁反映出当时人们的普遍认识，即为了不再犯之前的错误，十字军运动几乎在各个方面都需要一次彻底的革新，不论是十字军的形式，还是对所征服领土的安排与保护。这些建议都是对过去错误极富建设性且不偏不倚的回应，它们进而形成了某种观念上的共识，其中涉及收复"圣地"运动（人们对此已经渴望已久）的方方面面。在开展十字军运动之前，应当将马穆鲁克王朝的领地长期封锁，这是为了达到两个目的——首先，要封锁马穆鲁克苏丹的战争资源（包括奴隶的进口。他们会接受训练，成为骑兵精英）。其次，要削弱其国库的财力。这一举措需要按两个步骤进行，第一步即建立立足点，也称特殊性征战（passagium particulare）；第二步则是在此立足点之上进行开发，这一步还被称作普遍性征战（passagium generale）。十字军运动需进行专业化组织，并在一位思路清晰、受人尊重且经验丰富的领导者的带领下展开，还要给予充足的财政支持。普通百姓与随营人员不应当参与其中。

过分夸大这一共识的效果，或是认为这个蓝图具有可行性，这两种想法都是错误的。许多理论家并不赞同特殊性征战的想法，他们更倾向于接受毕其功于一役的作战路线。令人惊讶的是，这些理论家中竟然还有圣殿骑士团最后一任大团长雅克·德·莫莱。至于征战究竟要在何处开展，人们对此也没有形成定论。轴心国大多各行其是，缺乏统一的行动方针，但政策上都是极具攻击性的。法国理论家彼得·杜波依斯与诺加雷的威廉认为，十字军运动实则是卡佩王朝实现其野心的工具之一。然而，即便像拉蒙·卢勒这样极其聪慧且具有利他主义倾向的思想家，也深受阿拉贡与法国利益的影响，并将这一因素纳入他所设想的入侵计划当中。另外，如果完全脱离当时的政治环境，而在真空中写作，那也相当于在浪费时间，在论述十字军运动的时候，想要彻底脱离强国的政治与经济干涉是不现实的，而对于当时最出色的作者，如卢勒与威尼斯人马里诺·萨努度·托尔塞洛（Marino Sanudo Torsello）等而言，其最引人注目的特征便是他们在宫廷、公众集会以及教堂大会中极受欢迎。他们都是卓越的社会活动家，显然，在他们的运作之下，他们的思想得到了广泛传播，而其影响也是双向的。

在这些人的倡导下，十字军运动得到了净化与改革，然而它是否有机会实现，却非常难于判定，这有赖于卢勒所提到的另外两项必要的素质——热情与能力。公众对于远征运动的热情与认知究竟如何，对此所做出的判断，不论是基于人们对发生在东方的灾难——尤其是阿卡的陷落——的反应，还是对远征布道的回应，从一开始便注定会失败。前一种判断会受到两个方面的影响——一是特殊利益的影响，二是人们寻找替罪羊的普遍心理；而后一种判断则会因官方布道策略的转变而受到歪曲，特别是在集资方面，从前的个人资助为如今的集体收款所替代。与此同时，在阿卡沦陷之后不久，民众对远征的兴趣出现了明显的（虽然持续的时间非常短暂）爆发态势。这种热情同远征思想中的末世学说不无关联，但却与大多数理论家所宣扬的、具有进步精神与专业性的远征形式格格不入。然而，这种情感却具备一个优势，即它揭示出在恰当的社会氛围下，理论家们对于收复"圣地"的痴迷刚好能够触动大部分民众的心理。民众情绪的爆发大致就发生在这10年间：不论是1300年，当伊利汗国的合赞汗（ilkhan Ghazan）在霍姆斯战胜马穆鲁克王朝的消息传到西方的时候，还是1309年与1320年，在德意志与法国都纷纷盛行"农民十字军"（peasants' crusades）的时候，均明显展现出穷苦大众依然会受到远征热情的强烈影响。

相比之下，上层社会的立场要坚定得多，而且我们也能找到更多证据。显然，在阿卡沦陷的时候，人们对于骑士精神的崇拜已经达到了极为复杂的程度，而远征运动已经成为其基础特征之一。在骑士无限荣耀的光芒背景下，世俗的统治者宣布或发动远征计划，也绝非巧合。事实上，勃艮第公爵"好人"菲利普（Philip the Good）在1454年举办野鸡盛宴（Feast of the Pheasant）的目的便在于此。远征的家庭传统，尤其在法国与英国，对许多贵族产生了深远影响。对于那些在教皇与王室的宫廷中筹划出来的十字军计划，他们都会积极响应。但在他们的热情中，越来越多地含有一丝怀疑的色彩，贵族子弟对远征发起者的动机与真实目的有所质疑，这体现在他们加入十字军时所采取的谨慎态度上。然而，自13世纪80年代英国国王爱德华一世的十字军计划开始，到14世纪30年代法国国王腓力六世（Philip VI）发起的一系列十字军运动为止，作战人员一次次地被征召进入十字军队伍。远征的号召力显然是巨大的，招募新兵也被证明是可能的。

事实上，人们倾向于得出这样的结论，即十字军运动之所以会失败，与其说是缺少热情，不如说是缺乏能力。究其原因，我们首先必须对以下两点进行一番概述：一是军事组织与资金支持方面的重大进步，这一进步在当时还处于发展之中；二是里昂大公会议所遗留下来的文章，以及对后50年所做出的充满激情的规划。与理论家们所设想的相比，当时的远征运动没有那么高效，但却与时下的战争形态相一致，这样的发展趋势越来越明显，因此也更见成效。招募新兵开始走契约程序，其优点便是，在契约精神的支配下，人员更易于控制，且更具责任感，这一举措在爱德华一世、查理四世与腓力六世的远征规划中变得尤为明显。人们也越来越注重利用西方的海上优势，而非仅仅将注意力放在针对马穆鲁克领土的海上禁运令上。对于侦察工作、情报搜索，以及培养联盟关系（尤其是在中立国之间），人们也会给予恰当的重视。在战场上，决策者也会按照不同的情况，以及不同类型的敌人，而对战略做出改变；在围城战中，还会邀请专家共同参谋。总体而言，十字军运动始终是神秘力量与军事力量之间的平衡，而一旦到了战场，它便会向后者倾斜，这在圣路易[1]的军事行动中曾达到了前所未有的程度。

最具突破性的进步体现在财政资助方面。上文提到的所有改变都耗资巨大，面对十字军运动持续走高的开销，第二次里昂大公会议提出了一项新的税收政策，即向基督教世界中的所有信徒征税。然而，一触及怀疑与神宠论（particularism）这两块礁石，这项提案便立刻遭遇沉船。不过在其他财政措施方面，这次大公会议依然是非常成功的，例如向教会征收六年收入十分之一的税款。几十年来，神职人员依照其收入所上缴的税款，始终被认为是保证远征资金流动的唯一可靠渠道，但税款的征收与分发一直不成体系，程序相对随意。对这一棘手问题做出果断处理的功臣是格列高利十世，他以官方机构为基础，建立了一套牢靠的征税系统。这位教皇建立了26个行政区，在1274年的教皇训谕中，对于神职人员的税收征收制定了详细的指导政策。格列高利十世于1276年去世，在此后的几年里，他的继位者们又对这一程序进行了些许修正。在1303年卜尼法斯八世（Boniface VIII）去世之前，教会已经建立了一套相当完备的税收体系，可以为十字军运动提供有力的支持。事实上，这个系统在当时已经通过了第一轮考验：为了同造反的西西里人及其同盟作战，各地发起了数次十字军运动，而教皇利用这个系统，征收到大量的什一税与补助金，为这些运动提供了充足的财政支持。

教会的税收政策是一项伟大的成就。这个政策看似非常简单，但我们不能轻易地只看表面。例如，在1292年，罗切斯特（Rochester）主教的年收入为42英镑2先令2便士，其来源包括房租、渔场、磨坊、市场与法院等各方面的收益；而为了支持爱德华一世所开展的十字军运动，这位主教每年要向教皇尼古拉四世上缴4英镑4先令2.5便士的什一税。这个看似简单

---

[1] 法王路易九世。——编者注

的计算方法，在具体执行过程中却困难重重。什一税是以收入为基础进行征收的，而神职人员收入的评估工作是由一位中立的调查员完成的，这一过程非常耗时，且很快又会失效，人们因此会质疑这一流程的合理性。征税的数额以过去某一年的收入为基础，而收入的具体数字则由神职人员本人提供，其准确性完全仰赖他个人的良知，显然这种追溯式的征税方法存在很大问题，因为人的良知常常是靠不住的。另外，对收入进行评估与征收税款的工作人员是从哪里请来的？如何向他们支付酬劳？他们的工作又是否需要接受监管呢？税款被征收上来以后，还涉及保管与转移问题。除此之外，还有两个特别棘手的问题，它们与纳税人和收税人（也就是世俗统治者，他们要将这笔税款用于十字军运动）密切相关。首先，对于征收什一税，神职人员往往采取消极的态度，有时使用各种推诿与狡猾的欺骗手段，有时则干脆采取公开反对的方式，这样的情况十分常见。其次，对于已经上缴的什一税，人们亟须拓展出相应的监管机制，以确保这些钱都被用在远征运动之中，一方面要明确资金的流向，另一方面要将余额逐一返还。

事实证明，这些问题根本不可能得到解决：逃税的神职人员、行骗的收税人、拦路抢劫的强盗、资不抵债的银行机构，以及擅自动用十字军税款的统治者，这些不变的元素构成了中世纪晚期整个欧洲的社会经济版图。与大部分中世纪税收系统类似的是，向教会征税在组织形式上一向非常松散，常常受人诟病，且令许多人憎恶的是，它耗费巨大，却效率极低。然而，就算存在这么多问题，这项税收体系仍为十字军运动提供了大量的资金支持，从而使其能够持续进行。当然，在十字军运动持续发展的过程中，它也起到了很大的刺激性作用。向全体神职人员征收6年的什一税，这不单单是1274年里昂大公会议所通过的决议，1312年由教皇克雷芒五世组织召开的维埃纳大公会议，也同样将大量资金引入支持远征的事业，从而在政治层面上推动了十字军运动的发展。不论直接打着支持远征的旗号，还是以为了某项事业做前期准备为由，教皇法庭都会准许统治者向他手下的神职人员收税，因此，不同的征税理由之间在本质上没有太大区别。大批的收税人、银行家与官吏，都在忙着收集并分发资金，如果没有钱，就什么都干不成，更何况是十字军运动。在中世纪晚期的欧洲，它可能比其他任何事务都更加依赖金钱的支持。

卢勒所说的能力，在很大程度上指的是金钱，然而，对于十字军运动而言，只有金钱的支持是远远不够的。更准确地说，1300年前后的欧洲政治局势不足以支撑十字军运动的有效进行。基督教世界的世俗统治者变得越来越自信，而他们在国内所面临的问题也越来越急迫，这也就意味着，当他们收到教会在本土征收上来的税款后，尤其是他们还想从中得到一部分收益的话，这些统治者是不会允许这笔资金落入国外某位组织远征运动的首领手中的。因此，在具体实践层面，十字军首领便得不到所需的资源。在14世纪30年代早期，法国国王腓力六世曾试图发起一次远征运动，并距离具体成行已经不远。他企图通过在法国本土征税，从而绕过以上问题，并逼迫教皇法庭通过决议，向境外及附属国筹集资金。然而，第二项措施却没有成功，因为教皇在政治领域的影响力已大不如前。其中存在一个双重的讽刺：正是腓力六世的叔叔"公正王"腓力四世（Philip the Fair）在同教皇卜尼法斯八世交涉的时候，使教皇的弱势得到了强化与凸显；而与此形成鲜明对照的是，在教会内部，教皇的权威依然存在，他能够从神职人员那里征收到大量税款，而这也对腓力六世造成了巨大的压力。

对这些非常微妙但却极为关键的权力转变，以及其对十字军运动的影响，当时几乎没有任何一个人能够有一个清晰的认识。这倒也并不奇怪，统治者留给臣民的印象往往是一团糟，其中穿插着各种支吾搪塞、闪烁其词与遮遮掩掩。对此，我们可以用安东尼·鲁特雷尔（Anthony Luttrell）的惊人之语作为对这个时代的判断，即这是"一个危机四伏、充满混乱的时代"。一个接着一个的十字军项目被提了出来，有的是为了收复"圣地"，有的则想为塞浦路斯与奇里乞亚亚美尼亚王国提供援助，还有的是出于对君士坦丁堡依然野心不死，企图将其从希腊人手中夺回来，而后者的目标时常被视为前者的筹备工作。由于幻想总是破灭，这些计划几乎全部中途夭折。即便如此，不同类型的十字军运动依然时有发生，这简直是在群众不满的伤口上撒盐。例如，1309年，在意大利北部、西班牙格拉纳达，以及地中海爱琴海地区，至少就开展过三次十字军运动。总的来说，圣殿骑士团在1307—1312年的衰亡，在民间造成了极大的惊恐与混乱。若它解决了对之前在1291年所发生事件的追责问题，并且通过强制性手段平息了同骑士团形成联盟的种种困难，但对于一部分人而言，圣殿骑士团的结局依然会让人提出许多令人不安的问题，即关于法国王室的权力使用与行为动机。很显然，有人对后者是感到极其绝望的，尤其是在当时的局势下——远征计划被一再推迟，教皇与世俗统治者将远征资金挪用别处，以及在收复"圣地"的问题上令人气馁的战略与财政政策。罗曼的胡贝儿（Humbert of Roman）对十字军运动的批评者们颇有反驳之词，我们从中得知，早在1274年，就有人同意亚当的沙林宾尼（Salimbene of Adam）的说法——"收复'圣墓'并非出自上帝的意愿"。

十字军运动在13世纪末期所遭遇的危机最终也没能解决。取而代之的是此后发生的两件事。第一件，在1336年腓力六世的远征计划宣告破产之后，教皇将这一计划无限期推迟，而收复"圣地"的相关事宜也都在议事日程中排在极其靠后的位置。远征运动此时只存在于术语中，这也是为了神职人员方便起见，他们运用各种术语来定义与"佩戴十字者"（crucesignatus）相关的大赦行为及其所得到的相应特权。更为重要的是，对于一些狂热者而言，十字军运动对他们造成了强烈的影响，如梅济耶尔的腓力（Philip of Mézières），在基督教世界的王室宫廷或教会法庭中，常常成为人们热烈讨论的话题，尤其是在14世纪60年代早期及14世纪90年代中叶。但是，总体来看，相较于更为现实的目标，十字军运动已经退为其次。第二件事，我们将在后文看到，由于各地在守护领土安全方面都面临很大压力，而人们对收复"圣地"始终都抱有希望，这两个方面的原因对远征运动起到了激活作用，并从中生发出了新的十字军形式。在此基础上，新的理念、方法与组织形式逐渐孕育而生。然而，我们也没有必要对这一点进行过分深入的讨论，十字军运动之所以能够走出1291年痛苦的停滞状态，是以下三个方面合力得出的结果：当地的时局、教皇积极的政策措施，以及运动本身在天主教欧洲的宗教与社会文化中所深植的地位。但若是谈及十字军运动强大的变通能力，却又有许多内容值得进一步探讨。

延续传统与新的方向

对于十字军运动而言，14世纪中叶的几十年是一段极其艰难的时期。首先是英法战争；其次是意大利银行业于1343—1348年的垮台（教会征税制度在很大程度上仰赖其所提供的资源与专业技能）；最后是1348年肆虐欧洲的黑死病（这进而导致了社会经济生活的紊乱）。这些困难对当时的政治与财政方案造成了极大伤害，而这些方案对远征运动能够有序进行至关重要。从这样一个阴暗的背景看过去，反而显出了十字军运动在14世纪的旺盛活力。它不仅在已知的传统格局下，同时还在新的环境中，以新的形式呈现在世人面前。其兴衰受到法国战争步伐深刻的影响（如果不是支配的话）。然而，即便受到这样的影响，十字军运动依然展现了它强劲的生命力。在十字军运动史上，如果这段时期曾被人贬低为某种创伤时期或进步时期，那么这样的认知早已过时。

十字军运动在继承传统的同时，还以组织形式的进步为其注入了新的活力，这些方面，发生在伊比利亚半岛与意大利的十字军运动可以被视为榜样。在伊比利亚半岛，于13世纪中叶所获得的大量收益，造成了大量复杂的问题亟待解决。这些问题在之后的许多时代中进而妨碍了人们获得更多利益的可能性。在基督教世界，所有王国都要面对的任务是，如何从已征服的领土中吸收财富。其中最大的受惠者当数卡斯蒂利亚，然而在这里，为了达成这一任务，王室却付出了巨大的代价——一个新的、实力极其强大的权贵阶层由此形成，他们不愿同王室合作，并常常忤逆王室的旨意。出于对卡斯蒂利亚霸权野心的恐惧，阿拉贡与葡萄牙对这种违抗行为纷纷予以支持；他们还时常反对任何恢复收复失地运动的企图，认为若是重启收复失地运动，只会对卡斯蒂利亚人更加有利。另外，摩尔人对自己在西班牙格拉纳达不算稳固的地位十分担忧，他们不仅在那里建立了强大的防御工事，还向外界挑明，一旦基督徒发起大规模进攻，他们就会向属于同一教派的北非势力寻求援助，哪怕从此失去自主权也在所不惜。

三大基督教国家都会对格拉纳达发起周期性进攻，这部分归因于在阿维尼翁（Avignon）的教皇乐于为此项事业提供大量的资金援助。事实上，卡斯蒂利亚与阿拉贡的王室与教皇，常常就财政问题进行协商，而在收复"圣地"的问题上，教皇始终保持着强硬的态度以及冷静的头脑。这并非因为伊比利亚半岛的统治者们不够真诚，而是因为他们认为，没有理由为了战争而倾尽财力。在卡斯蒂利亚国王阿方索十一世（Alfonso XI，1325—1350年在位）统治时期，王室强迫贵族阶层暂时服从圣旨，而其他基督教势力也在摩洛哥人可能介入的威胁下，不得不同其进行合作。因此，各方的协商取得了丰硕的成果：1340年，这位国王在萨拉多河（Salado river）赢得了收复失地运动中最大一场战役的胜利，1344年夺取了港口城市阿尔赫西拉斯，并且在其死于黑死病6年后，卡斯蒂利亚王国依然能围困直布罗陀海峡。此后，随着摩洛哥威胁的减退，基督教国家与伊比利亚半岛卷入了英、法两国的纷争之中，并成为后者的附属战场。

教皇于14世纪在意大利开展的十字军运动，其效果甚至比伊比利亚半岛的同类型运动效果还要显著，有大量专业人士参与其中，而资助他们行动的，一方面是来自教会内部的征税，另一方面是赎罪券（通过成功的布道活动得到）。在13世纪，意大利的十字军活动，其焦点主要集中在南方地区，首先将该地区从霍亨斯陶芬王朝的手中夺取过来，之后再将该地移交给了安茹家族。在阿维尼翁教廷时期（1305—1378年），情况则恰恰相反，运动向北方的伦巴第与托斯卡纳迁移。若是将这些地方恢复为主教教区，则需要在该地营造相对和平的氛围，为此，教皇需要将教皇国的各个行政区交给这些地方控制，同时还要防止这些北方城市落入王朝的领主们（他们通常具有扩张主义倾向，并试图打破稳定的局势）的手里。以上这些目的的达成，都是拜教廷独特的运行机制所赐。拥有权势的教皇使节——如14世纪20年代的勒普热的贝特朗（Bertrand of Le Poujet），以及14世纪50年代的吉尔·阿伯诺兹（Gil Albornoz）——一次次地接受派遣，进而参与到十字军运动中，而给他们配备的有包括雇佣兵、资金与信贷便利（为他们以及教廷的同盟提供资助），以及有关远征的教皇训谕（借此，便可以对前两类资源进行合理利用）。

然而，14世纪的意大利却成了风暴旋涡的中心，各种相互冲突的利益以及迅速转变的野心都卷入其中。甚至连教皇的传统盟友，如安茹家族管辖下的那不勒斯与佛罗伦萨也都变得不再可靠。到了14世纪中叶，意大利的政治正在被独立的集团颠覆，这些集团是由各路专业军队组成的。在1360年英、法之间签署了《布勒丁尼和约》（Peace of Brétigny）之后，类似的独立集团——结队雇佣兵（routiers）——对教皇及其在阿维尼翁的法庭造成了极大威胁。因此，教廷发出了远征特赦令，来与这些法国与意大利的集团作战。大裂教[1]在1378年爆发，基督教世界被一分为二，随后又分为三个辖区，敌对的教皇之间开始向对方发起远征运动。例如，在1383年，诺维奇（Norwich）主教亨利·德斯宾塞（Henry Despenser）便向英国发起了远征，而他自己也率领一队人马前往佛兰德斯。这些远征运动，不论其攻击目标是雇佣兵还是裂教派分子，在本质上都没有什么新意，这些运动都只是利用了传统的远征形式。十字军运动逐渐以一种

---

[1] 天主教会大分裂。——编者注

非常不健康的方式变得故步自封，这不仅体现在统治者与教皇的身上，还包括作战装备与专业军人，所有这些元素正在以不同的方式成为远征的附属。

从某种程度上来说，这种混乱的局势之所以能够结束，还是要归功于奥斯曼土耳其人，他们在巴尔干半岛发起了全新运动，且引人入胜。早在14世纪60年代中期，就有人提出，可以向土耳其人发动远征，从而将这些独立集团赶走。这个方案时常被人讨论，用以替代破坏基督教世界内部的做法。而到了14世纪90年代，人们也常常规划针对土耳其人的远征活动，这些计划不仅可以作为终结大裂教的方法，同时也可以成为发动十字军运动的理由。然而，在此之前，土耳其人一方面接连在小亚细亚获得胜利，另一方面，他们的海上实力也在爱琴海崭露头角，慢慢开始发展起来，这些功绩均能展现出他们在面对变化的局势时，所具备的超凡的适应能力与迅捷的反应能力。与其对抗的海上联盟，是由几个受到土耳其人威胁的拉丁势力联合而成的。在教皇的保护下，他们携手自卫，形成了一支小型舰队。在东方，这支联合舰队在1334年至14世纪70年代成为远征运动的主力军。在1334年，这支舰队尚处于雏形阶段时，它在埃德雷姆湾（Adramyttion / Edremit）击退了土耳其人的军队；在14世纪70年代，土耳其在巴尔干半岛挺进，迫使西方将陆战重新提上议事日程。这支联合舰队规模很小，主要由教会的税款以及赎罪券为其提供资金支持，它受一位教皇使节的指挥，而这位使节的主要任务则是防止联合舰队的形式在内部遭到瓦解。联合舰队不仅在东方很好地配合了新的作战方案，在西方也适应了糟糕的战争局势与紊乱的经济状况（在这样的条件下，任何更加宏伟的规划都无法实现）。

这支反抗土耳其人的联合舰队在本质上是"前线十字军"（frontier crusades），作为一股维护各方权势平衡的力量，它基本上由本土的势力构成——威尼斯、塞浦路斯与圣约翰医院骑士团。其作战的规模虽然越来越大，但作战形式与在格拉纳达边境接连发生的侵袭非常类似，战争间隙还穿插有双方的"共存"（Convivencia）时期，双方甚至还会进行自由的商业贸易活动。但随着教皇的积极加入，战局的范围变得更加广阔，这具体体现于以下三点：首先，教皇对舰队的支持举措；其次，引入西方的势力加入战局；最后，教皇的长远计划，即利用使节所取得的、有限的局部性胜利，使其成为更宏伟目标的跳板。教皇使节在1344年10月取得了前所未有的巨大胜利，占领了士麦那的大部分港口地区。而在此之后，教皇克雷芒六世表达了他希望这里能够成为更为大型的十字军基地的想法，即"特殊性征战"的桥头堡。这实际上是将理论思想（与收复"圣地"相关的论文，以及各种上层规划中的种种想法）付诸实践的绝佳案例。1366年，萨伏依伯爵阿梅迪奥为援助君士坦丁堡的希腊人而发动了十字军运动，教皇对这次远征予以大量的财政支持，我们从中也能看到相同的战略思想。

不论联合舰队从教皇的资助中得到多少好处，有一点我们不能忽视，即其所取得的胜利有赖于西方海军在地中海地区的霸主地位，这使得拉丁人可以任意攻打伊斯兰世界的沿海地区，从马格里布到达达尼尔海峡，均是其攻击范围，因此成就了这个世纪最具戏剧性的十字军胜利，即塞浦路斯的彼得于1365年入侵亚历山大城。在这之前，这位国王刚刚结束一次十字军运动，此后便在1362—1364年穿梭于欧洲各国的宫廷中，希望能够得到更多的财物与人力上的援助。他宣称，接下来的目标是要夺回耶路撒冷，而此时，他只能算是那里的一位名义上的君主。为了实现这个目标，教皇乌尔班五世（Urban V）与法国国王约翰二世为他提供了援助。而实际上，这位国王从一开始便想要拿下这个埃及首要的贸易大港，也是法马古斯塔（他自己的港口城市）最重要的竞争对手；彼得要么将其攥在自己手里，要么将其彻底摧毁。然而，由于一个事件的发生，彼得（连同他的塞浦路斯臣民，以及医院骑士团的舰队）试图夺取亚历山大城的胜利果实遭到了破坏，他们不得不在不到一周的时间内放弃这个计划。

占领亚历山大城的行动集中反映出14世纪十字军运动反复出现的许多

主题。这次行动揭示出,海上力量本身在战略局势中并不能起决定性的、长久性的转变作用。在一开始,计划入侵亚历山大城是以特殊性征战的形式开展的,但总体路线(原定由法国国王约翰二世指挥带领)却并不能按照规划执行,而约翰于1364年死后,这个计划便彻底搁浅。另外,我们从这次十字军运动中也能看出教皇政策的混乱状况。国王彼得当时认为,西方应当继续同马穆鲁克王朝作战,尤其是土耳其人在北方的威胁变得越来越明显的时候。教会的决策者乌尔班五世以及他在东方的使节彼得·托马斯(Peter Thomas)也接受了国王的这个建议。教皇也许很乐于为任何东方的项目提供支持,因为这能让已经千疮百孔的法国与意大利看到希望。与此同时,土耳其运动与商业贸易之间存在着原始的张力,它致使基督徒之前在埃及坚持推行的贸易禁运政策成了一次注定失败的尝试,而对于意大利的商业势力而言,这个张力所激起的反应也是令人极其震惊的。通过散布塞浦路斯与马穆鲁克王朝即将签订停战协议的谣言,威尼斯破坏了人们"追随"十字军的希望;而在1367年,由于拒绝将十字军士兵、马匹以及战争物资运往东方,威尼斯还遭到了教皇的指责。

在大约25年之后,攻打亚历山大城的策略——突袭后迅速撤离——再一次被人使用,这回是由法国与热那亚联合发起的十字军运动,其目标是马赫迪亚的马格里布港。而在这次运动中,远征与商业贸易之间的张力却消失了,取而代之的是双方和谐的局势,因为这次远征是热那亚人通过于1389—1390年冬季在法王查理六世(Charles VI)的宫廷中游说达成的,希望能够获得马格里布港口的永久控制权。1389年6月,在同英格兰达成了3年的停战协议后,法国国王带着极大的兴趣接受了这项提案。国王的舅舅——波旁的路易二世(Louis II of Bourbon)认为这是一次跟上前人(圣路易)步伐的绝佳机会,也积极地参与到这场运动中来。1390年7月初,一支由大约5000名战士(其中包括1500名法国勇士)组成的军队从热那亚出发。十字军将马赫迪亚包围,但几周之后,大批穆斯林部队前来救援。显然,当时想要拿下马格里布港是不可能的,十字军只能选择撤退。

很多证据表明，不论塞浦路斯的彼得，还是热那亚人，都急于将他们所发起的十字军运动描述为成熟的、充满骑士精神的事业，它使参与其中的人充分展现出个人的非凡技能，并为他们收获了奖励与名誉，他们都是圣路易、布永的戈弗雷与罗兰的真正传人，其英勇行为一点也不亚于他们的前辈。从这个角度来看，这两次十字军运动都遵循了传统，与此同时，它们又与海上联合舰队十分类似，两者均能在特定的商业环境下巧妙地利用海上力量，以实现有限却明确的军事目标。有人会指责彼得与热那亚人，认为他们为了一己私利而滥用同代人的远征热情，然而，在各种目的与态度相互交织的复杂局势下，这样的看法显然过于简单和落伍。同样的情况也适用于条顿骑士团与骑士志愿者之间的关系，后者来到普鲁士，参与到前者讨伐立陶宛异教徒的运动中去。只是直到14世纪末，欧洲骑士精英的十字军狂热也未见消减，而这些案例不仅为此提供了无可置疑的证据，还展现出这些运动（及其赞助人）适应新的作战环境的创造能力，这一点与海上联合舰队也非常类似。

新的作战环境涉及天主教骑士团与异教徒之间的纷争，而后者极其活跃，试图控制萨莫吉希亚（Samogitia）以及梅梅尔（Memel）的涅姆纳斯（Nemunas）河谷。双方的冲突完全处于十字军运动的控制范围内，骑士团不仅能够得到教皇的支持，而且在大部分欧洲人眼中，这对于条顿骑士团也是一个有利的发泄渠道（不论在才智还是勇气方面），尤其是在失去"圣地"之后。虽然教皇训谕可以感召志愿者应征入伍，军队还能得到教会税款的资助，但恶劣的自然条件却并不支持大规模的远征行动。与此同时，普鲁士的地理环境也并不适合开展理论家所设想的"多阶段式的"远征运动。在普鲁士与立陶宛之间，是一片贫瘠的荒地，大规模的军队很难就地果腹。此外，恶劣的气候也限制了远征运动的进展。冬季极度寒冷，降雪量极高，而在春季与初夏时节，这里又是洪水的多发地。十字军运动只能在深冬与夏末进行。在深冬时节，积雪已被压实，沼泽也都结成了冰；而在夏末，几周的高温天气就会将陆地烤干。恶劣的环境限制了远征运动的大部分活动，包括突袭、围城战，以及堡垒的建造与强化工程，同时也使各方势力不能长久地占有此地。

在普鲁士与利沃尼亚的骑士团成员不足1000人，他们只能在冬季与夏季从事十字军活动。为了加强普鲁士东部地区的防御工作，同时也为了实现之前所期许的目标（强迫立陶宛人皈依基督教），骑士团将英诺森四世在1245年给予它的特权——无须正式的布道活动便可征召新兵——利用起来。在此基础上，从1304—1305年的冬季开始，成千上万的骑士从西方的天主教国家以及欧洲中部地区出发，经陆路和水路前往普鲁士，希望能够参与到春夏两季的十字军运动中去。这一过程持续了一个多世纪。他们所参与的战争被人描述为"长期征服"，它甚至不具备常规的战争与休战步调。而常规战原本在基督徒与穆斯林之间十分常见，尤其在格拉纳达边境与爱琴海地区。发生在普鲁士的"长期征服"是极其野蛮与残暴的。例如，在1345年立陶宛入侵利沃尼亚期间，编年史学者魏根德·冯·马尔堡（Wigand von Marburg）就曾有过这样的描述："这里的一切已成为废墟，人们遭到大肆屠杀，妇女和儿童也都被掠走……"而在1377年，骑士团团长翁里希·冯·科尼普罗德（Wincich von Kniprode）与奥地利公爵阿尔布雷希特"在此地〔卡尔蒂宁（Kaltinenai）〕待了两天，他们四处纵火，将当地的男女老少全部赶走。没有人能够逃出他们的手掌"。

魏根德在另一处曾描述到，条顿骑士团的志愿者向东方而来，"为的是履行自己的骑士义务，与基督教的敌人作战"，他们通常都是在圣乔治（骑士阶层的主保圣人）的感召下加入这项行动的。在讨伐立陶宛人的运动中，我们从两个方面最能看出骑士精神的崇高地位：一是骑士团对十字军运动的推崇；二是对"名誉席"（Ehrentisch / table of honour）的利用。奥维尔的约翰·卡巴莱（John Cabaret of Orville）已经充分地阐述了"名誉席"这一概念，认为它是一种在运动结束之后举办的宴席，目的是嘉奖英勇的战士。虽然如此，但更加确凿的历史证据却表明，"名誉席"是发生在战争活动之前的，这大概是为了让志愿者明确其骑士团成员身份用的。1391年，当几个英格兰骑士谋杀了苏格兰贵族威廉·道格拉斯（William Douglas）之后，他们不可能在战争之前于柯尼斯堡（Königsberg，后来的俄罗斯加里宁格勒）举办"名誉席"了。因此，骑士团团长便在加夫诺（Alt-Kowno，后来的立陶宛考纳斯）战场款待他的宾客。由于这是在敌人的领土上，他们在进餐时不得不全副武装。这样的行为虽谈不上滑稽，却非常奇特。我们不该以此判定，讨伐立陶宛人的战争仅仅是一种幻想或表演，因为它实际上是非常危险的，且耗资巨大。显然，骑士团成功地触动了欧洲贵族的神经。毋庸置疑，若是时局允许，那些涌向普鲁士的人本可以在其他前线作战。

事实上，许多参与普鲁士十字军运动的战士，也在1396年投入了那场世纪最大且最具野心的远征运动——尼科波利斯十字军之中。通过这场运动，西方回应了奥斯曼帝国在巴尔干半岛的军事活动，尤其是塞尔维亚人在1389年于科索沃战役中的惨败，这导致了土耳其人前往匈牙利边境作战，还使威尼斯人对于亚得里亚海地区的安全性感到忧心忡忡。东方的局势如此恶劣，以至于那些顺从大裂教的人也准备支持大型的十字军运动。然而，促使此类十字军成立的先决条件，是要终止英、法两国的对抗状态，促成停战协议。因此，在双方的王室宫廷中，我们能发现极具游说能力的和平团体，他们将巴尔干半岛的危机视作一次机会，以促成两国的最终和解。在1392—1394年，两国之间有大量的外交活动，这些活动均在展望远征运动的可能性。这次远征分为两个阶段：第一阶段为特殊性征战，由冈特的约翰（John of Gaunt）、奥尔良的路易（Louis of Orleans），以及勃艮第的"勇敢者"菲利普（Philip the Bold of Burgundy）带领，于1395年出发；第二阶段则推行十字军的总路线，由查理六世与理查二世指挥。同马赫迪亚与亚历山大城的情况类似，收复"圣地"的理论家们的战略思想对这次十字军依然造成很大的影响。不论是当下时局的严重性，或是在布达与威尼斯敲响的警钟，还是威斯敏斯特与巴黎之间互利且积极的关系，都将人们对于这次十字军运动的期望推到了自14世纪30年代以来——甚至是自格列高利十世去世以来——前所未有的高度。

1395年，这场战争的规模缩小了不少。出于各种不同的原因，三位大公也从这次十字军行动中退出。到了1395—1396年冬季，征战挺进的主导力量变成了法国与勃艮第的联盟势力，以及一群法国权贵。前者由"勇敢者"菲利普的长子讷维尔的约翰（John of Nevers）指挥；而在后者的这群法国权贵中，还包含当时的十字军英雄让·勒曼格尔（Jean Le Maingre），也被称为布锡考特（Boucicaut）元帅。在1396年从蒙贝利亚尔（Montbéliard）出发的军队，其经历依然令人感到印象深刻。这支队伍在布达得到了由国王西吉斯蒙德（Sigismund）率领的匈牙利军队的支援。当这支军队在保加利亚的尼科波利斯城镇以南，同苏丹巴耶塞特一世开战的时候，他们之前在多瑙河流域所获得的胜利，在9月25日迅速宣告结束。我们很难弄清楚当时究竟发生了什么，法国骑士先天就有很强的优越感，他们不愿深入了解土耳其人的战略战术，这在远征历史中其实非常常见，也许正是这一点导致了这场灾难性的失败。许多十字军战士被俘虏，其中也包括讷维尔的约翰。至此，所谓十字军运动的总路线也已不复存在。

这支在尼科波利斯遭遇惨败的军队，成为西方派出的最后一支同土耳其人交战的大规模联军。历史学家们认为，这场战役对后世的影响之深远，不亚于哈丁战役与拉佛比战役。然而，这样的推断要比具体的求证工作容易得多。毫无疑问，不论法兰西的还是英格兰的贵族，他们在尼科波利斯战役之后，对十字军运动的兴趣都在下降。然而，这种情况的发生本可以是出于其他原因，而非战争失败的缘故。法国王室虽然对十字军的兴趣在逐渐消退，但勃艮第公爵那持之以恒的、几近为了了结世仇的军事行动，却弥补了这一损失。这种说法是有道理的。不过无论如何，在尼科波利斯战役之后，世人对十字军运动的态度都发生了转变。在此之后，企图激起军事阶层的远征热情已不再那么容易。在15世纪，十字军运动已很少被人奉为欧洲贵族价值的首要体现。总体而言，正是这种热情，曾为14世纪的大部分十字军运动提供了内在的一致性，并为其非凡的潇洒气质以及运动本身所具备的恼人的盲目性，做了绝佳的注解。

东方的失败与西方的胜利

尼科波利斯战役不论在心理层面对欧洲贵族带来了多大影响，毋庸置疑的是，远征运动所发生的变化已经开始清晰地为人们所感知。运动的范围与多样性在14世纪是如此突出的特点，但在此时，其范围已经萎缩，形式也越发单一起来。在十字军宣传方面，全新的主题与想法开始萌发。至少对于基督教世界中的一些世俗君主而言，大规模的远征计划在总体上意味着一种转变，即从之前深受广大民众响应的、由大批骑士志愿者（他们大多来自天主教的核心地区）参与的前线运动，再次成为欧洲几大势力所开展的活动。除了个别情况，如卡斯蒂利亚国王阿方索十一世发起的十字军运动，以及尼科斯十字军运动，这些势力自14世纪30年代晚期，在法王腓力六世收复"圣地"的项目宣告失败之后，便长期处于失声的状态。而到了15世纪，这些势力再次走上历史前台。

波罗的海地区，作为十字军运动的主要作战前线，到了1500年已经不复存在。立陶宛大公雅盖洛（Jogailo）在1386年接受浸礼，并宣称要帮助他的异教徒臣民转变宗教信仰，而这最终成为条顿骑士团向立陶宛人宣战的理由；另一方面，由于雅盖洛大公受洗同他与波兰的雅德维加（Jadwiga）公主的联姻有着紧密的联系，而波兰是骑士团主要的天主教对手，进而使波兰与立陶宛形成了联盟关系，因此，这也威胁了骑士团对普鲁士（骑士团国家）的统治。新的战略局势对条顿骑士团的挑战，要过一段时间才能显现。骑士团声称要使立陶宛"基督教化"

（Christianization），这种说法只能算作一种伪装，而从西方涌来的志愿者也没有受到明显的影响，但若要将波兰与立陶宛两国的力量联合在一起，以对抗骑士团国家的势力，还要再等上几十年时间。

从1410年开始，灾难纷至沓来。1410年7月15日，在波兰与立陶宛联军的进攻下，骑士团的军队于坦嫩贝格（Tannenberg，后来的波兰斯滕巴尔克）战役中遭到了惨烈打击，进而使骑士团越发依赖于西方志愿者的援助。然而，在几年后的康斯坦茨大公会议上，志愿者代表却没能说服委员会向骑士团伸出援手。随后，自愿前往普鲁士的骑士人数锐减，到最后几乎一个人都没有了。一些德意志十字军战士，会继续向北前往利沃尼亚，在那里，抵抗信仰东正教的诺夫哥罗德与普斯科夫的运动依然享有十字军式的待遇。为了帮助利沃尼亚的兄弟们分担沉重的战争开销，教皇尼古拉五世（Nicholas V）与亚历山大六世（Alexander VI）曾举行远征布道，来筹集救赎金予以资助。但在利沃尼亚，十字军运动依然处于相对边缘的位置，那些在坦嫩贝格战役之后依然热衷于十字军运动的人，想出了各种各样的办法，希望对其在土耳其前线的战争资源进行再次利用，以帮助条顿骑士团。

后者的发展表明，奥斯曼土耳其人已经成为十字军运动的主要敌人。苏丹刚刚在与帖木儿对战的安卡拉战役中吃了败仗，而在1402—1420年一直处于恢复阶段，除了这段时期之外，在整个15世纪，土耳其人不断向西挺进，这迫使十字军的理论家与支持者们始终将注意力投注在巴尔干半岛。在这个漫长的时间跨度中，有几个阶段集中出现了大量的外交活动。在1440—1444年，教皇尤金四世（Eugenius IV）积极地投入到抵抗巴尔干半岛的基督徒的运动中去——尤其是针对卓越的匈牙利指挥官匈雅提，并协助威尼斯的海上力量，还同其他西方统治者一起，为使君士坦丁堡免于土耳其人的侵占而做出了巨大的努力；1444年11月，由于巴尔干半岛的统治者在瓦尔纳战役中遭到惨败，这项外交政策也随之宣告破产。1453年，新继位的苏丹穆罕默德二世占领了君士坦丁堡，而在接下来的28年里，这位苏丹始终致力于扩张领土，势头极为强大。瓦拉几亚、阿尔巴尼亚与希腊都被纳入奥斯曼帝国的版图，而西方的教皇们则不断地做出各种尝试予以回击，要么鼓励本土的抵抗势力，要么在西方动员十字军运动。在穆罕默德二世于1481年去世以后，他的儿子巴耶塞特二世的西方政策相对温和，没有那么强的进攻性。但即便如此，依然有十字军运动处于酝酿之中，尤其在1490年罗马教皇会议以及4年后当法王查理八世（Charles VIII）进攻意大利的时候，远征的筹划工作也从未停止过。

总体而言，针对土耳其人的十字军运动彻底失败，虽然偶尔也会有成功的情况，如1443年匈雅提组织的野战，以及1456年对贝尔格莱德奇迹般的解围行动。不论是调动西方的海上势力（在当时依然处于统治地位，但在不久之后也将不复存在），还是动用匈牙利人、塞尔维亚人、摩尔多瓦人，或其他巴尔干地区的陆地力量，这些尝试最终都无其结果。投入东方的财政与军事援助并不充足，且时机不对，方式也不够恰当。最重要的是，西方也不再派出十字军部队了，只有教皇庇护二世曾试图发起远征运动，并在1464年几乎成行。讨伐土耳其人的十字军运动的失败，可以同早期为收复"圣地"而开展的十字军运动进行比较。大量起到顾问作用的文章随着这两个阶段的远征运动的开展而陆续出现，之前那些文章以收复"圣地"为出发点，对于许多政治、经济与军事方面的问题进行了全方位的讨论，而此后的这些文章，对这些问题做出了新一轮的考量，即使战略方案今非昔比，且急需一种全新的作战方式。许多遭遇流放的统治者轮番在基督教世界的各大宫廷中游说。他们向西方的君主们请求援助。另一方面，也有像红衣主教贝萨里翁（Bessarion）这样令人敬畏的个人，他们也积极地投身于十字军事业中。与此同时，西方的皇帝、阿拉贡国王或是勃艮第公爵，也致力于一系列的十字军运动中。为了这些远征计划，教会筹集了税款，还为募得救赎金而开展远征布道，但这些计划都未能实现。

在很大程度上，针对土耳其人的十字军运动的失败，也可以通过那些使收复"圣地"运动落空的因素予以解释。为了开展十字军运动，拉蒙·卢勒提出了"能力"这个概念，若想要掌握这样的能力，需要克服许多障碍，而相较于讨伐马穆鲁克王朝的十字军运动，针对奥斯曼帝国的十字军运动则需要克服更多困难。在两次十字军运动中间的这些年月里，作战技术变得越来越专业化，战争开销也越来越巨大。官方在说服人们参与远征并使他们相信这些计划的可行性的时候，却滋生了越来越多的幻灭与怀疑的情绪，这些情绪正在不断累积。上层高度依赖底层的信徒，前者的需求永远都要放在首位，而臣民本该享有的资源却总是次要的，这样的认知理论体系在1300年后尚且不算成熟，但在之后却得到了长足发展。大裂教使教皇的政治权威进一步衰落，像庇护二世与英诺森八世（Innocent VIII）这样的教皇由此发现，基督教世界中的世俗统治者们甚至懒得向教皇会议派出代表，而这些会议却是旨在讨论土耳其人的威胁而召开的。那些在东方投身于远征事业的各方势力，原本形成了一个联盟（这一联盟的形成当然是以实际利益为基础的），而这种关系也一次次遭到欧洲众多复杂的政治结盟的破坏。匈牙利受到威尼斯的威胁；威尼斯的势力也使其他意大利国家担惊受怕；勃艮第试图插手其中，却遭到法国的反对；而德意志诸侯们相信，任何一次大型的十字军运动都会触发帝国权威的复苏。每一位身处14世纪欧洲的统治者都承认十字军的必要性，它是集中资源以抵抗外界敌对势力的唯一有效方式。然而，在实践层面，这些统治者的计划在组织阶段便遭受到了巨大的阻碍。

至于大众对讨伐土耳其人的远征运动的态度，这可能会引发许多问题，这些问题让过去的夸夸其谈变得不再安全。正如上文所提到的，十字军运动与骑士精神之间的联系正在逐渐减弱，这主要是因为十字军运动的衰败让其最常规的表象不复存在，正如勃艮第旅行家——兰诺伊的吉列尔伯特（Guillebert of Lannoy）在1413年所描述的，他当时就已经称十字军运动为一段过去的历史了。事实也的确如此，十字军运动已经同大部分普通人的生活相去甚远，而这样的情况已经持续很长时间了。对于普通人而言，远征意味着当权者将为征收赎罪金而举行布道活动，而其成败有赖于许多其他因素，如神父的业务能力、当地信徒的态度，以及布道在近期（或是在其他地区的）贯彻的程度。因此，我们若将这些反应视为人们对于远征事业的看法，这种做法很难有说服力。在1488年，乌得勒支主教辖区的瓦格宁根（Wageningen）教区居民拒绝让收税人将他们的捐款带走，因此遭到了当地神父的非难。同年，在埃尔福特（Erfurt）举行的十字军布道却非常成功，受到当地群众的热烈欢迎。然而，相较于编年史上的记载，上文提到的这种对立情绪又何足挂齿呢？更不用拿1456年的远征布道来做比较了，那场远征的目标是解救贝尔格莱德，当时也同样得到了人们的热烈响应。这样的问题会使人陷入阐释的雷区，但我们所掌握的证据显然不足以支撑这样的观点，即正是大众的冷漠或敌意，同当时的政治与经济问题相对立，其压倒之势使针对土耳其人的十字军运动无法成行。

除了几次海上活动，以及由巴尔干半岛本地势力开展的运动以外，针对土耳其人的十字军运动在草创阶段便已宣告失败。在陆地战争方面，更为戏剧性的失败经历发生在1420—1431年。在此期间，为了抵抗波希米亚的胡斯派教徒，官方发起了一系列十字军运动，但这些运动遭受到许多次打击，且均极具侮辱性。针对胡斯派教徒的这次运动是中世纪晚期唯一一次反对异端的远征运动，其源头是多方面因素相互角力与互动的结果，这些因素包括非正统的宗教、政治的动荡，以及波希米亚王室内部的民族主义萌芽。对于教会滥用职权的行径，布拉格学者兼教士胡斯（John Hus）提出了十分严厉的批评。他的讨论将这一问题不断深化，进而拓展至对于天主教基本信仰的重新解读。这令他招来许多批评的声音，而胡斯也因此在1415年的康斯坦茨大公会议上被处以火刑。卢森堡王朝统治阶层在这个悲剧事件中与教皇的相互勾结，以及许多捷克贵族对于胡斯派的同情态度，最终导致了1419年的布拉格起义。胡斯派与捷克的民族认同联系在了一起，再加上教会与王室（连同波希米亚的德意志少数派）极具压迫性的力量，为天主教与胡斯派之间的纷争添上了某种民族主义色彩。

被迫面对这一复杂局势的人，便是卢森堡王朝的西吉斯蒙德，他同时也是匈牙利国王。1419年，前国王瓦茨拉夫四世[1]（Wenceslas IV）因布拉格起义事件受到惊吓而去世，他的兄弟西吉斯蒙德因此继承了王位。西吉斯蒙德决定用一把大斧解决当前的局势，这种做法非常不明智。当然，我们也都是从"事后诸葛亮"的角度才看出，这些问题需要的不是大斧，而是手术刀。由于西吉斯蒙德是一位候任皇帝，而波希米亚及其附属领土均在帝国的统治范围内，因此他便有资格向德意志诸侯们寻求援助。另外，他也必须这么做，因为在土耳其人正向其南部边境持续施压的关键时期，清除干净匈牙利的武装人员是十分危险的行为。然而根据以往的经验，西吉斯蒙德也知道，这些德意志诸侯，不论世俗的还是从属于基督教会的人员，都不愿参战，尽管他们也害怕胡斯派会在其领土上蔓延。面对这样的两难情况，西吉斯蒙德接受了教皇马丁五世（Martin V）及其军事说客在宫廷中的提议，即应当重视宗教事务，而王朝在波希米亚的事业应当上升至十字军征服的级别。因此，西吉斯蒙德以十字军指挥官的身份，在1420年春季进入自己的这片领土。

然而西吉斯蒙德并没有在1420年占领布拉格，虽然他曾在圣维特大教堂接受加冕，而这座教堂刚好位于布拉格城墙外的赫拉德卡尼堡垒中，但他却在1421年被驱逐出自己的王国。而这只是一系列悲剧的开始。他在1421—1422年发动的两次远征也接连遭遇失败，其严重程度同1420年的行动不相上下。1427年所发动的十字军运动应当是其中最具野心的一次，而这次行动则在波希米亚西部遭遇溃败。此时的胡斯派教徒已然占了上风，乃至于向周围德意志的领土发起了一系列突袭，他们将这些军事行动称作"美好的旅程"。1431年夏，第五次十字军活动最终不得不选择从多马日利采（Domazlice）原路返回。显而易见，主战的鹰派分子彻底失败了，

---

[1] 也是神圣罗马帝国皇帝，称"文策尔一世"。——编者注

而主张和平的白鸽们接管了这片土地。在经历了痛苦的协商后，西吉斯蒙德必须妥协，并于1436年同桀骜不驯的臣民达成和解。虽然在1465—1467年依然有试图镇压胡斯派的十字军活动存在，但胡斯派已经在波希米亚巩固了自己的地位。

胡斯派的十字军运动并没有得到应有的关注，其失败的缘由，有些是相当清晰的，而有些却并非如此。从胡斯派的角度来看，有两方面因素强化了胡斯派中激进派与保守派之间原本相对脆弱的联系：一是天主教徒的愚蠢暴行，二是在面对大量由德意志人构成的十字军的时候，人们所顽强主张的一种捷克的民族情感。在战场上，胡斯派则极大地受益于杰士卡（John Zizka）超凡的组织才能以及极具革新性的战略战术。考虑到14世纪战争条件相对原始，相较于十字军在理论上对敌人所造成的打击，以及他们从几个不同的方向合作进攻的作战形式，胡斯派似乎享有更大的优势，他们在人员之间的沟通与物资的配给方面所要跨越的距离更短。从天主教徒的角度出发，他们不仅被敌军击败，而且一次次遭遇彻底的溃败，这也见证了军队士气的严重下降。一如在十字军运动中所见到的那样，这些失败的经验使人们对于天主教事业的正当性心生疑窦；双方最终以协商的方式达成和解，这一解决问题的方式同讨伐穆斯林的十字军运动完全不同，反而让这种对正当性与否的怀疑变得更加强烈。远征的领导者也曾尝试效仿胡斯派的做法，并试图在战略战术上做出创新，例如1431年的运动便以杰士卡的做法为基础，采用了军事法令，但这些尝试只获得了局部性的成功。总体而言，神圣罗马帝国分散的组织形式妨碍了其方针的有力贯彻与管控，而这正是他们所缺乏的。

在1482—1492年，阿拉贡的费尔南多二世与卡斯蒂利亚的伊莎贝拉一世发起了针对格拉纳达的十字军运动，这次十字军运动的成功从侧面印证了上文中的最后一个观点。事实上，通过对三次运动（针对突厥人的十字军运动、针对胡斯派的十字军运动以及格拉纳达战役）的对比，我们能够清晰地看到前两次运动的缺陷。伊比利亚半岛收复失地运动的最后阶段有赖于费尔南多二世与伊莎贝拉一世的联姻（1469年），这次联姻至少在短期内终结了两个王国之间古老的敌对关系。而在10年后，伊莎贝拉一世成了阿拉贡女王，从而遏制了王国内的动荡局势。在此之后，伊莎贝拉一世才能将精力投向格拉纳达。在15世纪中后期的卡斯蒂利亚，一种社会氛围正在滋生，即面对其他宗教时所展现出的偏狭态度。这种态度是通过武力的方式得以表达的，而伊莎贝拉一世本人的性情恰好与这种氛围相得益彰。此外，奥斯曼人正在培养他们的海上实力，等到其能力发展到一定程度，他们便可以效仿阿尔摩拉维德人与阿尔摩哈德人的做法——让自身难保的穆斯林兄弟为他们开路，进而攻占西班牙。但在奥斯曼人的这种可能性还未实现以前，伊莎贝拉一世将摩尔人驱逐出境是符合卡斯蒂利亚与阿拉贡两国的利益的。1482年早期，加的斯（Cadiz）伯爵占领了阿拉贡的阿拉马（Alhama），而通过对以上历史背景的介绍，我们能够明白，这一极具机会主义色彩的行为为什么逐渐演变成一系列入侵与征服的计划，并最终以10年后格拉纳达的投降作为收场。

自圣路易的十字军运动以后的200多年，没有任何一个欧洲政府如此直接且持续地组织并发动一次大型十字军运动。但以这样的规模开展十字军运动，显然是必不可少的，因为几乎在同一时期，格拉纳达的防御工事已经建起。为了攻占格拉纳达，政府不得不动用大量的军事力量，调度各路军队，年复一年、锲而不舍，且一点一滴地削减埃米尔的管辖地。政府还要大力集中一切资源来动员参战的人员、马匹与骡子、枪炮与火药、谷物与其他各类食物。在1489年持续6个月之久的巴扎围城战（siege of Baza）中，共有52,000名作战人员参与其中。按照某一历史资料的估算，官方一共征收了8亿西班牙金币（maravedís）的资助款项。军队的供给与筹款都由这位女王一人管理。正如专门研究此次战役的历史学家费尔南多·戴尔·普尔加尔（Ferdinand del Pulgar）所言："女王一刻不得停歇，永远都在考虑如何才能筹得更多款项。这不仅为了讨伐摩尔人，也为了满足政府的种种需求。"

此次战争的开销同远征的筹款来源大致相同，一是来自教会的税收，二是通过布道征收救赎金。国王与王后也都积极参与筹款事务，并非常重视与十字军相关的教皇训谕，尽量使其达到最大的宣传效果。相较于欧洲各地神父零散的布道所产生的效果，费尔南多二世与伊莎贝拉一世所取得的成功是惊人的，而这在很大程度上得益于以下四点：首先，人们为获得救赎所支付的金额并不高；其次，志愿参与战争的人能够得到很多特权；再次，在俗官员为神父与收税人提供了大量的援助；最后，人们能够从前线传来的布告中得知款项的花费情况，信息向世人公开。当然，战争开销不仅仅涉及以上几点。卡斯蒂利亚人为这项事业提供金钱上的资助，也在人力方面做出了许多贡献，许多参与到这场战役中的卡斯蒂利亚人战死沙场。对于他们而言，这不单单是一项民族大业，也是一项神圣的事业。将爱国情感与宗教热情融合在一起，这在百年战争期间和15世纪20年代的胡斯派中也十分明显；而这两方面情感融合在15世纪80年代的卡斯蒂利亚最为突出。爱国情感与宗教热情的融合，连同国家对远征运动的直接管理，为远征运动在未来的发展指明了清晰的方向。

于北方消亡，于南方幸存

传统的十字军形式是一种由教皇指导的"圣战"，它象征着基督教世界的团结统一，并增进了其共同利益，但到了16世纪，这种十字军形式很明显已经不得人心。这一点在第五次拉特兰大公会议（1512—1517年）得到了最鲜明的展现。在这次会议上，教廷再次呼吁发动针对土耳其人的远征运动，而这也是宗教改革运动爆发之前的最后一次尝试。在这次会议的各类商议中，与东方有关的事项，其背景都是非常暗淡的。土耳其人近期正大力发展其海上势力，进而对威尼斯人造成了巨大的损失：在1515—1517年，土耳其人征服了小亚细亚的东部高原，并在1516—1517年摧毁了马穆鲁克王朝，将叙利亚与埃及置于其统治之下。土耳其人的势头正盛，未来向西继续挺进的可能性非常大。会议听取了教廷充满激情的演讲，并向教会征收远征税款，还呼吁欧洲的统治者们立刻采取行动。教皇利奥十世（Leo X）对十字军运动充满热情，他竭尽一切努力，一方面，试图化解意大利的内部纷争，这场争端是由其前任尤里乌二世（Julius II）煽动起来的；另一方面，他还要帮助英、法两国间达成和平协议。正如以往一样，会议始终弥漫着乐观的气氛，像出身于哈布斯堡王朝的神圣罗马帝国皇帝马克西米利安一世、法国的弗朗索瓦一世以及英国的亨利八世这样的西方统治者，他们都会提出浮夸的建议，并笼统地许下诺言，但最终都不了了之。与欧洲统治者的冷漠形成鲜明对照的是，土耳其人在1521年攻下了贝尔格莱德，这里是攻占匈牙利的战略要地，但也会成为他们进一步前进的主要障碍。

如果十字军运动还有一线复苏的希望，那也只存在于西班牙。卡斯蒂利亚与阿拉贡之间已经形成了永久的联盟关系，虽然这种联盟关系并不算完美。而这股新生的势力所奉行的是一种扩张的对外政策，它不仅要凭借在格拉纳达战役中所培养起来的军事专业技能，还要仰赖宗教与爱国热情两相融合。后者正是格拉纳达战役的特征之一，而教皇也乐于促进这一融合的产生，其手段一是发放教会税款，二是再度颁布与十字军相关的教皇训谕。早在1415年，教皇便将葡萄牙人占领摩洛哥休达（Ceuta）港口的军事行动视作某种十字军运动；而在15世纪，另一批葡萄牙人征服了马格里布的西部地区，这些运动受到了同样的礼遇。格拉纳达的局势平稳后不久，卡斯蒂利亚人便效仿起他们的西部邻居，向阿尔及利亚与突尼斯发起了令人惊叹的军事行动。到1510年，他们抵达的黎波里，并准备突袭突尼斯。在他们所宣称的目标中，还部分提及了对耶路撒冷的野心。这可以被看作某种宣传行为，顶多是自欺欺人，但却很符合某种神秘的、末世学的口吻，这种口吻一方面在格拉纳达战役中十分常见，另一方面也塑造了克里斯托弗·哥伦布，以及活动于新大陆的方济各会传教士们的思维模式。

在实际操作层面上，东进运动将卡斯蒂利亚人置于与奥斯曼人（还包括受奥斯曼帝国保护的委托人，以及北非的埃米尔与海盗）间的冲突之中。因此，伊比利亚十字军运动便与讨伐土耳其人的十字军运动，在马格里布中部相遇了。

原本由教皇指导的国际十字军运动，此时似乎已势不可当地为以国家为导向的十字军运动所取代，后者以西班牙讨伐摩尔人的运动为范式。西班牙的查理五世[1]在1519年被推举为神圣罗马帝国的皇帝，这使古老的远征传统得以复兴。查理五世不得不在两难间做出平衡：首先，要增进卡斯蒂利亚在北非的利益；其次，还要在欧洲中东部履行帝国的义务。最初，后者牵涉为匈牙利提供援助，1526年，在匈牙利沦陷后，帝国的义务意味着抵抗奥斯曼人的入侵，并为帝国提供保护。这位皇帝要同教皇进行密切的合作，即便双方的合作摩擦不断。教皇会时常提醒查理，他有许多职责需要履行。查理的领土面积如此广阔且多变，以至于他所发起的远征运动似乎与12世纪与13世纪的远征运动十分类似，尤其在1529年他为维也纳解围所开展的运动，以及1535年入侵突尼斯的军事行动。查理五世视自己为新的"红胡子"腓特烈，或者是查理大帝。事实上，庆祝突尼斯一役的胜利形同当年罗马占领迦太基时的庆祝规模，这也使人感受到了帝国战争的古老传统。然而，这一切都是虚假的，因为查理五世始终都在动用自己的军队与资金来维护自己的领土与利益，前者当然会受到人们的鼓励，而后者则是通过远征的方式获得的。对于查理五世而言，十字军运动的地位是不可否认的，然而，正如弗朗索瓦一世以及其他帝国的敌人所指出的那样，这些军事行动实属"哈布斯堡十字军运动"，均是出于排他主义的目的而展开的。

当查理五世为维也纳解围的时候，基督教世界已经因教会分歧而变得四分五裂。在北方信仰路德教派（Lutheran）的以及后来信仰加尔文教

---

[1] 奥地利哈布斯堡王朝的查理五世，同时也是西班牙哈布斯堡王朝的卡洛斯一世。——编者注

派（Calvinist）的国家中，不论对教皇权威的拒绝，还是对救赎神圣性的藐视，均毁灭了十字军运动的发展，而后者原本是对发行远征救赎券起巩固作用的。按理来讲，此时的十字军运动已形同某一实践活动的正式终结，只剩下残余了。在15世纪早期，立陶宛前线的战役已经停止，而针对奥斯曼帝国的十字军计划均宣告失败。这也就意味着，不论在英格兰、低地国家，还是在德意志，都已几乎不存在任何贵族家族会与十字军运动产生几个世代的直接联系了，除非其成员加入圣约翰骑士团，成为神职人员或收税人，或者以个人或团体的形式前往格拉纳达、匈牙利或罗德岛参战。就后者而言，参与的人数超出了人们的想象。例如在1464年，有大约2000名勃艮第人从斯莱斯（Sluys）出发，试图为教皇庇护二世所发起的十字军运动作战——他们中途在休达停留，并帮助葡萄牙人驱逐摩尔人的进攻；1511年，亨利八世向加的斯派去了1500名弓箭手，以援助国王费尔南多二世筹划的突尼斯远征行动。然而，他们并没有维系良好的远征传统。我们不得不承认，在天主教丰富的文化中，远征运动现在只占很小的比例，而那个曾经丰饶的天主教文化本身已被宗教改革运动破坏得面目全非了。

同样重要的是，十字军运动的形象已经变得非常不光彩，它在人们心中所引起的共鸣已是负面的。就这一点而言，没有什么比伊拉斯谟（Desiderius Erasmus）于1530年完成的十字军论文《关于向土耳其人宣战》（*Consultatio de bello Turcis inferendo*）所表达的更加明显了。这本冗长的系列论文集写于匈牙利沦陷时期，即奥斯曼帝国围攻维也纳不久之后，而对于讨伐土耳其人的战争，伊拉斯谟的支持是极不情愿的："我并非反对战争，我会尽我所能，力劝这场运动能够以最为合理的方式展开。"这样的言论实则是希望基督教世界的世俗权威能够在战争中秉持利他主义，军队应当心怀悔罪，如同圣伯尔纳铎笔下早期的圣殿骑士团成员那样。战争的财政支出应当从两方面获取：一是削减宫廷奢华的开销，"从挥霍无度中节省出来的钱，应该花在虔诚的事业上"；二是通过民间的自愿捐助，而"人们的疑惑会随着事业的进展而逐渐减弱"。总的来说，为募集救赎金所开展的布道行为应该取消了，这些布道只会带来挫败、对事实的掩饰，以及"教皇与统治者为遮蔽现实而在背地里进行的不堪的勾当。而教会也不应当参与其中，因为它既不得体，还与《圣经》或教会法规相悖——红衣主教、主教、修道院院长，或者神父，他们都不应卷入这样的事情当中；况且，至今为止，他们的参与并没有带来任何成功"。这已经不再是十字军了，而更像是基督教为清除异己所进行的战争，它试图如凤凰涅槃，从陈旧的灰烬中重生，而传统的灰烬却是如此令人怀疑。

伊拉斯谟在《关于向土耳其人宣战》中批评了路德，因为路德谴责讨伐土耳其人的战争完全是基于这样的观点，即土耳其人是上帝派来惩罚基督徒的罪恶的。事实上，路德在这个问题上已经放弃了奥斯定会的极端立场，其理由同伊拉斯谟在世俗层面上高度认可防御战所给出的理由如出一辙。然而不论他们秉持什么样的理论观点，没有哪个改革者能够容忍自己生活在奥斯曼帝国的统治之下。1555 年，德意志路德教派的大公同皇帝查理五世签署《奥格斯堡和约》，希望放下分歧，共同对抗土耳其人。他们之间在宗教问题上达成了宝贵的妥协。至此，人们已经清晰地认识到，教会分裂不单单是一段短暂的反常时期，而德意志新教徒与天主教徒之间的军事联盟，如同在北方残存下来的条顿骑士团那样，已成为某种标志，即事物并非表面看上去那样泾渭分明。天主教徒若是在地中海地区获得胜利，会在信仰新教的国家举办庆祝仪式，他们之间某种共同的价值依然存在，这种价值要么是宗教的，要么是从宗教衍生而来的。相对地，不论在政治上还是在文化上，土耳其人始终都属于"异类"。若新教徒与土耳其人联合起来对付天主教势力，这样的结合要么在暗地里进行，否则即是冒犯大众的信仰。由此可见，其时，古老的信仰并没有顷刻间被人丢弃。

以上是北方的情况，而十字军的传统形式，以及人们对十字军的态度，很长一段时期在南方被维系下来。这种观点近些年也在学界中得到了应有的认识。在讨伐土耳其人的运动中，海上势力从14世纪30年代微不足道的起步阶段，一路发展到16世纪海上联盟的顶峰时期。查理五世、教皇与威尼斯人在1538年组建了一支海上联军，但这支军队却在希腊西海岸的普雷韦扎遭受到严重打击。这次行动的失败以及随后招致的指责，连同联盟势力之间的政治分歧，都使新的海军联盟很难再次形成，直到16世纪60年代，各方势力对地中海中心地带的争夺到了白热化阶段的时候，这一僵局才被打破，土耳其人相继在1569年和1570年占领了突尼斯与尼科西亚，这迫使教皇庇护五世（Pius V）劝说西班牙与威尼斯再次结成海上联盟。在1571年10月7日，两国联合舰队在科林斯海湾的勒班陀赢得了该世纪海战中一次最大的胜利。勒班陀的这支天主教舰队主要是由教会的税款与救赎金资助的。参与这次海战的战士对于这次战役的意义有着清醒的认识，在此后出版的史料中，他们被描述为一群为这次战役做好充足心理准备的人；他们人人都怀着虔诚、悔罪之心，希望得到上帝的赦免。这样的表达方式一定会得到伊拉斯谟的赞许，而圣路易想必对此也不会感到陌生。事实上，在反宗教改革运动的同时，天主教派也顺便调整了对十字军运动的投入，包括可以让人们接受的各类机构，而这是以对这些机构施行改造的方式实现的，例如佛罗伦萨公爵科西莫一世（Cosimo I）甚至在1562年自行组建了一支新的骑士团，即圣斯特凡骑士团（Knights of Santo Stefano），这将在第十三章中做更深入的讨论。

正如人们所期望的那样，在宗教改革运动时期，真正使十字军运动昌盛起来的，是哈布斯堡王朝统治下的西班牙。相较于其他地方所采取的各种改革措施，十字军运动的制度连续性在这里是非常惊人的。其中最显著的一点是，西班牙的骑士团在社会中始终占有极为重要的一席，即使西班牙王室有种种恶劣行为，如滥用对骑士团的控制权来为自己的行政部门与土地牟取利益等。另外，为了支持针对土耳其人的十字军运动，教会会定期发布教皇训谕，并征收"补助金"（subsidio），即一种通过教会征税的税款，虽然神职人员相较于以往要承担更大的赋税压力，但其形式显然脱胎自什一税。根据现在的实际情况，过去的十字军运动在西班牙所遗留下来的问题得到了合理化处理，因为不论教皇对于西班牙势力的扩张抱有怎样的想法，西班牙国王腓力二世在地中海、马格里布与低地国家开展的战役对维护天主教信仰无疑都起到了积极作用。因此，当庇护五世在1567年批准为腓力二世提供一份新形式的税款——"赦免税"（excusado）的时候，他以腓力二世的开销向人们做出解释，即其开销"都用在了维护佛兰德斯与地中海两地的基督教事业上了"。同样地，在1571年，教皇训谕的有效期得以延长，这一做法也为腓力二世加入神圣同盟提供了筹码，即便它违反了特伦托宗教会议制定的改革政令。

十字军运动在西班牙以极其显著的方式幸存下来，这可以从以下两个角度进行解释：一是教会与社会的保守氛围，二是政府的财政支持与十字军运动收益之间的联系，后者可以追溯到格拉纳达战役。根据当时一位博学的、生活于罗马的时事评论员在1566年的估算，腓力二世每年要从西班牙教会拿走200万达克特（ducats），而骑士团所获得的利益——包括"十字军税"（cruzada）与"补助金"，便占其中的三分之二。由于国王时常宣称他要追求上帝的事业，这不禁使我们对他的动机产生怀疑。然而，国王的传记作者却倾向于相信国王心怀赤诚，在16世纪浩如烟海的评论文章中，也有许多表达了这样的含义，即西班牙的十字军运动都是因上帝而起，它们并非政府层面的行为，也并不含有任何宣传的意图。有关征服者功绩的记载、西班牙战士的回忆录、人们之间的往来通信，以及相关的历史书写（主要是在地中海和低地国家的战役，以及有关1588年西班牙无敌舰队的论述），也都阐述了共同的主题：西班牙人是上帝的选民，是新一代的"以色列人"；他们让新大陆皈依基督教，而在旧世界以武力的形式抵御异教的入侵，从而扩展了基督教的影响范围；他们所获得的胜利都是天意。那些在战场上吃了败仗的战士也得到了保证，他们将在天堂拥有一席之地。例如，据说在1583年的斯滕贝亨（Steenbergen）战役前夕，西班牙的尼德兰总督亚历山大·法尔内塞（Alexander Farnese）为了鼓舞士气，曾向军队中的战士们保证："歼灭天主教的敌人，这些人也同样是国王与我们的敌人，而我们终将获得胜利。这是一个伟大的日子，耶稣基督将使我们永垂不朽，我们都将成为上帝的选民。"

在信仰天主教的南方地区，尽管十字军运动始终处于各种形式的激变过程中，但它最终得以幸存下来，其顽强的生命力主要体现在它与以下三点之间的联系上：第一，哈布斯堡王朝的外交政策；第二，西班牙军事阶层理想化的自我认知；第三，这一点比较笼统，即西班牙的民族情感。然而，这个总结并不能说明全部。在第十三章中，我们会看到，医院骑士团与地中海地区的土耳其人之间的纷争从未停止过，从而将骑士团的历史延展到了17世纪与18世纪。在同一历史时期，十字军救赎金与教会税收依然存在，但相关的文件却没有得到妥善保存。而1645—1669年威尼斯人与奥斯曼人为争夺克里特岛所展开的战争、第二次维也纳围城战（1683年），以及1684—1697年的神圣同盟战争，与这些战役有关的财政资助文件都得以保存下来。十字军史学者往往会沿着历史的长河进一步考察与十字军布道、承担十字军事业的个人，以及为战争拨款相关的各种案例，尤其对于那些后期的例子，他们格外着迷。另外，历史学家们还乐于在现代社会氛围中找到某些笼统地反映十字军思想与情感的东西。学界这种痴迷的心态很容易理解，正是这种心态而使该研究领域成为显学。

第十二章

东部拉丁：1291—1669年

彼得·埃德伯里

1291年，马穆鲁克王朝侵占了阿卡以及其他原本由法兰克人统辖的城市与堡垒，这标志着西方人失去了自第一次十字军东征以后对叙利亚与巴勒斯坦地区的掌控。然而，在地中海东部的其他地区，拉丁人依然维持着他们的统治。塞浦路斯王国始建于12世纪90年代，即第三次十字军东征刚刚结束以后，在1571年被土耳其人占领以前，这里始终是西方所控制的最东部领土。在希腊与爱琴海地区，以及在"罗马尼亚"（Romania）——这是当时人们为了方便起见对该地的称呼，有几个政体在13世纪早期逐渐初具规模，当时第四次十字军运动刚刚征服君士坦丁堡，并持续掌握着对该地的统治。亚加亚的法兰克大公与雅典的公爵统治着希腊南部的大部分地区；意大利人掌握着内格罗蓬特（Negroponte），以及爱琴海中的许多小型岛屿，而威尼斯共和国则治理着克里特岛，以及希腊南部的两个港口城市——科伦与莫顿。虽然拉丁人在1261年损失了君士坦丁堡，然而在14世纪，欧洲人却将爱琴海的罗德岛与开俄斯岛（Chios）纳入了领土范围。

在13世纪，罗马尼亚的拉丁统治者面临的最强大威胁是来自尼西亚与伊庇鲁斯的希腊人。但在1300年以后，正如我们看到的，随着拜占庭帝国势力的逐渐瓦解，土耳其人的威胁逐渐走到了前台。13世纪末，世人见证了一位名叫奥斯曼（Osman）的突厥军阀在小亚细亚西北部的崛起。之后，正如在前几章中所描述的那样，他的继位者，也就是奥斯曼王朝苏丹，相继纵横于拉丁人的领土、拜占庭帝国、巴尔干半岛、小亚细亚其他的埃米尔管辖地、苏丹统治的领土，以及其他许多地方。到了17世纪，在从威尼斯人手中抢走了克里特岛之后，奥斯曼帝国终结了西方人自十字军运动开始以后对东方领土施行统治的历史。克里特岛的主要城市伊拉克利翁（Iraklion），在1669年向土耳其人投降。虽然在1715年以前，威尼斯的守备部队始终能够在该岛的局部区域维持自己的势力，由威尼斯人所带领的军队也会在17世纪80年代的战役中赢得几次不易的胜利（虽然胜利的成果多未维持太久），但伊拉克利翁的沦陷终究还是标志着一个时代的完结。

西方人在地中海东部地区几个世纪纵横交错的统治史中，除了针对土耳其人的战争以外，还有许多其他的主题值得讨论。拉丁人内部、拉丁人与其他基督教统治者之间，以及拜占庭皇帝与奇里乞亚亚美尼亚国王之间，他们的纷争始终激烈。此外，西方政府与社会的关系，在拉丁人统治的土地上东西方在商贸问题上的关系，还有其他一些棘手问题，如拉丁政体在何种程度上该被贴上"殖民主义"的标签，又如何预见了欧洲殖民经验自16世纪起的开端……这些问题都值得学者们做进一步探讨。在整个东部拉丁，被西欧族裔的统治者们所管辖的本土居民，其中以希腊人为主，这主要体现在人们所说的语言以及宗教的隶属关系两个方面。在少数人的统治下，这些社会底层是如何逐步昌盛起来的，也是一个引人关注的问题。然而，在具体讨论以上这些问题之前，我们有必要对这些迥然不同的地区历史做一个大致的梳理。只有在掌握了历史的框架之后，我们才能进一步考虑上面提到的这些问题。

塞浦路斯王国

在阿卡沦陷的时候，吕西尼昂王朝的国王们已经统治塞浦路斯有一个世纪之久了。其中许多法兰克人定居者同王室成员一样，都是在1187—1188年被萨拉丁驱逐出境的，他们连同13世纪从叙利亚地区流亡而来的难民一起，强化了拉丁人在该岛的影响力。自1269年开始，塞浦路斯国王声称自己同时为耶路撒冷国王，不过这个做法一直受到安茹王朝–西西里国王的挑战。然而在1291年，当时正是塞浦路斯国王亨利二世（1286—1324年在位）掌控着阿卡，但他在面对马穆鲁克王朝的突袭时，却毫无回击之力。

亨利二世从未放弃有一天收复耶路撒冷王国的想法。当合赞汗在1299—1301年入侵叙利亚的时候，他试图同这位波斯的蒙古汗王联盟，然而结果却并不如他所愿。亨利二世还曾尝试对那些在马穆鲁克控制的港口城市做贸易的西方商船强制执行贸易禁运，希望通过这样的做法来对苏丹实施经济制裁，从而发动对基督徒的再征服运动，可是亨利二世的这种努力依然是徒劳的。此外，亨利二世至少有两次曾向教皇发出建议书，谈及如何通过一次十字军运动收复"圣地"。但旨在恢复基督徒对耶路撒冷统治的十字军运动不但没有发生，而且即便这样的运动真的发生了，亨利二世本人也很难成为受益的一方：在14世纪早期，任何一次大型的东征行动都是由法国人领导的，如果这些运动成功了的话，那么法国人或安茹人当然会在"圣地"建立自己的统治。在人生中的最后10年，亨利二世始终致力于在王朝与阿拉贡王室之间建立强力的纽带，因为后者是安茹家族在地中海地区的主要对手，然而亨利二世这次依然没有收到任何成效。亨利二世作为一位统治者，无论如何都是不合格的。1306年，亨利二世的兄弟——提尔领主阿马尔利克发起了一场政变，导致亨利二世下台，并在1310年被流放到奇里乞亚亚美尼亚王国。在阿马尔利克去世后不久，亨利二世重新坐上了统治者的宝座，然而他此时所要面对的时代遗留问题却与从前大不相同，一方面，塞浦路斯同热那亚人之间的敌对关系进一步恶化；另一方面，他们同亚美尼亚人的关系也处于寒冬期。换句话说，这位国王已经陷入种种纷争之中，比如面临东方的意大利各商业共和国这一强大的对手，其王国周边的其他基督教势力也成为新的威胁。

亨利二世的侄子，同时也是王位继承者的于格四世（1324—1358年在位）对政府的政策重新做出了定位。与亨利二世不同的是，于格四世并没有把注意力主要放在马穆鲁克王朝苏丹的身上，也没有放在收复"圣地"的问题上，他转而关注土耳其人在塞浦路斯与西方之间逐渐增长的势力。从14世纪30年代开始，直到他的统治结束以前，于格四世始终与罗德岛的圣约翰医院骑士团、威尼斯人以及教皇势力进行积极合作，以挟制土耳其人在爱琴海上猖獗的海盗行为。另外，他还要求小亚细亚半岛南部海岸的土耳其统治者向他进献贡金。与此同时，对于向马穆鲁克王朝强行实施商贸禁运，于格四世的态度也没那么强硬，他也希望与热那亚人之间的关系能够变得更好。于格四世的政策转向是非常明智的。自13世纪末期开始，塞浦路斯的商业地位逐年上升，这主要是由于其地理位置恰好位于东西方往来通商的主航道上，保障通往欧洲的航道安全，也成了一项维护自身利益的谨慎行为。如果土耳其海盗从小亚细亚西部或南部海岸的基地发起军事行动，并任由其干预国际贸易，那么塞浦路斯的统治者连同该岛通过商贸活动所取得的财富，都将不复存在，塞浦路斯抵御穆斯林进攻的能力自然也会大大削弱。

亨利二世与于格四世的统治时期普遍被视为吕西尼昂王国的顶峰。前往这座岛屿参观的人都对他们所见到的繁荣景象做出了自己的评价。佛罗伦萨商人弗朗切斯科·巴尔杜奇·佩戈洛蒂（Francesco Balducci Pegalotti）在于格四世统治初期将自己的商业基地设在塞浦路斯，他曾对商品巨大的数量以及丰富的种类做过一些描述。这里的货币锻造工艺精良且流通广泛，这足以证实白银大量流入该岛。现存的建筑，尤其是位于贝拉派瑟（Bellapaïs）的普雷蒙特雷修会修道院，以及法马古斯塔城大量的教堂建筑——其中当以圣尼古拉大教堂这所拉丁大教堂最负盛名，也都能反映出当地经济高度繁荣的盛景。然而，随着于格四世逐渐年迈，其性情也变得越发暴躁，他将王位传给了自己在世的最年长的儿子彼得一世，而繁荣昌盛的塞浦路斯也逐渐步入了衰落期。1347—1348 年的黑死病对该岛造成了重创。由于人口锐减，农业与工业生产也随之下降，同时国际对商品的需求也在下滑（生产者与消费者的人数都在变少），塞浦路斯通过商业渠道所积累的财富也就相应地减少。当经济萎缩影响到地中海世界的各个地区时，商业航道也发生了改变，这就意味着通过该岛所联结的东西方贸易量也在缩减，进而使塞浦路斯的处境更加恶化。

彼得一世统治时期（1359—1369 年）的种种戏剧性事件正是在这样的历史背景下产生的。彼得一世先是从亚美尼亚居民手中接管了港口城市科律克索，之后又于 1361 年从土耳其人那里夺走了安塔利亚（Antalya）这一重要的商业贸易中心。正如我们在第十一章中所了解到的，1362 年，彼得一世前往西方，在欧洲各地游历，并为十字军运动招募新兵。他与他的军队在 1365 年离开威尼斯，在罗德岛同塞浦路斯的队伍会合，最后向埃及港口亚历山大城发起突袭。守备部队毫无防备，这座城在毫无准备的情况下被攻占，随后遭到洗劫；当得知马穆鲁克军队正从开罗逼近后，十字军最终选择撤军。在这次袭击之后，叙利亚沿岸地区在随后的几年中又相继遭到了几轮小型的突袭。对于彼得一世的所作所为，历史学家们已经做了非常充分的讨论。从当时的十字军言论来看，彼得一世深信他能够赢回耶路撒冷和基督教世界的"圣地"；而就我们对和平谈判的了解，彼得一世实际上是在为塞浦路斯商人寻求贸易优势。这次十字军运动原本应当由法国国王率领，作为圣路易的后人，他要迎合人们对他的期望，投身于收复耶路撒冷的事业当中，然而这次十字军不但不是由法王率领，而且在先破坏了对手通往法马古斯塔的港口之后，统率者又为自己的臣民向马穆鲁克王朝苏丹寻求贸易上的特权。通过这些事情，我们从侧面能够看出，彼得一世更感兴趣的，也许是复兴王国逐渐衰弱的经济状况。

不论事实究竟是什么，塞浦路斯显然并没有从彼得一世的事业中获得任何利益。与马穆鲁克王朝的和平协议终于在1370年达成，但国王却在不久之后被封臣谋杀。彼得一世生前由于曾向埃及发动进攻，这严重损害了意大利商人的利益；彼得二世（1369—1382年在位）继位后不久，便发生了一场动乱，而在之后的1372年，塞浦路斯与热那亚之间更是爆发了战争。次年，热那亚人占领了法马古斯塔，他们的进攻极具毁灭性，塞浦路斯军队在凯里尼亚城堡展开了艰苦的防御才抵挡住热那亚人的攻势。这场战役标志着塞浦路斯商业鼎盛时期的终结。法马古斯塔的沦陷因当地商人运营资本的断裂而进一步恶化；到了14世纪90年代，这座港口城市已经成为一座鬼城。如此直到1464年，法马古斯塔一直处于热那亚人的统辖之下。对于吕西尼昂家族来说，他们有两条路可走：一是以武力的方式夺回法马古斯塔；二是向热那亚人低头，并向他们上缴贡金。由于贫穷与孤立的状态愈演愈烈，吕西尼昂家族一方面不可能在爱琴海开展任何针对土耳其人的军事行动；另一方面，他们也不可能采取其他积极的措施来加强自身的地位。取而代之的是，吕西尼昂家族允许海盗（大多来自加泰罗尼亚）将塞浦路斯作为基地。因此，马穆鲁克王朝苏丹采取了种种报复行为，在15世纪20年代中期向该岛发起了一系列突袭行动。1426年，塞浦路斯军队在基罗基蒂亚（Khirokitia）遭到了猛烈的打击，而正如第十章所述，国王雅努斯（1398—1432年在位）被俘获。此后，塞浦路斯必须向埃及进贡，而当埃及在1517年向奥斯曼帝国屈服后，这份贡金就改为上缴给君士坦丁堡。

虽然吕西尼昂家族要处理许多棘手的问题，但他们还是在两个半世纪的统治期间，有效地避免了较为严重的王位继承危机。至1458年，吕西尼昂王朝的稳定性宣告破产。这一年，国王约翰二世（John II，1432—1458年在位）去世，留下了一个女儿夏洛特，以及一个私生子詹姆斯。詹姆斯在开罗避难；到1460年，在一群欧洲投机分子（以西西里人为主）以及一帮埃及士兵的支持下，詹姆斯向塞浦路斯发动进攻。后来的内战一直持续到1464年。整个内战期间，詹姆斯推翻了正统的家族分支，并成为国王（称詹姆斯二世）。詹姆斯二世曾一度得到国际上的认可，他至少同威尼斯之间成功地建立了友好关系，还在1472年与威尼斯贵妇凯瑟琳·科纳罗（Caterina Cornaro）结婚。1473年，詹姆斯二世去世，詹姆斯三世（James III）是他的遗腹子，而这个孩子也在次年夭折。除了夏洛特（此时正流亡西方），以及家族的几个非嫡系分支外，吕西尼昂家族的香火已基本断绝。在詹姆斯二世及其儿子去世之后，朝野上下处于动乱之中，威尼斯统治者为了维护自己的利益，出手干预王朝的治理，防止詹姆斯二世的那些西西里顾问以及雇佣兵首领篡夺权力。在1489年以前，他们始终维护着这样一个假象，即詹姆斯二世的遗孀凯瑟琳·科纳罗一直是统治塞浦路斯的王后。但之后他们又戳破这个假象，废除了君主制，并将该岛纳入其海外版图。

在15世纪70年代之前，威尼斯政府对塞浦路斯没有产生任何特殊的兴趣。1470年土耳其人从威尼斯手中夺走内格罗蓬特，与此同时，威尼斯试图与土库曼领导人乌宗·哈桑（Uzun Hasan）建立联盟关系以抵抗奥斯曼帝国的进攻，此时，威尼斯人才逐渐意识到塞浦路斯的经济与战略潜力。威尼斯人的正式统治始于1474年，并一直持续到奥斯曼帝国占领该地（1570—1571年）为止。塞浦路斯的人口正在缓慢稳固地上升，经济似乎也出现了复苏的迹象。在1516—1517年，奥斯曼帝国先后征服了叙利亚、巴勒斯坦和埃及，而后又在1522年占领了罗德岛，这使塞浦路斯被暴露在敌手面前，没有任何屏障。威尼斯人重新加固了凯里尼亚城堡，还重建了法马古斯塔的城墙，以抵抗敌人的炮击。在首都尼科西亚，威尼斯人决定采取更加极端的防御措施。然而，这些中世纪的城墙却从未得到应有的保护。回看15世纪50年代，为了城镇加固工程的建设，教皇曾通过变卖救赎券为官方拨款，救赎券的复本当时由谷登堡印刷，这些成为活字印刷留下的最早史料。到了16世纪60年代，人们认为有必要取消这整个路线方针，并从头规划防御工事。正如我们所见，这项工程成了当时最为现代化的军事设计。为了完成这项工程，首先要推翻大量建筑物，其中包括多明我会教堂，许多吕西尼昂国王安葬于其中。由于奥斯曼帝国的进攻，工程建设并没有彻底竣工。历经6个月的战争，尼科西亚在1570年9月沦陷。凯里尼亚则未经任何抵抗便宣布投降。然而，在法马古斯塔，威尼斯守备部队从1570年9月到次年8月，一直都在坚持抵抗敌人的围城战，直到弹尽粮绝，才宣告投降。

罗德岛与圣约翰医院骑士团

拉丁人统治的叙利亚地区的沦陷，迫使医院骑士团为自己寻找新的角色定位。起初，他们先在塞浦路斯确立了稳固的地位，但随后发现，回归"圣地"明显没有任何可能性，因此他们便将注意力转移至别处，并在1306年尝试征服由拜占庭帝国掌控的罗德岛。似乎直到1309年，该岛才彻底落入骑士团的掌控之中，从此时直至1522年，骑士团成员将罗德岛作为大本营（参见第十三章），并以此为基地，遏制穆斯林的破坏与扩张。他们还占领了大量邻近的小型岛屿；另外，他们虽然一直都在忙于巡查船运航线的工作，但却常常因为没能合理地利用从西方广阔领土得来的收益而饱受人们的批评。正如我们所见，在1344年突袭士麦那的战役中，骑士团也参与其中。他们此后不得不承担起守卫士麦那的义务，直至帖木儿在1402年攻下该地，并将这里摧毁。到了14世纪晚期，医院骑士团还参与到防御希腊南部的事业之中，当时那里正在遭受土耳其人的进攻。然而，随着局势越发混乱，骑士团也逐渐失去了介入战局的有效途径。1402年，帖木儿在安卡拉战胜了奥斯曼人，这一胜利纾解了土耳其人对希腊造成的压力。在接下来的几年中，骑士团由于与该地其他基督教统治者存在分歧，遂借机从这里撤离。由于不再需要将自己的收益花在士麦那与希腊的事务上，医院骑士团将注意力单单集中于保卫罗德岛、附近的博德鲁姆城堡（Castle of Bodrum）以及周围的岛屿上。

在15世纪，罗德岛因海盗猖獗而变得声名狼藉，马穆鲁克苏丹发起过两次报复行动，先后于1440年和1444年发动舰队攻击医院骑士团的领地。塞浦路斯人在15世纪20年代也遭遇类似的情况，受到了极为严重的打击。然而，与塞浦路斯人不同的是，圣约翰骑士团的成员们做好了充足的准备，在应对敌人的袭击时并没有太过被动。奥斯曼帝国的威胁则更加直接。1453年，土耳其人征服了君士坦丁堡；到了1460年，他们几乎横行于整个希腊南部地区；而在1462年与1470年，他们又相继攻占了莱斯博斯岛（Lesbos）与内格罗蓬特。罗德岛有效地阻截了土耳其人在南部与东部海域的扩张。但15世纪70年代，土耳其人对医院骑士团的领土发动了多次进攻，1480年，奥斯曼帝国向罗德岛发起了一次大规模的军事行动，企图将骑士团从该岛永久驱逐。罗德岛围城战持续了大约3个月，而土耳其人最终放弃了围攻胜利的可能性。骑士团虽然成功地抵挡了敌人的入侵，但其力量遭受极大的折损。他们之所以能够幸免于难，主要归因于以下两点：一是穆罕默德二世于次年去世，战争不得不宣告暂停；二是土耳其人在随后的继承权纠纷中，担心西方势力可能会释放被他们囚禁而又觊觎王位的竞争者，并以此威胁新上任的苏丹巴耶塞特二世，以防他会攻打基督教领土。如此直到1522年，奥斯曼帝国才再次发起新一轮的全面入侵。这次由苏莱曼大帝亲自指挥军队。同1480年的情况类似，在被土耳其人围城攻打了6个月之后，骑士团选择投降。

亚加亚公国

13世纪末，法兰克人的公国亚加亚的鼎盛时期已经过去。拜占庭帝国于1259年在佩拉格尼亚所获得的胜利直接导致帝国重新占领伯罗奔尼撒半岛东南部的土地，同时也预示着他们将会再次失去该地。由于需要为自己寻找一位保护人，大公威廉二世（William II）便求助于西西里安茹王朝的国王卡洛一世（Charles I），并在1267年接受了他的宗主权；由于卡洛一世希望能够取代拜占庭人，并重建君士坦丁堡的拉丁帝国，双方自然也就结成盟友。然而，1282年发生了一场叛乱，史称"西西里晚祷"[1]（Sicilian Vespers）。在此之后，卡洛一世的后继者们就不再有能力为对方提供必要的军事与财政支持。他们顶多只能利用自己作为领主的地位，来介入公国的内部事务；并且由于在统治阶层中，维尔阿杜安家族（Villehardouin family）的父系后裔于1278年失势，这更令卡洛一世的后继者们有了这么做的机会。在1289—1297年，公国由威廉二世的女儿伊莎贝拉及其丈夫埃诺的弗洛伦（Florent of Hainault）共同治理，而在弗洛伦去世之后，那不勒斯的安茹国王们便开始寻求以其自己的王室成员来取代伊莎贝拉及其女儿马奥特（Mahaut）的途径。这一企图在1313年才有所动摇。当时，由于其他野心的驱使，安茹国王们尝试撮合马奥特与路易成婚，后者是勃艮第公爵的弟弟。就在此关键节点，安茹家族受到了一位阿拉贡人的挑战，他便是阿拉贡及马略卡国王海梅一世（James I of Mallorca）的小儿子费朗（Ferrand）。由于阿拉贡与加泰罗尼亚已形成联盟，并一同治理毗邻的雅典公国，因此，阿拉贡人控制整个拉丁希腊的可能性确实非常大。然而，事实并非如此。敌对双方的战争结束于1316年7月发生在马诺拉达（Manolada）的一场对阵战，而在这次对阵战中，费朗战亡。勃艮第的路易也在此后不久去世。在一系列高压行动之后，那不勒斯国王罗贝托一世（Robert of Naples）取代寡妇马奥特，并在1322年将大公的权力授予他的兄弟格拉维纳的乔凡尼（John of Gravina）。马奥特在1331年死于那不勒斯狱中。

安茹人的直接统治，并没能解决公国所遇到的种种问题。在1320年

---

[1] 西西里人反对安茹统治的暴动，并于1302年迎请伊比利亚半岛阿拉贡国王前来统治。——编者注

左右，拜占庭人在伯罗奔尼撒半岛中心地带的势力不断扩张，进而导致公国的权力在此后受到了西部与北部沿海地区的制约。在1325—1326年，格拉维纳的乔凡尼发起了一场大型的十字军运动，旨在收复失去的领土，然而这次尝试并不成功。此后他便离开了意大利，再未回来。取而代之的是，乔凡尼通过操控官员来贯彻自己的政策。这样缺席的统治方式始于1332年，乔凡尼当时出于家族盟约的原因，将控制亚加亚的权力让渡给了他年轻的侄子塔兰托的罗贝托（Robert of Taranto）。自1297年起，当地已不存在任何拥有实权的大公，因此，余下的封臣倾向于推行自己的政策，而不顾领主的要求，这其实也就不足为奇了。1338年，罗贝托的母亲，同时也是君士坦丁堡名义上的皇后瓦卢瓦的凯瑟琳（Catherine of Valois），从意大利调来大量武装人员，以试图重申其作为大公的权威。她于1341年撤离，而当地的男爵依旧如之前一样难以对付。安茹家族的政策要么是放任不管的，要么就是主张进行干预的，这反而激怒了当地的封臣，因此在14世纪40年代，他们尝试向以下两者寻求保护，以替代那不勒斯的领主：一个是拜占庭的皇帝，政治掮客约翰六世·坎塔库尊（John VI Cantacuzenus），另一个是马略卡国王。他们所需要的是某个能够为他们的财产提供保护，同时还不会干预他们个人事务的人。这种要求显然过于苛刻，没有哪位统治者愿意承担他们所设想的这种义务。

14世纪30年代，在瓦卢瓦的凯瑟琳的资助下，佛罗伦萨的顾问与理财专家尼科洛·阿奇艾尤奥利（Niccolo Acciaiuoli）开始获得封地，而他在公国的地位也越发突出。1358年，那位毫无实权且徒有虚名的大公塔兰托的罗贝托，将科林斯的领主头衔赐予了尼科洛，这个头衔非常宝贵，具有非凡的战略重要性。当时，土耳其人的突袭行动已经成了最主要的问题，而安茹家族却毫无还击能力。事实上，在塔兰托的罗贝托于1364年去世以后，家族就因大公的合适人选问题产生了一系列纷争。与此同时，亚加亚却被抛在一旁，无人管理。1377年，那不勒斯王后乔安娜（Joanna of Naples）将公国租借给了圣约翰医院骑士团。正是骑士团成员将加斯科涅与纳瓦尔的雇佣兵引入亚加亚，这些雇佣兵史称"纳瓦尔团"（Navarrese Company）。到了14世纪70年代晚期，尼科洛·阿奇艾尤奥利的侄子聂里奥（Nerio）已经成为科林斯领主，并从雅典的加泰罗尼亚政权（该政权的势力在当时已日渐衰落）手中获得了麦加拉（Megara），以及位于科林斯海湾的沃斯蒂察（Vostitsa），从而将整个地区纳入其统治范围。1379年，在聂里奥的默许下，纳瓦尔团部分出兵，进攻雅典公国，并夺取了主要城市底比斯，而加泰罗尼亚人依然在雅典城内奋力抵抗。纳瓦尔团的其余成员始终留守在亚加亚，该地指挥官承担起大公领地中城镇与堡垒的管理工作。他们握有实权，而当医院骑士团在1381年将公国正式移交给乔安娜王后的时候，这样的情况也没有发生改变。在14世纪80年代早期，意大利南部发生了一系列政治危机事件，进而推翻了乔安娜的统治，并最终结束了安茹家族的领主地位。1396年，那不勒斯国王拉迪斯劳（Ladislas of Naples）将亚加亚大公的头衔授予了纳瓦尔的首领——圣苏佩拉诺的彼得（Peter of San Superan）。

来自奥斯曼帝国的威胁越发严重，这迫使伯罗奔尼撒半岛不同的基督教势力选择和解。纳瓦尔人这时则向威尼斯人示好，因为后者掌控着科伦、莫顿、克里特岛，以及内格罗蓬特，其海上力量也相当完备，拥有当地最强大的海上军事力量。聂里奥·阿奇艾尤奥利求助于摩里亚半岛的拜占庭封君狄奥多尔·巴列奥略（Theodore Palaeologus），在聂里奥的撮合下，其女与狄奥多尔在1388年完婚。同年，聂里奥成功地获得了雅典的控制权。然而，讨伐土耳其人的共同战线却很难达成。拜占庭帝国占领了阿尔戈斯（Argos），这座城镇是威尼斯人刚刚从该地最后一位大公的遗孀手中购得的，由此，双方展开了旷日持久的纷争。在为解决这次纷争而进行的谈判中，奸诈的纳瓦尔人俘获了聂里奥·阿奇艾尤奥利，这进一步加剧了双方的矛盾。1394年，聂里奥去世，狄奥多尔由此占领了科林斯。此时，拜占庭帝国的势力已经扩展到科林斯海湾的北部海岸，并分别在1387年、1394—1395年以及1397年突袭了伯罗奔尼撒半岛，对该地造成了巨大的损失。1397年，狄奥多尔安排医院骑士团管理科林斯，到了1400年，他甚至考虑将整个君主国都卖给骑士团。1402年，帖木儿击败了奥斯曼帝国的军队，这相对缓解了伯罗奔尼撒半岛的压力。圣苏佩拉诺的彼得于1402年去世，而其遗孀的外甥森图里奥内·扎卡里（Centurione Zaccaria），这位来自古老男爵家族的成员无视彼得的其他继承人，而让那不勒斯国王授予他亚加亚大公的头衔。在接下来的20多年中，森图里奥内见证了公国的终结。它并没有败在土耳其人的手中，而是覆灭于摩里亚半岛专制君主的贪得无厌之上，这出戏最终于1430年落幕。这个拜占庭君主国存活至1460年，此后被奥斯曼帝国占领。

雅典公国

13世纪，雅典公国在勃艮第拉罗什家族（La Roche）的统治下变得逐渐繁荣起来。相较于南方与北方邻居的起伏命运，雅典公国的公爵们都能够更加如意地掌控自己人生的走向，因为雅典公国坐享着繁荣的经济、稳定的社会以及强大的军事实力。1308年，公爵居伊二世（Guy II）去世，由于生前膝下无子，因此领主的位子便传给了其表兄布里埃纳的沃尔特（Walter of Brienne）。继位不久，沃尔特就面临从北方边境而来的雇佣军——加泰罗尼亚佣兵团（Catalan Company）的挑战。作为一支军事力量，加泰罗尼亚佣兵团诞生于意大利南部地区，起源自安茹王朝与阿拉贡王国交战（双方的纠纷主要缘于1282年的西西里晚祷）期间。1303年，这支军队受加泰罗尼亚人的雇用，为拜占庭皇帝服役，并主要用于抵抗小亚细亚的土耳其人；他们之后同自己的雇主反目，还在迁往塞撒利（Thessaly）之前，对拜占庭帝国在色雷斯的领土进行大肆破坏。沃尔特认为可以利用加泰罗尼亚人，以巩固自己对雅典公国统治的野心，这导致了1310年的战役。沃尔特虽然取得了巨大的胜利，但却并不打算迎合加泰罗尼亚人的期许，对其予以应有的嘉奖。1311年，加泰罗尼亚人向雅典公国挺进，并在3月发生于克菲索斯河（Kephissos）附近的一场交战中捣毁了沃尔特的势力。正如三年后班诺克本（Bannockburn）的英格兰军队那样，雅典骑士连同来自法兰克人的希腊分遣队一起，均被敌军引诱至沼泽地带。加泰罗尼亚人由此一举歼灭了雅典联军，沃尔特本人也被杀死，而加泰罗尼亚人则占领了整个雅典公国。

然而，这个新的政体却缺乏国际认可。加泰罗尼亚人自然会求助于阿拉贡王室，希望对方能够予以支持，并在名义上接受他们作为领主的合法地位，他们属于公爵家族的西西里分支。但由于那不勒斯的安茹人、法国人以及教皇，都对阿拉贡人充满敌意，这反而会使得加泰罗尼亚人处于相对孤立的位置。加泰罗尼亚人统治的雅典与安茹人统治的亚加亚之间不可能存在合作关系，因此，这两个建于13世纪、位于希腊南部的法兰克人公国，其原本天然的互助关系此时不再适用。布里埃纳家族与法国和那不勒斯的关系都非常融洽，同时还得到了教皇的支持，于是1331年，沃尔特·布里埃纳同名的儿子沃尔特二世（Walter II）率领一支大军，企图收复他的遗产，这次征战相当于一场十字军运动。但即便如此，就讨伐加泰罗尼亚人而言，沃尔特二世没能取得任何进展，虽然他及其继位者们始终都在密谋加害于他们。在14世纪70年代之前的大部分时间里，教皇始终都在通过绝罚的手段来限制加泰罗尼亚人的统治；因为14世纪40年代以后土耳其人的威胁越发严重，教皇的态度才逐渐开始缓和。

在14世纪的头几十年中，加泰罗尼亚佣兵团的势力已经非常强大了，然而随着时间的推移，他们的威力在逐渐减弱。1379年，纳瓦尔团进攻雅典公国，并占领底比斯，正如前文所述，只留下雅典城还由加泰罗尼亚人掌控。受益人是科林斯的佛罗伦萨领主聂里奥·阿奇艾尤奥利，此人在14世纪80年代中期已经将之前加泰罗尼亚的领土几乎全部收入囊中，并在1388年实现了征服雅典卫城的计划。为了使自己的所得合法化，聂里奥求助于那不勒斯国王拉迪斯劳，然而到1394年他去世的时候，摩里亚君主已经夺取了科林斯，而为了防止奥斯曼人会先于他们接管该地，威尼斯人很快便占领了雅典。威尼斯人的统治一直延续到1402年，聂里奥的私生子安东尼奥（Antonio）从他们手中夺回了这座城市，而在当年早些时候，安东尼奥还攻占了底比斯。安东尼奥所获得的胜利让威尼斯人颜面扫地，然而，此后他们看出，安东尼奥并没有借势入侵内格罗蓬特，因此威尼斯人对这样的局势也就默然接受了。安东尼奥的统治一直维持到1435年他去世。奥斯曼帝国的威胁在14世纪90年代达到顶峰，而此时也开始逐渐减退了，雅典遂慢慢恢复了从前繁荣的景象。1435年之后，公国领主的位子传给了安东尼奥的表兄。在1456年土耳其人接管之前，这个家族始终维持着雅典公国的统治；1460年，奥斯曼帝国杀死了底比斯的最后一位公爵，而在此之前，该家族一直掌控着底比斯。

爱琴海与黑海地区的热那亚人

第四次十字军东征运动将威尼斯打造成了"罗马尼亚"地区最具统治地位的西方海上势力，而其劲敌热那亚的利益却因此在一段时期内遭到了严重打击。随着1261年拉丁政权在君士坦丁堡的覆灭，热那亚人便自行接管了这里。他们此时还占领了佩拉（Pera）。这是个郊区，位于金角湾（Golden Horn）的另一侧，与拜占庭首都遥遥相对，热那亚人将其改造成了贸易中心。热那亚人的商业贸易并不只局限于此，其事业拓展到其他更远的地区。到1280年，热那亚人已经控制了位于克里米亚半岛的卡法（Kaffa），晚至15世纪，我们依然能够在黑海沿岸的许多贸易中心发现热那亚商人的身影。这些位于黑海的港口城市给予热那亚人以通往俄国乃至亚洲的通道。在13世纪结束以前，里海有热那亚人的商船，大不里士则有大规模的热那亚商业社群。在14世纪上半叶，我们还能在印度与中国找到他们经商的足迹。这些在亚洲等遥远国度的商业冒险，其航路要么是借由佩拉与黑海，要么是通过奇里乞亚亚美尼亚王国的港口城市——阿亚斯。大约在1350年以后，此类商务探险活动基本停止，一方面由于亚洲的商务航道遭到了破坏，另一方面由于黑死病的肆虐。然而，经由黑海、爱琴海以及黎凡特的贸易渠道，热那亚人依然能够获得大量收益。

热那亚人并不热衷于只为了土地本身而攻取土地。他们想要的是那些可以为他们的商贸活动提供保障的地方。在1475年以前，卡法始终由热那亚人掌控，佩拉则是在1453年之前，至于位于塞浦路斯的法马古斯塔，热那亚人在1373年攻占此地，并一直掌控至1464年。热那亚人与威尼斯人的敌对状态变得十分激烈。自13世纪早期开始，威尼斯人便统辖着爱琴海的南部与西部一带。相对而言，热那亚的影响力则主要体现在东部和北部地区。然而，这些地区均是由热那亚的个人所占有。在13世纪60年代，拜占庭皇帝米海尔八世将位于小亚细亚西部海岸的福西亚（Phocaea）授予了扎卡里家族（Zaccaria），并允许他们开发当地的白矾矿藏。扎卡里家族建立了新福西亚（New Phocaea），到1304年，贝内德托·扎卡里（Benedetto Zaccaria）占领了附近拜占庭帝国的岛屿——开俄斯。贝内德托的亲属统辖开俄斯直至1329年，此时希腊人已经有能力将其收回囊中。然而，从1346年起，开俄斯与福西亚却再次回到热那亚人的手中，这两个地方此时由商业集团，即希尔斯协会（Mahona of Chios）管理。该岛因盛产乳香树脂而闻名，但热那亚人却将其发展成为其他商品的贸易集散中心，尤其是奴隶，以及来自福西亚的白矾。在14世纪上半叶，热那亚人开始垂涎更北方的岛屿莱斯博斯，但直到1354年，才有一位热那亚探险家弗朗切斯科·加蒂卢西奥（Francesco Gattilusio）获得了这座岛屿，此人在驱逐皇帝约翰六世·坎塔库尊的政变中起到了举足轻重的作用。奥斯曼帝国在1455年控制了福西亚与福西亚新城，并在1462年占领了莱斯博斯岛。而开俄斯在1566年以前始终由热那亚人掌控。

威尼斯人治理下的"罗马尼亚"

第四次十字军东征运动所造成的后果之一，便是使威尼斯在克里特岛以及位于伯罗奔尼撒半岛南部的双子港口城市——科伦与莫顿获得了主权地位。与此同时，威尼斯还鼓励几个贵族家庭成员获取了爱琴海上的许多岛屿的控制权。这一政策的主要受益人是萨奴迪家族（Sanudi），该家族从13世纪早期开始，便以"纳克索斯公爵"或"半岛公爵"的身份，统治着基克拉泽斯群岛与斯波拉泽斯群岛。1383年，这些岛屿换由克里斯皮家族（Crispi）掌控。爱琴海上的其他一些岛屿多由威尼斯人独占，并视自己为纳克索斯公爵的附庸。理论上，萨奴迪家族当属亚加亚大公的封臣，在任何意义上都不依赖于威尼斯；但从实际角度来看，为确保这些岛屿由自己人把持，从而与君士坦丁堡维持良好的沟通，威尼斯人对萨奴迪家族的态度始终非常谨慎。虽然萨奴迪家族成员一直采取相对积极的统治政策，但也不能保证其所领岛屿免受海盗侵袭，尤其一些小型岛屿常常会受到土耳其奴隶贩子的骚扰，导致人口锐减。岛屿的统治者们往往需要诱使其他地方的定居者来到此地，以弥补本土的损失。这些岛屿因变成海盗的避风港而臭名远扬，其政治与军事局势也不够稳定，进而使当地领主间长久的宿怨进一步恶化。到了15世纪20年代，纳克索斯公爵依然要向奥斯曼帝国纳贡，即便他们掌控公国的历史已经很长了。在爱琴海地区，最后一位公爵直至1566年才被废黜，而一些更小岛屿的残存的基督教领主一直坚持到1617年。这一年，几个小型岛屿最终落入土耳其人的统治之下，其中最具重要性的当数锡夫诺斯岛（Siphinos）。威尼斯则统治特纳斯岛（Tenos）与基西拉岛（Kythera）直至18世纪。

在13世纪早期，威尼斯人利用之前拜占庭帝国的领土所具备的优势，在通往君士坦丁堡与黑海的航道沿途设立了中转站，不论前往爱琴海地区还是黎凡特，位于希腊西南角、被誉为"共和国双眼"的科伦与莫顿，均是极为实用的停靠港口。距离君士坦丁堡更近的内格罗蓬特岛（或称优卑亚岛），已经在第四次十字军东征期间成了威尼斯领土的一部分，它们由三个伦巴第家族掌控，这些人手中的土地属于威尼斯人的封地。一位威尼斯"巴伊洛"（bailo）负责治理内格罗蓬特这个重要港口城市，而威尼斯是逐步开展对该岛其余地区的直接管控的，这一过程大致到14世纪80年代才完成。在1470年内格罗蓬特落入土耳其人手中之前，它始终是克里特岛与君士坦丁堡两地之间最重要的威尼斯领地。其他由威尼斯人掌控的通往君士坦丁堡的一系列港口城市，已经基本形成一个链条，而在这个链条上有两处断裂。一处位于亚得里亚海南端，自1204年起，威尼斯人便开始垂涎科孚岛，然而他们的愿望在当时并没有实现，至1386年，威尼斯人最终获得该岛，并在1797年共和国覆灭前，始终拥有该岛的控制权。链条上的另一个断裂之处，就位于通往君士坦丁堡的路途之上，威尼斯人想要得到的是特内多斯岛（Tenedos），该岛恰好位于与达达尼尔海峡入海口相对的位置。而作为威尼斯人的对手，热那亚人也有自己的打算，双方各怀野心，导致战争爆发。这场纷争从1376年开始，一直持续到1381年，虽然热那亚人曾出人意料地封锁过威尼斯，但谁赢谁输终无定论，特内多斯岛上的希腊居民被驱逐出境，该岛从而成了无人之岛。

在特内多斯岛战役之后，由于奥斯曼帝国的势力不断增强，而希腊南部的拉丁公国却处于弱势，当时那不勒斯的统治者们只要宣称自己是这些公国的领主便都能如愿，因此，这为威尼斯的领土扩张提供了绝佳的机会与借口。除了科孚岛，威尼斯还在亚得里亚海的南部入海口，即今天的阿尔巴尼亚及周围地区，获得了其他几处立足点。朝更加往南的方向，威尼斯人则在1407年于科林斯海湾占据了勒班陀〔也称"纳夫帕克托斯"（Nafpaktos）〕，此后又在1417年于伯罗奔尼撒半岛的西海岸控制了纳瓦里诺（Navarino）。在爱琴海海岸，威尼斯人在1388年购置了阿尔戈斯与纳夫普利亚（Návplion），而在1462年，又将莫奈姆瓦夏（Monemvasia）纳入旗下。正如我们所见，仅仅几年，圣马可教堂的旗帜已经在雅典和塞萨罗尼卡（Thessalonica，1423—1430年）的上空飘扬。但所有这些地方都一时之间屈服于奥斯曼帝国的强大压力，君士坦丁堡在1453年陷落，这也就意味着这些岛屿、港口城市以及堡垒都相继失去了重心。虽然如此，这却并不代表这些地方从此便失去了自身的价值，威尼斯的政治与商业利益同时在发生转向，从"罗马尼亚"逐渐转向其位于意大利北部的领土，致使该地在15世纪得以急剧扩张。威尼斯并不能遏制奥斯曼帝国的扩张。为了保证商业活动的正常进行，威尼斯采取的是绥靖政策。而当这些方法并不奏效的时候，战争便随即爆发。在1463—1479年、1499—1503年以及1537—1540年的三场战争中，威尼斯分别失去了内格罗蓬特，莫顿、科伦与纳瓦里诺，莫奈姆瓦夏、纳夫普利亚以及包括埃伊纳岛（Aegina）在内的一些岛屿；而在1570—1573年的战役中，威尼斯更失去了对塞浦路斯的控制权。

塞浦路斯与克里特岛是威尼斯在地中海东部地区最重要的两块宝地。威尼斯人统辖塞浦路斯不足一个世纪，在此期间，塞浦路斯的政治局势相对和平，经济发展非常繁荣。而克里特岛是威尼斯在第四次十字军东征之后获得的，被其统辖了将近5个世纪之久。在这里，威尼斯人克服了接管之时所遇到的种种问题之后，便遇到了一系列由克里特岛本土的土地所有者所组织的叛乱活动，其中最严重的一次爆发于13世纪80年代，由亚列克西斯·卡莱尔吉斯（Alexis Kallergis）领导，持续时间长达16年；最终，威尼斯人不得不同意本土克里特岛人保留自己的财产与习俗，甚至还要在东正教会的等级制度问题上做出相应的妥协。1363年，克里特岛的威尼斯定居者们也对本国政府发动起义，引发这次暴乱的导火索来自岛内的威尼斯执政者对定居者们的过分要求。这场叛乱延续至1367年，遭到了当局极度残暴的镇压。这次事件发生之后，当地民众大体变得驯服起来。希腊人与拉丁人之间的文化交流效果显著，岛内的经济也逐步繁荣起来。然而，这样繁荣的景象却因土耳其人的入侵（尤其是发生于1538年、1562年以及1567年的突袭行动）而被拦腰斩断。为了建造防御工事，威尼斯人花费了大量财力，特别是伊拉克利翁与干地亚（Candia）的城堡与城墙，以及雷西姆农（Rethymnon）巨大的堡垒。然而，军事战略家却慢慢意识到，若想抵御土耳其人对克里特岛的进攻，最有效的办法就是动用海上军队拦截敌军。直到1645年，这场打击才算落下帷幕。土耳其人利用基督徒优柔寡断的特点，赢得了主动权。到了1648年，土耳其人已在除伊拉克利翁以外的整个克里特岛上自由来去。伊拉克利翁围城战又将战局拉长了21年，干地亚战役甚至被全欧洲视为一场史诗般的战斗。在此期间，威尼斯人赢得了几场主要海战的胜利，而当他们在1669年放弃伊拉克利翁的时候，却成功地挽回了克里特岛在苏达湾（Suda）、斯皮纳龙格（Spinalonga）以及格拉布萨（Grabusa）的海上基地，这些地方在1715年之前都由威尼斯人统辖。同样在1669年，威尼斯人还从奥斯曼帝国手中夺回了特纳斯岛、基西拉岛和克罗地亚的一些区域。

伊拉克利翁的沦陷，并没有终结威尼斯人对"罗马尼亚"地区事务的干预。1684年，在教皇英诺森十一世（Innocent XI）的支持下，包括威尼斯、奥地利与波兰在内的神圣同盟向奥斯曼帝国宣战。威尼斯人率先占领了希腊南部地区，这场雅典围城战之所以被后人铭记，是因为它致使帕特农神庙遭到严重破坏。1699年的《卡尔洛维茨和约》确立了威尼斯对伯罗奔尼撒半岛的合法性主权，但1715年奥斯曼帝国却重新征服该地，而没有受到和约国的反对。1718年，《帕萨罗维茨和约》最终导致了敌对状态的发生，威尼斯人依然占据着伊奥尼亚群岛（Ionian islands）以及附近大陆上的堡垒，其中包括布特林特（Butrinto）、帕尔加岛（Parga）、普雷韦扎以及沃尼察（Vonitza）。

在中世纪晚期，多样性与碎片化趋势是东部拉丁局势最明显的两个特征。初看我们就会发现西方的许多前哨基地都贴在伊斯兰世界的边缘地带，而这种贴附状态很不稳定。其中，法国与意大利的土地所有者控制着希腊的农民，不论在哪儿，威尼斯与热那亚的水手与商人都会因贸易问题起争执。但若更近距离观察，一种更加复杂的关系结构便展现在我们面前。东征的原始目标指向的是伊斯兰世界，但那些如今由拉丁人统治的土地却都是从信仰基督教的希腊人手中夺来的。在13世纪，拜占庭帝国在收复领土的运动中赢得过几次胜利，然而，除了伯罗奔尼撒半岛（来自摩里亚半岛的专制君主[1]在1430年消灭了亚加亚公国）以外，拜占庭帝国对拉丁领土的威胁大约在1300年便烟消云散了。在14世纪，当罗德岛、开俄斯以及莱斯博斯岛从拜占庭帝国流失并逐步落入西方人手中的时候，拉丁人以牺牲拜占庭人的利益为代价，为自己赚取了暴利。威尼斯与热那亚则在拜占庭各王朝间的冲突中获利，甚至还会火上浇油，因此，拜占庭帝国的势力自14世纪30年代便开始慢慢变弱。14世纪50年代，威尼斯积极地为皇帝约翰六世·坎塔库尊提供支持，而热那亚则为他的对手约翰五世·巴列奥略（John V Palaeologus）撑腰。此后到70年代，威尼斯依赖约翰五世，指望这位统治者能够将其垂涎已久的特内多斯岛赠予他们；与此同时，热那亚为约翰的儿子安德罗尼库斯（Andronicus）提供帮助，希望他们可以先发制人，获得该岛的控制权。在14世纪以及15世纪早期，意大利人有深入支配君士坦丁堡经济生活的能力，并通过剥削拜占庭帝国的剩余价值来养肥自己的胃口。热那亚人在佩拉的殖民统治越来越兴盛，而君士坦丁堡却在慢慢衰落下去。自1343年起，拜占庭皇帝皇冠上的珠宝都被拿到威尼斯进行抵押，没有一颗被赎回。

皇帝虽然偶尔会从西方的十字军运动中获益，然而，在面对奥斯曼帝国的入侵时，立足于爱琴海的拉丁人不能也不会为他们提供任何帮助，甚至是罗德岛的医院骑士团，实际上也无心扭转帝国的命运。无论如何，在面对土耳其人的时候，希腊人与拉丁人的态度都显得十分矛盾。14世纪40年代拜占庭帝国正处于内战期间，约翰六世·坎塔库尊与奥斯曼首领奥尔汗联手，前者在1346年将自己的女儿许配给后者。之后，在1352年，与坎塔库尊势不两立的热那亚人，却也同奥尔汗缔结了正式的联盟关系。这几年的政治局势的确令人感到困惑不已，而正是在这样的背

---

[1] 指拜占庭帝国的皇室成员托马斯·巴列奥略。——编者注

景下，奥斯曼帝国首次将自己的势力扩张到了欧洲的领土之上。1387年，摩里亚半岛的专制君主利用土耳其军队来对付亚加亚公国；在1388年，由于协助土耳其人攻打威尼斯人的领土，科林斯领主聂里奥·阿奇艾尤奥利遭到了威尼斯人的鞭笞；而在1394—1395年，土耳其人又与亚加亚统治者圣苏佩拉诺的彼得协力向这位暴君发起战争。各方势力的分分合合如同万花筒一般千变万化，而在这一阶段，不论希腊人还是拉丁人都表现出愿意同土耳其人并肩作战的意愿，以讨伐那些同样信仰基督教的人。他们之所以会这么做，一方面是出于对土耳其人的恐惧，如果拒绝土耳其人的援助请求，他们不确定接下来迎接他们的命运将是什么；另一方面，这些人也打着自己的小算盘，企图借用奥斯曼帝国的势力来挫败那些与自己信仰相同的人。因此，在1399年，安东尼奥·阿奇艾尤奥利便与土耳其人一同威胁要攻占雅典，雅典从前属于安东尼奥的父亲，之后被威尼斯人占领。在"罗马尼亚"的基督教统治者之中，只有威尼斯人与医院骑士团会尽量避免同土耳其人联盟，相比之下，从14世纪中期到15世纪中期的近100年间，热那亚人则通过与土耳其人合作而获得了不少利益。事实上，热那亚人甚至常常被卷入土耳其王朝的纷争中，而这些纷争对奥斯曼帝国苏丹造成了一次次打击。例如，在1421年穆拉德二世与他的兄弟穆斯塔法（Mustafa）之间的争端中，热那亚人便为前者提供船只与军队支持。奥斯曼人与热那亚人的联盟终结于1450年，当时土耳其人无端地攻打了莱斯博斯岛。在君士坦丁堡于1453年陷落后不久的几年内，热那亚人在爱琴海与黑海地区的领土，除开俄斯以外，均被土耳其人占领。

相对而言，塞浦路斯的政治局势就没有那么复杂了。奇里乞亚亚美尼亚王国是附近唯一的一个基督教王国，而塞浦路斯国王与这里的统治者之间的关系却并不融洽。双方的纠葛始于14世纪的第一个10年。提尔的阿马尔利克在1306年篡夺了塞浦路斯王位，并与亚美尼亚国王的妹妹成婚，他们的后裔与吕西尼昂王朝统治阶层的关系相对疏离，但在亚美尼亚王国却始终保持着统治地位。在1342—1344年以及14世纪70年代，即王国的命运行将走到尽头的时候，阿马尔利克的后裔再次坐上了亚美尼亚的王位。塞浦路斯国王与亚美尼亚同辈之间的敌对状态很可能因法马古斯塔与阿亚斯这两个港口城市的商业竞争而进一步恶化，这也一定会导致派往奇里乞亚的军事援助会比其他地方少许多。另外，塞浦路斯的统治者们从不认为他们有必要同穆斯林结成联盟，以抵抗其他基督徒，但15世纪40年代，其宗主国——埃及的苏丹坚持让塞浦路斯人的舰队承担运载供给的任务，为他们突袭罗德岛的行动提供支持。事实上，确实有些基督教势力曾一度认真考虑过与穆斯林联手来对抗塞浦路斯。1383年，热那亚人试图将自己的候选人詹姆斯一世推向塞浦路斯王位的宝座，当他们的计划遇到阻碍时，有人建议他们应当从附近埃米尔的管辖地卡拉马尼亚（Karamania）借来土耳其的军队帮助实现这个愿望；事实最终证明这样的做法并没有多大必要，对于塞浦路斯人而言，是否有土耳其人的参与并没有多大区别。

我们常常倾向于认为，中世纪晚期生活在东部拉丁的人们会自然而然地看重基督徒之间的团结，并将其置于其他利益之上，同时拒绝与穆斯林邻邦建立友爱互助的关系，但从上文的讨论中能够看出，这样的假设显然是错误的。从长远的角度来看，与土耳其人的斗争几乎构成了整个东部拉丁地区的历史，而处于敌对关系的基督教势力为了抵抗土耳其人的进攻，有形成军事联盟的能力，且在个别情况下也的确这么做过。但这样的合作很容易刺激土耳其人再次扩展领土，反而使基督徒的利益遭到更大的损失。另外，有人会认为，基督教内部势力间的冲突会使穆斯林的军事行动变得更加容易，这样的看法同样是站不住脚的。基督教势力的内讧的确十分常见，其中包括爱琴海地区小型岛屿领主间的宿怨，包括一些海盗行为以及欧洲基督教大国之间纷争的影响。14世纪上半叶，法国人与阿拉贡人之间的斗争就为东部拉丁蒙上了一层阴影：自13世纪80年代起，阿拉贡王朝与安茹王朝（后者属于法国王室的一个军事分支）之间矛盾的焦点，主要体现在争夺意大利南部地区的控制权。亚加亚是安茹王朝的属国；雅典则由加泰罗尼亚佣兵团统治，该地长期依赖阿拉贡王室的财政资助。双方不可能存在和解或合作，因此，下面提到的这个例子，看上去也就不足为奇了：觊觎雅典王位的法国人布里埃纳的沃尔特，在14世纪30年代向安茹人求助，从而取代了加泰罗尼亚政体。自13世纪70年代起，安茹人与塞浦路斯的吕西尼昂家族因耶路撒冷的王位问题而争论不休；在14世纪早期，法国国王试图率先组织一次十字军运动，以赢回"圣地"，但正如我们所见，法国人发起的十字军运动在塞浦路斯当地却没有多大的吸引力：吕西尼昂家族深知，他们不会成为耶路撒冷国王，而若是这次十字军行动失败了，塞浦路斯倒很有可能会首当其冲受到穆斯林的报复。在14世纪的第一个10年，塞浦路斯国王亨利二世，因无后裔继承人，所以打算将王国移交给阿拉贡王室。如果没有这次十字军运动，且若是阿拉贡王国没有得到亨利的馈赠，局势可能会是另一番面貌。安茹家族也另有其他打算，例如推翻君士坦丁堡的希腊政体，或是复辟拉丁帝国。毫无疑问，正是由于这种摇摆不定且越发不现实的方案，在14世纪的前25年里，阻碍了教皇为拜占庭人提供援助的尝试。然而，到了14世纪中期，安茹家族在意大利的势力逐渐减弱，而法国也忙着同英格兰作战，无暇顾及其他事务。与此同时，阿拉贡王室发现，他们并不能有效地参与到东部拉丁的局势之中：热那亚人与威尼斯人的支配地位是如此强大，以至于阿拉贡人逐渐发觉，他们的商人只能跟在前两者的屁股后面转，而随着加泰罗尼亚佣兵团在雅典的统治的覆灭，阿拉贡王国的影响力也进一步萎缩。

在爱琴海以及毗邻的地中海区域，海上交流往往要比陆上沟通更加重要，海军在当地始终占据着重要地位。像医院骑士团团长或是塞浦路斯国王这样的首脑都拥有自己的船队，用以在海上开展巡逻活动，并抑制海盗活动的发生。然而，最大的海上势力都掌握在热那亚人与威尼斯人手中。此时的商船同样可以起到战舰的作用，它们统领着欧洲与地中海东部之间的贸易，这也意味着，这些商船同时拥有强大的军事力量为后盾。它们可以利用海军的力量来保障贸易的顺利进行，而通过海上贸易的建立，海军可以扩充战舰的配置。就威尼斯的情况而言，政府全方位地管理航运事业，为了在通往君士坦丁堡与东方的贸易航道上建立停靠港口，威尼斯制定了许多具体的政策，涉及港口建立的方方面面。热那亚则不存在此类中央管控机制，在寻求贸易中心的时候，其做法也没有那么强势，不是非要占为己有才肯罢休。威尼斯与热那亚的海上势力为争夺贸易市场与商业利益而变得势均力敌，双方均会动用各自的军事力量为商人保驾护航，从而使利益最大化，并尽量减少可能遇到的阻碍。

至于这样的模式如何在实践中运作，热那亚人同塞浦路斯之间的关系为此提供了一个绝佳的案例。自13世纪早期开始，热那亚人便在该岛享有各种商务特权。然而到了1300年，双方的关系却没那么融洽了。这一局面的出现主要归结于两方面原因：一是从热那亚人的角度出发，塞浦路斯人对他们的对手，也就是威尼斯人表现出太多的同情心；二是由于塞浦路斯人也在试图限制热那亚人所享有的商业特权，并强化教皇在马穆鲁克港口城市所推行的贸易禁运政策。热那亚人显然不能接受自己的商业活动被限制，不论对贸易地点的选择，还是从事交易的时机，他们当然希望都能够按照自己的意愿安排这些因素，同时还要将运营的成本降到最低。在14世纪的头10年，双方的关系急剧恶化，以致热那亚人采取报复性行为，向塞浦路斯发起多次突袭。塞浦路斯的统治者当然希望能够通过贸易渠道为自己的金库积累尽可能多的财富，但他们也并不打算为了吸引外商而牺牲自己的政治主权；事实上，塞浦路斯若是想要维持岛内的商业繁荣，也离不开热那亚商人。因此，尽管与分歧丛生的历史洪流相悖，但双方的贸易行为始终没有停止过，虽然规模比以往要小得多。1364年，法马古斯塔发生了一起严重事件，大量热那亚公民在此次事件中遭到屠杀。在这种情况下，国王彼得一世答应了热那亚人所有的赔偿要求，这位国王当时正在筹备发起一次十字军运动，对热那亚人之所以如此爽快，也是因为担心他们会干扰十字军的筹备工作。然而，在类似的惨剧再次发生之后，塞浦路斯政府在1372年拒绝了热那亚人的赔偿要求，战争由此爆发。1373年，热那亚舰队攻打了法马古斯塔，并对该岛造成了严重破坏。他们此后依然占据着法马古斯塔，并以该岛作为基地，强迫吕西尼昂家族向这里进贡，不过这种尝试并不总是那么成功。可以明显看出，这场灾祸完全是塞浦路斯人咎由自取、引火上身的结果，即便从事实的角度出发，先行动武的一方是热那亚人，他们为了维系和扩张自己的商业利益，动用了海上势力，并在这一过程中大肆破坏了基督教世界的一个重要的前哨基地。

贸易活动能够为人们带来大量的经济收益，因此威尼斯与热那亚常常会因为利益问题而发生纷争。在13世纪50年代至1381年，双方共发生了四次主要战争。在这四次战争中，1256年圣萨巴斯战争的爆发是因阿卡的财产争议，而其他三次战争（分别发生于1294—1299年、1350—1355年，以及1376—1381年）则都是因双方在"罗马尼亚"的敌对状态而起。虽然大多军事行动发生在西方，但交战的理由却是君士坦丁堡与黑海地区的贸易争端。军事上的胜利并不必然导致商业上的霸权，也就是说，战事双方中的任何一方都不曾因赢得一次战役而足以阻断另一方的贸易活动。由于热那亚在特内多斯岛战役中战败，而这次失败又是在热那亚入侵塞浦路斯之后没多久发生的，因此这段时期的政治局势开始变得不再明朗，自此之后，热那亚人在地中海东部地区的利益就逐渐减少了。在15世纪，威尼斯在同埃及与叙利亚的贸易往来中始终占据着最大的份额，因此他们首当其冲，要承担起奥斯曼帝国在爱琴海地区的海上军事活动所造成的影响，相较而言，热那亚就没有建立海上霸权的志向。克里特岛与塞浦路斯（自15世纪70年代开始）已经成为威尼斯人的两块宝地，热那亚人的开俄斯显然无法与其相提并论。

从人口的角度来看，在拉丁人所占据的东方领土中，西欧人不曾在任何一地的人口构成中占据大多数。在乡村地区，居民大部分是希腊人；而在港口城市，人口的构成更是一个大杂烩。例如，法马古斯塔拥有一大群讲阿拉伯语的叙利亚人，同希腊人、法兰克人、意大利人、犹太人以及亚美尼亚人混居在一起。许多人的家中有奴隶，甚至在一些相对贫穷的家庭中。通过现存的史料我们得知，这些奴隶可能是斯拉夫人、亚洲人或非洲黑人。有些人只在当地短期居住一段时间，他们一般都是商人或水手；而在长期居民当中，很多人自称是威尼斯人或热那亚人，即便他们从未去过这两类人的原生城市。来自15世纪早期的历史资料显示，人们在相互沟通时，会使用一种通用语，这种语言从当地各种语言中兼收并蓄了许多单词与短语，并将它们放在一起混用。大部分生活在东方的欧洲人会用某种意大利方言交流。在塞浦路斯、亚加亚以及雅典，本土的封建领主一开始都是法国人，而随着时间的流逝，他们逐渐被意大利人与加泰罗尼亚人取代。就雅典的情况而言，这种转变因加泰罗尼亚佣兵团在1311年的到来而突然降临。在亚加亚，这一转变发生于14世纪，在此期间，法国贵族逐渐被意大利人取代。在塞浦路斯，14世纪晚期，一位前往该岛的西方旅人对于国王满口"流利的法语"感到惊奇不已，确实，这里的人口结构方面的变化是一个颇为缓慢的过程，直到海梅二世的继位者统治时期，以及塞浦路斯的内战时期（1460—1464年），意大利人与西班牙人的名字才在贵族阶层中占据大多数。

在统治东部拉丁的早期阶段，西方的征服者们与当地居民基本没有过多接触。但随着时间的流逝，双方之间出现了通婚，关系也变得越来越亲近，彼此之间的藩篱被逐渐冲破了，不同文化元素的融合现象也在不断地发展。在这一过程中，宗教成为决定性因素。西方政体要么引入拉丁的主教与神职人员，并试图减少希腊神职人员的数量，要么将他们放置在相对次要的位置。其中自然会牵涉财政资助的转移，进而更多地偏向拉丁人这一边，而希腊主教的职位则会受到很大影响。希腊的神职人员不得不对其拉丁上级以及教皇的管辖权有一个清醒的认识。因此，希腊神职人员的下列反应都不足为奇：有的提出了异议，有的则默默承受，还有的甚至向罗马教廷发起诉讼。面对这样的情况，拉丁统治者们深知需谨慎处理。若是给予这些神职人员过多的独立性，那他们将来一定会成为某种隐患——在表达各种不满时，会变得更加肆无忌惮；而手腕如果过于强硬，很有可能会引起群体性暴力事件。在14世纪以前，塞浦路斯的每位拉丁主教都会配有一个希腊人作为副主教，他要承担起管理希腊神职人员与教区教堂的义务。刚刚从西欧来到塞浦路斯的神职人员，可能会强迫希腊人履行拉丁宗教仪式，这很有可能会导致社会动荡。为防止这样的情况发生，塞浦路斯统治者在14世纪至少有两次对此进行正面干预。而在实际操作层面，希腊人与拉丁人之间的妥协方式也在逐步发展。这样的做法虽然与神学家的思想或传教士的抱负格格不入，但似乎满足了大众的需求。在14世纪，由于拉丁高级神职人员旷工的现象越来越严重，双方的紧张局势也因此得到缓解。不管是政治危机或黑死病的肆虐，还是1378年的大裂教，这些因素均以各自不同的方式削弱了拉丁教堂在东部的建立，这一衰落的过程在整个15世纪依然持续着。

通过对以上历史背景的了解，我们发现，越来越多的拉丁人会参与到希腊式的宗教仪式当中，而这招致了当时许多人的批评。之所以出现这种情况，一方面可能是由于拉丁神父的缺席；另一方面则常常是出于人们的偏好：通婚以及这两种语言在社会中的盛行，想必对人们的宗教态度起到了关键性作用。我们偶尔也能找到相反的例子，即希腊人或生活在东方的其他基督徒会转而参与拉丁人的宗教仪式。15世纪塞浦路斯的奥德斯家族（Audeth）为传统宗教情感的衰落提供了一个绝佳的例证。奥德斯家族原本是叙利亚的雅各派信徒，但在15世纪50年代，有一位家族成员成了尼科西亚大教堂的持戒修士，并随后担任塔尔图斯的拉丁主教，虽然这一职位只是名义上的。在大约同一时期，家族的另一位成员在其遗嘱中将大量财产捐献给雅各派、科普特人、马龙派、希腊人以及亚美尼亚人的教堂，当然还包括尼科西亚的拉丁大教堂。我们很难说清这样的转变在当时有多么常见，也很难对引发这一现象的因素做出令人满意的分析。宗教门派的融合反映在当时的艺术与建筑形式上。例如，现存的圣像显然出自希腊艺术家之手，但上面却题有拉丁语铭文，而一些带有希腊语铭文的作品，却是受拉丁赞助人的委托完成的；塞浦路斯国王成立了一个由拉丁人组成的行政部门，专门负责处理与希腊圣人——伊拉里翁（Hilarion）——的节日有关的事宜；在法马古斯塔，希腊大教堂在14世纪经历了翻修，而该教堂完全遵循了意大利哥特式的建筑风格；在其他地区，出现了西方与东正教传统相融合的建筑形式。有些教堂建筑违反了传统的规划，为拉丁与希腊教士分设了不同的讲坛。而正是在克里特岛，这类艺术传统的杂交现象，在绘画中得到了最明显的展现，这一流派最著名的画家当数埃尔·格列柯（El Greco）。在16世纪与17世纪，克里特岛人将大量通俗文学引入希腊，这些作品大多以意大利的原型故事作为创作基础。西方的旅行家往往会用怀疑的眼光审视这些定居在东方的拉丁人，不论从衣着还是从谈吐来看，这些人都同他们的希腊邻居没什么两样。这样的变化足以说明，双方的融合已经非常深入，远非人们想象的那样，各自保持独立的状态，彼此之间毫无交流。

在塞浦路斯，国王常常会任用信仰东正教的希腊人，例如让他们在中央财政部门任职。等到了15世纪60年代，这些希腊人已经能够按照需求，自如地切换法语、意大利语或希腊语。在14世纪与15世纪，一个组织严密的团体似乎在政府的从业人员中占据了统治地位，这些人主要由几个信仰东正教的家族组成，他们构成了政府的行政部门。14世纪早期的塞浦路斯史学家利昂提奥斯·玛奇拉斯（Leontios Makhairas）便是这些家族的成员之一，他的编年史著作深受当时的希腊俗语影响。通过这一珍贵史料，我们得以一窥西方的外来词汇被本土知识阶层吸纳的程度。这也从一个侧面反映出这一阶级成员的宗教态度：一方面，他们对于自己所信仰的东正教感到骄傲，具有强烈的保护欲，这种情感也许源自久远的帝国时代；另一方面，他们对那些皈依基督教的东正教徒感到诧异，但却忠于吕西尼昂家族的统治者，并对他们充满崇敬之情。

在很大程度上，东部拉丁的统治者们很乐于让臣民按照原有的习惯继续生活。在克里特岛以及希腊南部地区，有一个希腊地主阶层在统治者强行接管当地之后，依然被保留了下来。等到了1300年，经过一系列的游说，他们被统治阶级承认，并由此成为社会阶层体系中的一部分。乡村社群大体保留了被征服前的组织形式，最主要的不同便是收缴税款的统治者与地主，由原来的希腊人变成了如今的拉丁人。我们没有任何理由假设，拉丁政体在对待农民阶层的时候要比从前的统治者更加严酷，事实上，"外国居民"（Paroikoi），以及没有自由权利的农奴的生活状况有所改善。除了农业财富，大部分统治者希望能够从商业贸易的收益中分一杯羹。威尼斯会指派官员管理海外的领土，对于这些官员而言，其首要任务是为威尼斯商人提供便利。事实上，拓展威尼斯人的商业利益是许多海外领土之所以存在的主要理由，而所有的统治者都可以通过征收贸易通行费等方式，从繁荣的商业活动中获得收益。

在某些情况下，统治者或地主会投资工农事业。一个绝佳的例子便是在克里特岛与塞浦路斯崛起的糖类生产。由于甘蔗的种植与培育需要大量的水分供给，因此，制糖工业便会涉及土地使用方式的转变，即从之前惯常的混合作物栽培，改为耕种单一的经济作物。考古学家在塞浦路斯的库克利亚（Kouklia）与埃皮斯科皮挖掘出来的糖场，可以看出当年需要花费大量的建造成本，而运营也需要耗费大量人力。因此，场主需要拥有大量的资本，还要雇用许多奴隶在工场里干活儿。只有非常富有的个人或团体才有从事炼糖业的能力，其中就包括活动于库克利亚的国王、科洛西的医院骑士团以及埃皮斯科皮的科纳罗家族，这也可以想见。工场生产出来的产品几乎全部向西欧出口，而就医院骑士团与科纳罗家族的情况而言，获得的收益也会被输向国外——将在塞浦路斯赚的金钱，部分送往罗德岛或威尼斯，从而扩充某个贵族家庭的资产。这是一个将农业与工业合二为一的例子，它自然会让人产生这样的疑问，即地中海东部地区的拉丁政体距离盛行于后世的殖民事业还有多远，而它在多大程度上影响了后来的殖民活动事业。塞浦路斯的糖业生产在某些方面预兆了加勒比海（Caribbean）种植园的出现，但其形式尚不完整。

在东部拉丁的各个地方，其统治精英均是外国人，他们是当地社会中的闯入者，其语言、社会组织形式以及宗教都与当地不甚相同。这种现象非常平常：奥斯曼帝国的统治者们都是以入侵的手段成为当地的政治精英的，至少在欧洲情况如此；而埃及的马穆鲁克统治者们，在各个方面都与本土的居民存在很大差异，并与他们保持着一定距离。相对而言，拉丁政体就截然不同了。威尼斯会指派本地的官员治理其在海外的领土，这些官员的工作均有固定的任期，而其行为也要符合共和国的要求。而塞浦路斯的国王们则不对任何人负责，他们依据个人的利益对王国进行治理。因此，从政治的角度来看，威尼斯的领地，不论是港口城市还是岛屿，都可被称为殖民地，而由吕西尼昂家族统治的塞浦路斯却不是。相较于威尼斯人的治理模式，热那亚人在自己的领土上享有更多的自主权；而由安茹人或阿拉贡人统治的亚加亚或雅典，则在这两个极端中间游走。

然而，若是从经济的角度来看，东部拉丁是否属于殖民主义呢？威尼斯与热那亚都要依靠各自的海外领土来保证食物与原材料的供应：红酒、橄榄油、干果、白矾、糖以及棉花，其中白矾来自热那亚人治下的福西亚，而棉花则产自克里特岛与塞浦路斯。威尼斯人对往返于威尼斯本土与东方市场之间的商人和船主具有极大的依赖性，他们会竭尽全力确保贸易的有序进行；相对而言，热那亚人就显得随意很多，运载货物的热那亚商船没有那么强烈的责任感，它们不一定非要在本国的港口城市卸货。因此，虽然东部拉丁的确向欧洲运送了许多原始产品，但在双方的经济关系中，只有威尼斯的情况能够被称作"殖民主义"。除此之外，东部拉丁的产品也被销往地中海世界的其他港口城市。越是珍贵的商品，如来自底比斯的丝绸、产自开俄斯的乳香树脂以及糖类产品，越要在贸易中投入更多资金，而其发展程度永远不可能企及单一作物的贸易量，后者的经济模式则是以加那利群岛、加勒比海地区以及后来的美国南部为典型代表。因此，东方没有哪个地方敢于只经营一种产品，因为若是该产品的市场垮了，当地将面临巨大的灾难。有人会认为，本土的经济完全是为了满足遥远的统治阶层的需求而存在的，这样的想法是站不住脚的。对于意大利的海上共和国而言，其大量财富都来自奢侈品的长途贸易。而从东部拉丁的角度出发，过境贸易也在其收益中占据了很大的份额。君士坦丁堡、法马古斯塔、阿亚斯以及黑海的港口城市，都因海上贸易而逐渐繁荣起来。至少在一段时间内，东方转运口岸的香料贸易之所以如此繁荣，在很大程度上都应归功于西方商人。不过这些商人虽然在商业领域起着重大的作用，并不能为他们在当地的政治建设提供支配性力量。

在乡村地区，地主会利用自己的权力支配土地与农民，并从中获得利益。许多地主居住在当地，甚至那些生活在由威尼斯人统治的克里特岛的地主也是如此。其他地主则不住在乡下，这也就意味着土地的收益将要从当地的经济收入中剔除。因此，例如在塞浦路斯的埃皮斯科皮，糖类种植园与加工场属于科纳罗家族，它们所产生的财富则会离开该岛，养肥了这个生活于威尼斯的家族。显然，科纳罗家族的投资模式预示了后世殖民企业的出现，但从另一个角度来看，他们的行为方式和从前的土地所有者没什么两样，后者即拜占庭帝国时代，通过榨取属于帝国各省份的农业利益，来为统治者阶层以及君士坦丁堡的皇室家族提供资金。

在本书前几章中，学者们已经指出，在中世纪中期，巴勒斯坦与叙利亚地区是受到宗教殖民的支配的。本土人并没有失去自己的土地，因此，将中世纪晚期统治东部拉丁的西方社会贴上"殖民社会"的标签，其实是相当笼统的。不论统治者、定居者还是商人，他们首要考虑的都是赚足够多的钱，以维持起码的生计。就某些方面而言，他们的确扮演了种植园主以及殖民地管理者的角色。然而，我们若是将眼光只局限在这几点上，势必会扭曲中世纪晚期的现实情况。相较于以往，此时西方人的统治并没有什么不同，拉丁人并不打算改变社会的现状，而本土的居民相较于之前也没有发生太多变化。12世纪十字军的理想主义情怀虽然已经不再那么明显，但除了获取利益与保护财产外，不论遏制伊斯兰势力，还是守卫基督教世界，拉丁人的热情都依然旺盛，毫不逊色于从前。塞浦路斯的统治者、罗德岛的医院骑士团，以及同土耳其人交战了几个世纪的威尼斯人都认为，当他们在面对穆斯林的进攻的时候，需要履行某种宗教义务；如果我们将这些人的动机，同自我保护与维持生计这类单调的需求混为一谈，那么他们既不是第一个，也不是最后一个身处这样处境的人。

第十三章

骑士团：1312—1798年

安东尼·勒特雷尔

中世纪晚期：骑士团国家与国家骑士团

拉丁教会的骑士团成员，其地位自12世纪成立之初起至14世纪早期，没有发生太多变化，即便基督教会法规始终在不断演进，出台了许多新的条例，而其他的骑士团也经历了合法化过程。拉丁骑士团的兄弟们似乎不再受到宗教热情的动员，或是受到收复耶路撒冷所带来的愿景的影响，但他们依然会在加入骑士团的时候宣誓遵守朴素、贞洁与谦顺的誓言。人们也都认为，他们的言行会严格遵循骑士团的章程。每个骑士团都有自己的规矩，而这些要求都要经过教皇的同意。教皇有能力干涉骑士团的各项事务，甚至可以出手将其解散，正如克雷芒五世在1312年对圣殿骑士团的镇压，如今看来该事件颇具戏剧性。除了普鲁士与利沃尼亚以外，骑士团成员似乎很少遭遇异教徒敌人，他们更倾向于在当地的社会环境中寻求某种相对安全且平凡的存在方式。另外，在一个大型的宗教社群之中，他们若想过一种统一的宗教生活，也变得越发不可能了。虽然不同骑士团之间存在着很大差异，但总体而言，骑士团都会接收骑士、军士、神父与修女，而他们也都会将讨伐异教徒的事业放在首位。这些骑士团成员虽然并不会死板地做出十字军宣誓，但会自然参与到针对异教徒的十字军运动中。到了1312年，骑士团所从事的永久"圣战"以及由教皇发起的十字军运动之间的区分变得越来越明显。在前者当中，除某些特殊情况外，骑士团成员并不必要与同样信仰基督教的战士们针锋相对；而就后者而言，其目标则更多地指向了拉丁人以及其他基督徒，针对异教徒的情况反而相对较少。

发生在圣殿骑士团的事件，在人们心里造成的影响是巨大的。虽然如此，但骑士团所受到的直接冲击却很小，没有任何证据表明，骑士团的征兵人数因此而下降。骑士团的社会功能受到了普遍批评，成了人们争论的焦点，有的提议将各个骑士团合并为一，而有的甚至想要将其领土全部充公。1310年，在教皇的授意下，一场针对条顿骑士团的大规模调查展开了，这是为了回应人们抱怨该骑士团在利沃尼亚的种种行径。此前的1309年，条顿骑士团将其大本营从威尼斯迁至位于普鲁士的马林堡（Marienburg），而再之前的1306年，医院骑士团发起了征服罗德岛的军事行动。这种如同海盗一般的侵略行为，大概直到1309年才宣告结束，它发生在圣殿骑士团被剿灭（1307年）之前，因其持续时间过长，使得医院骑士团免于遭受同样的打击。这次军事行动虽然主要针对的是希腊基督徒中的裂教派分子，但却给了医院骑士团各种合理的存在理由，即履行讨伐异教徒的功能，另外，也让该骑士团获得了相对的独立性，而这样的独立性此前在塞浦路斯是不曾享有的。医院骑士团随后所享有的声望被其狡猾的团长维拉雷的富尔克（Foulques of Villaret）利用。这位骑士团团长被请到西方，并与教皇联合发起了一场十字军运动。在富尔克的率领下，这支军队于1310年驱船驶离意大利，并在此后于小亚细亚大陆战胜了当地的土耳其人。在1312年以后，医院骑士团被整个西方所利用，为了确保圣殿骑士团遗留下来的大片领土不受到外敌的侵害，教皇将这些土地转让给了医院骑士团，而后者在漫长的历史进程中，这些土地被一一吞并。另外，医院骑士团还面临着巨大的财务危机，这主要是由两方面引起的：一是罗德岛战役消耗巨大；二是维拉雷的富尔克的奢华本性，这不仅导致1317年他被罢免，还在随后造成了极具破坏性的内部纷争。伊比利亚的君主们很不情愿接受圣殿骑士团与医院骑士团结合的事实，这种结合不仅体现在财富方面，也展现在军事实力方面。他们始终认为，正是为了收复半岛（而非地中海地区），才牺牲了圣殿骑士团的利益。在卡斯蒂利亚，圣殿骑士团的财产被贵族们篡夺；而在巴伦西亚与葡萄牙，则诞生了新的国家骑士团。

　　教皇克雷芒五世没能挽救圣殿骑士团，但他的确没有让圣殿骑士团大部分的财产受到世俗统治者的侵害，由此守住了一条基本原则，即世俗势力不得插手宗教骑士团的事务。虽然骑士团所获得的收益往往与教皇的干预背道而驰，但在1312—1378年，阿维尼翁的教皇常常激励、鞭笞，有时甚至会恐吓这些骑士团。对于骑士团的兄弟而言，起到了上诉法庭的作用，他们平息骑士团的内部纷争，还时不时地为保护成员们的利益与特权而干预整个基督教世界的事务。许多小型骑士团，如英国的圣托马斯修会（在塞浦路斯有一个小型基地），已经在14世纪放弃了所有形式的军事主张。在欧洲东北部地区，教皇试图在条顿骑士团与其他骑士团之间寻求某种利益的平衡，前者由于相隔的距离太过遥远，而很难予以有效的管控，后者则始终在尝试劝说信仰异教的立陶宛人、利沃尼亚人皈依基督教。骑士团成员常常会回避教皇的指令，尤其当他们同方济各会修士、里加大主教、波兰国王以及其他世俗统治者们发生争执的时候。1319年，教皇约翰二十二世（John XXII）通过选择埃利昂·德·维尔纳夫（Hélion de Villeneuve）作为医院骑士团团长，从而解决了骑士团内部因宪法而引起的争端。罗德岛逐渐发展成为一座抵抗土耳其人进攻的堡垒，进而在人们心中占据了重要位置，阿维尼翁的几任教皇都急于推行改革政策。阿维尼翁的教皇们扩大了教廷在干预基督教事务时所起的作用，并试图在骑士团的人员委任方面施加一定的影响，尤其在意大利，他们指派许多医院骑士团的成员出任教区神父。然而，在处理与医院骑士团和条顿骑士团相关的事务时，教皇还是非常小心谨慎的，只有格列高利十一世（Gregory XI），在1377年将一位长期受其提携的后进埃雷迪亚的胡安·费尔南德斯（Juan Fernández de Heredia）设立为罗德岛的骑士团团长，而这位教皇之前已经对医院骑士团的资产进行了全方位调查。对于所有的骑士团而言（除了条顿骑士团以外），局势在这之后变得越来越严峻，不论建立防御工事，还是人员选任，教皇的干预都越发频繁。他们有时还会通过教化法令，或是以偏袒另一方——如为自己的亲信提供资助——的方式，来疏离骑士团。

在西班牙，穆斯林的疆界已经在1312年被压缩至最南端，针对摩尔人的运动已很少发生了。骑士团虽然还在持续拓展海外领土，但西班牙君主却急于控制，甚至收复早年授予这些骑士团的土地及包括管辖权在内的其他种种特权。阿拉贡国王为圣殿骑士团与医院骑士团在巴伦西亚的领土提供保障，并成立了新的蒙特萨骑士团，驱使他们在穆尔西亚（Murcia）前线抵抗穆斯林的进攻。而在1317年，阿拉贡的医院骑士团首领在对当地实行管理之前，私下同意臣服于国王的统治。国王有能力防止人员与资金流向罗德岛，因此，在骑士团的人员选择上，国王掌握了一些可控制的因素，进而使他可以调用医院骑士团的部分收益与人力资源为己所用。这种做法所产生的后果在发生于1347—1348年的叛乱中得到了最充分的体现，当时所有的骑士团都站在国王这一边。同样的情况也发生在1356年后的卡斯蒂利亚战争中。之后王室试图在加泰罗尼亚海岸建立一个小型的骑士团，即阿尔法玛的圣乔治修会，但结果并不尽如人意：1378年，该骑士团团长及其妹妹在阿尔法玛被非洲海盗俘获，至1400年，这个骑士团与蒙特萨骑士团合并。两年后，国王马丁（Martí）提议，阿拉贡的所有骑士团，其中也包括医院骑士团，都要将管辖权交给王室控制；另外，他们还要参与海战，以抵抗非洲异教徒的进攻。1451年，阿拉贡的阿方索五世考虑发展蒙特萨骑士团，该骑士团在马耳他岛不具备任何军事功能。

卡斯蒂利亚的圣地亚哥骑士团、阿尔坎塔拉骑士团以及卡拉特拉瓦骑士团，在定居点内始终从事着原始活动，即守卫安达卢西亚的大片地产，以防摩尔人的入侵，即使战争前线已经从这些地方移至南方。到了15世纪，这些骑士团重新居住到了那些被穆斯林农民抛弃的村庄中，而此类新型基地在其他地方也能见到，如14世纪由医院骑士团管辖的朗格多克。这几个卡斯蒂利亚的骑士团还具有其他功能，例如，阿尔坎塔拉骑士团便在埃斯特雷马杜拉（Extremadura）守卫着葡萄牙前线。阿方索十一世希望利用圣殿骑士团原来在卡斯蒂利亚的领土基础上成立一个新的骑士团，但1331年教皇拒绝了这一迟来的请求。1340年，所有的西班牙骑士团都参与到了萨拉多河战役之中，基督徒获得了巨大胜利，进而导致1344年占领阿尔赫西拉斯的运动。从这些事实来看，教皇的决定似乎是合乎情理的。然而，在不久之后，由于卡斯蒂利亚发生了旷日持久的内战，所有骑士团都无一幸免地被牵扯进各种家族阴谋以及政治纷争之中，因此，收复格拉纳达这块多山飞地的军事行动陷入了僵局。正如蒙特萨骑士团的情况，这些卡斯蒂利亚的骑士团只在个别时候才会被用于同异教徒作战。1361年，三位卡斯蒂利亚的骑士团团长以及当时的医院骑士团团长，同皇家军队一同作战，在一场讨伐摩尔人的战役中获得胜利。然而好景不长，他们随后便在瓜迪斯（Guadix）城外遭到打击，卡拉特拉瓦骑士团团长在这次溃败中被敌人俘获，成为阶下囚。

在卡斯蒂利亚，骑士团所面对的前线局势几乎没有任何变化。在1350—1460年的110年中，官方的正式停战期有25年，其间只出现过几次小型的冲突。大约在1389年，卡拉特拉瓦骑士团与阿尔坎塔拉骑士团的两位团长率队向格拉纳达发起突袭，攻陷了城郊地区，并向穆斯林国王提出了战争挑战。1394年，阿尔坎塔拉骑士团团长巴布达的马丁·亚涅斯（Martín Yáñez de la Barbuda）被"圣战"的热情冲昏了头脑，违反停战协定，发起了一场鲁莽的突袭行动，最后战死沙场。国王之前曾试图阻止亚涅斯的行动，最终不得不向摩尔人道歉。摄政王费尔南多（Fernando）

在卡斯蒂利亚复兴了收复失地运动，他在骑士团的协助下，于1410年攻占了安特克拉（Antequera）。这些骑士团之后继续在城堡中驻守，同时也在前线征战，而在这些战役中，骑士团团长常常指挥皇家军队，他们的职位等同于皇家军队的首领，而在他们所带领的军队中却没有一个是骑士团成员。卡拉特拉瓦骑士团在1455—1457年共参与了六次边境突袭行动，而骑士团团长则在1462年攻占了阿尔奇多纳（Archidona）。在一系列艰苦卓绝的战役中，我们都能看到各个骑士团兄弟的身影，而这种情况最终在1492年征服格拉纳达的运动中宣告结束。圣地亚哥骑士团与卡拉特拉瓦骑士团的两位团长均在1482年死于洛哈（Loja），而蒙特萨骑士团团长则在1488年于伯撒（Beza）遭到杀害。另外，骑士团还要提供资金、食物以及军事支援。在1491年于格拉纳达集结的10,000匹战马中，有962匹来自圣地亚哥骑士团（该团另外还提供了1915名步兵），266匹来自阿尔坎塔拉骑士团，62匹来自医院骑士团；卡拉特拉瓦骑士团的分遣队是否前去支援，虽没有历史记载，但它在1489年也曾向王室提供过400匹战马。

这几个卡斯蒂利亚的骑士团形成了一个以国家为背景的团体。它由权贵阶层领导，并在针对摩尔人的十字军运动中为皇家效力，这些骑士团甚至在各种民族战争与内战中也发挥着作用。其领导者之所以这么做，与宗教方面的考量没有半点关系，他们的军队以及各种军事资源通常都会融入王室的部队之中，并依据国王的倡议来从事军事活动。卡斯蒂利亚的三个主要骑士团，以及医院骑士团，都是通过大量的羊群等在游牧业中获得巨额利润的（医院骑士团在这方面所获得的利益相对次要）。随着医院骑士团成为阿拉贡地区最大的土地所有者，阿尔坎塔拉骑士团也占据了埃斯特雷马杜拉将近半数的土地，而圣地亚哥骑士团则控制了新卡斯蒂利亚（Castilla la Nueva）的大部分地区。虽然骑士团的许多成员具备很高的战斗热情以及高超的作战能力，但这些财富还是能为部分来自相对次要的贵族阶层、对"圣战"兴趣不大的成员提供支持与帮助。骑士团在王国中所起的作用是巨大的，它们的势力在不断扩大，且享有越来越多的自主性。

虽然如此，它们却绝不可能像在罗德岛或普鲁士那样，建立起具有自治权的骑士团国家。相反，它们所获得的财富与影响力被王室牢牢掌控。在骑士团进行选举的时候，国王可以干预，并游说教皇在骑士团内安插某些职位，或是为那些未到团长选举年龄或非嫡系出身的候选人提供豁免权。有的时候，君主会拒绝接受选举出来的骑士团团长，并强迫他人将其罢免，甚至会密谋将其杀害。虽然遭到了骑士团一次又一次的抵抗与诉讼，国王以及王室的贵族成员们却始终都能确保骑士团团长是由他们所偏爱的人担当，尤其是他们的子嗣，不论他们是不是合法的继承人。如1409年，安特克拉的费尔南多动用了各种手段，使他的儿子们成为阿尔坎塔拉骑士团与圣地亚哥骑士团团长，从而保证了两个骑士团在格拉纳达战役中的财政支持。有些骑士团成员试图对这一制度进行严肃的改革，然而效果并不明显。教皇并不会对这种做法予以鼓励，因为逃避其权威的现象会由此出现。已婚的统治者并不能担任团长的职位，但教皇却可以给予他们管理权，如1456年，教皇卡列克斯特三世（Calixtus III）便提名恩里克四世（Enrique IV）为圣地亚哥骑士团与卡拉特拉瓦骑士团的管理者。骑士团团长深陷政治泥沼之中，妨碍了骑士团履行其本来的职责。他们或被卷入王室的阴谋、教会的分裂中，或被卷入种种自相残杀的暴力事件中。相比较之下，医院骑士团与条顿骑士团就避免了上述问题，因为他们将骑士团国家中大部分本土的贵族阶层人士排斥在了骑士团之外。

在葡萄牙，已经不存在讨伐异教徒的战争了。圣地亚哥骑士团的葡萄牙分支变得越来越具有独立性，它会自行选举团长；而阿维什骑士团同基督骑士团一样，属于国家骑士团，后者以圣殿骑士团的遗产为基础，于1319年成立。葡萄牙的骑士团以及医院骑士团，在1340年参与了在萨拉多河开展的讨伐摩尔人的军事活动。在几十年的时间里，这些骑士团已经基本上被国家政策收编，他们都服从王室的管理。同卡斯蒂利亚的情况大致相同，国王可以强行安排王室贵族或其他人员出任骑士团团长的职位。到1375年，葡萄牙的医院骑士团已经有9年没有向罗德岛上缴贡金了。国王佩德罗一世（Pedro I）有一个私生子，由基督骑士团团长抚养长大，并在此后成为阿维什骑士团团长；在1375年，他作为摄政王，在面对卡斯蒂利亚人的进攻时，带领军队与其作战。这位佩德罗一世的私生子在此后登基成为若昂一世（João I）。当葡萄牙人收复失地的运动蔓延至海外的时候，骑士团也基本上恢复了其开展"圣战"的职责。基督骑士团与医院骑士团团长于1415年攻占了摩洛哥的休达。大约在1418年，教皇马丁五世任命大公亨利[1]（Henrique）为基督骑士团的管理者，而亨利利用骑士团的人力与物资财富支援对于自己十分重要的探索之旅。1443年，教皇将基督骑士团未来在摩洛哥、大西洋群岛（Atlantic isles）以及其他海外地区所能征服的所有土地的所有权，全部授予该骑士团，基督骑士团由此先后在大西洋群岛、非洲海岸以及亚洲收获了大量的物质财富与宗教特权。1457年，亨利将在几内亚所获得收益的二十分之一授予了基督骑士团。该骑士团在海外的巨额财富通过其在托马尔（Tomar）所建造的数量庞大且宏伟的修道院建筑便可窥豹一斑。以下几种情况在葡萄牙持续存在，几乎没有任何改善：一是王室对于几个骑士团的干预；二是这些骑士团本身与世俗政治之间的纠缠；三是骑士团内部的意见分歧；最后是王室成员频繁出任骑士团中的重要职位，从而对骑士团及其收益进行管控。虽然如此，这些骑士团却很少参与由教皇为抵抗摩洛哥异教徒而发起的十字军运动。葡萄牙三个骑士团的分遣队参与到1437年攻打丹吉尔的军事行动之中，但这次战争以失败告终；而葡萄牙的医院骑士团曾在1471年攻打了阿尔吉拉（Arzila）。1456年，教皇提议为这三个骑士团以及葡萄牙的医院骑士团建立军事前哨站，并试图在休达部署三分之一的骑士团成员，这一提议遭到了这些骑士团的全体否决。而在1467年，教廷甚至同意葡萄牙的骑士团不参与进攻性战争，这一决议在葡萄牙本土遭到了严重抗议。

波罗的海地区的普鲁士与利沃尼亚因无休止的领土竞争而长期处于隔

---

[1] "航海家"亨利。——编者注

绝的状态，而两地的德意志人所面对的问题与上面提到的非常不同，这些纷争基本发生在内陆地区。相较于13世纪的情况，这一局势虽没有那么严重——尤其是对于那些更加和平的普鲁士西部港口城市而言，但它依然是持续不断的、冷酷的，充满血腥。条顿骑士团在地中海地区依然保有自己的领土，在法兰克尼亚、图林根、莱茵河沿岸地区以及其他德意志地区，拥有广阔的骑士团领地与招募基地，此外，在西西里与阿普利亚也有很多领土。虽然骑士团非常依赖德意志地区所提供的人力资源，但它并不像伊比利亚半岛的骑士团那样，受到任何王国的限制。普鲁士与利沃尼亚地处拜占庭帝国的统辖范围之外，但却以一种模棱两可且有争议的方式受到皇帝与教皇的保护。至于骑士团所要履行的义务，人们之间的分歧也很大：波罗的海地区的骑士团成员主张将总部向北迁移，从而卸下它在普鲁士与东方的双重负担，将注意力集中于讨伐立陶宛人的军事行动上，而另有一些人则希望骑士团继续将耶路撒冷作为其事业的重心。最终，在1309年，骑士团团长（称"大首领"）齐格弗里德·冯·福伊希特旺根（Siegfried von Feuchtwangen）在未征得其成员同意的情况下，将总部从威尼斯转移到了普鲁士。1317年，齐格弗里德的继位者卡尔·冯·特里尔（Karl von Trier）被逐出普鲁士。同年，医院骑士团总部将其罢免。下一任团长沃纳·冯·奥尔森（Werner von Orseln）在1324年经选举在普鲁士上任。此后，历任团长都在马林堡一座壮观的宫殿中管理着骑士团的各类事务。这座华而不实的建筑位于河边，内含砖质住宅、座堂会议厅以及小礼拜堂。

1310年，条顿骑士团在利沃尼亚屠杀了大量基督徒，残忍地破坏了当地的教堂，袭击了里加大主教，并与异教徒勾结，从而阻止他们皈依基督教，甚至还迫使许多已经皈依基督教的信徒叛教。条顿骑士团由此受到了非常严重的指控，骑士团处于危险之中，很有可能就此解散。另一方面，这项指控又逐渐涉及与立陶宛人纠缠不清的外交政策，后者狡猾地伪装成皈依基督教的样子。这不仅使条顿骑士团颜面扫地，还令其丧失了信誉。虽然遭遇到波兰人的武力对抗，但条顿骑士团依然取得了不少进展，其领土也在不断扩张。1308年骑士团占领了但泽以及波美拉尼亚东部地区，1346年从丹麦人手中购买了利沃尼亚北部的爱沙尼亚。虽然如此，立陶宛异教徒的势力始终都非常顽强，在同骑士团交战时，其抵抗能力也十分强大；另外，骑士团也有获取战利品的需求，以及迫使立陶宛人皈依的义务。从这两方面来看，战争的频仍已成为必然的结果。在团长翁里希·冯·科尼普罗德（Winrich von Kniprode，1352—1382年在位）的领导下，立陶宛人遭到了极为沉重的打击。这一功绩也是在西方贵族的协助下达成的，他们之所以会出手相助，是因为被骑士团的战斗声望吸引，后来任法国军事总管的布西考的约翰（John of Boucicaut）于青年时期就曾在普鲁士服役过三次，尚未登基成为英国国王的亨利四世（Henry IV）也曾去过那里两次。在普鲁士，平均每年会发生两次军事运动，而在利沃尼亚，则平均每年发生一次。这些战争致使大量人员伤亡，并对当地造成了巨大的破坏，而骑士团兄弟们所遭受到的损失，其形式与规模是在罗德岛或西班牙不曾遇见过的。矛盾的是，德意志人的胜利恰巧归功于他们的衰落：1386年，实力强大的立陶宛人与波兰人形成联盟关系，1389年，立陶宛人正式皈依基督教，这些因素逐渐削弱了条顿骑士团开展"圣战"的正当性。通过持续开展战争的方式，骑士团试图强调其动机不仅是政治的，同时也是宗教的，前者是从德意志人的角度出发，而后者则属于基督徒的立场。这导致条顿骑士团的敌人们下定决心要夺回土地。1410年，包括波兰人在内的许多联军同立陶宛人一起，在坦嫩贝格大败条顿骑士团。

在其殖民化过程中，条顿骑士团不仅给当地带来了大量德意志定居者，还让很多本土异教徒成功皈依基督教。相较于卡斯蒂利亚的几个骑士团（主要活动于安达卢西亚）所做的努力，条顿骑士团的影响显然更为广泛。不论高效的管理，还是统一的官僚体制，条顿骑士团都堪称树立了典型，并建立了一个最为有效的骑士团国家。普鲁士当时的人口大约有35万人，骑士团并不寻求位于德意志的骑士团分支提供资助，但新兵征募却主要仰赖从德意志其他地区前来的骑士团兄弟。普鲁士的骑士团领地也并不像医院骑士团那样，会定期将得到的收益上缴，而骑士团的德意志分支也不向普鲁士一方提供任何资金支持。在普鲁士本土，骑士团的收益主要来自商业贸易、地租、战利品，以及骑士团成员所上缴的税款。到15世纪，骑士团开始向民众征收税款。这些不同名目的收入会被作为专款分配下去，这种情况同蒙特萨骑士团与卡斯蒂利亚的骑士团相同。有些骑士还要上缴入团费，这些钱会被送往骑士团的德意志分支。那些在德意志未能应征入伍的人，要携带武器、3匹马以及60弗罗林（florins）前往普鲁士或利沃尼亚，才可以入团。那些前往普鲁士的人，大多来自法兰克尼亚，而他们当中很少有回来的。神父与骑士团成员大多是从定居在普鲁士的德意志人中选拔出来的。

在马林堡总部，大概有100名骑士团兄弟，而在各个骑士团领地则有数百人；个别骑士团分支不足10人，其他的则有80人之多，有的甚至更多。骑士团官员的人数比例变得越来越小，其印章所起到的作用也无法与医院骑士团的相比。虽然如此，其高级官员具有广泛的管理经验，可以像医院骑士团的寡头政体那样，对其团长形成制约作用。骑士团团长在做出重大决定之前，必须与高级官员和指挥官进行商议；他可能遭到威胁或罢免，曾有一位团长就遭到了谋杀。有些高级官员就居住在马林堡，他们可以控制那里的金库，其他的官员也都有自己的领地与宅第，如哥尼斯堡的军事总管。骑士团成员中，人数最多的是骑士阶层，他们大多由从事军事活动的贵族构成。然而，这样的人员构成会使骑士团与定居在这里的德意志臣民越来越疏离，后者只能以神父或普通士兵的身份加入骑士团，且政府中也没有他们的代表。条顿骑士团虽然没有真正意义上的海军部队，但陆军装备却非常精良。大约在1380年以后，他们的火炮与堡垒的建设都是一流的。然而在1410年以后，骑士团也需要斥巨资聘请雇佣兵，这给他们造成了极大的财政压力。

在更加往北的利沃尼亚，条顿骑士团以一种截然不同的方式开展"圣战"。骑士团在这里发展出一种半独立式的政体，它符合独立的骑士团国家的特征，拥有自己的组织形式与方针政策。骑士团在利沃尼亚拥有自己独立的团长，他是由普鲁士的骑士团“大首领”从利沃尼亚的两位候选人中推举出来的。1438年以后，利沃尼亚的骑士团成员已经有权自行决定团长人选了。利沃尼亚并没有像普鲁士那样形成一个中央集权制的骑士团国家，这是因为有三位主教控制着这里广袤的土地，而在爱沙尼亚，骑士阶层又在某种程度上扮演着世俗政府的角色。利沃尼亚的骑士团成员大多来自德意志北方以及莱茵兰地区，有些神父与普通士兵则是从利沃尼亚本土征召而来的。这里的服役条件要比普鲁士更加恶劣，在林区循环的突袭行动、对当地的大肆破坏、间或出现的停战期，以及复杂的联盟关系中，人员损耗非常严重。骑士团对利沃尼亚当地的剥削更加显著，在人口占少数的德意志定居者与本土百姓之间，通婚的现象非常罕见。由于利沃尼亚的骑士团成员并未参与到1410年发生于坦嫩贝格的灾难性事件之中，因此他们所受到的影响不大。他们的义务相对明确且极具进攻性，即自始至终扮演着反对异教徒的角色，并与俄国裂教派分子作战。然而在普鲁士，骑士团内部的纷争却非常严重，争执的焦点主要集中在人们对财富的掌控上。1471年，利沃尼亚骑士团成员罢免了团长约翰·乌尔瑟斯（Johann Wolthuss）。这位团长受到各种腐败行径的指控，其中大概涉及两点：一是在所有人反对的情况下，筹备讨伐俄国人的战争；二是试图吞并大量骑士团领土，以及这些领土所附带的财富。与俄国人的战争还在继续，1501年，俄国人大肆破坏了利沃尼亚的东部地区，但次年他们被骑士团团长沃尔特·冯·普利登堡（Wolter von Plettenberg）率领的军队击败。为稳定利沃尼亚的局势，沃尔特做出了艰苦的努力。

在遥远的罗德岛，医院骑士团具备两项功能：一是为拉丁船运维护治安，并提供相应的保护；二是同外敌作战。他们的敌人一开始是小亚细亚半岛沿海地带的土耳其埃米尔，后来则变成在北部迅速扩张的奥斯曼帝国。条顿骑士团与伊比利亚半岛的几个骑士团都属于国家骑士团，而医院骑士团则当之无愧是一个国际性组织，单单在一个王国内部与其开展斗争是不可能彻底消灭它的。医院骑士团的活动目标不会像条顿骑士团那样如此集中，其军事行动的持续性不强，激烈程度也没有那么大，但这并不代表它的军事实力就更弱。骑士团岛国的模式使这个骑士团存活了几个世纪，骑士团团长虽然在罗德岛享有大量的权力，但不仅宪法能够制约团长，其权威在骑士团内部也受到有效的限制。这股力量包括由国际骑士团的高级官员构成的寡头政体、临时组建的地方官员，以及各种法令的限制，例如对团长印章使用的监管。医院骑士团还会为说不同语言的分团提供各自的住宿，虽然不同地区的骑士团兄弟之间常常发生摩擦与冲突，但这些安排对缓解紧张的局势起到了很大的作用。

虽然罗德岛的面积相对较小且岛内资源有限，但却可以用石头搭造防御工事，并利用最少的人力资源进行防御抵抗。军事冲突持续的时间都不算长，而骑士团会在必要的时候雇用军舰与雇佣军。罗德岛上的医院骑士团人数大概有250～450人。与普鲁士的情况不同的是，罗德岛所需要的并不是人力的支持，而是更多的资金援助，用以进口必要的食物供给。其部分资金来自港口城市与岛内经济的发展；其余的则来自西方修道院的资助，但条件是骑士团要保证开展"圣战"。这个骑士团岛国不论是建立海上作战传统，还是发展本土经济，甚或是安排政府管理，都是以支持其防御措施为前提而展开的。海港能够吸引来船只、朝圣者、海盗、商贸活动，以及税收；而岛内的人口也在稳步增长，他们不仅可以保证食物供给，还可以构成预备部队。岛内盛产用于造船的木材，而这里的居民不但会建造塔楼与城堡，还会作为战舰桨手参与服役。按照之前商议好的条件，罗德岛最终选择屈服，1522年时岛上大约有20,000个希腊人，他们受到了合理的保护，而作为合并教派的信徒，他们承认罗马教皇的统治，但依然实行希腊的礼拜仪式。整体而言，岛上的居民都感到他们受到了合理的待遇，并准备摆出合作的姿态。

在将大本营从塞浦路斯迁至罗德岛之后，医院骑士团就放弃了从前以征服耶路撒冷为目的的十字军运动，即便它偶尔会为奇里乞亚亚美尼亚王国的基督徒提供援助，并始终维持着盛产糖产品的塞浦路斯骑士团领土。1306年之后，医院骑士团的功绩主要表现为以下两点：一是有效遏制了土耳其人（来自门特瑟）的海上突袭；二是将土耳其人的领土挤压至北部的艾丁，以及骑士团的海上基地士麦那。为了抵抗艾丁的乌穆尔的进攻，医院骑士团在1334年加入了拉丁人的海上联盟，其时，骑士团的财政状况已经恢复了元气，然而，1335—1336年的十字军提议却被教皇本笃十二世（Benedict XII）驳回，这么做可能是为了防止骑士团从教皇的佛罗伦萨银行家那里将存款挪走。因此，在1343—1345年，当巴尔迪（Bardi）、阿奇艾尤奥利与佩鲁齐（Peruzzi）相继破产之后，医院骑士团损失了超过36万弗罗林。此后，不论是像英法战争这样的大大小小的战争，还是1347年的黑死病，或是西方的经济下滑与人口数量减少，都对骑士团的新兵招募、资源流通以及军事活动造成了很大影响。医院骑士团之所以能够获得累累战绩，主要依靠其高效的行动、丰富的经验以及充沛的资源供给。守卫罗德岛的战舰只有一两艘，骑士团成员与后备部队加起来也只有50~100人，这样的军事配备所起到的作用却是非同小可的。医院骑士团还参与到1344年攻占士麦那的十字军行动中，并随后协助十字军进行防御工作——在1374年至1402年士麦那沦陷以前，医院骑士团都担当着守卫士麦那的职责。1359年，50位医院骑士团兄弟在达达尼尔海峡的兰普萨库斯（Lampsakos）同奥斯曼人作战；而在1361—1367年，医院骑士团的势力在与塞浦路斯遥相对望的小亚细亚海岸与土耳其人兵戎相见。在1365年攻占亚历山大城的十字军运动中，有100多名骑士团成员参与其中，另外还有4艘由海军上将艾拉斯卡的费里诺（Ferlino d'Airasca）指挥的战舰。到1373年，医院骑士团已经成为唯一一支有能力按照教皇的要求守卫拜占庭的军事力量。然而，教皇在1374年要求骑士团为拜占庭的几座城市（包括帖撒罗尼迦或加里波利等）提供保护，最终却不了了之。格列高利十一世提出了"征战"的概念，骑士团由此在1378年向伊庇鲁斯的沃尼察起航，这次行动的规模非常小，但却在阿尔塔遭到信仰基督教的阿尔巴尼亚人的挫败，骑士团团长埃雷迪亚的胡安·费尔南德斯也被他们俘获了。

下一任团长奈利亚克的菲利贝尔（Philibert of Naillac）与少数几名骑士团成员参与了1396年的尼科波利斯十字军，并在战败后负责营救匈牙利国王西吉斯蒙德。在阿维尼翁与罗德岛有一个医院骑士团的分支，骑士团成员大约自1356年起便试图寻求一个更加广阔的经济基础，并想要通过将医院骑士团的势力引向希腊南部地区，从而获得遏制奥斯曼帝国扩张的契机。这个组织的规模几乎等同于利沃尼亚的条顿骑士团。大约在1377年，该骑士团在拉丁公国亚加亚拥有5年租约，但由于沃尼察附近地区的沦陷，骑士团成员不得不将其放弃；然而，在1383—1389年，这些人又试图在伯罗奔尼撒半岛重建医院骑士团；而在尼科波利斯的灾难过去之后，骑士团成员租借了位于伯罗奔尼撒半岛东部地区的拜占庭君主国。在这几年的租期之中，他们守卫着科林斯地峡，以抵抗奥斯曼帝国对半岛的进攻。在西方，与土耳其异教徒的战争遭遇了失败，医院骑士团的军事行动由此受到很大限制。虽然如此，但不论作为一个独立的军事组织，还是作为十字军运动的一部分，医院骑士团在为欧洲大陆提供保护方面，始终都是最为可靠且有效的。

1378年的大裂教将医院骑士团分隔在了两个辖区，进而导致秩序的混乱，本该向罗德岛缴纳的资金也停止支付了，这主要是因为骑士团成员中大多是法国人，他们此时效忠阿维尼翁。英格兰支持罗马教皇，但却允许英格兰的人力与资金流向罗德岛。据说在1398年，在西方的21座修道院中，只有9座修道院为罗德岛提供资金上的支持。在1410年，普罗旺斯地区艾克斯的骑士团官员们展现出前所未有的团结，他们在骑士团内部终结了自己组织内的分裂状态，这比教皇之间的关系弥合早了7年。不幸的是，站在敌对一方的教皇们迫于财政压力，逼着这些官员去剥削那些担任有俸圣职的人。骑士团成员原本希望通过在罗德岛服役来提高自己的地位，这一愿景化为了泡影。1413年，教皇约翰二十三世将骑士团在塞浦路斯的大片领土卖给了仅有5岁的国王雅努斯，骑士团成员因此受到了撤离罗德岛的威胁。1417年，康斯坦茨大公会议结束了教会的分裂，在此次闭门会议中，医院骑士团团长充当了会议的守护者。这次会议见证了一场针锋相对的纷争。在这场纷争中，条顿骑士团声称立陶宛人不是基督徒，而波兰人则是他们的同盟，但波兰人反驳说，骑士团成员甚至都没能使普鲁士人皈依基督教。

医院骑士团偶尔还会参与到罗德岛以外的战役中，然而，虽然有骑士团的保护，海岛还是遭到了敌人的进攻。1402年，士麦那被帖木儿攻陷，而在此之后，骑士团从摩里亚半岛全部撤离。为了与土耳其人在陆地战场应战，必须有一座桥头堡。1407年（或1408年），一座内陆堡垒——博德鲁姆城堡——取代士麦那承担了这样的角色，这座城堡与科斯岛相对。这为骑士团带来了威望，通过救赎券所获得的资金以及免税的特权，这座堡垒变成了一项收益颇丰的投资，而非某种战略上的优势。1440年，骑士团在罗德岛建立了一所新的医院。这座建筑非常宏伟，给当时的朝圣者留下了深刻的印象，进而成为骑士团进行宣传的材料。在此期间，也断断续续地出现过几次停战，但常常被敌我双方的各种摩擦打破。在1440—1444年，骑士团成功地抵御了埃及马穆鲁克王朝的入侵，但1480年又遭到了奥斯曼帝国的进攻。骑士团团长奥布松的皮埃尔（Pierre d'Aubusson）在这次城市防御战中展现出了高超的作战技巧与势在必得的决心，日后成了枢机主教。在此之后，骑士团建造了大规模的火药防御工事，来抵抗土耳其人的火炮。在1482年苏丹的兄弟杰姆继位之后，奥斯曼人在医院骑士团的领土上就显得很小心了，这么做是非常明智的。虽然在奥斯曼帝国逐渐向巴尔干半岛扩张的时候，罗德岛的处境越来越孤立，但该岛还是因向黎凡特地区进行的海盗活动以及与拉丁人开展贸易活动而逐渐繁荣起来。尤其是前者，医院骑士团通过"科索劫掠"（corso）获得了巨大的利益。从本质上讲，作为一种公开的、受到官方认可的、半私人式的海盗活动，"科索劫掠"被认为与"圣战"没什么差别，并由此获得了正当性，而它不论对马穆鲁克人、奥斯曼人还是威尼斯人，都造成了很大的困扰。由于非常依赖海上势力（即便其海上力量十分有限），以及与土耳其大陆之间的贸易活动，医院骑士团只能开展小型战役。虽然如此，骑士团也在1510年打败了马穆鲁克王朝的舰队。在奥斯曼帝国征服埃及之后，罗德岛特殊的地理位置（刚好位于土耳其人前往埃及的途中）导致了另一场围城战的发生；而在此期间，克里特岛的威尼斯人以及其他拉丁势力没有向他们提供任何重大的援助。医院骑士团未能动员其他反对奥斯曼帝国的势力与其形成联盟，因此，它最终只能投降，并在1523年1月撤离罗德岛。

骑士团的结构

所有的骑士团都需要有收益，才能维持其有序运行。这些收益主要来自农业与畜牧业，这两项产业都在骑士团自己的领地上进行，有的由骑士团成员自行耕牧，有的则将土地向外租借。管辖权、司法制度、封建领土的权力、城市地租、抚恤金交易、基建投资、救赎券、商业贸易等都是收入来源。生活在德意志以外的条顿骑士团成员以普鲁士与利沃尼亚的土地为生，总体而言，骑士团的各个分支与其他宗教组织不同，这些分支中的成员不但要自谋生路，还要将多余的收益上缴，以维持大本营的运转。按照传统的做法，骑士团会将其领土分成不同的区域，每个区域都由许多骑士团管理地构成，这些管理地也被称为骑士团地方分支，或称"多姆斯"（domus），并划定征税区（encomiendas）等。骑士团中的指挥官们掌管自己的地产，或是将它们向外出租，他们会将这些地产收益的一部分上缴给上级（或是财产管理人），之后再由上级官员汇总到骑士团金库。这些地产的收益通常都是留给骑士团团长使用的。在1319年以后，蒙特萨骑士团不再采取将几处地产的收益联合上缴的模式，而是以单一地产作为征收单位，其中包含什一税与收入所得税，并依据不同的目的发放给各级官员。因此，有些经费会交给团长，而有些款项则直接流向了防御穆斯林的战争前线。卡斯蒂利亚的三个骑士团同条顿骑士团一样，也会将来自不同地区的收益直接交给各自的骑士团团长。医院骑士团团长的收益大多来自罗德岛，1530年之后，则来自马耳他地区。

虽然建立了较为完善的会计与审查体系，但在骑士团的统治阶层，官员们对他们的总收入以及人力资源的认知却非常模糊且不完整，其中有多少可供调配，他们也不是很清楚。他们所记录的数据往往是不准确、不全面的。在有些骑士团分支中，骑士的人数实际上非常少，其中还有很多由于年岁太大而无法参战；而在有些地方，骑士团成员中根本没有军士，却有大量神父。在1374年或1375年，来自西方的医院骑士团分团长们大概为罗德岛的财产管理人上交了4.6万弗罗林；大约在1478年，罗德岛的骑士团总部从西方收到了8.05万弗罗林，从东方收到了1.155万弗罗林，加在一起约9.2万弗罗林。这些钱据说大部分用于维持450名骑士团兄弟的生活起居，以及支付在罗德岛与博德鲁姆大批的雇佣军，而另外还有7000弗罗林被分给了一家医院。据说在1519年，医院骑士团通过"科索劫掠"每年可获得4.7万达克特的收益。正如上文提到过的，15世纪活动于东方的骑士团成员，在250～450人上下浮动，其中大部分由骑士组成。而在普鲁士一地，条顿骑士团成员的人数在1379年、1450年、1513年与1525年，分别有700人、400人、160人和55人。成员人数的急剧下降，主要是领土流失造成的，尤其是在1466年以后。在1410年之前，条顿骑士团从普鲁士所获得的收益一直稳步上升；此后便开始下降，1435—1450年又逐渐趋于稳定。在1565年保卫马耳他的运动中，有大约540名医院骑士团骑士与军士参与其中，而在1631年参与到马耳他战役中的成员有1755名骑士、148名教士以及155名军士，共2058人，其中有将近一半（995人）来自法国的三个省，而马耳他本土的骑士团成员只有226人。西班牙的几个骑士团均人数庞大，其得到的收入也相当可观，仅卡拉特拉瓦骑士团在1500年的收入就高达6.1万达克特，这大概是卡斯蒂利亚王室年收入的十二分之一，这些收益的一大半要交给团长，却很少被用于军事上。在近代，医院骑士团的经济实力已远超其他骑士团，到1776年，马耳他的棉花作物为该岛所带来的收入已远超骑士团；1787年或1788年的年出口额达到历史最高，有2,816,610斯库多（scudi），骑士团团长每年能够从该岛得到大约20万斯库多的收益，而当时骑士团金库的年收益大约维持在131.5万斯库多，这些财富大多来自海外。另外，骑士团成员年上缴数约100万斯库多，大多用于他们的开销。医院骑士团的大都会瓦莱塔也依赖其殖民地所提供的资金。

骑士团的领地不只限于提供人力与金钱这两方面的功能。这些领地不仅是新兵征募与训练的中心，同时兼为养老院与教士居住地，另外还起到了与公众进行有效交流的作用。所有骑士团成员都要公开表达自己的宗教热情，祷告是他们的主要活动之一。虽然无法做出准确的衡量，但祷告的精神价值却是十分重要的，而它也能为骑士团带来财富，因为信众会为骑士团的兄弟们捐款，或是提供资金上的帮助。除了女性成员外，有许多骑士团成员是神职人员，他们可能在某一区域或是某个骑士团分支中占据大多数比例，甚至在某些领地起着领导者或管理者的作用。在某些地方，即便骑士团中没有本地的封建领主，该骑士团在当地依然会建有自己的安养院、医院、公墓、教区、学校，以及许多独立的教堂与小型修道院。骑士团修建了许多建筑，其中以教堂居多，这些建筑矗立了几百年，越发显得宏伟而奢华。骑士团拥有自己的礼拜仪式、主保圣人、绘画艺术与圣物，这些元素均是为了维系骑士团的集体精神并吸引大众的注意而存在的。在条顿骑士团中，有一个特殊的职位，即读经员（lector），他负责在兄弟们进餐的时候，用方言给他们（当然，有些成员是识字的）大声朗读《圣经》。有些骑士团拥有自己的主保圣人，在16世纪，医院骑士团对外推广了许多专属于他们自己的主保圣人，其中有许多甚至是编造出来的。大部分骑士团存有卷帙浩繁的行政档案，这显然出于以下两个目的：一是便于它们为自己著书立传；二是便于开展宣传工作。

在大部分骑士团中，有一部分成员是专门从事军事活动的，这些参与战争的兄弟一般是出身较低的军士，而不是骑士。虽然会有宗教派别上的差异，但在14世纪，许多骑士实际上来自资产阶级、上流社会，或是地位较低的贵族阶层。当然，也有贵族中较高阶层的人成为骑士，但这种情况相对较少。14世纪的经济危机使骑士团的收益逐渐减少，骑士团之间为争夺财富所展开的竞争进而愈演愈烈。在医院骑士团，指挥官手中同时掌握两个或两个以上骑士团分支的情况变得越来越普遍。而为了避免竞争，骑士团在征召新兵时会设立入团标准，这在西方已逐渐形成趋势。这些入团条件变得越来越严格，骑士需要出示自己贵族出身的证据；到了1427年，加泰罗尼亚的医院骑士团甚至要求申请人不仅要有宣誓见证人，还要出示书面证明。1500年以前，在条顿骑士团以及其他一些骑士团中，申请者要提供足以证明自己贵族身份的官方证据，这在当时已经成为一种标准；贵族的利益由此得到了保障，而免受资产阶级与社会上层人士的侵害；在卡斯蒂利亚，入团条件之所以如此苛刻，还有个说法，是为了避免犹太血统的"污染"。在15世纪末之前，条顿骑士团已经基本避免私人印章及墓碑的出现，但除了条顿骑士团以外，贫困证明以及限制私人财产的入团要求，却因包括私人房产、私家坟墓、私人军队所使用的印章以及其他与家族或社会阶层相关的事务而变得不再重要。

圣殿骑士团受到攻击强化了人们对骑士团的争论，在1291年之后的几十年中，对于骑士团的批评成了十字军作品的一大主题。有些作者偏爱单个统一的骑士团形式，并试图依照国家的路线为骑士团的改革寻求解决方案，而有人则提议，耶路撒冷应该被当作骑士团国家，由一个新的骑士团进行治理。条顿骑士团的基督教受害者不停地对骑士团所开展的各项活动提出抗议，但令人惊讶的是，对于骑士团的理论分析却并不常见。梅济耶尔的腓力曾在塞浦路斯出任顾问，他是一位狂热的十字军理论家，并且对条顿骑士团充满溢美之词。在其1389年之前的文章中，曾对医院骑士团的腐败现象有诸多批评。他声称医院骑士团成员之所以会在罗德岛服役，只是为了在西方保住一个有俸圣职。然而，这样的说法却忽视了骑士团自身的发展机制。腓力曾设想建立一个新的骑士团，最终在1396年对其设想进行了修订，不过他的方案实际上并没有什么新意，依然涉及由贵族阶层构成骑士团成员，其最终目的是夺回耶路撒冷，依赖于一个施行君主制的骑士团国家，骑士团成员都在东方活动，而可靠的西方管理者却为他们管理财产与收入。他提议应当允许骑士结婚，但是要恪守夫妻贞操，就像圣地亚哥骑士团那样；奇怪的是，若是女方因丈夫去世而成了寡妇，她则需向其他骑士团成员表明她是否还有再婚的愿望。

理论家们向骑士团提出了各种建议，涉及骑士团内外的方方面面，有的相对零散，关系到对骑士团滥用职权的改革；有的反复谈及立法问题，如对礼拜仪式、收益上缴、领土中的非住宅区以及未能在骑士团中履行相应职责等问题进行立法。虽然如此，在这些博学的知识分子中却很少有人就中世纪晚期的骑士团进行详尽的讨论。在这个时期的骑士团中，没有任何一个像方济各会修士，或是奥斯定会修士那样，连续不断地开展基础性的改革运动。从14世纪起，骑士团严格的入团标准正在逐渐弱化，但这种情况在医院骑士团与条顿骑士团中还不太明显。骑士团所奉行的价值与纪律也在逐步减弱，这主要是由以下几点造成的：首先，骑士团成员逃避兵役的现象越来越严重；其次，他们不再过集体生活，而是各自拥有居所或房间；再次，骑士团成员的私人财产也在不断增长，他们获得财政收益的机会越来越多；最后，一些如同苦行一般的纪律要求被逐渐废除。这些因素使骑士团兄弟们原本享有的道德制高点被慢慢削弱。不论是出租骑士团领土，还是同一般信徒进行抚恤金交易，均反映出他们对物质与金钱的重视在不断增长。例如，在条顿骑士团中，入团的团费以及领土租金都是由骑士团成员个人享有的。在当时，如果一个人加入骑士团，那就意味着他将获得一份闲职，享受贵族般的特权待遇，终身都会拥有舒适且优越的生活条件。1449年，阿尔滕比森（Altenbiesen）本土的贵族向条顿骑士团的指挥官表达了如下抗议："如果骑士团不是贵族阶层的安养院，那它还有什么存在的必要吗？"

近代早期的骑士团：向国家管控转型

1487—1499年，卡斯蒂利亚的骑士团逐渐被王室国有化；1523年，医院骑士团从罗德岛撤离；1525年，条顿骑士团的普鲁士分支脱离了宗教控制，走向世俗化。当年德意志的骑士团兄弟们不得不在非常严酷的环境下作战。他们不仅拥有广袤的领土、丰厚的收益，而且具有良好的组织与沟通能力，因此其办事效率非常高，医院骑士团根本无法与其相比。然而，随着立陶宛人皈依基督教，对于条顿骑士团来说，1410年之后的十字军运动不断衰落，原本处于敌对状态的骑士团逐渐走向联合，并且雇佣兵盛行，这些均对骑士团的发展造成了巨大影响。骑士团国家的高效也以各种方式削弱着骑士团的发展。普鲁士社会的丰富资源往往将骑士团成员及政权机构排斥在外，当地不再需要利用骑士团来开展军事行动，取而代之的是农民阶级，依赖后者而获得的租金与税收足以维持军队的运转。在1410年，骑士团为坦嫩贝格战役组建了一支强大的军队，而在折损了300名兄弟之后，骑士团依然能够在独裁的海因里希·冯·普劳恩（Heinrich von Plauen）的领导下，持续在马林堡前线作战。海因里希随后被推举为骑士团团长，但又在1413年遭到罢免。此后，连续不断的战乱对当地村庄造成了极大的破坏，人口也在持续减少；1437—1454年出现了短暂的恢复期，但骑士团成员在普鲁士的人数始终都有意维持在相对较少的水平。在1429—1434年，一些条顿骑士团成员会偶尔同土耳其人作战。神圣罗马帝国皇帝西吉斯蒙德以及其他某些统治者曾多次提出这样的动议，即通过在奥斯曼帝国的巴尔干半岛前线参与反对异教徒的运动，从而让骑士团为自己找到新的角色，以陆地为基础，并与医院骑士团形成互补。此类建议虽然被反反复复地提出，但均未收到卓有成效的结果。在1418年，有人甚至提议将骑士团迁至罗德岛或塞浦路斯。1440年，一群贵族在普鲁士组成联盟，并在此后掀起内战，波兰人也参与其中；而到了1454年，条顿骑士团则同自己的臣民展开了斗争。1457年，波兰人已经有能力从骑士团的雇佣军手中购买马林堡了，而就在这一时期，骑士团将总部迁至哥尼斯堡；另外，根据1466年的和约，骑士团兄弟们失去了更多的领土，并逐渐将军权交给了波兰王室。骑士团在波兰问题上从未找到令人满意的解决方案，这使基督徒深受打击，骑士团很难对欧洲起到保护作用了。

不论是在巴尔干半岛定居，还是让当地民众皈依基督教，似乎都成了不可能完成的任务，让人看不出任何可能实现的希望。在骑士团内部，普鲁士、德意志与利沃尼亚的团长之间存在许多分歧，而来自法兰克尼亚、莱茵兰以及其他地区的非正式成员之间，纷争也从未停歇。大约在1450年，利沃尼亚的所有骑士团成员中有60%来自威斯特伐利亚，30%来自莱茵兰，两地的语言差异似乎并不明显，双方会共同出任某一职位。不过，骑士团在招募新兵的时候一般并不会超出某一语言区域。因此，这里不会像罗德岛那样，为解决因职位与收入分配的矛盾而根据不同的语言成立分团。随着时间的流逝，骑士团变得越来越排外，在招收新兵的时候公然将贵族出身作为条件，与此同时，骑士团的腐败现象也越来越严重。在普鲁士，骑士团自1466年以后已经成为一个势力非常强大的寡头政体，他们能够左右"大首领"的政策。事实证明，这种故步自封的发展模式是十分危险的，很容易加快骑士团国家的世俗化进程。医院骑士团的骑士团国家，其面积相对较小，在防御工作中所消耗的资源也较少。在军事行动中，条顿骑士团变得比以往更加灵活，可供选择的行动方针也更多，因此，在其已经无力承担"圣战"职责的时候，他们依然扮演着重要的军事角色。1523年，马丁·路德出版了一本名为《论德意志十字军》（*An die Herrn Deutschs Ordens*）的小册子，1525年，普鲁士的最后一任团长勃兰登堡–安斯巴赫的阿尔布莱希特

（Albrecht of Brandenburg-Ansbach）皈依了路德宗，并接受波兰国王的统治，普鲁士从此成为一个世俗意义上的公国。留在普鲁士的55名骑士团成员中，天主教徒已所剩无几。普鲁士的骑士团国家的政治作用已经远大于它的宗教作用，它只是抓着原有的寡头政体的残存势力不放，实际已经不具备任何坚实的道德基础，完全无法同周围的世俗国家一争高下。除了德意志（1561年以前）与利沃尼亚的分支外，条顿骑士团已经没有自己的团长了，也无法控制其领土的核心地带。宗教改革运动对医院骑士团的冲击也非常强烈，其修道院要么被世俗化，要么被信仰新教的统治者们解散。这种情况分别在1527年、1532年、1536年以及1540年发生在瑞典、挪威、丹麦与英国。

伊比利亚的骑士团，其国家化过程始于收复失地运动发生之前，终结于1492年。在征服了格拉纳达之后，卡斯蒂利亚王室的势力处于鼎盛时期，急于借势结束骑士团因团长的人选争议而导致的无政府状态。在1489—1494年，国王费尔南多二世相继接手了三个卡斯蒂利亚骑士团的行政工作。为了对骑士团进行有效控制，王室成立了行政委员会，而骑士团成员对此几乎没做任何抵抗。虽然如此，骑士团成员及其与生活、选举相关的方方面面似乎都未受到太大影响，一切照旧；卡拉特拉瓦骑士团、蒙特萨骑士团与阿维什骑士团也都隶属于西多会。1523年，教皇阿德里安六世（Adrian VI）宣布，将这三个骑士团永久合并，进而确保王室对它们的统治，同时还能从中获取巨额收入。王室年收入大约为11万达克特，而这三个骑士团就贡献了将近一半，其所获得的财富在1525年交给了富格尔（Fugger）家族的银行家们管理。蒙特萨骑士团则在1587年同阿拉贡王室合并。葡萄牙骑士团决绝国外势力的干预，也纷纷投入本国王室的怀抱，后者会利用前者对非洲与亚洲的异教徒进行讨伐，并对参与运动的军队予以嘉奖。这三个骑士团均摒弃了原有的军事特征，但骑士团成员会以个人身份参与到战争中。在1578年的摩洛哥十字军运动（Morocco crusade）中，有28名骑士团成员在阿尔卡萨尔（Alcazar）被杀，或者被俘获。

在这些年里，教皇通过发布训谕，逐渐使西班牙的骑士团免于婚姻、财产、斋戒、住房以及祈祷仪式的限制。由于王室承接了骑士团领地上的畜牧业工作，许多骑士团成员变成了收租者。他们因荣誉、人品和事业而珍视骑士团成员的身份。但皇家常备军的建立却消解了骑士团作为军事力量存在的特殊价值，而骑士团也越来越依赖皇家的资助。有些成员在很小的时候便被纳入骑士团。1536年，查理五世分割骑士团的财产，并将其用于保卫基督教的运动之中。他变卖了卡拉特拉瓦骑士团51处地产中的14处、圣地亚哥骑士团98处房产中的13处以及阿尔坎塔拉骑士团38处房产中的3处，共筹集了大约170万达克特。王室甚至还会变卖骑士团成员的服装。让骑士团成员获得威望的，并不是财富，而是他们的领地，当然，从领地中获得的租金也为他们带来收益。为骑士团管理地产的指挥官往往都是缺席的，他们不会对这些土地做任何投资，显然，他们的管理在经济方面也没有任何成效，且效率极低，这些官员同寄生虫无异。

王室宣称，他们要继续在北非开展如同在格拉纳达那样的"圣战"，以开拓前往"圣地"耶路撒冷的通道，并促使异教徒皈依基督教。王室之所以会这样老生常谈，实际上是为接管卡斯蒂利亚的骑士团，并动用这些骑士团的财产来寻找名正言顺的理由。1506年，国王费尔南多二世带领圣地亚哥骑士团的一个分支，试图在奥兰（Oran）为其建立大本营；另外，他还打算将卡拉特拉瓦骑士团与阿尔坎塔拉骑士团迁至布日伊（Bougie）与的黎波里。虽然王室在17世纪还在公开表达对这些计划的设想，但同条顿骑士团在巴尔干半岛作战的计划一样，这些涉及非洲的项目从未得到真正的实现。查理五世于1530年分别在的黎波里与马耳他建立了医院骑士团的分支，他的计划也符合这一逻辑，而与前面的案例相比，查理所收获的成果更为显著。卡斯蒂利亚的骑士团成员常常会掌管某个军事哨所，但作为一个整体的骑士团一般都不会这样做。在1518—1598年，在圣地亚哥骑士团的1291名成员中，只有50～60人为讨伐异教徒做出过重大贡献。1535年，至少有8位圣地亚哥骑士团成员参与到突尼斯的十字军运动中，1565年，其他骑士团兄弟也参与到保卫马耳他的军事行动中，他们当中有一位便是罗贝尔的梅尔基奥尔（Melchior de Robles），他在此次战役中牺牲，并由此获得了无上的荣誉。从1552年起，圣地亚哥骑士团每年要在三四艘战舰上花费约1.4万达克特，这几艘战舰活跃于地中海地区，而在1561年以后，它们已成为皇家舰队的一分子。按照骑士团法规的要求，入团前必须在海上服役6个月以上，然而这样的条件似乎并不奏效。这些战舰的价值有很大一部分是象征性的，但在卡斯蒂利亚总指挥官路易斯·德·雷克森斯（Luis de Requesens）的率领下，于1571年的勒班陀战役中起到了关键作用。骑士团的衰败并不总是导致不作为，例如，路易斯·德·雷克森斯在11岁时便加入了圣地亚哥骑士团，而阿尔瓦罗·巴赞（Alvaro Bazán）因其在马耳他与勒班陀的海军事业而闻名，而他在1528年才2岁时就已是一名骑士团成员。自1571年起，西班牙的骑士团便将注意力集中在欧洲北部地区，进而缩小了"圣战"的波及范围。总而言之，大部分骑士团成员只是不再重视他们本该履行的义务。因此，当诗人路易斯·德·贡戈拉（Luis de Góngora）在1614年违抗王室让他在非洲的马莫拉（Marmora）服役的命令时，遭到了严厉的批评。

　　伊比利亚半岛的骑士团与条顿骑士团正在发生基础性变化的同时，也在慢慢忘记自己的使命，而此时，医院骑士团仍然在前线奋战。几乎没有哪个统治者能够解散他们，而教皇与皇帝还在不断给予他们鼓励；事实上，教皇克雷芒七世（Clement VII）在1523年即位的时候，任命医院骑士团团长为秘密会议的守卫者，而教皇本人也是一位骑士团成员。在1523年之后的8年里，医院骑士团的士气一直非常低落，利勒–亚当的腓力·维利埃（Philippe Villiers de l'Isle Adam）带领骑士团的剩余成员，一路从克里特岛辗转至墨西拿、奇维塔韦基亚、维泰博、维勒弗朗什、尼斯以及锡拉库萨，就是为了延续骑士团的香火，为其寻找一个新的基地。医院骑士团的成员大多是法国人，但最终却是神圣罗马帝国皇帝查理五世在马耳他这座贫瘠荒凉的小岛上为他们建立了根据地。马耳他岛毗邻戈佐岛（Gozo），原是西西里王室的封地，其主要职能是守卫一座新的内陆桥头堡（位于非洲的的黎波里），后于1510年被西班牙人攻占。骑士团成员依然希望能够回到罗德岛，或者重新占领希腊，因此，他们在那些来自罗德岛的拉丁居民与希腊臣民的陪同下，很不情愿地在1530年接受了这座海中的城堡，连同城堡周围的郊区毕尔古（Birgu）。毕竟，他们并没有其他可选择的余地。鉴于法国人同土耳其人的友好关系，骑士团迁至马耳他，在本质上属于医院骑士团的历史在西班牙的延续。事实上，在1536—1553年，骑士团团长是一位阿拉贡人——胡安·德·霍梅德斯（Juan de Homedes）。

医院骑士团此后也被人称作"马耳他骑士团"（Order of Malta），主要在希腊进行水陆两栖作战。骑士团成员分别在1531年、1535年和1559年攻占了莫顿、非洲的突尼斯以及杰尔巴岛。马耳他的港口位于西班牙王国的西西里与奥斯曼帝国的北非之间，不仅给予了医院骑士团必不可少的独立性，还为其提供了作战基地，骑士团可以从这里同异教徒的舰队以及海盗展开海上战争。医院骑士团成员与西西里进行协商，免去了谷物进口关税。与此同时，他们在格兰德港（Grand Harbour）也尽量简化了防御工事的建设。骑士团成员来到马耳他的时候，只带了一些圣人遗物与档案材料，他们随后的表现充分证明了其强大的适应能力，并将他们的集体精神从一个骑士团国家转移到了一座岛屿上，另外，这也说明骑士团的存亡并不依赖某个固定的地点。1551年，由于防御工作准备不足，医院骑士团失去了的黎波里，戈佐岛也遭到严重破坏。在1565年奥斯曼帝国入侵期间，骑士团成员对防御工事的建设进行了强化，其中就包括圣安吉洛城堡（Saint Angelo）、埃索拉（Isola）新城和附近的森格莱阿（Senglea）以及位于港口处的圣埃尔莫城堡（fort of Saint Elmo）。土耳其人的战术策略相对笨拙，而医院骑士团团长让·德拉·瓦莱特（Jean de la Vallette），这位曾参加过1522年罗德岛围城战的老兵，凭借其坚定的意志与机智的谋略，奋勇抵抗土耳其人的大军，骑士团成员甚至还得到了马耳他岛民的帮助。让·德拉·瓦莱特在战术上的判断主要体现在营救行动的安排上。这次行动由加西亚·德·托莱多（Garcia de Toledo）率领，他是巴勒莫总督以及圣地亚哥骑士团的指挥官。事后证明，这次营救行动所起到的作用极为关键。从理论上来讲，医院骑士团所处的位置几乎是无法防守的，但他们在这场战役中展现出了顽强的毅力与莫大的勇气，并由此在当地赢得了威望和人们的尊重；而奥斯曼帝国却被阻击在前沿阵地以外。

6年后，当土耳其人在勒班陀遭到挫败的时候，一个新成立的骑士团为这次军事行动提供了5艘战舰和100名骑士，该骑士团由托斯卡纳公爵科西莫一世·德·美第奇（Cosimo I de Medici）在1562年建立，因纪念圣斯特凡而得名，科西莫一世则成了该骑士团的"大首领"。科西莫一世以马耳他海军为模板，将原来羸弱的托斯卡纳海军打造成了一支强大的舰队，一方面为海港与船运提供保护，另一方面还将其政体周围的非佛罗伦萨臣民联合在一起，后者是通过创造一个新的贵族阶层而实现的。在与佛罗伦萨处于敌对关系的城镇中，如锡耶纳与卢卡，贵族阶层对马耳他大多非常忠诚，而在其他地方，圣斯特凡骑士团将许多家族从医院骑士团中吸引走，不过这些家族在马耳他本土并不享有多大的威望。骑士可以加入该骑士团，并通过为骑士团领土提供家族资助的方式获得贵族的地位；他们也可以结婚，就像圣地亚哥骑士团的成员那样；另外，他们还必须服满3年兵役，其中有一部分是海上兵役。成婚的骑士团指挥官，其子嗣可以继承由家族资助的骑士团领地；而母亲的贵族家庭若是犯下什么过错，也可以通过金钱进行弥补；此外，这些指挥官在活着的时候便会宣布放弃连任，从而让家族的其他成员以同样的方式迅速被封为贵族。不论禁欲还是在贵族制度方面，这一切都与马耳他医院骑士团如此不同。但无论如何，圣斯特凡骑士团能够在"圣战"中提供强有力的海军部队。

圣斯特凡骑士团的大本营位于比萨，那里还有由乔尔乔·瓦萨里（Giorgio Vasari）为其设计的教堂。另外，圣斯特凡骑士团还拥有自己的海军学校；它在成立后不久就已经拥有上百名骑士，其中还有一些人来自托斯卡纳以外的地区。其领地多达695处，它们建立于1563—1737年。圣斯特凡骑士团的舰队具有良好的组织纪律性，它们从利沃诺（Livorno）的基地出发，守卫着托斯卡纳海岸，为当地的商业贸易活动提供保障，并同异教徒作战，这些战舰常常同医院骑士团的船只在海上并行；1565年，为营救马耳他，圣斯特凡骑士团派出了2艘战舰。这些托斯卡纳战舰在非洲海岸、爱琴海以及塞浦路斯周边，开展了大量极具攻击性的突袭行动，有时会一次出动10艘或更多的战舰，而其中大部分是由海军将官雅各布·英吉拉米（Jacopo Inghirami）率领的。它们以海军中队为单位航行，还会掠夺并瓜分战利品与赎金。与医院骑士团不同的是，圣斯特凡骑士团并不存在像"科索劫掠"这样的半私人化行为。在1584年以后，圣斯特凡骑士团将海盗行动的中心从地中海西部地区转移至收益更加丰富的黎凡特。自1610年起的8年间，圣斯特凡骑士团劫掠了24艘北非的轮船，在西方俘获了1409名奴隶；与此同时，他们还在黎凡特抢劫了49艘土耳其人与希腊人的船只，其中还包括1114名奴隶。与医院骑士团和条顿骑士团一样，圣斯特凡骑士团在1645—1669年的克里特岛战役中同威尼斯人作战，此后，这样的军事行动就很少见了。海军将官的职位在1737年遭到废弃，而圣斯特凡骑士团也在1809年遭到拿破仑的镇压。同年，拿破仑也基本终结了条顿骑士团的历史，后者失去了其在德意志的领土；条顿骑士团将大本营迁至维也纳，其军事功能以及建立骑士团国家的目的便不复存在。

1568年，科西莫·德·美第奇试图将圣拉撒路骑士团（Order of St Lazarus）与圣斯特凡骑士团合并，然而，在1572年，教皇却将一部分圣拉撒路骑士团成员同圣莫里斯骑士团（Order of St Maurice）联合在一起，将萨伏依公爵埃曼努埃莱·菲利伯托（Emanuele Filiberto）及其继任者任命为永久的"大首领"，并要求他管理2艘军舰。1574年，的确有2艘军舰在突尼斯服役，但自1583年起，这个合并的骑士团就不再开展任何军事行动了。新的军队骑士团一直在陆续建立。教皇庇护二世曾整合了许多小型的、受到镇压的骑士团资源，并在1459年成立了伯利恒骑士团（Order of Bethlehem）。这个骑士团的成员并不多，团长为丹波托·德·阿莫罗萨（Daimberto de Amorosa）。它试图为爱琴海的利姆诺斯岛提供保护，但最终却被土耳其人打败，余下的骑士团成员只得迁至锡罗斯岛，并于1464年在那里建造了一家安养院。在威尼斯人征服了利姆诺斯岛之后，这些骑士团兄弟又于同年回到了利姆诺斯岛，但土耳其人又在1479年夺回了该岛。至此，这个骑士团真算是名存实亡了。在很久之后的1619年，作为法国人讨伐土耳其人与德意志新教徒的作战计划的一部分，曼图亚（Mantua）与讷维尔公爵贡扎加的卡洛（Charles of Gonzaga）帮助教皇建立了基督骑士团；1623年，教皇乌尔班八世（Urban VIII）对这支骑士团进行了重新打造，骑士团成员需宣誓遵守夫妻贞操，意大利与德意志的分支也加入其中，贵族阶层为此投入了大量资金，并建造了船只，然而，该骑士团却没有开展任何军事行动。

现代时期：骑士团国家的残余

在1561年之后，马耳他骑士团依然是一支很有军事作为且独立的骑士团。这支骑士团由一群勇士管理着，他们对自己的职责深信不疑，毫无动摇之心。骑士团团长让·德拉·瓦莱特在1540年被穆斯林俘获，并作为囚徒被关押了一年之久。1565年的围城战让医院骑士团信心倍增，并为他们树立了新的目标。骑士团成员立即在瓦莱塔建立了新的大本营，吉罗拉莫·卡萨尔（Girolamo Cassar）对这个大本营进行了美化工作；而在格兰德港周围，巨大的防御工程平地而起。从埃及到突尼斯、阿尔及尔与摩洛哥，这些伊斯兰前线都很依赖伊斯坦布尔与亚历山大城之间的战略沟通，而瓦莱塔则对这一交通要道构成了极大的威胁。在医院骑士团的宣传中，不断强调穆斯林的团结精神，这是为了让人们自始至终对异教徒抱有恐惧心理，进而为骑士团的地位及所开展的"圣战"找到合理的理由。在意识形态层面，骑士团对这种宣传手段的依赖是非常强烈的。由于马耳他的防御工事都是用巨大的石块建造而成，从未受到过任何严格意义上的打击，这本身足以证明其防御的有效性，因此，这常常使人产生错觉，感觉这里的政权对于外敌进攻具有某种恐惧心理。实际上，一方面，某些危险因素确实存在；另一方面，这些防御工事常常需要维修与升级，因此它们便在全岛的大部分地区蔓延开来。在如此持续不断的建设过程中，最后一项重要工程蒂涅堡（Fort Tigné）直到1704年才竣工。这些防御工事的建造需要投入大量资金并收缴地方税，但也为当地岛民提供了保护与就业的机会。岛上的造船厂与兵工厂为海战的有序开展提供了大量的支持；随着港口城市与新兴城镇、医院与卫生检疫所，以及贸易转运口岸的迅速发展，当地的经济形态也变得越来越多样化。马耳他与戈佐岛的人口在100多年间翻了一倍，1680年大约为49,500人，而到了1788年，则为91,000人；虽然会有人对政府表示种种不满，但马耳他人同之前的罗德岛人一样，基本上受到了相对公正的待遇，这种情况同西欧的局势非常类似。这些进展之所以能够实现，也要归功于各国法庭的外交干涉，其中就包括教廷，以及法国与威尼斯等地的法庭，医院骑士团成员也常常出席其中。与此同时，瓦莱塔还是培养卓越海军指挥官的摇篮，有些人在法国舰队中担任要职，然而，到18世纪，除奥斯曼帝国的威胁以外，海上战争已经越来越少了。

在无数其他具有重要意义的环节中，我们也能看出马耳他的军事成就，例如，医院骑士团成员对从突尼斯至卡拉布里亚的海域进行有效的巡查，但目的却并不是要击沉某艘航船，进而得到战利品、赎金与奴隶。命运女神虽不会总是眷顾他们，但医院骑士团还是能够承受得住损失的，例如，骑士团在1570年就折损了3艘军舰，因此，在次年的勒班陀战役中，骑士团只能拿出3艘战舰应战。在这次战役之后，骑士团的海上势力就再未回到原来的高度，毕竟，海军的资金消耗过于巨大。取而代之的是，医院骑士团利用其在地中海地区的海上势力，为自己找到了平衡。勒班陀战役并没有破坏奥斯曼帝国的实力，事实上，土耳其人分别在1571年与1574年征服了塞浦路斯与突尼斯。医院骑士团也没有一刻放松警惕，始终采取进攻策略。例如，在1611年，他们攻打了希腊的科林斯，以及突尼斯海湾外的克肯纳群岛（Kerkenna）；而在另一边，则有少量土耳其人在1614年登陆克里特岛。在一场因医院骑士团攻打埃及舰队所引发的战争中，为了保卫克里特岛，医院骑士团与威尼斯人在1645—1669年结成联盟，一同抗敌。为抵抗奥斯曼帝国的入侵，马耳他与托斯卡纳的舰队一直在海上航行，但随着土耳其战争在1718年结束，这也成了它们在黎凡特海域的最后一次大型战役。1705年，医院骑士团不得不引进重型船只——战列舰，作为对桨式战舰的补充。一些特殊的基金会为这些战舰提供资金；骑士团成员要在战列舰上服役满6个月（共分四个阶段）之后，才能真正投入海战。海战的数量不断减少，这当然要归功于医院骑士团，然而这并不能说明局势就此便有所缓和。例如，奥兰就曾在1749年遭到敌人的攻打。俄国人虽然在1770年破坏了奥斯曼帝国的海上势力，但危险依然存在。1798年4月，当突尼斯人在戈佐岛附近被击败时，医院骑士团的舰队最终还剩下4艘桨式战舰、2艘战列舰以及2艘护卫舰。

"科索劫掠"对罗德岛的经济与就业具有很大的贡献，马耳他也存在类似的劫掠活动，然而与"科索劫掠"不同的是，马耳他的劫掠既不属于残酷的海盗行为，也不能算作经官方认可的、在法律范围内的、毫无宗教差异的商船掳掠行为。它在某种程度上更接近"圣战"，其攻击目标是异教徒的船只，不过这种说法只存在于理论之中，实际操作往往并非如此。马耳他劫掠需经骑士团团长（他会得到战利品的10%）的授权，并受到特别法庭的严格管制，骑士团成员能够参与到荷枪实弹的海战之中，并得以从战利品与赎金中获得大量收益。随着劫掠活动从的黎波里向伯罗奔尼撒半岛、罗德岛以及塞浦路斯推进，骑士团在爱琴海与黎凡特获得了大量的战利品。攻打威尼斯人的船队不仅会引发外交冲突，还会将医院骑士团的收益强制扣押在威尼斯的修道院中。医院骑士团在16世纪参与到了许多大大小小的战役中，包括1645—1718年威尼斯人与土耳其人的战争。然而，自1580年起，他们却将重心转移至劫掠行动中来。同北非的情况非常相似，马耳他也变成了一个海盗之国，其船只活动于马格里布海岸沿线。在那里，他们遭遇到北非伊斯兰教地区的反劫掠势力，后者的影响力一直扩张至大西洋海域。马耳他的水手与投机者都参与到劫掠活动中，而医院骑士团的成员们不但为这些船只提供资助，有的还在船上服役。在18世纪，已知的劫掠行动共483起，其中有183起由医院骑士团指挥，大约占总数的38%。由于黎凡特地区的法国人越来越多，而他们与土耳其人的关系非常友好，进而限制了医院骑士团的行动，他们不得不在当地减少行动的频率，这也使其收益下降了不少。在1675年，仍然有20～30支海盗活跃于此，到1740年，已降至十几支，此后的人数越来越少，他们也没有任何官方的许可。只有在1792年的危机过后，劫掠行动才有所复苏。此时，医院骑士团主要负责巡查海域，平息事端，而不再从事任何具有道德正义性的宗教战争了。虽然如此，骑士团依然在帮助西方的贸易活动方面扮演着极为重要的角色，尤其当骑士团逼迫奥斯曼帝国的臣民乘坐基督徒的船只去寻找安全落脚点的时候。

医院骑士团作为一个机构，其行政活动始终都处于相对停滞的状态。它所管理的领土已经远远超出了这座骑士团岛国，这些领土大多由团长掌控。在1526—1612年，骑士团的官员们每6个月定期会一次面，但从1631年开始，直至1776年为止，当财政危机已无法挽回的时候，这样的会面便不再召集。由于从未经历过任何严格意义上的改革，医院骑士团由此变得越来越独断专行，骑士团团长甚至寻求某种独立自主的状态。在法国南部地区，骑士团一直对新兵入团实行垄断，这一局势在1374年被打破，而在此后，便出现了来自伊比利亚半岛、意大利以及法国的骑士团团长；在18世纪，医院骑士团曾由两个葡萄牙人——安东尼奥·马诺埃尔·德·维列纳（Antonio Manoel de Vilhena）与马诺埃尔·平托·德·丰塞卡（Manoel Pinto de Fonseca）——管理，共46年，其中平托就统治了32年。终生统治者的选拔，不仅确保了骑士团治理的连续性与稳定性，而且能够避免儿童与女性继承人的出现，但这样的体制也会使骑士团变得僵化，并且还在整个上层管理中鼓励老人统治的状态。骑士团团长收入颇丰，而他所获得的资助还能使他增加影响力、组建委员会，或是以其王室般的恩典来推选骑士团成员，因此，骑士团的种种作为使得骑士团显得过度贵族化。这样的做法也使骑士团团长在1581年遭到罢免，这位团长便是让·雷瓦克·德拉·卡西埃（Jean I'Évêque de la Cassière），他曾试图以极端笨拙的方式对骑士团成员的非法行为进行限制。这位团长后因社会动荡而暂时恢复了原职，并在此期间出访罗马。

在医院骑士团的7个行政区中，法国人就占据了其中的3个。他们一向认为对自己生死存亡起到关键作用的因素是土地、骑士团的领地以及收入。王室对法国修道院的干预是可耻的，但同时也是无法抵挡的。总体而言，骑士团内部的晋升机制已经发展成为一个复杂的、官僚色彩极强的竞技场，它使多元主义、旷工以及其他职权滥用的情况成为可能。教皇干涉的范围非常广泛，尤其在人员选派的问题上。教皇没能顶住统治者以及其他人所施加的压力，这些人在削弱骑士团士气方面均起到了重要的作用。裙带关系的力量非常强大，举一个极端的例子，医院骑士团团长阿德林·德·威格纳考特（Adrien de Wignacourt）的侄孙在1692年3岁的时候就获得了拉尼莱塞克（Lagny-le-Sec）这块骑士团领地的管理权，并一直掌管至他82岁去世。马诺埃尔·平托·德·丰塞卡在2岁的时候便已加入骑士团，后成为骑士团团长，并在92岁时去世。然而，医院骑士团从来都不是一个贪图享乐的机构。在阿拉贡、波希米亚、德意志的部分地区，以及意大利（尤其是在那不勒斯与西西里），医院骑士团的势力始终都非常强大。到1583年，在骑士团的大约2000名成员中，只有150名军士及150名教士，其余都是骑士，这说明骑士阶层已经在医院骑士团中占据了绝大多数。到1700年，医院骑士团仍然在法国、伊比利亚半岛以及意大利拥有560处领地。

在马耳他，骑士团的服饰上装饰着带有八个尖角的十字架，这样的服饰不论出现在哪里，都会被视作最高等级贵族的象征。在意大利，由于国内政治四分五裂，医院骑士团试图维持一种泛意大利的贵族阶层。这个阶层中的贵族们拥有同样的出身背景与风俗习惯，并且都在马耳他的骑士团大本营有过受教育经历，这些人将彼此视为一个大的国际组织的成员。想要成为这个组织中的一分子并非易事。首先，该组织因接受了几个家族的赞助，而在准入标准方面受到这些家族的限制；其次，在准入条件中，如何证明其属于贵族阶层也非常严格。但随着作战工具从马匹逐渐向军舰转变，作战人员在总体上越来越趋向于无产阶级化，以及在皇室中非贵族阶层服务官僚的出现，这些因素都使古老的贵族阶级越来越边缘化，它所奉行的骑士精神与崇高的荣誉感，都体现在如同古董一般的刀剑之上。社会中对于贵族阶层的讨论也非常激烈，这反而重新定义了"贵族阶层"这一概念，欧洲的贵族不但要利用骑士团来定义自身地位，还要依赖骑士团为其社会地位提供保障，他们将新兴贵族阶层挡在骑士团之外，进而将他们排除在骑士团领地与有俸圣职之外。在条顿骑士团与医院骑士团中，这种贵族的社团主义也在骑士团国家外部的修道院与管辖区内发挥着作用，但在马耳他，以及更早的罗德岛与普鲁士，封闭的寡头政治制度（这种制度起源于骑士团国家以外）也会拒绝大量的本土精英进入骑士团，以防他们成为骑士团政权内部的不安定因素。

医院骑士团成员在西方享有很大威望，而他们当中的许多人来自极具影响力的大家族，并在其家乡的领地内，与王室统治者有着密切的政治来往。教皇对于骑士团管辖权的干预不仅仅存在于理论层面，来自罗马的干涉有时是支持，有时是毁灭性的打击，都对医院骑士团的政策产生了至关重要的影响。在18世纪，人们指控骑士团成员生活奢华、道德沦丧且毫无作为，这些指控并非总是不公正的。这种批评与14世纪，甚至更早期所听到的有着惊人的相似性。虽然医院骑士团存在许多制度缺陷，但我们并不能因此推断它是堕落的中世纪理想的化身，而这个理想作为一个时代的错误，却依然被人实践着。事实上，骑士团成员的人数始终在不断增长，从1635年的1715人增长至1740年的2240人。近代早期的贵族一般都受到过良好的教育，医院骑士团所吸引来的新成员来自社会许多不同的领域，其中包括军事、外交、科学与艺术领域。他们都是当时的尖端人才，这些人博览群书，活跃于西欧大陆，有的甚至去过俄国与美洲。位于瓦莱塔的图书馆便能反映出骑士团成员在文化方面的广度，这不单单体现在实践方面，也展现在理论层面。一个较早的例子便是人文主义者萨巴·迪·卡斯蒂利奥内（Sabba di Castiglione），在驻派罗德岛期间，他收集了大量古典雕塑，还曾出任驻罗马大使，退休后居住在他自己的骑士团领地法恩莎（Faenza），并在那里为穷人家的孩子建立了一所学校。

同所有其他骑士团一样，医院骑士团成员越来越背离曾经许下的誓言，而在骑士团领地内所奉行的礼拜仪式也慢慢被人废弃。骑士团指挥官常常出现旷工的情况，却在其领土以外的地区从事畜牧业，从而获得大量的经济收益。他们会积累丰厚的个人财产，而这些财富在他们去世后也不属于骑士团。医院骑士团也派出代表参加了塔兰托公会议，然而，与骑士团有关的议题却并不涉及其内部改革的相关问题，而是为骑士团成员免交税款，以及为那些来自主教辖区且受到骑士团抚养的非骑士团成员做了成功的辩护。在骑士团成员内部，有关宗教方面的考量依然占有较重的地位，尤其在17世纪的法国，骑士团会同耶稣会会士合作，并与其他经塔兰托公会议发起的近代宗教运动联系密切。一些骑士团成员会积极投入到慈善事业、社会福利工作或传教工作中去；他们还会为那些被穆斯林掳走的基督徒开展赎罪活动；当然，其成员也会参与到其他宗教活动中。他们希望那些并不从事圣职的信徒能够追求医院骑士团的事业，这不仅是神圣的，还属于军事活动。所有这一切都与骑士团成员在马耳他所维持的功能相互重叠。在马耳他，出现了修道院与骑士团大本营互换的情况，当然，这种互换只是象征性的，只是为了使骑士团能够跟上时代的思潮。

这种交流的必然结果便是启蒙，甚至是共济会制（freemasonry）的到来，而在马耳他的骑士团成员内部，则体现为对陈旧政体的不满情绪愈演愈烈。骑士团团长常常与主教、宗教裁判、神职人员代表以及马耳他的群众代表发生争执。法国人的三个管辖区，因其庄园治理良好，森林资源丰富，从而为骑士团在海外带来了大约半数的收益，并确保法国人在骑士团中身居要职。由于军事功能逐渐减弱，收入不断缩水，骑士团不得不涉足某些孤注一掷的项目，例如同俄国、英国与美国进行联盟，创建了一家埃塞俄比亚公司，修建了一所波兰修道院，在加拿大购买庄园，以及购置科西嘉岛。医院骑士团于1651年在加勒比海地区购买了3座岛屿，但又不得不在1665年将其出售。1792年，法国国民公会将医院骑士团在全法国的财物充公，这对骑士团的财政收入造成了毁灭性打击。1798年，面对拿破仑的进攻，医院骑士团几乎未做任何抵抗。优柔寡断的骑士团团长、德意志人斐迪南·冯·霍姆菲什（Ferdinand von Hompesch）同骑士团成员一起，从原本坚不可摧的马耳他岛撤离。330名骑士团成员中大约有200名是法国人。虽然骑士团士气低落，且未做好作战准备，但大部分法国人已经做好了抵抗的打算。果断的领导以及更加出色的战略战术，都有可能让骑士团挽回马耳他岛，但消极的失败主义倾向，以及危言耸听的言论最终占了上风，骑士团不得不投降。在骑士团成员中，有少数西班牙人拒绝参战。近期的一些史料显示，当时的一些本土居民对骑士团就颇有不满；一些马耳他军队战败了，而在瓦莱塔，恐慌与疑惑四起，偶尔会有暴动与蓄意破坏的情况发生。一群马耳他贵族极力要求妥协，而骑士团团长似乎会错意了，他担心民众会发起暴动。

法国和西班牙是骑士团最大的赞助者，但它们后来也都与骑士团处于敌对状态，只有两个非天主教的国家还愿意为骑士团提供援助，即俄国与英国。除掉骑士团，使自己失去对马耳他岛的控制，从而让敌人渔翁得利，这显然不符合法国的利益，然而事实就是如此。骑士团成员在地中海中心地带的巡逻工作，以及对马耳他港口的使用，使法国人在经济上获益良多，但有些法国的骑士团成员却是坚定的保皇主义者，而巴黎的革命者有的却又过于教条。1792年的充公事件不久之后便蔓延开来，在瑞士、意大利以及其他一些地区，都出现了将骑士团财产充公的现象。骑士团为地中海地区提供了有效的保护，甚至在1798年以后当欧洲的各方势力（甚至也包括美国）在北非发起了长达数十年的军事冲突的时候，骑士团更是在其中起到了重要作用。然而，对于许多观察家而言，这个有时非常傲慢的贵族宗教群体，已经与这个变革的时代格格不入了。这并不能够完全归因于马耳他的治理不善或毫无抵抗能力，而是因为骑士团国家的根本基础，连同其在西方所享有的大片领地与各种特权，已经不再能够为人所接受了。

现代时期：军事职能的衰落

马耳他在1798年沦陷后，条顿骑士团依然保留着一小部分军事功能。虽然它在1525年失去了普鲁士，但却保住了其在许多天主教国家，甚至某些新教国家（德意志部分地区）的财产与收益。1525年之后，德意志骑士团的大本营在法兰克尼亚的梅尔根海姆（Mergentheim），几个世纪之中，骑士团大团长都在这里的一个小型巴洛克式宫廷中进行统治，其身份相当于德意志大公。与此同时，在利沃尼亚，骑士团依然掌控着许多城镇与堡垒，其成员大多已经成为路德教派信徒，但信仰天主教的骑士团兄弟还在继续同异教徒战斗，尤其是信仰东正教的俄国人，另外，他们也会同利沃尼亚民众的抵抗活动做斗争。1558年，沙皇伊凡四世再次向利沃尼亚发起进攻，两年后，骑士团失去了费林（Fellin）。在此后的1561年，利沃尼亚最后一任团长戈特哈德·凯特勒（Gotthard Ketteler）也皈依了新教，并将自己的骑士团国家世俗化——利沃尼亚部分地区归波兰所有，而前骑士团团长成为库尔兰（Curland）与瑟米加利亚（Semigallen）的世俗公爵。到1577年，整个条顿骑士团只剩下171名成员。

梅尔根海姆并不属于骑士团国家，但它享有德意志公国般的独立性。梅尔根海姆由骑士团团长治理，其中较为著名的是哈布斯堡家族的马克西米利安三世。他从1595年开始成为治理梅尔根海姆的骑士团团长，同时还是奥地利统治阶层的一员。条顿骑士团依然固守着古老的官员体制，在征召新兵时，证明贵族身份的条件依然非常严格。人们对领土的归属争论不休，甚至在普鲁士，骑士团也要同新教徒妥协，后者占领了许多骑士团领地。骑士团非常强调古老的德意志贵族传统。德意志贵族在马耳他岛曾有过出色的表现，面对这些德意志同人，想必条顿骑士团的骑士们一定羞愧难当，因此，他们不断地开展各种保卫堡垒的行动，有时甚至整个骑士团都前往匈牙利前线同异教徒作战，这同15世纪条顿骑士团类似。有些骑士团成员会提到某些古老的中世纪传统，如托伦的"树堡"，据说当年骑士团兄弟们要横跨维斯瓦河，而那片地区却没有他们自己的堡垒，在同普鲁士异教徒作战时只得用一棵巨大的树作为堡垒。从1595年起，马克西米利安三世成功派出少量战士，以拦截土耳其人的军事行动，不过他们却是以皇家军队的身份执行这次任务的，而非以骑士团成员的身份。在17世纪与18世纪，条顿骑士团获得了32个贵族领地，而其成员始终恪守着禁欲的誓言。自1606年起，所有条顿骑士团成员都应当服满3年兵役，然而事实上，他们却把大量精力放在了领地的管理工作、梅尔根海姆官僚体制的行政工作方面，或者只是充当常备军而已。从1648年开始，路德教派信徒与加尔文教派信徒逐渐在骑士团内掌握权力，从而使骑士团成为一个三种宗教派别同时存在的独特机构。

1658年，条顿骑士团计划同威尼斯与马耳他形成联盟关系，这样的计划在1662年再次被人提起，这次是为了条顿骑士团在多瑙河流域组建舰队。1664年，骑士团团长约翰·卡斯帕·冯·阿姆普林根（Johann Kaspar von Ampringen）率领一支分遣队，同土耳其人在匈牙利作战，而在1668年，他又带领一支小型部队攻打克里特岛上的土耳其人，不过这次行动并不成功。一些成员在奥斯曼帝国边境那些由军队驻守的城镇中履行着自己的军事职责，但有少部分兄弟却牺牲在土耳其战争中。自1696年开始，骑士团团长出资赞助了一支军团。这支军团是作为皇家军队的一部分进行服役的，其成员可以享受双份收益，分别来自其骑士团领地和奥地利官方。在1740年，作为德意志公国的代表，而非骑士团的代表，这支军团参与到奥地利与普鲁士的战争中。条顿骑士团的军事行动所起到的作用已经越来越小。到1699年，骑士团只剩下94名骑士与58名神职人员；在1618—1809年间，已知的骑士共有717人，其中有184人来自法兰克尼亚，至少有362人或大约一半的骑士曾担任过军职，其中有89人最后荣升将军。骑士团在梅尔根海姆服役，直至1809年为止，随后他们便转移至维也纳的奥地利领土内。虽然在程度上不如圣斯特凡骑士团与西班牙的几个骑士团，但条顿骑士团也被世俗军队收编。在德意志公国，由于其资源与人力均在奥地利以外的地区，因此在这里能够确保相对的独立性。

西班牙的骑士团已经不再具备多少军事功能了。在1625年，三个骑士团共1452名成员，圣地亚哥骑士团就占据了其中的三分之二。在1637—1645年，面对与法国的战争，西班牙的腓力四世曾屡次召集骑士团成员，希望他们能够履行其军事职责，然而，贵族阶层早已抛弃其尚武的习性，又由于王室之前在人员委任方面选择不当，因此遭到了大规模的逃避征兵与抗议以及找理由拒绝服兵役的现象。在1640年，1543名骑士团成员组成了一个营，其中就包括蒙特萨骑士团，但其中只有169名骑士，占总人数的11%，其余的骑士团成员要么太年轻、太年迈、太虚弱，要么不愿意为保卫国家而效力。他们有的自己花钱找人替代，有的交付罚款，有的干脆直接逃避征兵。最后，这支军队被派往西班牙边境，同谋反的加泰罗尼亚人作战。此后，军事服役逐渐演变为有偿行动。骑士团的军事行动也不全都出于宗教目的，正如条顿骑士团的骑士会同奥地利王室的敌人作战那样，为世俗统治者的领土提供保护已经成为一种义务。1775年，阿尔坎塔拉骑士团、圣地亚哥骑士团与蒙特萨骑士团，只为阿尔及尔围城战提供了468名作战人员。卡斯蒂利亚的骑士团之所以能侥幸存活，是因为他们能够为王室提供重要的资助与收益来源。这些骑士团不仅为王室中大量的侍从提供了生计，还让社会对于贵族阶层形成了固定认识，后者甚至是以机构的形式达成的，骑士团皇家委员会（Royal Council of the Orders）颁布了一套严格的证明贵族身份的体系，对于贵族新成员的出生及所享受的荣誉具有垄断性的定义权。西班牙的骑士团已经慢慢成为过去时，其组织形式已经与当下人们需要其履行的功能不符。葡萄牙骑士团在1820—1834年逐渐消亡，而三个卡斯蒂利亚骑士团的财产也最终在1835年被充公。

骑士团在1312—1798年对"圣战"所做出的贡献，主要体现在质量与效率上，而与参与"圣战"的骑士团成员人数没有太大关系。例如在1571年的勒班陀战役中，骑士团只提供了208艘战舰中很少的一部分。然而，拜占庭皇帝曼努埃尔二世（Manuel II）却在1409年写道："不要只看停留在罗德岛的那几艘战舰，就认为医院骑士团的力量很薄弱，或是不堪一击；当他们想要发起猛攻的时候，散布于世界各地的战舰都会聚集于此。"当然，肯定会有一些骑士团成员不愿意服兵役。1411年，六名医院骑士团成员在特莱维索（Treviso）的威尼斯修道院会面，从中选出四人前往罗德岛，其中就包括修道院院长安吉洛·罗西（Angelo Rossi）；然而，安吉洛却找出许多理由来拒绝服兵役的义务：首先，他曾在罗马服役10年；其次，他正卷入一场旷日持久的诉讼案中，若因缺席而输了这个案子，对骑士团也是有弊无利的；再次，他的兄弟有一个大家庭，需要其保护；最后，他个人的财政状况也不是很好，支付不起这次行动的费用。如果说骑士团参与到十字军运动与西班牙收复失地运动的次数相对有限，波及的范围不够广泛，或者说条顿骑士团所获得的功绩，如在德意志东部殖民并使当地民众皈依基督教，最终都烟消云散了，那么，骑士团的主要贡献就体现在他们成功守卫了罗德岛与马耳他岛，并抵御了土耳其人的进攻。国家的利益往往凌驾于十字军的理想之上，而在一个更加现代化的世界里，骑士团只能在自己的领地维持某种半世俗化的神权国家形式，那些海外领地之所以还能存在，并最终为骑士团成员提供收益，也是因为他们能够从中找到某种军事上的合法性。能够维持这种状态的，最后只剩下了医院骑士团，以及条顿骑士团很小的一部分。

虽然圣斯特凡骑士团充分地展现出了一个地方骑士团是如何以其卓越的才智与坚定的决心，将十字军传统与贵族的敏感性成功地应用于各种军事行动的，但在16世纪，只有医院骑士团始终保持着积极的军事策略，这是由其自身的统治阶层所决定的。在1312—1798年，只有医院骑士团没有发生任何重大变化，其他骑士团都或多或少地为当地统治者提供过小型的或是简洁的军事帮助。这些骑士团主要关心的是如何以贵族团体的形式继续存活下去，而这最终演变成了为存活而存活的机构。纯粹的国家骑士团，以及某些国家的修道院，或是其他国际骑士团的地方分支，都受到了地方世俗统治者的威慑，进而被后者收编，即便条顿骑士团同西班牙与葡萄牙的骑士团，也通过加入国家军队而做出了贡献，也许这种贡献十分有限。面对这样的局势，医院骑士团的解决方案是以海军以及一个骑士团岛国为基础，这种做法显然是十分成功的，但也需要依赖西方修道院的支持。其实在1413年就已经很明显了，当时骑士团成员威胁要放弃罗德岛，除非他们能够得到财政支援（在收到了来自英国的款项之后，他们又反悔了），而在1792年充公事件发生之后，骑士团的命运就更加清晰了。

骑士团属于一个古老的政体，而这个政体，连同它的军事形式，都注定要随着时代的发展而烟消云散。虽然马耳他对于一些好战分子而言，仍然具有某种吸引力，但骑士团已经很难将军事阶层的好战本能引到宗教战争中去了。除了在哈布斯堡王朝中处于非常边缘位置的骑士团以外，不论是财产充公，还是在1792年革命以后以及拿破仑的军事行动对骑士团的压迫，最终都使骑士团走向了终点。有些骑士团的神职人员与女性成员还是存活了下来，此后还有无数复辟骑士团的计划横空出世，有的是以贵族兄弟会的形式，有的是以冒充的形式，而有的则以共济会或其他神秘组织来充当条顿骑士团的后继者。对于维护基督徒的"圣战"理想，骑士团做出了突出贡献。不论是作为一种超越国家界限的政治力量，还是作为一个世界性的中世纪组织，医院骑士团始终领先于它身处的时代。1798年以后，骑士团以非军事团体的形式存留于世，有的是通过其建筑与艺术作品，有的是通过档案与编年史，还有的是通过福利与医疗活动。

第十四章

19世纪与20世纪的十字军形象

伊丽莎白·西贝里

在1699年的《卡尔洛维茨和约》之后，土耳其人直接向欧洲中心地带进攻的威胁便已不复存在。因此，人们可以用一种更加放松的心态来看待东部的伊斯兰世界。一个英国人在奥斯曼帝国的君士坦丁堡出任大使，他的妻子玛丽·沃特利·蒙塔古（Mary Wortley Montagu，1689—1762年）女士在信中描述了他们在土耳其生活的点点滴滴。当这本书信集在1763年出版的时候，读者反应热烈。对于像弗朗西斯·达什伍德（Francis Dashwood，1708—1781年）爵士这样曾经去过奥斯曼帝国的绅士而言，有一个俱乐部专门为他这样的人而成立，即迪万俱乐部（Divan Club）。在一幅描绘弗朗西斯爵士宅邸，位于白金汉郡的西韦甘比庄园的画作中，这位爵士身着东方服饰，头戴包头巾，而画上的签名处则写着"El Faquir Dashwood Pasha"（托钵僧达什伍德帕夏）。这种东方风韵在莫扎特的《后宫诱逃》（Il Seraglio，1782年）中，以及在对《一千零一夜》的译介中，均可窥豹一斑。这样的风气甚至延伸到花园的设计中，例如，位于萨里郡松山园（Painshill）中的那些建于18世纪的花园，其形状就与土耳其人的帐篷非常相似。

拿破仑1798年在埃及开展的征服，进一步激发了人们对东方的兴趣。在他的军队中，有工程师与学者，他们的研究最后都得以出版；此后，陆陆续续有地质学者、艺术家以及作家前往那些出现在《圣经》中的著名地点，他们通过各种方式记录下心中的感受。我们可以将这些人列出一个长长的清单，其中就有法国诗人阿尔方斯·德·拉马丁（Alphonse de Lamartine）与热拉尔·德·内瓦尔（Gerard de Neval）；英国小说家安东尼·特洛勒普（Anthony Trollope），他曾在1858年代表邮政部门的雇员，同埃及就条约问题进行协商；当然还有艺术家大卫·罗伯茨（David Roberts）、爱德华·利尔（Edward Lear）与让–莱昂·杰洛姆（Jean-Léon Gérôme）。人们对穆斯林文化、历史与宗教的兴趣反映在大量的专著、文章中，自19世纪20年代开始，学术界成立了许多东方学会。进入19世纪，远程旅行也比从前更加便捷和安全，大批的旅行者在旅游指南的帮助下涌向东方，背包客的时代已然来临。

这种对近东与中东地区的热情，也成为其他学者的研究对象，然而其中却有一个方面没有得到细致的考察，即人们对作为历史现象与意象资源的认识。18世纪的历史学家似乎都带着怀疑的眼光来看待十字军运动，这与他们对待中世纪历史与"骑士精神"这一概念的态度是一致的。在《罗马帝国衰亡史》中，作者爱德华·吉本曾评论十字军运动"仅仅是对欧洲成熟与否的检验，并没有推进其文明的发展"，这场运动所蕴含的能量，若是被用在欧洲自身，兴许收益会更大。伏尔泰与大卫·休谟同样对十字军运动不屑一顾，而苏格兰历史学家威廉·罗伯逊（William Robertson）将十字军运动描述为"人类愚行的丰碑"，虽然他也会承认其正面意义，如促进商贸活动，以及推动意大利城市的发展。

19世纪的评论家对十字军运动在各个方面都有批评，但总的来说会以某种更加理想化的眼光看待事物，认为一场讨伐异国的穆斯林敌人的运动彰显了骑士精神。然而，从某个历史事件中提炼单一的主题，并强调其不恰当的重要性，是一件非常危险的事。通过对19世纪与20世纪早期的十字军形象进行考察，展现这一主题为不同的目的而在各个方面的发展是一项很有价值的工作。从更加宏观的角度来看，这样的工作能够说明现代人对中东以及中世纪的看法。

首先从那些与"圣地"有过直接接触的人入手，显然是合乎逻辑的。毫无疑问，人们的兴趣主要落在了那些在《圣经》中所提及的地点上，当然，还有很多旅行者对十字军遗迹也非常好奇。并不是所有人都对十字军运动充满同情。因此，爱德华·丹尼尔·克拉克（Edward Daniel Clarke）在他出版于1812年的著作《游历欧亚非各国》（*Travels in Various Countries of Europe, Asia and Africa*）中就曾评价说："就伊斯兰教徒而言，认为与他们有关的一切都是野蛮的，这是一个普遍的错误，这主要归因于当时的基督徒自认为更加文雅，然而事实却并非如此。如果对历史投入应有的关注，我们会发现，萨拉森人比他们的入侵者要开明得多；也没有任何证据可以证实，他们热衷于四处搞破坏的肮脏事业……基督徒在'圣地'所从事的无耻行为，难有人能出其右。"

总体而言，人们以更加肯定的态度看待十字军运动。法国作家与历史学家夏多布里昂（François-René de Châteaubriand）1806年7月从巴黎出发，9月到达君士坦丁堡，10月7日抵达终点站耶路撒冷。他回到法国之后，将自己的旅程写成一本名为《从巴黎到耶路撒冷》（*Itinéraire de Paris à Jérusalem*）的著作，并于1811年出版，这本书于19世纪早期在巴勒斯坦地区畅销，3年之内共再版了12次。夏多布里昂还是个孩子的时候，母亲就为他读过很多骑士的故事，还提到了他的祖先——夏多布里昂家族的杰弗雷四世（Geoffrey IV of Châteaubriand），此人曾与路易九世一起参与十字军，他的日记中穿插着许多与十字军运动有关的信息："我们在十字军旗的引领下来到了耶路撒冷。我也许会是最后一个离开自己的祖国，千里迢迢来到'圣地'的法国人了。对于这次朝圣，我有着自己的想法、感受与目标。"夏多布里昂批评那些质疑十字军正义性的人，他似乎对穆斯林缺乏同情与理解。在耶路撒冷期间，他阅读了托尔夸托·塔索（Torquato Tasso）的《解放的耶路撒冷》（*Gerusalemme Liberata*），这是一部16世纪的史诗作品，描写的是第一次十字军东征运动。这本书似乎一度非常有名，经历了数版翻译与印刷，几乎被人当作十字军的一手资料。在夏多布里昂的朝圣之旅中，最有意思的部分当数他在"圣墓"地区被人错当作骑士的经历。当时，他站在耶稣墓前，手中拿着布永的戈弗雷的宝剑；或许也正因如此，他才向自己起誓要加入骑士的队伍，为了使"圣地"摆脱"异教徒的支配"，而将自己全副武装起来。通过类似对19世纪前往耶路撒冷的旅行者的记录进行判断，这样的仪式化行为已经几乎成为欧洲人东行的标配，仪式中的重要元素当数布永的戈弗雷的马刺、缰绳与宝剑；仪式之后，新"骑士"还要款待大家吃一顿盛宴。这样的事情发生在一座穆斯林城市，显然不无讽刺之处。一位后代观察家曾评论说，这种感染力极强的仪式"都发生在穆斯林权贵的眼前，他们坐在门廊里，平静地抽着旱烟，或是喝着果汁，完全不在意这些欧洲旅人的誓言"。

十字军运动也吸引了未来的英国首相本杰明·迪斯雷利（Benjamin Disraeli）的注意。1831年，迪斯雷利27岁，距他被选进下议院还有6年时间。他在这一年出国进行游学，先后去了君士坦丁堡、开罗与耶路撒冷。在耶路撒冷，除了名胜古迹之外，他还参观了那些参与十字军的国王的坟墓。在回到英国之后，迪斯雷利依然对东方非常着迷，东方的历史与文化成为他几部著作的创作背景，其中就包括他本人比较偏爱的《坦克雷德》（*Tancred*，1847年），即"年轻英格兰"三部曲（*Young England trilogy*）的最后一部，这本书的副标题为"新十字军"（*The New Crusader*）。《坦克雷德》的主人公是一位年轻的贵族，拥有财富与权力；然而，他却决定拒绝世俗的财富与地位的诱惑。他更想前往"圣地"朝圣，就像他的一位祖先那样，不但参与过十字军运动，据说还救过"狮心王"理查一世的命。在这本小说中，十字军的功绩都展现在一系列高布林毛织挂毯（Gobelin tapestries）上，它们陈列在坦克雷德家族的会客室里，这里已经成了十字军博物馆。迪斯雷利哀叹道："600多年以前，（英国）派出了它的国王、同辈人与民众，为的是将耶路撒冷从异教徒的手中拯救出来，而如今，英国人却将过剩的精力都放在建设铁路上了。"在他的其他小说中，我们也能看到十字军的影子。例如在《科宁斯比》（*Coningsby*）中，在伊顿（Eton）的蒙泰姆仪式（Montem ceremony）化装舞会上，就有人穿着"圣墓"英雄的服饰，而西多尼亚（Sidonia）侯爵则评论道："激励十字军的原因，并不是惧怕来自沙漠的萨拉森人会征服世界……人只有在受到激情的驱使而行事的时候，才是真正伟大的，当他受到想象力的吸引的时候，这股力量是无法抵抗的。"

美国作家马克·吐温在"圣地"旅行期间曾参观过哈丁战役的战场原址，从而写了《傻子出国记》（*The Innocents Abroad*，1869年）。虽然马克·吐温对意大利文艺复兴的艺术奇迹颇有微词，但却对著名的布永的戈弗雷之剑印象深刻："基督教世界中，没有哪把利剑拥有这样的魅力——对于任何一个看到这把剑的人来说，它在脑海中唤起的浪漫联想，是欧洲的庙堂之中任何一把锈迹斑斑的宝剑所无法比拟的……它激起了人们心中对于'圣战'的回忆，这些回忆，以及那些穿着锁子甲的形象，已经在人们的头脑中沉睡了多年……它向人们诉说着有关鲍德温与坦克雷德的故事，当然也包括尊贵的萨拉丁和'狮心王'理查一世。"

在托马斯·库克（Thomas Cook）的安排下，德国皇帝威廉二世也曾于1898年游览过"圣地"、埃及与叙利亚。此行的目的是参加救世主教堂（church of the Redeemer）的落成典礼，该教堂是由德国新教徒建造完成的。然而在耶路撒冷，这位皇帝还参观了新成立的德国殖民地。他将自己设想成一名十字军战士，或至少是十字军的后裔，因此，他希望能够骑马进入这座古老的城市。从传统上来讲，这样的入城方式是为征服者所准备的，由于雅法城门附近的城墙早已倾倒，周围都是护城河，因此这位皇帝便可以为所欲为了。他骑马进城，但却不必通过城门。为了让自己的入城仪式显得更具戏剧性，他还穿了一件陆军元帅的白色礼服。在大马士革，威廉皇帝将一面绸缎的旗帜与一个铜制的月桂花环放在了萨拉丁的墓上，花环上写着"由一位皇帝致另一位皇帝"。这个花环后来被当作第一次世界大战的战利品被T. E. 劳伦斯[1]（Thomas Edward Lawrence）带到了英国，现存于伦敦的帝国战争博物馆。

显然，劳伦斯对十字军运动的过往相当敏感。他的大学毕业论文研究的便是十字军城堡。他的一位祖先，罗伯特·劳伦斯爵士曾陪同理查一世参与过阿卡围城战。在《智慧七柱》（Seven Pillars of Wisdom）中，劳伦斯写道："我觉得，只要再看叙利亚一眼，便可以导正我那被十字军东征与首次阿拉伯征服运动而影响的战略思想，并依两个新因素调整战略：铁路，以及在西奈的默里（Murray）。"在劳伦斯死后为他举办的悼念活动中，作家福斯特（Edward Morgan Forster）也提及十字军运动。一个人只身离开自己的故土，来到另一个国家从事如此崇高的事业，对于当时身处阿拉伯半岛的劳伦斯而言，这样的想法在他心中烙下了深深的印记，进而影响了其之后的空军生涯。

19世纪30—50年代，欧洲各国相继在"圣地"建立了领事馆，如英国（1838年）、法国（1843年）、撒丁王国（1843年）、普鲁士（1843年）、奥地利（1849年）和西班牙（1854年）。詹姆斯·芬恩（James Finn）在1845—1863年出任英国领事，他的回忆录对当地的敌对势力做了有趣的展现，其中有些敌对势力可以追溯到十字军运动时期。事实上，这些领事会利用其国家在十字军运动中的参与程度来提高自己的地位。相较于他国领事，法国领事认为自己的优越感更强，因为其王室领主曾是"东方基督徒的保护人"，而撒丁王国领事之所以能够穿着代表耶路撒冷国王的制服，也是因为法国君主与奥地利皇帝授予了他这样的头衔。芬恩对于法国人的说法有如下观察："法国人在土耳其的确享有很高的地位，这不仅是因为人们一直认为他们是基督教在东方的守护者，还由于他们声称自己是十

---

[1] 即"阿拉伯的劳伦斯"。——编者注

字军的后人。在他们看来，其他国家都因同他们一起被牵连到'圣战'中而遭遇灾祸，如隐修者彼得是法国人；克勒芒宗教会议是在法国举办的会议，而布永的戈弗雷同他的兄弟鲍德温也都是法国人，而最后一次十字军活动则是由圣路易亲自率领的。"在19世纪中期，有大量欧洲王室成员前往耶路撒冷，在芬恩夫人的回忆中，威尔士王子爱德华，即后来的爱德华七世（Edward VII），1862年时在一棵巨大的松树下面搭起了帐篷，据说1099年布永的戈弗雷也曾在这里安营扎寨，而"这位'帕夏'对此一无所知"；值得一提的是，自爱德华一世在1270年参加十字军运动以后，爱德华七世是第一位踏入巴勒斯坦境内的英国王室成员。

维多利亚时代的人深受中世纪骑士精神的吸引，对于相关的思想与规范都很感兴趣；在凯尼姆·迪格比（Kenelm Digby）四卷本的骑士手册《荣誉之石》（*The Broad Stone of Honour*）中，有两本是以第一次十字军东征运动的英雄命名的，即《戈德弗罗斯》（*Godefridus*）与《坦克雷德斯》（*Tancredus*）。为了回应18世纪的怀疑论者对于十字军的争论，迪格比在书中写道，十字军运动"并不能简单地依据每一条正义的原则与政策来进行解释"；十字军的罪行"被极度夸大了"；对于基督徒而言，强迫萨拉森人"不要破坏宗教的神圣性，就要通过劝导与公开的迫害才能实现"，而这么做是合情合理的。戈弗雷与坦克雷德是迪格比的十字军英雄，另外，他也歌颂那些普通的十字军战士。"德意志、法国与英国的十字军战士，将他们的青春热血与贵族气质挥洒在这片土地之上；他们并非受到了不道德的利益，或是自私的欲望的驱使，他们放弃了故土的祝福，全心全意地投入到保护'圣地'的事业上，从而使上主的仆人免遭冒犯与侵害。"

对于同代人而言，那些以骑士精神为最高理想的人，常常被人称作十字军战士。例如，在1837年，斯特兰福德勋爵乔治·斯迈思（George Smythe）就曾在致友人约翰·曼纳斯（John Manners）勋爵的信中，写下了如下文字：

亲爱的朋友，您本属于那个古老的时代

对于那些高尚且极富骑士精神的事业

人们会投以理解的目光

他们会因你的勇气而欣喜——也许，还会跳起回旋舞

吟游歌手的口中充满着颂扬

当然，这之后还要讲些普罗旺斯的古老故事

他们讲到了锡安山与十字军

以及您的芳名和许多光荣的事迹

里布尔斯代尔（Ribblesdale）勋爵的儿子查尔斯·李斯特（Charles Lister），在第一次世界大战中阵亡。他曾经与一群朋友参观君士坦丁堡，如同迪格比笔下的坦克雷德那样，感觉"受到了古老十字军的召唤"。

奥布里·赫伯特（Aubrey Herbert）曾在近东地区出任英国情报官员，作家约翰·布坎（John Buchan）将他描述为"十字军时代的幸存者"。赫伯特不但是劳伦斯的朋友，同时也拥有劳伦斯的气魄，因此，他成为布坎的汉内系列小说《绿斗篷》（*Greenmantle*）中一个角色——桑迪·阿巴斯诺特的原型人物。"要是能回到从前，他说不定会率领一支十字军，或是在印度群岛开辟一条全新的道路。而如今，他只能像一个游魂一样四处闲逛。"在这之后的小说《绵羊岛》（*The Island of Sheep*）中，阿巴斯诺特在上议院就近东问题发表了自己的看法。似乎《绿斗篷》的结尾原本设定在君士坦丁堡，德国人密谋煽动伊斯兰革命，进而导致与印度的陆路冲突，而主人公的任务便是发起一项类似十字军运动的行动，以阻止这个计划的实现。然而，在达达尼尔战役爆发之后，作者不得不修改这样的设定。在地球的另一极，挪威探险家阿蒙森（Roald Amundsen）称自己为"北极的十字军战士。我愿为这个事业奉献终生，它并不在耶路撒冷滚烫的沙漠之中，而在冰天雪地的北极"。

家族中若是有参与过十字军运动的祖先，那显然是非常自豪的事，即便是通过纹章侧面追溯到某些联系，也是很值得炫耀的。例如，班戈（Bangor）子爵家族沃德（Ward）家族的箴言是"sub cruce salus"（在十字架下获得救赎），他们的纹章图形是一个身着盔甲的骑士，胸前有一个红色的十字架，他旁边则是一位手上戴着镣铐的土耳其大公。德威尔（De Vere）家族的纹章上有一个五角星，他们相信这足以作为十字军的凭证。1824年，在塔索的《解放的耶路撒冷》的一个翻译版本中，列出了"曾经参与过十字军运动的英国贵族与绅士阶层"名单，其中就包括罗杰·德·克林顿（Roger de Clinton）和英格拉姆·德·费因斯（Ingelram de Fiennes），前者是林肯伯爵以及现在的纽卡斯尔公爵的祖先，战死于安条克战役，后者则是塞伊与塞勒勋爵的祖先。有些家族保留着水晶石，以及许多与十字军有关的神秘的传家之宝，一到有贵客光临，他们就会拿出来向人们展示。例如，克吕尼的麦克弗森（Macphersons of Cluny）就有一条红色的摩洛哥山羊皮皮带，据说是由一位十字军战士从"圣地"带回来的，这位十字军战士曾帮助过许多妇女接生。

在19世纪的法国，情况同样如此。国王路易·菲利普在回忆录中写道，十字军纹章已经如同"继承来的封地"。在19世纪30年代，为能够让家族传下来的军服进入凡尔赛宫的十字军展厅，法国几个家族间展开了非常激烈的竞争，这个展厅是国王为了保留法国的十字军荣光而特设的。事实上，有些家族为了证明十字军家史，甚至伪造特许状，而这些特许状都是从一个州库图瓦（Courtois）的人那里购来的。然而，他们的申请还是受到了茹安维尔亲王[1]（Prince de Joinville）的审阅。

小说中的主人公也会提及十字军运动的祖先。在G. A. 劳伦斯（George Alfred Lawrence）的小说《盖伊·利文斯通》（*Guy Livingstone*）中，其主人公不但"有一张十字军战士的脸，会在圆形教堂中的长榻上抬头望向我

---

[1] 路易·菲利普的第三子。——编者注

们”，而且还是“铁拳”爵士马利兹·利文斯通的后人，曾参加过第三次十字军运动，同英国的理查一世一同征战于阿斯卡隆。在小说《盖伊·曼纳林》（*Guy Mannering*）中，沃尔特·司各特爵士让一位加洛韦地主对一个访客说道："但愿你已经听说我父亲那些古老的故事，与迈克丁加维家族的战争有关……他们是如何驶向'圣地'的——也就是耶路撒冷和耶利哥……还有他们是如何把那些圣人遗物带回来的，那些遗物和天主教徒的没什么两样，当然，还有竖在阁楼上头的那面旗。"

在19世纪的英国，有许多人试图复兴骑士团，甚至还要再次发起十字军运动，鉴于上文提到的背景，这样的做法也就不足为奇了。圣约翰医院骑士团，如今常被称为"马耳他骑士团"，其大本营在1798年拿破仑发起的征战中幸免于难。而正如我们所看到的那样，在1827年之后，人们试图复兴骑士团的英国分支，其中包括一群维多利亚时代的古怪人士。至于圣殿骑士团，在英国对于其复兴起到关键作用的人物包括西德尼·史密斯爵士（Sir Sidney Smith），以及查尔斯·丁尼生·德·英考特（Charles Tennyson d' Eyncourt）。前者曾在1799年参与过守卫阿卡的抵抗运动，他显然将自己视作后世的十字军战士；后者则是大诗人阿尔弗雷德·丁尼生（Alfred Tenngson）的叔叔。史密斯与法国共济会的新圣殿骑士团关系密切，并被后者委任为英国分支的大团长。他将这个头衔让给了乔治三世的儿子萨塞克斯公爵，以此来提升骑士团的地位；然而申请加入骑士团的人却并不多，英国分支的寿命甚至都没有超过它的创建者们的寿命。

近代十字军运动的主要推手是爵士威廉·希拉里（William Hillary），他曾是骑士团英国分支的一名骑士，还是英国皇家救生艇协会的创始人。1840年，阿卡落入土耳其苏丹的手中。听闻这个消息之后，希拉里写了一本名为《关于基督徒收复作为耶路撒冷圣约翰骑士团主权国家的圣地的几点建议》（*Suggestions for the Christian reoccupation of the Holy Land as a sovereign state by the Order of St. John of Jerusalem*）的小册子。他在书中写道："基督徒占领'圣地'，这在几个世纪以来都是吸引人类注意的最伟大的功绩。"他设想建立某种保护关系，以确保阿卡处于基督徒的控制之下，同时还能让圣约翰骑士团享有其最初的荣光。在1841年4月，他又出版了《致占领圣地的圣约翰骑士团成员》（*Address to the Knights of St. John on the Christian occupation of the Holy Land*），这本书再次使用了中世纪十字军宣传性的口吻："对我而言，剩下的事只有以我的崇敬之心，向我的骑士团兄弟们祈求……发起一场全新的十字军运动，这并不同于很久以前的十字军，要将'圣地'变为杀戮与血染的战场，而是一场和平的运动。"骑士团的英国分支按照希拉里的规划，尽其所能地推行十字军运动，然而，由于骑士团本身还要争取人们对它的认知，而当时的政治局势又相对动荡，因此，这些努力都付诸东流。

十字军的意象也被应用在近代的军事冲突中。如克里米亚战争就常常被人视作拯救"圣地"的十字军运动，即便在这场战争中参与所谓十字军的国家实际上是与穆斯林的土耳其人形成了同盟关系；耶路撒冷的英国领事在战争期间评论道："伴随着'神意欲此'的欢呼声浪，第一次十字军东征的战士们同'圣墓'的穆斯林持有者展开了战斗；那些在第一次十字军东征中征战的国家，如今也同样宣扬着这场如火如荼的战役。然而，他们现在却站在了穆斯林这边，保卫的财富也同第一次十字军东征运动相同，而他们的共同敌人是俄国，后者直到十字军时期才彻底皈依东正教，而它对'圣墓'也同样垂涎已久。"

19世纪还见证了十字军运动在学术研究领域的开端。1806年，法兰西学院举办了一场论文竞赛，主题为十字军运动对欧洲自由、文明、经贸与工业的影响。赢得这次比赛的是哥廷根大学的历史系教授希伦（Arnold Hermann Ludwig Heeren），他在论文中引用的原始材料有邦加（Jacques Bongars）在1611年出版于汉诺威的著作《法兰克人事迹》（*Gesta Dei per Francos*）。在19世纪早期，有关十字军运动资料的搜集、编辑与翻译工作尚处于萌芽阶段。这项工作最初都是由本笃会信徒完成的，后因法国大革命的爆发而中断，最终由法兰西文学院完成。该学院在1841—1906年相继出版了

18卷本的《十字军史汇编》（*Recueil des Historiens des Croisades*），其中有16卷由西方的、阿拉伯的、希腊的以及亚美尼亚的历史学家共同完成，另两卷则与法律内容相关。1875年，伯爵保罗·里昂（Paul Riant）成立了东部拉丁协会，其主要学术成果为两卷本的《东部拉丁档案》（*Archives de l'Orient Latin*），以及《东部拉丁月刊》（*Revue de l'Orient Latin*）。除了希伦以外，19世纪其他优秀的十字军历史学家还包括威尔肯（Friedrich Wilken）、罗里希特（Reinhold Röhricht）、哈根梅耶（Heinrich Hagenmeyer）与米肖（Joseph Michaud）。

约瑟夫·米肖（1767—1839年）的学术生涯极具19世纪十字军史编纂的色彩，值得特别关注。米肖三卷本的《十字军史》（*Histoire des Croisades*）以及四卷本的《十字军丛书》（*Bibliothèque des Croisades*）在1829年出版，后者属于国外十字军著作译选。在1830—1831年，米肖游历了君士坦丁堡、叙利亚、耶路撒冷与埃及。他带领两位工程师重走了第一次十字军东征的路线，就像夏多布里昂那样，米肖也让自己成了"圣墓"骑士。在回到故土之后，米肖根据自己的游历经验，改写了《十字军史》。虽然对十字军的残暴行为颇有微词，但他却将十字军运动描述为："人类历史上最重要的阶段之一，它不仅极具启示性，且十分卓越，为政治家、哲人、诗人、小说家以及普通公民提供了无尽的养分。"

但这种基于一手史料的研究分析工作却并没有激发大众文化与艺术的想象力。在19世纪的音乐、艺术与文学中，与十字军运动稍有瓜葛的似乎更多的是出自托尔夸托·塔索讲述的十字军故事，或是沃尔特·司各特爵士对十字军的惊鸿一瞥，而非来自米肖的历史巨著，或是与沙特尔的富歇、茹安维尔的约翰、维尔阿杜安的杰弗里相关的一手史料。

塔索的《解放的耶路撒冷》出版于1581年，主要讲述的是第一次十字军东征的故事，其中穿插着三段情节，有一个故事涉及一段受挫的爱恋。故事中的两位主人公——基督教骑士里纳尔多（Rinaldo）与迷人的女子阿米达（Armida）对于故事情节起到了极大的烘托作用。这些元素对作曲家与艺术家而言具有很大的吸引力，最早在17世纪早期就有对塔索故事的改编。在19世纪，与塔索的故事相关的戏剧，其中较为著名的包括罗西尼首演于1817年的《阿米达》以及勃拉姆斯的清唱剧《里纳尔多》。19世纪还有大量表现这一主题的绘画作品，在位于罗马的卡西诺美术馆中，奥地利艺术家J. H. 富里希（Joseph von Führich）至少创作了一个房间的画作，都与塔索的故事相关。司各特、华兹华斯、骚塞（Robert Southey）与德·昆西（Thomas De Qaincey）都曾阅读过《解放的耶路撒冷》的译本，而在《荣誉之石》中，迪格比也引用了这本书中的文字，仿佛它是第一次十字军东征的原始资料一样。

在19世纪塔索著作的几部英译本当中，有一部出自沃本修道院的图书管理员维芬（J. H. Wiffen）之手。他在译文序中援引了查尔斯·米尔斯（Charles Mills）的《十字军史》（*History of the Crusades*，1820年），但又写道："米尔斯先生……虽然用非常自然的笔调为我们描绘了每一场十字军运动，可是又有谁希望终结这样的幻觉呢？不论它是来自早期吟游诗人的诗歌，还是塔索的故事，这种幻觉让十字军战士充满了忠诚、慷慨与仁爱的品质。"塔索的仰慕者中，并非所有人都会以同样理想化的眼光来看待十字军运动。有一位评论家就曾宣称："塔索诗歌的最大缺陷，便是它通过对十字军成就的歌颂，为人们灌输了错误的观念……我们不得不忘记十字军战士的种种残忍行径，以及他们消灭穆斯林的狂热心态，我们还要努力让自己相信，拯救耶路撒冷是一项值得追求的事业，值得有智慧的人参与进来。"

沃尔特·司各特爵士显然是19世纪最知名的历史小说家，他的作品中有四部与十字军运动有关，有的是把它当作小说的背景，有的就是小说的主题。这四部小说是《艾凡赫》（*Ivanhoe*，1819年）、《魔符》（*The Talisman*）、《约婚夫妇》（*The Betrothed*）以及《巴黎的罗伯特伯爵》（*Count Robert of Paris*，1831年），中间两部作为《十字军故事系列》（*Tales of the Crusaders*，1825年）在同年出版。这些作品中当数《艾凡赫》最受欢迎，这部小说也为许多作曲家、艺术家与剧作家带来了灵感。司各特曾在1826年10月出席了罗西尼改编的歌剧版《艾凡赫》在巴黎的演出，之后他在日记中写道："今天晚上，我在音乐厅观看了《艾凡赫》。这出戏的表演非常雄浑，令人十分振奋。诺曼战士头戴尖头头盔，穿着类似锁子甲的戏服，看上去都很不错……这毕竟是一出戏剧，故事情节显然遭到了极大毁坏，很多台词言之无物。"《艾凡赫》同时也是阿瑟·沙利文爵士（Sir Arthur Sullivan）改编的主题，他曾与吉尔伯特（William Schwenck Gilbert）一起以该小说为蓝本，合写了一出轻歌剧。同样的主题也出现在绘画中，其中就包括莱昂·科涅（Leon Cogniet）创作的《丽贝卡与布莱恩·德·波伊思·吉尔伯特爵士》（*Rebecca and Sir Brian de Bois Guilbert*），这幅作品现存于伦敦的华莱士收藏馆。《魔符》的故事发生在第三次十字军东征期间，其中心人物是"狮心王"理查一世与萨拉丁，而这部小说也曾被改编成歌剧，或是出现在绘画作品中。然而，司各特也并非一位不置可否的观察者，事实上，他在为出版于1818年的《大英百科全书》所撰写的文章《论骑士精神》中，对十字军运动的价值提出了质疑；但总体而言，他为十字军运动添加了不少浪漫主义色彩。

十字军运动为人们的浪漫想象提供了很多发挥的空间，许多人会对那些基本的历史事件做出非常奇特的个人解读。三幅风格迥异的画作刚好展现了十字军意象的广度。德意志画家卡尔·弗里德里希·莱辛（Carl Friedrich Lessing）的《十字军值夜》创作于1836年，描绘的是一位孤独的十字军战士，他之前大概受到过很多打击，状态让人想到被人抛弃在贫瘠荒野的李尔王。事实上，十字军运动似乎已经成为莱辛与杜塞尔多夫学派最为偏爱的创作主题，而莱辛间接受到了沃尔特·司各特的影响。美国艺术家乔治·因尼斯（George Inness）对于十字军的展现就截然不同了。他的画作《十字军行军》现藏于离马萨诸塞州波士顿不远的果园公社博物馆。这幅画展示了一群十字军战士，外套上的红色十字架标明了他们的身份；他们正在过一座桥，身后的背景做了浪漫化处理。拉斐尔前派的画家威廉·贝尔·司各特（William bell Scott）是罗塞蒂（Dante Gabriel Rossetti）的朋友，他试图以十字军战士与家人团圆为主题创作一幅画作。在《十字军荣归》中，他画了一位战士在经历了十字军的漫长磨难之后，回到家里同妻子与孩子团聚时的场景。惊讶的妻子几乎认不出他来，她可能认为自己的丈夫早已客死他乡；他的儿子躲在母亲身后，对这位衣着奇怪的陌生人备感恐惧。

在20世纪30年代，理查德·霍林斯·默里（Richard Hollins Murray），这位猫眼道路安全装置的发明人购置了赫里福德郡的丁默尔庄园，这块土地原本属于医院骑士团。默里在庄园中建了一个音乐室和几条回廊，事实上，这是为了纪念十字军运动与医院骑士团而设的。建筑中包括展现医院骑士团与圣殿骑士团成员的彩色玻璃窗、雕塑与绘画，以及一系列战士打仗时穿的军服，这些服装都来自那些曾经有家人参与过十字军运动的赫里福德郡家庭。回廊中的壁画描绘了一位年轻人离开故土前去参加十字军时的场景，以及布永的戈弗雷来到耶路撒冷时的场面。音乐室中的彩色玻璃窗所表现的主题是一位骑士在十字军运动时期的日常生活。

在音乐方面，还有罗西尼在1828年首演的歌剧《奥利伯爵》（*Count Ory*）。歌剧的情节大致是：一位加法蒙泰尔的（Fourmoutiers）伯爵因参加十字军东征而常年不在家中，其间奥利伯爵和他的朋友瑞姆保德试图勾引伯爵年轻的妹妹。女主人公不得不先将自己假扮成隐士，后又装扮成修女；而在奥利与瑞姆保德即将得逞的时候，她的哥哥回到了家中。另外，还有威尔第首演于1857年的《阿罗尔多》（*Aroldo*）。这出歌剧讲述了一位刚刚从巴勒斯坦回来的十字军战士阿罗尔多与他的妻子麦娜之间的故事，阿罗尔多在巴勒斯坦为理查一世效力的时候，他的妻子却在家同别的男人通奸；故事难免要经历几番周折，最终，以在罗蒙德湖岸边的和解收场。

十字军运动同样也为浪漫主义剧作家、诗人与小说家带来了许多灵感。上文我们已经介绍过司各特的十字军小说了。在戏剧领域，一个以十字军为创作主题的例子便是查尔斯·金斯利（Charles Kingsley）的《圣人悲歌》（*The Saint's Tragedy*），这出戏是为了颂扬十字军战士图林根伯爵路易四世的妻子、匈牙利的圣丽莎（St Elizabeth of Hungary）而作。金斯利写道："我们坚毅的十字军先祖，一个个战死沙场，为的是上帝的利益，而非个人的私利。他们是如何做到这一点的？让他们的热情、他们的信念以及他们初生牛犊般的胆量，化解时间与空间上的距离，让旧日的荣光再次照耀在我们身上。"在这对王室夫妇分别的时候，十字军大军合唱道：

> 前方是上帝之墓，
> 身后是先父的故土，
> 战舰在陡峭的波涛中翻滚，
> 四周刮起了狂乱的风。
> 身着红色十字架的骑士
> 与自由的民众，遍及圣城，
> 心怀信仰，身藏力量，
> 终将把异教徒踩在脚下。

对于十字军运动的浪漫化处理，在华兹华斯的《教会十四行诗》（*ecclesiastical Sonnets*）中也能找到类似的例子。在为教会的历史进行概述的时候，华兹华斯献上了四首与十字军运动相关的十四行诗，其中有一首就叫作《十字军》（*Crusaders*），原文如下：

> 我们卷起风帆，扬起迟缓的船桨
> 穿越这些光明的地域，向那些如梦似幻的事物
> 投去留恋的目光——那些传奇故事
> 命运女神在十字军的生命力

浇灌了无限的色彩，直至遥远的海岸

他们将使命完成；或是回到故土，

他们履行了誓言，如今已成为圣人的雕像

虔诚地在祭坛的地板上一字排开

这一切都是真的吗？还是他们的追思弥撒

一直都在传颂，从未停止，

当天堂编织起最真挚、最柔和、最亲切的和声

大地以坚定的声音，升起了安魂曲，

她将告诉世人，他们的英勇、善良与才智

他们得到了渴望已久的报酬

另一个例子是科尔沃男爵弗雷德里克·罗尔夫（Frederick Rolfe）的十字军小说《休伯特的亚瑟》（*Hubert's Arthur*）。在这本小说中，罗尔夫编织了一个复杂的故事网，其中涉及布列塔尼公爵亚瑟，他曾航行去往阿卡，参与阿卡围城战，打败了萨拉森人，并最终攻占耶路撒冷。

十字军运动也为许多宏大的场面提供了素材，相应的例子出现在19世纪的英国，伦敦的阿斯特利（Astley）圆形露天剧场。1810年，阿斯特利剧场上演了一场名为《血红骑士》（*The Blood Red Knight*）的演出，演出极为轰动，连演了175场，为剧场的经营者赚得了18,000英镑的收益。故事的剧情大致为血红骑士试图勾引十字军战士阿方索的妻子伊莎贝拉，阿方索战败而归，但随后却成功招来援军，因为此刻——按照戏剧海报上的宣传语来讲——"城堡已经被风暴席卷，周围的河上到处都是满载勇士的战舰，城垛四周，战马与步兵虎视眈眈。最终，城内外尸横遍野，有的战士与马匹沉入了河里，这一景象在其他任何地方都未曾见过，但这一切都以血红骑士的死作为结局。"

另一出以十字军为主题的戏剧是1835年的《耶路撒冷围城战》（*The Siege of Jerusalem*），它吸引观众的关键手段，是史实与幻想的结合，其

中包括萨拉丁占领"圣地"、对死海的展现、法国与奥地利军舰的援助、燃烧的沙漠、萨拉丁的白色公牛科拉乔（Coraccio）、具有亚洲风格的芭蕾舞与歌剧插曲、金豹骑士（Leopard Knight）与圣殿骑士的相遇（该情节源自司各特的小说《魔符》），以及萨拉丁在第三次十字军东征的最后一天举行的盛宴（持续了整晚的狂欢娱乐）。另一出新戏名为《理查与萨拉丁》——或称《耶路撒冷十字军》（*The Crusaders of Jerusalem*）——在1843年推出，内容主要涉及第三次十字军运动。

虽然有大量的歌剧唱词是以像奥古斯特·冯·科策布（August von Kotzebue）的《十字军》（*Die Kreuzfahrer*）这样的戏剧作品为创作蓝本，但总体而言，19世纪的歌剧对十字军运动的展现似乎都乏善可陈。科策布的剧作讲述的是一个与第一次十字军东征有关的故事。这启发了路易·施波尔（Louis Spöhr）的同名戏剧。亨利·亚瑟·琼斯（Henry Arthur Jones）的《十字军》（*The Crusaders*）则与19世纪的社会改革相关："社会变革的旗帜将当今世界中最昂贵的、最卑劣的、最智慧的与最愚蠢的元素汇集在一起……这场运动在19世纪的日常生活中，其戏剧程度不亚于13世纪的十字军运动。"

对十字军运动的浪漫化与奇观化解读虽然已经在社会中风行起来，但这并不代表这些作家、画家与作曲家对他们作品中所处理的历史背景没有任何认识。我很难看出发生在近东的历史事件，如穆罕默德·阿里（Muhammad 'Ali）与他的儿子易卜拉欣（Ibrahim）的崛起与战败（这进而导致了威廉·希拉里爵士在1840年呼吁发起一次十字军运动）与19世纪人们对于十字军意象的使用存在什么关联。毫无疑问，中世纪——尤其是十字军运动时期——已经成为十字军意象的采石场，人们利用这些意象来表达某种特殊的思想与野心。例如，我们应当结合特殊的历史背景来阅读迪斯雷利的《坦克雷德》，即大英帝国在东方的扩张，以及对通往印度的商业航道的控制。十字军运动作为一类表现的主题，其中另一个变体涉及对十字军民族英雄与传统的歌颂。

因此，在英国，十字军英雄当数"狮心王"理查一世，这位国王成为许多画作与雕塑的主题，尤其是马罗凯蒂（Carlo Marochetti）男爵的作品，由他所创作的理查一世雕像现坐落于议会大厦的外面。法国的十字军英雄当然就是上文提到的圣路易了。凡尔赛宫的十字军展厅以视觉形式向人们展现了法国参与十字军运动的历史，其中涉及著名的战争场景、围城战的样貌以及十字军民族英雄的画像。另一个例子则是德拉克洛瓦（Eugène Delacroix）的画作《十字军进入君士坦丁堡》，画中描绘的是第四次十字军东征中的一个场景。这幅画现在收藏于卢浮宫，画中君士坦丁堡的贵族征服者们骑在马背上，对这座城市进行勘察，并接受当地居民的宽恕请求；至于维尔阿杜安的杰弗里能否认出这些十字军成员就很难说了。在比利时，十字军的民族英雄是布永的戈弗雷，西蒙尼斯（Eugène Simonis）曾为他创作过一座雕像，1851年在水晶宫中展出，如今则坐落于布鲁塞尔大广场，这个雕像展现了一个骑在马背上的贵族领导人的形象。在布永本地，有一座更加年轻的戈弗雷雕像，该雕像伤感地望着家乡的溪谷。在更加世俗的层面，伦敦在1883年曾出版过一本《家具与生活必需品目录》（*Catalogue of Furniture and Household Requisites*），其中就有"狮心王"理查一世、圣路易和布永的戈弗雷的铜制骑马雕像，人们可以通过邮政下单购买。

在意大利，托马索·格罗西（Tomasso Grossi）的长诗《第一次十字军东征的伦巴第人》（*I Lombardi alla prima crociata*）激起了意大利人对本国十字军成就的骄傲之情。这首诗为许多以历史题材为绘画主题的画家提供了灵感，也成为威尔第的创作素材，他的歌剧《伦巴第人》于1843年在米兰首演。音乐似乎拨动了意大利人的民族主义心弦；米兰人似乎觉得自己是伦巴第人，他们所保卫的"圣地"变成了意大利，而奥地利人却同萨拉森人没什么两样。歌剧中那些大型的上演固定套路的场景，如十字军看到耶路撒冷时的景象，成为创作者任意发挥他们对中世纪各种浪漫化想象的试验田。威尔第甚至还为这出歌剧改编了一个法语版本，并将其命名为《耶路撒冷》。这个歌剧曾在杜伊勒利宫上演——国王路易·菲利普也列席观看，并为作曲家颁发了一枚荣誉勋章。

路易九世在埃及发起的运动成为梅耶贝尔（Giacomo Meyerbeer）歌剧的主题，即便它的情节涉及罗德岛的医院骑士团以及一位萨拉森公主，而其中的基督教皈依者不大可能让人联想到茹安维尔的约翰。同样地，创作者为观众们展现了许多精巧且极具东方异域风情的戏服与背景幕布，而这些与13世纪的埃及可能一点关系都没有。在这之后，挪威作曲家爱德华·格里格（Edvard Grieg）为戏剧《十字军西居尔》（*Sigurd Jorsalfar*）谱写了戏剧配乐，内容是关于1107年西居尔国王在"圣地"所获得的功绩。不可忽略的是，这个作品成为庆祝挪威新一任国王哈康七世（Haakon VII）加冕活动的一部分。

在20世纪，十字军意象最早被应用于第一次世界大战，它不仅应用于对战争的描述，也应用于文学作品之中。当时，对于严重的伤亡人数以及战壕中的极端现实，并非所有人都会那么关注。一些人可能不愿看到血淋淋的现实，反而会选择自我蒙蔽，以一种浪漫化的眼光看待战争，将其视为高尚的十字军运动，是一场保卫自由的战争，以免普鲁士军国主义支配整个欧洲，也使"圣地"免于穆斯林的统治。

在英国，这类"圣战"的思想在圣公会牧师的布道中得到了发展，其中两个关键性人物是伦敦的温宁顿–英格拉姆（Arthur Winnington-Ingram）与巴兹尔·布奇（Basil Bourchier），他们就是所谓的"战地主教"。布奇是汉普斯特圣犹达教堂的牧师，后出任军方的特派牧师。他曾写道："这不但是场'圣战'，而且是到目前为止所开展的最神圣的'圣战'……奥丁神与基督作战。柏林正试图证明，它比伯利恒的地位还高。每一声枪响、每一个命中的枪刺、每一条牺牲的生命都是为了他自己的名声。"布奇将达达尼尔战役视为一次最新的十字军运动，这场运动最终会拯救"圣地"，使其"免于异教徒的玷污"。

这样的十字军意象不单单被用于教会。在一场发表于1916年5月名为

《赢得战争》的演讲中，英国首相劳合·乔治（David Lloyd George）声称"来自这个国家各个角落的年轻人都蜂拥而至，试图行使他们的国际权利，即加入一场伟大的十字军运动"。他在1915—1918年的演讲稿被汇总为册，得以出版，书名为《伟大十字军》（*The Great Crusade*）。

奥德·沃德（F. W. Orde Ward）在1917年出版了一本名为《最后的十字军》的诗集，他将这些诗作称为爱国诗歌；凯瑟琳·泰南（Katharine Tynan）的两个儿子都在军中服役，她写道：

> 你的孩子与我的孩子，纯洁如刚磨好的剑。
> 你的子民与我的子民，现在都是上帝的子民。
> 你的孩子与我的孩子为了这场伟大的十字军，
> 已成为新一代的骑士——上帝的旗帜在他们头顶飘扬。

在描述达达尼尔海峡与巴勒斯坦战役的文字中，十字军的主题常常被人提及。诗人鲁伯特·布鲁克（Rupert Brooke）在致友人雅克·拉韦拉特（Jacques Raverat）的信中，将自己描述成一位十字军战士。维维安·吉尔伯特（Vivian Gilbert）少校在1923年出版过一本名为《最后的十字军传奇：与阿伦比同去耶路撒冷》（*The Romance of the Last Crusade- with Allenby to Jerusalem*）的书，书中记录了他在巴勒斯坦的经历。这本书是献给"所有孩子的母亲，他们为了'圣地'的自由而奋战"。它是以布莱恩·格尔尼作为全书的开篇，1914年，格尔尼刚刚在牛津学习了一年时间，脑中充满了与他的十字军祖先布莱恩·德·格尔尼爵士相关的梦想，这位祖先曾参与过第三次十字军东征运动，并取得了赫赫功绩；年轻的布莱恩渴望着十字军的再次出现，他希望能够夺回耶路撒冷："为自己的事业而战，加入这最后的十字军之中。我愿把我的生命留在'圣地'。啊，愿我也能像那些昔日的骑士那样，用毕生精力去完成一件真正有价值的事情。"根据一位曾经参与过阿伦比（Allenby）战役的老兵的说法，当时军中有令，禁止将士兵称为十字军。虽然遭到了官方的禁止，但有许多士兵认为，他们实际上是在紧跟十字军的步伐。吉尔伯特充满主观情感地描述这些战士："我们若是身穿乏味的卡其布军装，而非闪亮的盔甲，这又有什么关系呢？十字军的精神已经深植于我们战士的心中，他们个个精神抖擞，为这场伟大的战役做着准备。即便头上戴的是丑陋的鸭舌帽，而非飘扬着翎羽的头盔，他们的勇气同先辈们一样非凡，他们的理想也同往日的骑士们一样远大。正是那些高贵的骑士，凭借其无所畏惧的信仰，在'狮心王'理查一世的带领下，解放了'圣地'。"吉尔伯特强调，所有十字军运动都是以解放"圣地"为目标的，而其中只有两次是成功的："第一次由布永的戈弗雷领导，最后一次则是由埃蒙德·阿伦比率领的。"我们甚至能偶尔在《重拳》（*Punch*）杂志中看到与十字军有关的漫画。1917年12月，一幅名为《最后的十字军》的漫画描绘了"狮心王"理查一世望向耶路撒冷时的样子，漫画配着这样的文字："我的梦想终于实现了。"

　　一些"一战"纪念碑也能够反映出人们对十字军主题的应用。位于约克郡斯莱德米尔（Sledmere）——这里也是马克·赛克斯爵士（Sir Mark Sykes）的故居，这位爵士因《赛克斯–皮科协定》而闻名于世——的纪念碑便采用了埃莉诺十字（Eleanor Cross）的形式。当马克爵士在1919年去世的时候，纪念碑上恰巧还有一片嵌板没有被填满。纪念碑上有用黄铜制作的纹章，而马克爵士则身穿戎装，佩带宝剑，脚下踩着一个穆斯林，头上则是一个卷轴，写着"Laetare Jerusalem"（"赞美耶路撒冷"），在他的身后，是耶路撒冷的地形轮廓。雕塑家格特鲁德·爱丽丝·梅瑞狄斯·威廉姆斯（Gertrude Alice Meredith Williams）设计了一座名为《十字军精神》（*The Spirit of the Crusaders*）的雕塑，这是在佩斯利举办的战争纪念雕塑比赛的参赛作品。该雕塑现藏于加的夫的威尔士国家博物馆，雕塑刻画了一位中世纪骑士身披盔甲，骑着战马，周围是四位穿着"一战"军服的士兵。

战后在凡尔赛举办的和平会议同样勾起了人们的十字军记忆。一位法国代表背诵了十字军运动时期法国占领叙利亚地区的宣言，而在这之后，埃米尔·费萨尔（Faisal）评论道："您是否愿意劳驾告诉我，我们当中到底是谁赢得了这场远征的胜利？"

在西班牙内战中，作战双方均使用了十字军意象，来对各自的行为做出描述，并成为各自的宣传手段。因此，一方面佛朗哥（Francisco Franco）不仅为使西班牙免于共产主义与无神论的"戕害"而开展了一场"解放十字军"运动，在他的政体下印刷出版的海报与绘画中，他自己还被描述成一位为上帝而战的十字军战士；另一方面，国际纵队的成员却被人歌颂为"为自由而战的十字军战士"。马德里在1940—1943年出版了一套卷帙浩繁的梳理西班牙内战的书籍，名为《西班牙十字军史》（*Historia de la cruzada española*）；而"十字军"这个词也出现在许多讲述战争的自传或与内战有关的小说标题中。例如，贾森·格尼（Jason Gurney）曾是国际纵队的一名成员，他在1937年受伤，而他在1974年出版的《西班牙十字军》（*Crusade in Spain*）中写道："这场十字军运动针对的是法西斯分子，他们就是我们这个时代的萨拉森人。"事实上，这是"西欧历史上最具意识形态性质的十字军运动"。

十字军意象在第二次世界大战中再次出现。艾森豪威尔（Dwight David Eisenhower）将军描述这场战争的著作出版于1948年，该书名为《欧洲十字军》（*Crusade in Europe*），他将"二战"视为某种个人十字军的形式。"只有彻底毁灭轴心国，世界才有可能获得平静；对我而言，这场战争已经如同一场传统意义上的十字军运动，即便这个词的含义常常被人错用。"1941年11月，一场冲突最终演变成为图普鲁格（Tobruk）围城战，其行动代号为"十字军行动"。艾森豪威尔在1944年6月6日发表的反攻动员令是这样写的："战士们，战士们，联军的航空飞行员们，你们即将加入一场伟大的十字军……愿解放的希望与祝福与你们同在。"另一个使用十字军意象的例子是斯蒂芬·海姆（Stefan Heym）出版于1950年的小说《十字军》（*The Crusaders*）。海姆在1933年逃出纳粹德国，他将"二战"描述成为消灭暴君而开展的一场"必要的神圣十字军运动"。

在19世纪与20世纪早期，人们对十字军形象的展现是多种多样的。虽然19世纪学术界开始了对十字军运动的研究，但十字军的大众形象却是高度浪漫化的，它与十字军亲历者对这场运动的现实呈现几乎没什么关系。作曲家、艺术家与作家让这种想象力得到了自由的驰骋，他们创作的主要来源并非中世纪的编年史学者，而是托尔夸托·塔索与沃尔特·司各特。这倒也不足为奇，毕竟他们要取悦观众，而这些观众对中世纪生活以及宗教骑士团的功绩都抱有浪漫幻想，常常被旅行者们口中那些极具东方异域色彩的故事吸引。人们对参加十字军的民族英雄都充满了骄傲之情，如英国的理查与比利时的布永的戈弗雷。十字军意象也被应用在当代的军事冲突中，特别是在第一次世界大战期间，尤其与发生在巴勒斯坦的阿伦比战役相关。最惊人的例子当数在克里米亚战争期间对于十字军意象的误用，在这场战役中，西欧的军事势力同穆斯林的土耳其人形成同盟，而人们称这支盟军为十字军。

第十五章

十字军的幸存与复苏

乔纳森·莱利-史密斯

如今，人们往往将十字军运动与意识形态冲突联系在一起，而与其相关的形象与话语恰是十字军运动的对立面，如"圣战"，常常使人想到许多暴力事件，其中一定涉及发生在巴尔干半岛或近东地区的基督徒与穆斯林之间的军事冲突。事实上，黎巴嫩的马龙派信徒，其教会在1181年就已经与罗马合并，但他们始终都对西方人在东方定居时期怀有感情，他们的历史学者称那几百年的历史阶段为"黄金年代"。在欧洲，与十字军运动相关的言论时常带有某种伤感的色彩，虽然人们也能感知到其他与十字军相似的特征，但这些情感（在上一章中已经进行了深入的讨论）往往与十字军的原始思想相差千里。如今战争神学的发展态势相当惊人——这曾在历史中巩固了十字军运动的思想——甚至得到了复兴，尤其在拉丁美洲，即基督教解放运动中的尚武派。

所有以基督教的名义，为积极的暴力行为进行辩护，均部分基于这样的观念，即与某一特定的宗教或政治体系相关，或是某些政治事件所致；其之所以正当，乃是由于它与上帝的密切联系。上帝对人类的意图因而与事件的成败有着紧密的关联。一些对基督教的暴力行为持辩护态度的现代人，他们认为上帝的愿望与其政治事业有关，将这一事业称为"解放"。在人类历史发展的道路上，上帝的确出现其中，他便是那个"解放者"，是解放思想最充分的表达，或者说"解放"作为一种思想，是上帝赠予人类的一件礼物。为了维护上帝意图的完整性，扫清阻碍其发展的障碍，如果唯一的方法是动用武力，那么这样的做法在历史发展过程中也是符合上帝的想法的。就这类出于上帝意愿的暴力行为，那些参与其中的人必须身兼某种道德责任。这也刚好能够解释以下两起事件的发生原因：世界基督教会联合会（World Council of Churches）在1973年的报告中指出，联合会中的一些下设机构成员坚称，在某种情况下，动用武力是具有道德必要性的。卡米洛·托雷斯（Camilo Torres），这位哥伦比亚神父兼社会学家，同时也是解放运动中最具悲剧色彩的人物，辞去了他的宗教职位，随后加入游击队，并在1966年2月被杀。据说他曾有过这样的言论："一个天主教徒若不是改革者，那么他便形同罪人。"这一言论的真实性可以通过他在1965年8月的声明中得到证实："革命不需要谁的容许，它对于基督徒而言是一种义务，因为这些人将革命视作唯一有效且影响深远的道路，从而使全人类的爱变为现实。"

在爱的驱使下所开展的改革运动，成为托雷斯的文章中一个最重要的主题。毫无疑问，仁爱是他行事的动力，这种情感是真挚的、深沉的。在1965年6月，当他发出辞职声明的时候，参与暴力行动的念头想必已经在他脑中酝酿了许久，他写道："只有通过革命，通过改变我们国家的僵化局势，我们才能让人类真正拥有彼此互爱的能力……我已志愿加入这场革命中，因此，我的部分工作便是通过彼此互爱的方式，教导世人上帝之爱。我认为，不论是作为一个基督徒，还是一名教士，或是一个哥伦比亚人，这始终都是最重要的。"凡是见证过托雷斯爱的力量的人，都非常支持他，而他的死也对这些人造成了前所未有的打击。对于一位游击队首领而言，"托雷斯将革命战争这一科学概念与深奥的基督教进行了完美的结合。对他而言，革命是争取自由的唯一有效渠道；而他所宣扬和实践的基督教，不仅是对穷人、受剥削的人与受压迫的人无限的爱，还是对解放战争全身心的投入与付出"。一位阿根廷神父曾说："上帝便是爱，而我希望成为一个充满仁爱之心的人；然而，在主人与奴隶的关系中，爱是不可能存在的。于我而言，卡米洛的死意味着，我将用我一生的精力，去粉碎这个根植于阿根廷的主奴关系的恶瘤。我会同那些奴隶并肩作战，同人民一起战斗。我不会以精英导师自居……而是一个充满诚意的参与者。我要和他们站在一起，而不是居高临下地指指点点，我要感受他们的痛苦、他们的挫败以及他们的狂热。如果不能做到这一点，我便不能算作人民的一分子，也不是上帝的子民，更不能被视作手足之情的信徒，因为这些均代表着爱的含义。"为了回应这种十字军一般的殉道行为，一位天主教神学家将卡米洛·托雷斯同"那些最纯粹的、最高尚的以及最真诚的基督教倡导者与殉道者"相提并论。甚至还有人讨论道，在这场革命（虽不见得一定是暴力的形式）中，不应只对受到压迫的人施以仁爱之心，对那些压迫者也当如此，因为这是为了将他们从罪恶的状态中解脱出来。这一讨论使人回想起人们对讨伐异教徒进行辩解时所采取的传统做法。

如果说神圣的暴力行为（在这个案例中便属于军事起义）重新登上了基督教舞台，那么那些在十字军运动时期便已存在并存活至今的机构，却一直都对这类行为持反对态度。当然，马龙派信徒以及亚美尼亚人的合并教派所发起的十字军运动与宗教骑士团之间的联系都是间接的。对于他们而言，许多天主教会的主教职位是徒有虚名的。这些宗教骑士团大约有26个，如宣道兄弟会（Order of Preachers），又名"多明我会"。它们早已改变了原有的功能，甚至到了难以辨识的程度，如西班牙的几个骑士团。虽然如此，有两个骑士团始终未改其当初的面貌，而它们与十字军运动的界限也非常明确，即便作为现存的骑士团机构，它们的发展路径也十分不同。首先便是耶路撒冷、罗德岛与马耳他圣约翰医院骑士团，简称"马耳他骑士团"。该骑士团与在十字军历史上具有举足轻重的地位（不论在巴勒斯坦、叙利亚、罗德岛，还是在马耳他地区）的医院骑士团是同一个骑士团。

拿破仑在1798年攻占了马耳他岛，在此之后，士气低落且不名一文的骑士团便开始逐渐变得分崩离析。其海外领土慢慢同中央政府脱离关系，开始自行其是，这些领土最终陷入混乱之中，而混乱的始作俑者是一批由俄国沙皇保罗一世（Paul I）遴选出来的骑士团成员。保罗一世自然成为骑士团团长，然而，他既未宣布就职，也不是天主教徒，更没有宣誓禁欲。教皇默认了保罗一世的团长身份，不过这样的状态并没有维持多久。在保罗一世遭到暗杀之后，该骑士团以极其不稳定的形式维持了近30年，直到1834年在罗马设立大本营为止。这个骑士团经历了缓慢的重建过程，将当初的野心（在一块独立的领土上建立军事力量——他们在19世纪20年代的确从土耳其人手中夺取过一座希腊岛屿，而阿尔及利亚在19世纪30年代也有发展成为一个骑士团国家的苗头）抛诸脑后，并逐渐恢复其救死扶伤的原始功能，一开始只是在教皇国，后来向全世界波及。虽然骑士团在册的成员人数相对较少，但有10,000多名天主教徒同他们有联系，这些天主教徒为骑士团的一般信徒成员。

天主教徒也与其他骑士团有联系，但这些联系都没有那么直接。这些骑士团便是圣约翰骑士团的四个分支，它们都属于新教团体，而并非罗马教会旗下的骑士团。它们是在联邦德意志议会以及瑞典、荷兰与英国王室的资助下获得合法地位的。在这四个分支中，有三个起源于勃兰登堡辖区，它们是耶路撒冷圣约翰医院骑士团勃兰登堡分团——简称"圣约翰骑士团"，圣约翰骑士团瑞典分团以及圣约翰骑士团荷兰分团。勃兰登堡辖区原属医院骑士团领地，后逐渐演变成一个新教徒团体，并在宗教改革期间与其他骑士团断绝关系，并与马耳他政府还保存着遥远的联系。第四个分支是耶路撒冷圣约翰医院神圣骑士团，该骑士团起源于法国骑士团分支的一次尝试，1827年，法国骑士团分支试图在伦敦市场筹集一笔资金，组织一支小型海军。这支海军从英国出发，前去援助希腊人抵抗土耳其人以获得独立的运动。等到准备回国的时候，这支军队在爱琴海获得了一座岛屿，而这座岛屿则可以作为收复罗德岛的一块敲门砖。此后，所有当初为这项事业投资的人，以及所有雇佣军的官员，都成了马耳他骑士。但由此产生的英国圣约翰骑士团却并没有得到罗马教皇的承认，虽然如此，它所从事的各种善行——其中便孕育了后来的圣约翰救伤机构，却得到了英国维多利亚女王的认可，她在1888年将其作为皇家骑士团接管了下来。

另一个存活下来的十字军机构便是条顿骑士团，其大本营位于维也纳，自1923年起，这个骑士团的成员已经全部是教士了。在另一个地方也能找到该骑士团的残余势力，即条顿骑士团乌得勒支辖区。就像医院骑士团的勃兰登堡辖区那样，乌得勒支辖区也在宗教改革运动期间转变成了一个新教团体。

这些残存的势力在基督教的慈善机构中都非常活跃，它们有的从事教士工作，有的负责照顾老弱病残。它们常常将讨伐异教徒的运动与对病人的护理工作结合在一起，这充分展示出在中世纪思想中战争与护理之间的亲缘关系，正是这样的传统能够让它们在褪去尚武光彩的同时，仍然保有其原初的根性。从它们在当今社会的活动中，我们仿佛能够听到某些中世纪的回声，那回声似乎在证实着十字军运动的本源，即它是出于"爱"的行动。

大事年表

1095年	（3月）皮亚琴察大公会议 （7月—1096年9月）教皇乌尔班二世进行布道巡游 （11月27日）在克勒芒宗教会议中提出第一次十字军东征的倡议 （12月—1096年7月）在欧洲迫害犹太人
1096—1099年	第一次十字军东征
1096年	教皇乌尔班二世为西班牙的收复失地运动做准备
1096—1097年	第二批十字军战士抵达君士坦丁堡
1097年	（7月1日）多利留姆战役（Battle of Dorylaeum） （10月21日—1098年6月3日）安条克围城战
1098年	（3月10日）布洛涅的鲍德温占领埃德萨 （6月28日）安条克战役
1099年	（7月15日）十字军占领耶路撒冷 （7月22日）布永的戈弗雷成为耶路撒冷的第一位拉丁统治者
1101年	（8—9月）第一次十字军东征的最后一批战士在小亚细亚被突厥人击败
1107—1108年	塔兰托的博希蒙德发起十字军东征
1108年	（9月）塔兰托的博希蒙德向希腊人投降
1109年	（7月12日）十字军占领的黎波里

1113年	圣约翰医院骑士团首次得到教皇的特许
1114年	加泰罗尼亚十字军前往巴利阿里群岛
1118年	教皇杰拉修斯二世（Gelasius II）在西班牙发起十字军运动，（12月19日）十字军占领萨拉戈萨
1119年	（6月27日）血田战役
1120—1125年	教皇卡利克斯特二世向西班牙与东方国家发起十字军运动
1120年	圣殿骑士团成立
1123年	（3—4月）第一次拉特兰大公会议颁布十字军法令
1124年	（7月7日）十字军占领提尔
1125—1126年	阿拉贡的阿方索一世突袭安达卢西亚
1128—1129年	佩恩的于格为东征招募新兵
1129年	（1月）特鲁瓦大公会议承认了圣殿骑士团的合法性 （11月）十字军攻打大马士革
1135年	（5月）召开比萨大公会议；为讨伐意大利南部地区的诺曼人以及反对教皇的势力，教会为战士们提供十字军救赎
1139—1140年	东征
1144年	（12月24日）穆斯林攻占埃德萨
1145年	（12月1日）教皇尤金三世通过教皇通谕《吾等之前辈》，发起第二次十字军东征运动
1146—1147年	克莱尔沃的圣贝尔纳铎为第二次十字军东征运动布道
1146年	莱茵兰犹太人被迫害
1147—1149年	第二次十字军东征运动
1147年	（4月13日）教皇尤金三世在西班牙、德意志东北部边境，以及东方发起十字军运动 （10月24日）攻占里斯本
1148年	（7月24—28日）十字军从大马士革围城战中撤离

续表

1149年	（7月15日）为新的圣墓教堂举行祝圣活动
1153年	西班牙十字军运动
1154年	（4月25日）努尔丁占领大马士革
1157—1184年	历任教皇多次号召东征，得到的回应大多是小型与中等规模的运动
1157—1184年	西班牙十字军运动
1158年	卡拉特拉瓦骑士团成立
1163—1169年	耶路撒冷国王阿马尔利克一世向埃及发起进攻
1169年	伯利恒的圣诞教堂的美化工程完工，拜占庭皇帝曼努埃尔一世、耶路撒冷国王阿马尔利克一世，以及伯利恒大主教拉尔夫为这项工程提供了资助 （3月23日）萨拉丁代表努尔丁，接受了埃及的投降
1170年	圣地亚哥骑士团成立
1171年	波罗的海地区的十字军运动
1172年	（9月10日）萨拉丁在埃及宣布成为阿拔斯王朝哈里发
约1173年	蒙特高迪奥骑士团成立
1174年	（5月15日）努尔丁去世 （10月28日）萨拉丁接手大马士革
1175年	西班牙十字军运动
约1177年	阿维什骑士团与阿尔坎塔拉骑士团成立
1177年	佛兰德斯的腓力发起东征
1183年	（6月1日）阿勒颇向萨拉丁投降
1186年	（3月3日）摩苏尔向萨拉丁投降
1187年	（7月4日）哈丁战役 （10月2日）萨拉丁占领耶路撒冷 （10月29日）格列高利八世通过教皇训谕《闻此严判》发起第三次十字军东征运动

1188年	（6月）英格兰征收萨拉丁什一税
1189—1192年	第三次十字军东征运动
1189年	（9月3日）十字军攻占葡萄牙的锡尔维什
1190年	（6月10日）神圣罗马帝国皇帝"红胡子"腓特烈一世在奇里乞亚溺水身亡
1191年	（6月）英国的理查一世占领塞浦路斯 （7月12日）阿卡向英国的理查一世与法国的腓力二世投降 （9月7日）阿苏夫战役
1192年	（9月2日）签订《雅法条约》
1193—1230年	利沃尼亚十字军运动（分别于1197年和1199年重启）
1193年	西班牙十字军运动
1197—1198年	德意志前往巴勒斯坦的十字军运动
1197年	西班牙十字军运动
1198年	条顿骑士团成立 （8月）教皇英诺森三世发起第四次十字军东征运动
1199年	（11月24日）发起针对马克瓦尔德·德尔·安维乐的十字军运动 （12月）教会为十字军建立税收制度
约1200年	阿尔法玛的圣乔治修会成立
1202年	宝剑骑士团成立
1202—1204年	第四次十字军东征运动
1202年	（11月24日）十字军占领扎拉（Zara）
1204年	教皇英诺森三世允许定期为利沃尼亚十字军运动招募新兵 （4月12—15日）十字军攻占君士坦丁堡 （5月9日）佛兰德斯的鲍德温成为君士坦丁堡的第一位拉丁皇帝
1204—1205年	维尔阿杜安的杰弗里与尚普利特的威廉（William of Champlitte）征服伯罗奔尼撒半岛
1206年	丹麦人在萨雷马（Ösel或Saaremaa）开展十字军运动

续表

1208年	（1月14日）朗格多克的教皇使节卡斯特尔诺的彼得（Peter of Castelnau）遇刺 阿尔比十字军运动发起
1209—1229年	阿尔比十字军运动
1209年	（7月22日）贝济耶沦陷
1211年	匈牙利国王邀请条顿骑士团进军特兰西瓦尼亚
1212年	儿童十字军运动 西班牙十字军运动 （7月17日）拉斯纳瓦斯·德·托洛萨战役
1213年	（4月）教皇英诺森三世发起第五次十字军东征运动；西班牙与阿尔比十字军运动因东方战场的恶劣局势而遭到冷落 （9月12日）穆雷战役
1215年	多明我会在图卢兹成立 （12月14日）第四次拉特兰大公会议通过了名为《解放圣地》的会议章程，允许教会定期为十字军运动征收税款
1216年	（10月28日）英格兰国王亨利三世宣誓加入针对英格兰异端的十字军运动
1217—1229年	第五次十字军东征运动
1218年	（5月27日—1219年11月5日）达米埃塔围城战
1219年	丹麦人对爱沙尼亚发起十字军运动
1221年	（8月30日）埃及的十字军在曼苏拉遭遇战败
1225年	条顿骑士团进驻普鲁士
1226年	阿尔比十字军运动被重启
1227年	十字军讨伐波斯尼亚的异教徒（于1234年重启）
1228—1229年	神圣罗马帝国皇帝腓特烈二世发起十字军运动（第五次十字军东征运动的最后一拨）
1229—1233年	塞浦路斯内战

1229年	（2月18日）双方签订和约，耶路撒冷归基督徒 （4月12日）《巴黎和约》终止了阿尔比十字军运动 条顿骑士团开始攻打普鲁士
1229—1253年	西班牙十字军运动
1229—1231年	阿拉贡国王海梅一世对马略卡岛发起十字军运动
1231年	布里埃纳的约翰为援助君士坦丁堡而发起十字军运动 卡斯蒂利亚的斐迪南三世（Ferdinand III of Castile）在西班牙发起十字军运动
1232—1234年	针对德意志的斯特丁根异教徒开展十字军运动
1232—1253年	阿拉贡国王海梅一世征服巴伦西亚
1236年	为支持君士坦丁堡而发起一场新的十字军运动 （6月29日）卡斯蒂利亚国王斐迪南三世占领科尔多瓦
1237年	条顿骑士团将利沃尼亚的宝剑骑士团纳入旗下
1239—1240年	为援助君士坦丁堡而发起十字军运动
1239—1241年	香槟的蒂博四世与康沃尔的理查发起十字军运动
1239年	宣布针对皇帝腓特烈二世发起十字军运动（分别于1240年与1244年重启） 瑞典人对芬兰发起十字军运动
1241年	对蒙古人发起十字军运动（分别于1243年与1249年重启）
1242年	普鲁士人第一次针对条顿骑士团发动起义 （4月5日）佩普西湖（Peipus）战役
1244年	（3月16日）蒙茨格尔（Montségur）沦陷 （7月11日—8月23日）花剌子模人攻陷耶路撒冷 （10月17日）拉佛比战役
1245年	条顿骑士团宣布向普鲁士发动"长期征服"
1248—1254年	第一次圣路易（法国国王路易九世）十字军运动
1248年	（10月）针对腓特烈二世的十字军占领了亚琛 （11月23日）卡斯蒂利亚的腓力三世占领塞维利亚

续表

1249年	（6月6日）占领达米埃塔
1250年	（2月8日）埃及的十字军在曼苏拉遭遇战败
1250—1254年	圣路易在巴勒斯坦地区
1251年	第一次牧羊人十字军
1254年	波希米亚国王奥托卡二世、哈布斯堡的鲁道夫一世和勃兰登堡的奥托向普鲁士发起十字军运动；建立哥尼斯堡
1255年	针对斯陶芬的曼弗雷德、罗马诺的艾泽利诺和阿尔贝里克发起十字军运动
1256—1258年	阿卡的圣萨巴斯战争
1258年	（2月10日）蒙古人攻陷巴格达
1259年	亚加亚的拉丁人在佩拉格尼亚战役中被希腊人打败
1260年	利沃尼亚的条顿骑士团在杜尔贝战役中被立陶宛人打败 第二次普鲁士起义 卡斯蒂利人向摩洛哥的萨莱（Salé）发起十字军运动 （9月3日）阿音札鲁特战役 （10月23日）拜巴尔成为埃及苏丹
1261年	（7月25日）希腊人收复君士坦丁堡
1265—1266年	安茹的查理向意大利南部发起十字军运动
1266年	（2月26日）贝内文托战役
1268年	（5月18日）马穆鲁克人攻陷安条克
1268年	（8月23日）塔利亚科佐战役
1269—1272年	第二次圣路易十字军运动
1269年	阿拉贡十字军东征巴勒斯坦地区
1270年	（8月25日）圣路易在突尼斯去世
1271—1272年	英格兰的爱德华王子在巴勒斯坦
1274年	（5月18日）第二次里昂大公会议颁布十字军法案《为热情的信者》

约1275年	西班牙的圣马利亚修会成立
1277年	（9月）教士安茹的查理从一位觊觎者手中买来耶路撒冷王位，并抵达阿卡；耶路撒冷王国分裂
1282年	（3月30日）西西里晚祷
1283—1302年	针对西西里人与阿拉贡人的十字军运动发起
1285年	法国人发起针对阿拉贡的十字军运动
1286年	（6月4日）塞浦路斯国王亨利二世统一耶路撒冷王国
1287年	（6月18日）布卢瓦的爱丽丝发起东征
1288年	格雷利的约翰发起东征
1289年	（4月26日）马穆鲁克人攻陷的黎波里
1290年	格兰德森的奥托（Otto of Grandson）与北方的意大利人发起东征
1291年	（5月18日）马穆鲁克攻陷阿卡 （7月）西顿与贝鲁特沦陷 （8月）基督徒从塔尔图斯与朝圣城堡中撤离
1302年	穆斯林从圣殿骑士团手中夺回鲁阿德岛 拉丁人基本结束了在朱拜勒（Jubail）的统治 （8月31日）《卡塔贝罗塔条约》
1306年	医院骑士团开始进攻罗德岛
1306—1307年	在皮埃蒙特开展讨伐弗拉·多尔西诺（Fra Dolcino）追随者的十字军运动
1307年	支持瓦卢瓦的查理占领君士坦丁堡的十字军运动发起 （10月13日）法国境内所有的圣殿骑士团成员被逮捕
1309年	平民十字军运动 条顿骑士团将大本营从马林堡迁至普鲁士
1309—1310年	在西班牙发起卡斯蒂利亚与阿拉贡十字军运动 发起针对威尼斯的十字军运动
1310年	医院骑士团巩固了其对罗德岛的掌控

续表

1311年	医院骑士团在罗德岛建立大本营 （3月15日）哈米洛斯战役（爆发于克菲索斯河）；加泰罗尼亚佣兵团控制了雅典与底比斯
1312年	（4月3日）圣殿骑士团遭到镇压 （5月2日）教皇克雷芒五世将大部分圣殿骑士团的财产交给了医院骑士团
1314年	匈牙利十字军运动（分别于1325年、1332年、1335年、1352年与1354年重启） （3月18日）最后一任圣殿骑士团团长雅克·德·莫莱以及沙尼尔的杰弗里被处以火刑
1317年	蒙特萨骑士团成立
1319年	基督骑士团成立
1320年	第二次牧羊人十字军运动
1321年	在安科纳与斯波莱托公爵领地开展战役的时候，发起针对费拉拉、米兰以及保皇党的十字军运动（在1324年蔓延至曼图亚）
1323年	挪威人发起针对在芬兰的俄罗斯人的十字军运动
1325年	波兰十字军运动（分别于1340年、1343年、1351年、1355年、1363年，以及1369年重启）
1327年	计划针对匈牙利的清洁派发起十字军运动
1328年	针对德意志国王路易四世（Louis IV）的十字军运动发起 西班牙十字军运动
1330年	针对加泰罗尼亚的雅典人十字军运动发起
1331年	新一轮东征发起宣告
1332—1334年	第一次十字军联盟
1334年	十字军联军的舰队在阿德拉米迪翁海湾（Gulf of Adramyttion）击败土耳其人
1337年	马穆鲁克攻陷阿亚斯

1340年	针对波希米亚异端的十字军运动发起 （10月30日）萨拉多河战役
1342—1344年	阿尔赫西拉斯围城战
1344年	计划向加那利群岛发起十字军运动 （10月28日）十字军联军占领士麦那
1345—1347年	法国王太子胡贝儿发起十字军运动
1345年	热那亚人为保卫卡法不受蒙古人的入侵而发起十字军运动
1348年	瑞典国王马格努斯向芬兰发起十字军运动（分别于1350年与1351年重启）
1349—1350年	直布罗陀围城战
1353—1357年	为重获意大利教皇国的控制权而发起的十字军运动
1354年	提议向非洲发起十字军运动 针对切塞纳（Cesena）与法恩莎的十字军运动
1359年	十字军联盟军在兰普萨库斯击败突厥人
1360年	针对米兰的十字军运动（分别于1363年和1368年重启）
1365—1367年	塞浦路斯国王彼得一世发起远征运动
1365年	（10月10日）埃及亚历山大城沦陷，塞浦路斯的彼得的掌控只维持了6天
1366年	（8—12月）萨伏依伯爵阿梅迪奥六世向达达尼尔与保加利亚发起十字军运动
1374年	医院骑士团接手守卫士麦那的工作
1377年	医院骑士团租借亚加亚5年时间，进而促成纳瓦尔团的统治地位
1378年	医院骑士团团长埃雷迪亚的胡安·斐迪南被阿尔巴尼亚人俘获
1379年	纳瓦尔团占领底比斯
1383年	诺维奇主教对佛兰德斯的反教皇分子（Clementists）发起十字军运动

续表

1386年	冈特的约翰在卡斯蒂利亚发起十字军运动 波兰与立陶宛形成联盟；立陶宛人开始逐渐皈依基督教
1390年	人民群众向马赫迪亚发起十字军运动
1394年	尼科波利斯十字军运动宣誓
1396年	尼科波利斯十字军运动 （9月25日）尼科波利斯战役
1398年	宣布为保卫君士坦丁堡而发起十字军运动（分别于1399年和1400年重启）
1399—1403年	约翰·布西考（John Boucicaut）发起十字军运动
1402年	（12月）帖木儿攻陷士麦那
1410年	（7月15日）坦嫩贝格战役
1420—1431年	针对胡斯派的十字军运动
1420年	第一次胡斯派十字军运动
1421年	第二次胡斯派十字军运动
1422年	第三次胡斯派十字军运动
1426年	（7月7日）基罗基蒂亚战役
1427年	第四次胡斯派十字军运动
1431年	第五次胡斯派十字军运动
1432年	摩里亚的希腊君主接管亚加亚公国
1440—1444年	马穆鲁克攻打罗德岛
1443年	（1月1日）瓦尔纳十字军宣誓
1444年	瓦尔纳十字军运动 （11月19日）十字军在瓦尔纳遭遇战败
1453年	（5月29日）土耳其人攻陷君士坦丁堡 （9月30日）新一轮十字军东征召集（于1455年重启）
1454年	（2月17日）野鸡盛宴在里尔举办
1455年	热那亚人为保卫开俄斯而发起十字军运动

1456年	卡皮斯特拉诺的圣约翰发起远征运动 （6月4日）土耳其人占领雅典 （7月22日）匈雅提与卡皮斯特拉诺的圣约翰领导十字军成功保卫贝尔格莱德
1457年	教皇的舰队攻占了萨莫色雷斯岛、萨索斯岛与利姆诺斯岛
1459—1460年	曼图亚十字军大会
1459年	伯利恒骑士团成立
1460年	（1月14日）教皇庇护二世宣布发起远征运动
1462年	土耳其人攻陷莱斯博斯岛
1464年	（8月15日）教皇庇护二世在等待十字军于安科纳会合时去世
1470年	突厥人攻陷内格罗蓬特
1471年	（12月31日）十字军运动宣誓
1472年	十字军联盟攻打安塔利亚与士麦那
1480年	（5月23日—8月末）土耳其人包围罗德岛 （8月11日）土耳其人占领奥特朗托
1481年	（4月8日）为夺回奥特朗托，十字军运动再度宣誓发起 （9月10日）土耳其人再次占领奥特朗托
1482—1492年	西班牙十字军运动
1487年	西班牙人攻陷马拉加
1489年	西班牙人攻陷巴扎、阿尔梅里亚与瓜迪斯 塞浦路斯吕西尼昂王朝统治终结
1490—1492年	格拉纳达围城战
1490年	在罗马大公会议上计划新一轮十字军运动
1492年	（1月2日）西班牙十字军攻陷格拉纳达
1493年	匈牙利十字军运动

续表

1499—1510年	西班牙人在北非开展十字军运动——1497年在梅里亚；1505年在凯比尔港；1508年在加那利群岛；1509年在奥兰；1510年在阿尔及尔岩、布日伊与的黎波里
1499年	土耳其人占领勒班陀
1500年	土耳其人占领柯仑与莫登 （1月1日）十字军运动宣誓发起
1512—1517年	在第五次拉特兰大公会议上讨论了十字军运动
1513年	东欧宣布开展十字军运动
1516—1517年	奥斯曼王朝征服埃及
1517年	（11月11日）十字军运动宣誓发起
1520年	（6月）金衣会（Field of Cloth of Gold）——英、法两国国王为筹备新一轮远征而会面
1522年	（7月—12月18日）罗德岛围城战，罗德岛最终向土耳其人投降
1523年	（1月1日）医院骑士团成员离开罗德岛
1525年	条顿骑士团"大首领"，勃兰登堡的阿尔布雷希特（Albert of Brandenburg）皈依路德宗
1529年	（9月26日—10月）奥斯曼王朝第一次围攻维也纳
1530年	（2月2日）十字军运动宣誓发起 （3月23日）神圣罗马帝国皇帝查理五世（同时作为西西里国王）将马耳他与北非的的黎波里交给医院骑士团
1535年	（6—7月）皇帝查理五世向突尼斯发动十字军
1537—1538年	十字军联盟向地中海东部发起进攻
1538年	（9月27日）十字军联盟的舰队在普雷韦扎被击败
1540年	土耳其人攻陷纳夫普利亚与莫奈姆瓦夏
1541年	（10—11月）神圣罗马帝国皇帝查理五世向阿尔及尔发动十字军
1550年	（6—9月）神圣罗马帝皇帝查理五世向马赫迪亚发动十字军
1551年	（8月14日）医院骑士团在的黎波里向土耳其人投降

1562年	利沃尼亚的条顿骑士团团长戈特哈德·凯特勒（Gotthard Kettler）皈依路德宗，并被封为公爵 圣斯特凡骑士团成立
1565年	（5月19日—9月8日）土耳其人围攻马耳他
1566年	土耳其人攻陷开俄斯
1570—1571年	十字军神圣同盟（于1572年重启） 土耳其人攻陷塞浦路斯
1570年	（9月9日）土耳其人攻陷尼科西亚
1571年	（8月5日）土耳其人攻陷法马古斯塔 （10月7日）勒班陀战役
1572年	联盟军舰队在地中海东部地区征战 圣拉撒路骑士团与圣莫里斯骑士团联合
1573年	（10月11日）奥地利的唐·胡安占领突尼斯
1574年	（8—9月）土耳其人夺回突尼斯
1578年	葡萄牙国王塞巴斯蒂安向摩洛哥发动十字军 （8月4日）三王战役（Battle of Alcazarquivir）
1588年	西班牙无敌舰队覆灭 土耳其人突袭马耳他
1617年	基督军队修会（Ordre de la Milice Chrétienne）成立
1645—1669年	土耳其人征服克里特岛；十字军联盟保卫克里特岛
1664年	医院骑士团攻打阿尔及尔
1669年	（9月26日）伊拉克利翁（干地亚）向土耳其人投降
1683年	（7月14日—9月12日）奥斯曼王朝第二次围攻维也纳
1684—1697年	十字军神圣同盟
1685—1687年	威尼斯人占领伯罗奔尼撒半岛
1686年	基督教势力占领布达
1699年	《卡尔洛维茨和约》

续表

1707年	医院骑士团援助防卫奥兰
1715年	土耳其人夺回伯罗奔尼撒半岛
1741—1773年	医院骑士团团长马诺埃尔·平托·德·丰塞卡采取独立君主的统治形式
1792年	法国的医院骑士团领地被占领
1798年	（6月13日）马耳他向拿破仑投降

激发个人成长

　　多年以来，千千万万有经验的读者，都会定期查看熊猫君家的最新书目，挑选满足自己成长需求的新书。

　　读客图书以"激发个人成长"为使命，在以下三个方面为您精选优质图书：

1. 精神成长

熊猫君家精彩绝伦的小说文库和人文类图书，帮助你成为永远充满梦想、勇气和爱的人！

2. 知识结构成长

熊猫君家的历史类、社科类图书，帮助你了解从宇宙诞生、文明演变直至今日世界之形成的方方面面。

3. 工作技能成长

熊猫君家的经管类、家教类图书，指引你更好地工作、更有效率地生活，减少人生中的烦恼。

每一本读客图书都轻松好读，精彩绝伦，充满无穷阅读乐趣！

认准读客熊猫

读客所有图书，在书脊、腰封、封底和前后勒口都有"**读客熊猫**"标志。

两步帮你快速找到读客图书

1. 找读客熊猫

2. 找黑白格子

马上扫二维码，关注"**熊猫君**"

和千万读者一起成长吧！